학교폭력 예방의 이론과 실제

김이영 송창백 이은희 조은숙 최윤희 하경표 공저

양 성 원

머리말

우리나라에서 학교폭력이라는 말은 1995년 현 '청소년폭력예방재단'에서 사용되기 시작하였으며, 1997년경부터 정부기관 및 매스컴에서 학교폭력이라는 용어를 공식적으로 사용하였다. 최근 청소년의 다양한 문제들 중 이슈는 학교폭력의 문제이며, 그 정도가 점점 심해지고, 폭력의 유형도 다양해지며, 지속적으로 이루어지고 있다는 특징을 가지고 있다.

교육부(2015)의 학교폭력 실태조사에서 2012년 32만 명에서 2015년 3만 4,000명으로 학교폭력 피해응답률이 감소한 것으로 나타났지만 청소년기의 학교폭력은 가해자와 피해자 모두가 청소년인 경우가 대부분이기 때문에 그 문제가 심각하다고 할 수 있다.

학교폭력은 학교 내·외에서 학생을 대상으로 발생한 물리적·심리적·구조적 폭력 등에 의하여 신체·정신 또는 재산상의 피해를 수반하는 행위로 정의된다. 학교폭력을 예방하고 가해자와 피해자에게 도움을 주기 위해서는 우선 학교폭력에 대한 정확한 지식을 가지는 것이 무엇보다도 중요하다.

따라서 본 책은 학교폭력을 예방하고자 하는 간절한 바람에서 시작되었다. 물론 학교폭력의 가해자와 피해자 및 목격자들에 대한 개입방법에 대한 소개를 통해 현장에서 학교폭력으로 고통받고 있는 학생들에게 실질적인 도움이 되는 방법에 대한 기술도 포함시켰다. 이런 이유로 본 책은 총 11장으로 구성되었다.

1장 학교폭력의 이해에서는 학교폭력의 개념, 특성, 유형 및 실태에 대해 소개하였으며, 2장 학교폭력의 원인에서는 생물학적 이론, 심리학적 이론, 사회환경이론, 가정환경과 학교환경이론으로 나누어 학교폭력의 원인을 기술하였다. 3장 학교폭력 발생 시 지도방안에서는 학교폭력 처리절차, 학교폭력 발생 시 초기 대응 및 학교폭력 상담에 대해 소개하였고, 4장 학교폭력에 대한 법률적 이해에서는 학교폭력 관련 법률 및 적용사례와 학교폭력 근절 종합대책에 대해 기술하였다. 5장 학교폭력의 가해자와 피해자 및 방관자에서는 학교폭력의 가해자, 피해자 및 방관자의 특성 및 개입방안에 대해 소개하였으며, 6장 학교폭력 학부모교육 및 상담에서는 학부모교육 및 상담의 필요성, 학교폭력에 대한 학부모교육과 학교폭력 학부모 상담 및 사례에 대해

머리말 •••

기술하였다. 7장 문제행동 유형과 학교폭력에서는 비행과 학교폭력, 정신질환과 학교폭력, 대중매체와 학교폭력 간의 관계를 소개하였고, 8장 외국의 학교폭력 예방교육에서는 학교폭력 예방교육의 필요성, 우리나라의 학교폭력 예방 및 외국의 학교폭력 예방교육 프로그램을 기술하였다. 9장 학교폭력 예방을 위한 지도방법에서는 영역별 발달에 대한 이해, 인간발달의 단계 및 특징, 학교폭력 예방을 위한 지도방법을 구체적으로 소개하였으며, 10장 심리검사의 활용에서는 심리검사의 조건, 표준화된 심리검사 및 학교폭력 가해자와 피해자를 대상으로 실시할 수 있는 아동·청소년 병리검사도구들을 소개하였다. 그리고 마지막 11장 학교폭력 예방을 위한 인성교육에서는 인성교육의 개념 및 필요성, 인성교육의 실천방안에 대해 자세하게 소개하였다.

본 책은 학교폭력에 관련된 가장 최근의 개념과 정책은 물론 사례별 상담기법 및 예방법에 대해 설명하고 있다. 따라서 일선에 있는 교사나 학교폭력에 관심이 있는 일반인들의 참고자료나 교재로 용이할 것으로 생각된다.

본 책을 통해 학교폭력이 예방되고, 치료되어 이 땅의 청소년들이 행복하고 건강하게 성장하는 데 작은 밑거름이 될 수 있기를 간절히 기도하며, 끝으로 양성원의 강철원 사장님을 비롯한 출판을 위해 애써 주신 모든 분들께 진심으로 감사드린다.

2016년 7월
저자 일동

학교폭력 예방의 이론과 실제

Contents

Contents

Contents

01
학교폭력의 이해

배울 내용

1. 학교폭력의 개념
2. 학교폭력의 특성
3. 학교폭력의 유형
4. 학교폭력의 실태

학습목표

1. 학교폭력의 개념을 설명할 수 있다.
2. 학교폭력의 특성을 설명할 수 있다.
3. 학교폭력의 유형을 이해하고 각 유형별 특성을 설명할 수 있다.
4. 학교폭력의 실태를 파악하고 대처방안에 대해 모색해 볼 수 있다.

개 요

우리나라에서 학교폭력이라는 말은 1995년 현 '청소년폭력예방재단'에서 사용되기 시작하였으며, 1997년경부터 정부기관 및 매스컴에서 학교폭력이라는 용어를 공식적으로 사용하였다. 최근 청소년기의 다양한 문제들 중 이슈는 학교폭력의 문제이며, 그 정도가 점점 심해지고, 폭력의 유형도 다양해지며, 지속적으로 이루어지고 있다는 특징을 가지고 있다. 청소년기의 학교폭력은 가해자와 피해자 모두가 청소년인 경우가 대부분이기 때문에 그 문제가 심각하다. 학교폭력은 학교 내·외에서 학생을 대상으로 발생한 물리적·심리적·구조적 폭력 등에 의하여 신체·정신 또는 재산상의 피해를 수반하는 행위로 볼 수 있다. 학교폭력을 예방하고 가해자와 피해자에게 도움을 주기 위해서는 우선 학교폭력에 대한 정확한 지식을 가지는 것이 무엇보다도 중요하다. 따라서 본 장에서는 학교폭력의 개념, 학교폭력의 특성, 학교폭력의 유형 및 실태에 대해 살펴보고자 한다.

최근 학생들의 폭력사태가 악화되고 학교폭력으로 자살이 늘어나자 1997년부터 정부기관이나 매스컴에서 학교폭력에 관심을 가지게 되었다. 그 이후 정부나 학교 및 전문가들은 학교폭력에 대한 실태 및 예방에 다양한 노력을 기울이게 되었고, 그 결과 해마다 학교폭력은 점점 감소하고 있는 실정이다. 그러나 학교폭력은 피해자와 가해자 모두 학생들이며, 모두에게 부정적인 영향을 줄 수 있다는 점에서 예방이 최선이다. 발달과정에 있는 청소년기의 학생들에게 학교폭력으로부터 자유롭게 하기 위해서는 무엇보다 학교폭력에 대한 정확한 지식을 가지는 것이 필요하다. 따라서 학교폭력의 개념, 특성, 유형 및 실태를 살펴보면 다음과 같다.

1 학교폭력의 개념

'학교폭력'이라는 용어는 두 가지 용어, 즉 '학교'와 '폭력'이라는 용어로 구성되어 있다. 전자의 '학교'의 의미는 학교 주변을 중심으로 일정한 거리 이내에 위치한 지리적·공간적 장소를 지칭하는 것이다. 그러나 일정한 거리가 어느 정도인지에 대해서는 아직 명확한 합의를 이끌어 내지 못하고 있는 실정이다. 후자의 '폭력'의 의미는 일반적으로 타인에게 상해나 피해를 입히기 위한 물리력을 의미하지만 자신이 원하는 이익을 얻기 위해 사용하는 힘과 권력도 포함될 수 있다. 일반적으로 사용되는 폭력에 대한 개념으로 티어치(Tiersch, 1995)의 견해에 따라 물리적·심리적·구조적 폭력이라는 세 가지 형태로 구분할 수 있다. 그의 견해에 의하면 물리적 폭력은 폭력이 직접 신체적으로 행해지는 것과 이에 관련된 의도적 협박이나 신체적인 괴롭힘을 주는 행위를 말하고, 심리적 폭력은 언어적 상황에서의 협박과 강요, 모욕 또는 두려움을 주는 행위를 의미하며, 구조적 폭력은 주어진 주변의 사회 및 자연환경으로부터의 강압적인 사회관계, 위협, 상호 인간관계로부터 받는 심한 갈등을 의미한다(강유미, 2011).

따라서 폭력은 물리적·심리적·구조적 폭력의 개념으로 정의될 수 있으며, 이러한 폭력이 학교라는 공간적 개념과 결합된 것이 학교폭력이라고 할 수 있다. 즉, '학교 내·외에서 학생을 대상으로 발생한 상해, 폭행, 감금, 협박, 약취·유인, 명예훼손·

모욕, 공갈, 강요·강제적인 심부름 및 성폭력, 따돌림, 사이버 따돌림, 정보통신망을 이용한 음란·폭력 정보 등에 의하여 신체·정신 또는 재산상의 피해를 수반하는 행위'로 정의되고 있다. 그러나 학교폭력에 대한 정의는 연구자에 따라 달라질 수 있다. 즉, 학교폭력의 발생장소, 가해와 피해의 대상에 대한 정의에 대해 다른 시각을 보일 수 있으며, 이러한 차이는 학교폭력의 발생 비율, 피해와 가해의 원인 등과 같은 연구에 다른 결과를 보이는 원인이 되기도 한다. 그러나 학교와 관련하여 일어나는 폭력행위로 그 주체나 대상이 청소년이라는 특징은 공통적으로 포함하고 있다(홍금자, 이경준, 1998). 견해의 차이를 보이는 학교폭력 개념의 구체적 내용은 다음과 같이 정리할 수 있다(이재욱, 2012).

첫째, 폭력이 일어나는 장소의 문제이다. 학생들이 학교에서 경험하는 폭력뿐만 아니라 가정이나 학교 밖에서 일어나는 폭력도 그것이 학생들에게 영향을 미치는 것이라면 학교폭력으로 보아야 한다는 광의적인 개념으로 학교폭력이 청소년폭력이라는 용어와 혼용되어 사용되기도 한다. 한편, 학교폭력의 범위를 학교 내에서 발생하는 폭력이나 학교 주변과 등·하교길에서 발생하는 폭력으로 한정시키기도 한다.

둘째, 학교폭력의 주체가 되는 가해자 및 피해자와 관련된 문제이다. 우리나라보다 학교폭력 문제가 더욱 심각한 미국에서는 학생들 사이의 폭력뿐만 아니라 교직원들에 대한 학생의 폭력도 학교폭력의 범위에 포함시키는 경향이 높다. 그러나 우리나라의 경우에는 교사에 대한 학생의 폭력 빈도가 상대적으로 낮기 때문에 학교폭력에 관한 대부분의 연구에서는 이를 포함시키지 않고 있다. 그러나 최근 학생에 대한 교사의 폭력을 학교폭력의 유형에 포함시키는 경우가 있으며, 교사에 대한 학생의 폭력도 학교폭력 범주에 포함해야 할 것인가에 대한 논의가 진행 중이다.

셋째, 폭력의 개념 정의에 대한 문제이다. 아직까지 폭력의 정의에 대한 명확한 합의가 없는 상태이기 때문에 어떤 행위를 폭력으로 볼 것인가 하는 문제가 제기될 수 있다. 일반적으로 폭력은 '타인 또는 타인의 재산에 해를 입히기 위한 물리적인 힘의 행사'라고 정의되고 있지만 학교폭력의 경우에는 가해자가 상대에게 해를 끼치려는 의도를 가진 어떠한 행동도 폭력으로 간주될 수 있다. 그러나 이러한 개념 정의도 특정행위, 예컨대 따돌림이나 욕설과 같은 심리적·언어적인 폭력행위를 폭력으로 분류할 것인가에 대한 명확한 규정을 내리고 있지 못한 상태이다.

이와 같이 학교폭력의 개념에 대해 폭력이 일어나는 장소, 학교폭력의 주체 및 폭력에 대한 개념 정의에 대한 논의가 이루어지고 있으며, 학교폭력과 관련된 명확한 정의는 학교폭력 문제를 해결하기 위해 반드시 필요하기 때문에 매우 중요하다고 할 수 있다.

올베우스(Olweus, 1996)는 청소년폭력의 개념 정의에 있어서 '반복적이고 지속적인' 행위를 강조하며, 한국청소년개발원의 연구에서는 청소년폭력에 대해 '청소년기라는 특정한 생득적 환경적 성장과정에서 욕구를 충족하기 위한 목적으로 대인과 대물에 관계없이 힘의 불균형 상황에서 발생하는 언어적·심리적·물리적 폭력'이라고 정의하고 있다(강유미, 2011).

2 학교폭력의 특성

일반적으로 청소년기는 급격한 신체적 변화를 경험하게 되고, 성인기로의 성공적인 전환을 위해 다양한 적응문제를 경험하게 되는 시기이다. 즉, 새로운 것에 대한 적응으로 불안을 경험하고, 잦은 감정변화로 자신의 의지와 사고를 통제하기 어려운 시기이기도 하다. 따라서 청소년기를 잘 극복하면 성인으로의 원만한 성장과 발달의 기초가 될 수 있지만 그렇지 못할 경우 좌절을 경험하고 결국 반사회적 폭력행동을 나타낼 수 있는 시기이다. 반사회적 폭력행동으로 나타나는 것이 학교폭력이다.

학교폭력은 가해자와 피해자 모두가 청소년인 경우가 대부분이기 때문에 '청소년 학교폭력'이라고도 하며, 이들은 피해자이면서 동시에 가해자가 될 수 있다는 점에서 더욱 심각하게 인식하기도 한다. 즉, '청소년 학교폭력'은 가해자나 피해자 또는 발생장소 등에 있어 학교와 관련하여 발생하는 모든 폭력행위를 지칭하는 용어이며, 그 주체나 대상이 모두 청소년이라는 점이 가장 큰 특징이라고 할 수 있다. 최근 들어, 청소년 학교폭력의 양상에서 발견되는 주요 특성을 살펴보면 표 1-1과 같다(이재욱, 2012).

표 1-1. 청소년 학교폭력의 양상

1. 청소년 학교폭력이 단순한 일탈의 차원을 넘어 심각한 범죄의 단계에 이르고 있다.
2. 급격한 산업화 과정에서 야기된 가치관의 혼란으로 청소년은 자신의 폭력행위에 대해 죄의식이나 책임감을 크게 느끼지 못한다.
3. 폭력행위가 비행청소년에 의해서만 발생되는 것이 아니라 일반 청소년에게서도 쉽게 발견되고 있다. 즉, 일반화된 비행 유형으로 나타나고 있다.
4. 청소년 학교폭력이 '흉포화·조직화·집단화'의 경향을 보이고 있다.
5. 청소년 학교폭력을 유발하는 연령이 점점 낮아지고 있다.
6. 여학생들도 학교폭력의 가해자 또는 피해자로서 빈번하게 나타나고 있다.
7. 일반적인 폭력과 금품갈취 이외에도 집단적으로 따돌림과 놀림, 시험지 보여 주기를 강요하거나 숙제나 심부름을 시키는 등의 새로운 형태의 심리적 폭력이 나타나고 있다.
8. 일회성 단순폭력보다 지속적으로 가해지는 폭력이 문제가 되고 있다.

3 학교폭력의 유형

학교폭력의 유형으로는 일반적으로 상황적 폭력, 관계적 폭력, 약탈적 폭력 및 정신 병리적 폭력의 유형으로 구분된다(이재욱, 2012). 먼저 상황적 폭력은 다른 사람이나 범죄적 환경과 같이 특수한 상황에서 발생하는 폭력을 말하며, 비행이나 폭력을 행하는 친구들이나 비행을 유발할 만한 환경에 처한 청소년들 사이에서 학교폭력이 발생할 수 있다는 견해이다. 이러한 특정상황에서의 폭력행동은 대부분이 폭력적인 매체물에 의한 모방에 그 원인을 두는 경우가 많다. 관계적 폭력은 사람들과의 관계 내에서 발생하는 폭력을 말하는데, 대부분의 청소년폭력은 대인관계에서의 갈등이나 복수심에서 비롯되며 갈등과 사소한 분쟁들을 합리적으로 해결하지 못한 대부분의 청소년들은 비합리적인 수단과 방법으로서 폭력에 의존하게 된다고 보는 견해이다. 약탈적 폭력은 어떤 형태의 이익을 위해 발생하는 폭력을 말한다. 즉, 전형적인 수단적 폭력을 의미하는데, 이것은 범죄적 또는 반사회적 성격을 내포하고 있으며 청소년 폭력의 20% 정도가 이 유형에 해당된다고 보고되고 있다. 특히, 남자 청소년의 경우는 여자 청소년에 비해 2% 정도 더 높은 약탈적 폭력 유형을 지니고 있으며, 금품갈취를 위한 폭력이나 압력을 행사하기 위한 폭력들이 이

범주에 포함된다. 마지막으로 정신 병리적 폭력은 주로 피해망상이나 과대망상증 같은 정신적인 장애와 정신적 혼란으로 인해 비롯되는 폭력을 말하는데, 청소년의 정신병적 폭력은 드물고, 폭력행동의 예측도 어렵다. 그러나 최근 청소년의 정신 문제가 심각해지고 있기 때문에 앞으로 청소년의 정신 병리적 폭력은 꾸준히 증가할 것으로 예상되고 있다.

이러한 폭력의 유형별 구분들 가운데 학교 현장 및 교육청 등 관련 부처에서는 「학교폭력 예방 및 대책에 관한 법률」(부록 1 참조)'을 규정하는 개념을 준용하여, 학교폭력의 유형을 신체폭력, 언어폭력, 금품갈취, 강요, 따돌림, 성폭력 및 사이버폭력 등으로 구분하고 있다〈표 1-2〉.

표 1-2. 학교폭력의 유형

유형	상황
신체폭력	• 신체를 때려 고통을 가하는 행위(상해, 폭행) • 상대방을 유인하거나 강제로 가두어 두는 행위 • 장난도 상대학생이 폭력행위로 인식한다면 학교폭력에 해당
언어폭력	• 상대방의 명예를 훼손하는 구체적인 말을 하거나 인터넷, SNS 등으로 퍼뜨리는 행위(명예훼손, 모욕) • 내용이 진실이라고 하더라도 범죄이고, 허위인 경우에는 형법상 가중 처벌 • 신체 등에 해를 끼칠 듯한 언행(죽을래 등)과 문자 메시지 등으로 겁을 주는 행위(협박)
금품갈취	• 돌려줄 생각이 없으면서 돈, 물품 등을 요구하는 행위 • 일부러 물품을 망가뜨리는 행위 • 돈을 걷어오라고 시키는 행위
강요	• 속칭 빵 셔틀, 와이파이 셔틀, 심부름 강요 등 의사에 반하는 행동을 강요하는 행위
따돌림	• 집단적으로 상대방을 의도적이고, 반복적으로 피하는 행위 • 단체로 놀리거나 다른 학생들과 못 어울리도록 막는 행위
성폭력	• 성행위를 강제하거나 유사 성행위 등 성적 모멸감을 느끼도록 신체적 접촉을 하는 행위 • 성적인 말과 행동을 함으로써 상대방이 성적 굴욕감, 수치심을 느끼도록 하는 행위
사이버폭력	• 모욕적 언사나 욕설, 허위사실, 개인의 사생활 등을 인터넷 게시판, SNS 등에 올리는 행위 • 정보통신망을 통해 성적 수치심을 주거나 폭력적인 문자, 그림, 동영상 등을 유포하는 행위

출처 : 교육부(2013). 학교폭력 사안처리 및 조기대응 절차. p.4.

1) 신체폭력

신체폭력은 협의의 개념으로 형법상 폭행죄에 해당되며, 타인의 신체에 폭력을 행사하는 경우이다. 즉, 신체에 고통을 가하는 행위와 상대방을 유인하거나 강제로 가두어 두는 행위가 포함된다. 신체폭력은 학교폭력의 유형 중 가장 빈번하게 발생하는 폭력 유형 중의 하나이다. 그리고 주의할 점은 장난이라고 생각하는 행동도 상대방이 폭력행위로 인식한다면 학교폭력에 해당될 수 있다는 점이다. 신체폭력의 양상은 장난을 가장한 놀이형태(기절놀이 등)가 있으며, 더욱 흉폭해져 상해의 정도가 장애·사망으로까지 이어지는 사례를 보이고 있는 것이 특징이다. 이러한 신체폭력은 학교폭력의 유형 중 가장 쉽게 접할 수 있는데, 인지와 처벌이 용이한 반면에 쉽게 용인된다는 점에서 실질적인 측면의 인지수준은 그리 높지 않다는 특징을 지니고 있다.

신체폭력으로서 폭행이나 상해의 방식들은 상대의 신체를 주먹으로 때리거나 발로 차는 경우, 머리로 들이받는 경우, 목을 조르거나 비트는 등 다양하게 이루어지고 있다. 그리고 칼이나 송곳으로 찌르거나 몽둥이, 빗자루 등을 휘두르거나 병을 깨뜨려 찌르는 등 흉기를 이용하는 경우도 있다.

2) 언어폭력

언어폭력은 학교 내·외에서 선후배나 동료들을 상대로 이루어지는 놀림이나 조롱, 심한 욕설, 비난, 헐뜯기 등의 행위를 하는 것을 의미한다. 즉, 언어폭력은 신체에 직접적인 영향력을 행사하는 것이 아니라 정서나 감정 등 정신적으로 부정적인 반응을 불러일으키는 언어나 상징의 사용으로, 욕설, 비웃기, 은어로 놀리기, 겁주기, 위협, 협박, 별명 부르기, 신체의 일부분을 장남삼아 놀리기 등이 포함된다. 또한 악성댓글 등의 사이버폭력도 여기에 포함될 수 있다.

특히, 언어적 폭력은 신체적 폭력처럼 신체에 직접적인 영향을 미치는 것은 아니지만 대상자의 정서나 감정 등에 치명적인 영향을 줄 수 있으며, 초등학생부터 고등학생에 이르기까지 가장 보편적으로 나타난다는 특징을 가지고 있다. 학생들 스스로가 느끼는 학생 언어사용의 문제점으로는 욕설(50.5%), 언어폭력(33.4%), 은어

(9.2%), 통신언어(5.2%) 등의 순으로 인식하고 있는 것으로 보고되고 있는데, 언어폭력이야말로 신체폭력과 더불어 가장 흔히 나타나는 폭력의 유형 중의 하나이다(이재욱, 2012).

3) 금품갈취

금품갈취는 형법상으로 '사람을 공갈하여 재물의 교부를 받거나 재산상 불법의 이익을 취득하거나 타인으로 하여금 이익을 얻게 함으로써 성립되는 범죄'로 규정하고 있다. 금품갈취는 보통 폭행(상해)이나 협박을 동반하는 경우가 많고 강도와 유사한 성격을 지니고 있기 때문에 폭력범죄의 주요한 형태로 간주할 수 있다. 금품갈취에는 빼앗기, 일부러 망가뜨리기, 억지로 빌리기, 학교 내·외에서 물건이나 돈 뺏기 등이 포함된다.

4) 강요

강제적 심부름은 2008년 「학교폭력 예방 및 대책에 관한 법률」의 개정안부터 학교폭력의 유형에 포함되었다. 강제적 심부름인 강요는 '폭행이나 협박을 이용해 권리행사를 방해하거나 의무 없는 일을 하게 하는 일'로 정의되며, 힘센 학생들의 강요로 간식이나 담배를 사다주는 등 온갖 심부름을 하며 괴롭힘을 당하는 것을 말한다. 즉, 피해자가 하지 않아도 되는 일들을 강제로 하도록 하거나, 피해자 자신의 권리를 행사하지 못하도록 방해하는 것이다. 학교폭력에서의 강요는 당사자의 의사에 반하는 행동을 강요하는 행위로 속칭 빵 셔틀, 와이파이 셔틀 및 심부름 강요 등이 포함된다.

5) 따돌림

학교에서 벌어지는 폭력의 유형 가운데 가장 빈번하게 발생하고 있는 폭력 형태 중의 하나가 따돌림이다. 집단으로 괴롭히는 이른바 왕따는 신체적인 폭력 못지않게 정신적으로나 신체적으로 매우 심각한 영향을 미치게 된다. '따돌림'이란 학교

내·외에서 2명 이상의 학생들이 특정인이나 특정집단의 학생들을 대상으로 지속적이거나 반복적으로 신체적 또는 심리적 공격을 가하여 상대방이 고통을 느끼도록 하는 일체의 행위를 의미한다. 예를 들어, 싫어하는 말로 바보 취급하기, 빈정거리기, 면박이나 핀잔주기, 말을 따라 하며 놀리기, 다른 학생들과 어울리지 못하도록 막기 등이 포함된다. 따돌림을 당하는 아이들은 정상 아이들에 비해 정신병적 증상이 유의하게 높게 나타나기 때문에 관심을 가지고 지켜볼 필요성이 있다.

따돌림의 유형에서 빈번하게 보이는 것이 괴롭힘이다. 괴롭힘이란 일반적으로 언어적 폭력이나 신체적 폭력과 구분된다. 물론 욕설이나 신체적인 폭력 등도 괴롭힘의 한 형태이기는 하나 특별히 심리적인 억압이나 강제로 노무를 제공하게 하려는 특정 유형을 지칭하는 용어이다. 괴롭힘에는 겁주는 행동, 골탕 먹이기, 비웃기, 빈정거리기, 핀잔주기, 놀리기, 원하지 않는 행동 강요하기 등이 있다.

6) 성폭력

성폭력의 사전적 의미로는 성을 매개로 가해지는 신체적, 언어적, 심리적 폭력을 의미하며 성희롱, 성추행, 성폭행을 모두 포괄하는 개념이다. 즉, 성폭력은 성을 매개로 상대방의 의사에 관계없이 이루어지는 모든 가해 행위를 뜻한다. 그리고 「성폭력 범죄의 처벌 및 피해자 보호 등에 관한 법률」과 「형법」 등에는 강제추행, 강간, 위력·위계에 의한 간음, 성추행, 윤락행위 강요, 음란물 보이기 및 음란물 제작에 이용 등이 명시되어 있고 음란전화, 성기 노출뿐만 아니라 성희롱까지도 성폭력의 개념에 포함시키고 있다. 따라서 성폭력에 대한 막연한 불안감이나 공포뿐만 아니라 그것으로 인한 행동제약도 간접적인 성폭력이라고 할 수 있다(곽영길, 2007). 즉, 성폭력이란 개인의 성적 자기결정권이나 신체의 자유를 침해하는 폭력 범죄로 강간 또는 강제추행이 그 대표적인 유형이다.

여기에는 성행위를 강요하거나 유사 성행위 등 성적 모멸감을 느끼도록 신체적 접촉을 하는 행위와 성적인 말과 행동을 함으로써 상대방이 성적 굴욕감, 수치심을 느끼도록 하는 행위 등이 포함된다.

7) 사이버폭력

사이버폭력이란 “상대방의 의사와 관계없이 이루어지는 인터넷상의 게시판, 댓글 등을 통한 비방과 욕설, 허위사실 유포, 개인정보와 사생활 유출 등의 행위로 특정 대상에게 불쾌감과 정신적 피해를 주는 행동”을 말한다. 사이버폭력은 익명성을 이용하여 이루어지므로 물리적인 힘으로 이루어지지 않는다는 특징이 있다. 이는 기존의 폭력에서 ‘가해자’ 범주에 속하던 사람도 사이버폭력의 피해자가 될 수 있다. 또한 익명성 때문에 죄책감이 낮아져 폭력이 일종의 놀이화되는 경향이 있다. 직접적 대면이 없으므로 상대방의 기분을 일반적인 경우보다 더 이해하기 힘들다는 특징도 있다. 또한 사이버 세계에서는 현실과 달리 감시망이 부재함으로 사이버폭력이 이루어지기 쉽다. 심한 경우 표적 대상을 정하여 지속적으로 인신공격을 가하거나 개인정보를 사이버 상에 유포하는 경우도 발생한다. 인터넷이나 핸드폰으로 협박, 비난, 위협, 훔치기(사이버 머니, 아이템), 헛소문 퍼뜨리기, 악성 댓글 달기, 원치 않는 사진이나 동영상을 찍거나 유포시키기 등이 있다.

이러한 사이버폭력 문제가 실제로 발생하게 되면 엄청난 결과를 수반하게 되며, 가해학생과 피해학생의 가정과 그 주변에도 큰 충격을 주게 된다. 또한 다양한 형태의 사이버폭력은 불안과 우울증 등의 정신적 문제와 더불어 대인관계 기피, 자살 등의 심각한 후유증을 수반할 수 있기 때문에 심각한 사회적 문제가 되고 있는 실정이다(이재욱, 2012).

1. 인터넷 이용 빈도 및 이용

- 2013년 10대 청소년의 주 평균 인터넷 이용시간은 14.1시간으로 나타났으며, 20대 청소년의 이용시간은 20.3시간으로 10대 청소년보다 더 많았다.
- 인터넷을 이용하는 빈도는 '하루에 1회 이상'인 경우가 10대 95.8%, 20대 99.3%로 거의 모든 청소년(10~20대)들이 매일 인터넷을 이용하는 것으로 나타났다.

2. 휴대폰(스마트폰 포함) 이용

- 2013년 초·중·고등학생의 '휴대전화 보유율'은 91.5%이며, 가장 많이 이용하는 휴대전화의 기능은 메신저를 이용한 '채팅'이 26.7%로 나타났고, '게임(15.6%)', '전화통화(14.8%)', '음악 듣기(12.8%)' 순으로 나타났다.

3. SNS 이용

- 2013년 초·중·고등학생의 77.1%가 소셜네트워크서비스(SNS) 계정을 보유하고 있었으며, 2011년 59.7%에 비해 17.4% 증가한 것으로 나타났다.
- SNS를 통해 친구나 팔로워로 연결된 사람이 '200명 이상'이라고 응답한 학생은 21.6%로 2011년(6.8%)에 비해 3배 이상 증가하였다.

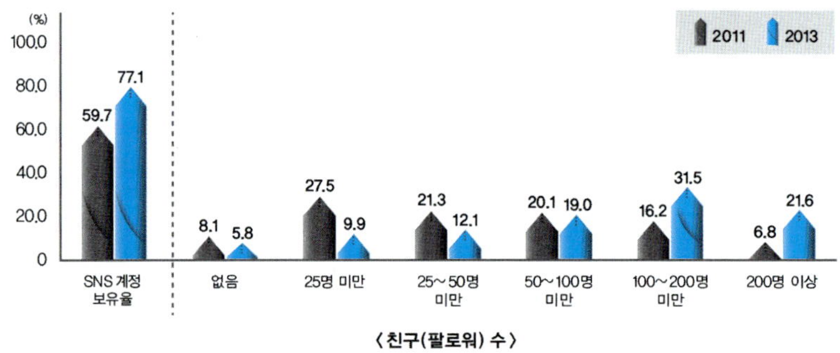

출처 : 통계청·여성가족부(2014). 청소년 통계.

소셜네트워크서비스(SNS) 계정 보유

4 학교폭력의 실태

교육부(2015)는 전국 시·도교육감과 공동으로 한국교육개발원·한국교육학술정보원에 위탁하여 학교폭력 실태조사를 실시하였다. 조사는 전국 초등학교 4학년부터 고등학교 2학년까지 412만 명을 대상으로 2015년 9월 14일부터 10월 23일까지 실시되었으며, 조사 대상 학생의 94.6%인 390만 명이 참여하였다. 학교폭력 실태 조사 결과를 학교폭력의 현황(피해응답 현황, 가해자 유형, 피해 유형, 피해시간, 피해장소, 가해 및 목격응답 현황), 학교폭력 인식과 감소 원인(관련 인식 현황, 학교폭력 감소 원인)으로 살펴보면 다음과 같다.

1) 학교폭력 현황

전체 피해응답률과 학교급별 피해응답률에 대한 조사 결과는 그림 1-1과 같다.

〈전체 피해응답률〉 〈학교급별 피해응답률〉

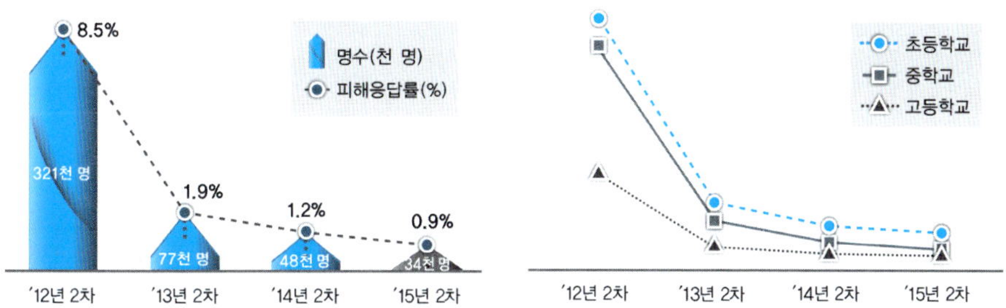

구분	'12년 2차	'13년 2차	'14년 2차	'15년 2차
응답률(%)	8.5	1.9	1.2	**0.9**
명수(천 명)	321	77	48	**34**

구분	'12년 2차	'13년 2차	'14년 2차	'15년 2차	증감(%p) 전년동차
초(%)	11.1	2.7	1.8	**1.4**	−0.33
중(%)	10.0	2.0	1.1	**0.7**	−0.43
고(%)	4.2	0.9	0.6	**0.5**	−0.15

그림 1-1. 전체 및 학교급별 피해응답률

그림 1-1에서 보는 것과 같이 참여학생 중 학교폭력 피해를 당한 적이 있다고 응답한 학생은 3만 4,000명(0.9%)으로, 2014년 동차 대비 1만 5,000명(0.3%) 감소한 것으로 나타났다. 그리고 학교급별 피해응답자는 초등학교 1만 9,000명(1.4%), 중학교 1만 명(0.7%), 고등학교 5,000명(0.5%)으로 감소하는 추세를 보이고 있는 것으로 나타났다. 2015년 조사의 피해응답률, 가해응답률 및 목격응답률에 대한 조사 결과는 표 1-3과 같다.

▮표 1-3. 피해응답률, 가해응답률 및 목격응답률

〈1차 조사〉

구분		'13년 1차	'14년 1차	'15년 1차
피해 응답률(%)	초	3.8	2.4	2.0
	중	2.4	1.3	0.7
	고	0.9	0.6	0.4
가해 응답률(%)	초	1.9	1.1	1.0
	중	1.3	0.6	0.3
	고	0.4	0.2	0.1
목격 응답률(%)	초	9.5	10.6	5.7
	중	8.9	7.6	2.3
	고	4.9	4.1	1.5

〈2차 조사(고3 제외)〉

구분		'13년 2차	'14년 2차	'15년 2차
피해 응답률(%)	초	2.7	1.8	1.4
	중	2.0	1.1	0.7
	고	0.9	0.6	0.5
가해 응답률(%)	초	1.5	1.0	0.8
	중	0.9	0.5	0.3
	고	0.3	0.2	0.1
목격 응답률(%)	초	11.5	5.0	4.5
	중	10.2	3.2	2.0
	고	5.6	2.0	1.6

표 1-3에서 보는 것과 같이 2015년 1차, 2차 조사에서 2014년보다 피해응답률, 가해응답률 및 목격응답률 모두에서 감소하는 경향을 보이고 있는 것으로 나타났다. 가해자의 유형에 대한 조사 결과는 그림 1-2와 같다.

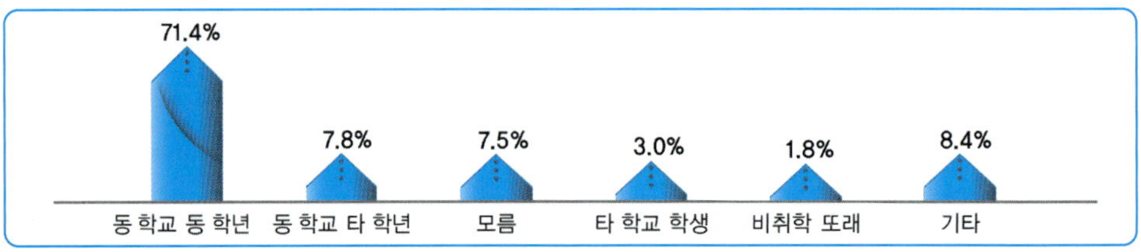

▮그림 1-2. 가해자 유형

그림 1-2에서 보는 것과 같이 가해자의 유형에서는 동 학교 동 학년이 71.4%로 가장 높았으며, 기타 8.4%, 동 학교 타 학년 7.8%, 모름 7.5%, 타 학교 학생 3%, 비취학 또래 1.8% 순으로 나타났다. 동 학교 동 학년의 연도별 변화에 대한 조사 결과는 그림 1-3과 같다.

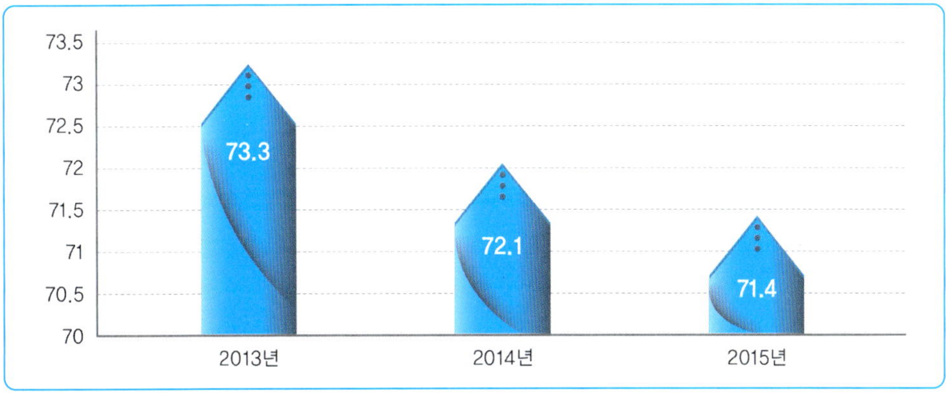

▮그림 1-3. 동 학교 동급생의 연도별 변화

그림 1-3에서 보는 것과 같이 동 학교 동급생의 유형을 연도별로 살펴보면 2013년 73.3%, 2014년 72.1%에서 2015년 71.4%로 감소하고 있는 것으로 나타났다. 피해 유형 응답건수와 유형에 대한 조사결과는 그림 1-4, 1-5 및 표 1-4와 같다.

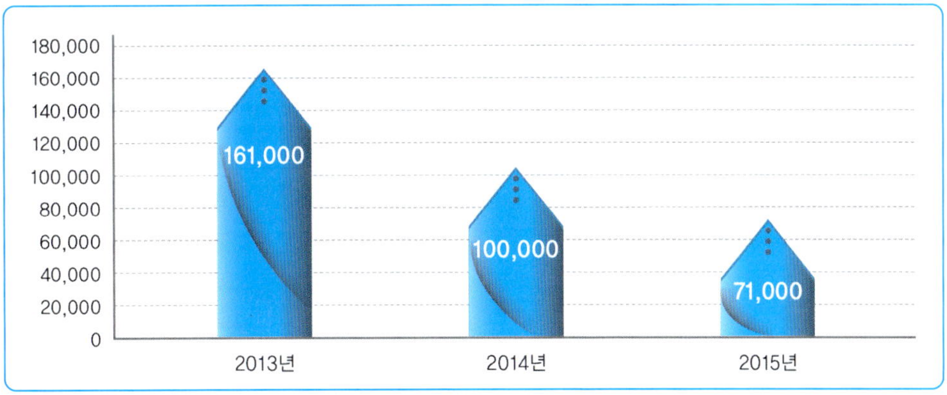

▮그림 1-4. 연도별 피해 유형 응답건수

그림 1-4의 연도별 피해 유형 응답건수(중복응답)의 현황을 살펴보면, 2013년 16만 1,000건, 2014년 10만 건에서 2015년 7만 1,000건으로 해마다 감소하고 있는 것으로 나타났다.

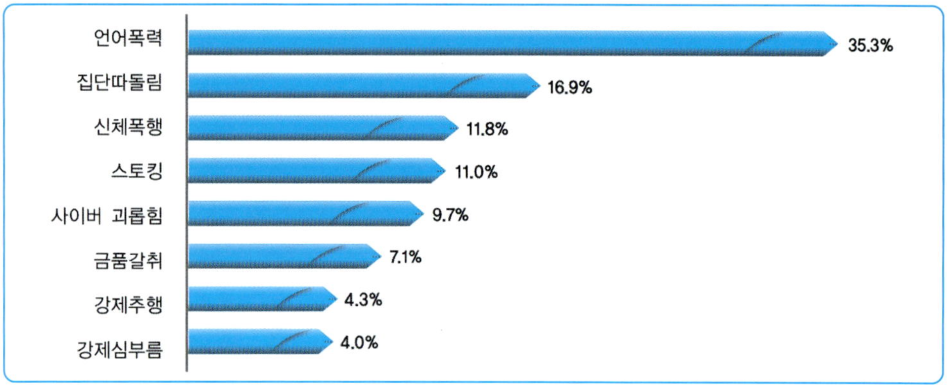

▮그림 1-5. 피해 유형

그림 1-5의 피해 유형을 살펴보면 언어폭력이 35.3%로 가장 높았으며, 집단따돌림 16.9%, 신체폭행 11.8%, 스토킹 11%, 사이버 괴롭힘 9.7%, 금품갈취 7.1%, 강제추행 4.3%, 강제심부름 4% 순으로 나타났다.

▮표 1-4. 2015년 피해 유형

〈1차 조사〉				〈2차 조사(고 3 제외)〉			
구분	'13년 1차	'14년 1차	'15년 1차	구분	'13년 2차	'14년 2차	'15년 2차
신체폭행	4.7	3.1	2.4	신체폭행	4.1	2.7	2.1
금품갈취	4.0	2.2	1.5	금품갈취	3.3	1.8	1.2
강제심부름	2.4	1.3	0.9	강제심부름	1.9	1.0	0.7
언어폭력	13.6	9.4	6.8	언어폭력	12.6	8.2	6.1
강제추행	1.3	1.0	0.9	강제추행	1.2	0.9	0.7
집단따돌림	6.6	4.6	3.6	집단따돌림	5.9	3.9	2.9
사이버 괴롭힘	3.6	2.5	1.9	사이버 괴롭힘	3.4	2.3	1.7
스토킹	3.7	3.0	2.6	스토킹	3.2	2.3	1.9

표 1-4에서 보는 것과 같이 2015년 1차, 2차 조사에서 2014년보다 신체폭행, 금품갈취, 강제심부름, 언어폭력, 강제추행, 집단따돌림, 사이버 괴롭힘, 스토킹 모두에서 감소하는 경향을 보이고 있는 것으로 나타났다. 학교폭력 피해시간에 대한 조사 결과는 그림 1-6과 같다.

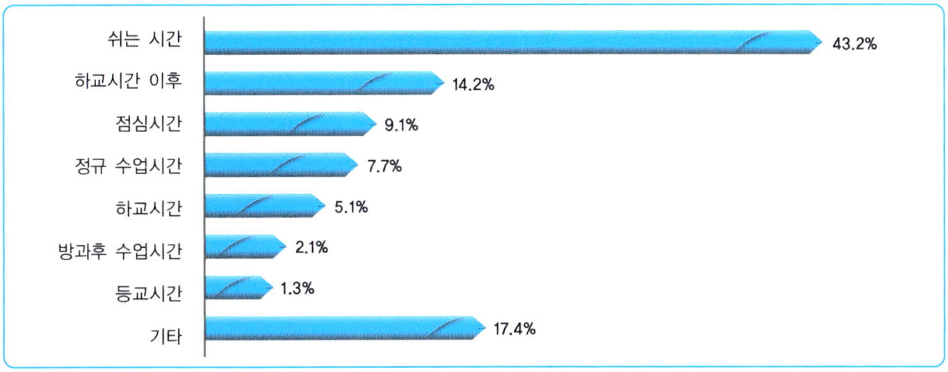

그림 1-6. 피해시간

그림 1-6에서 보는 것과 같이 피해시간은 쉬는 시간이 43.2%로 가장 높았으며, 기타 17.4%, 하교시간 이후 14.2%, 점심시간 9.1%, 정규 수업시간 7.7%, 하교시간 5.1%, 방과 후 수업시간 2.1%, 등교시간 1.3% 순으로 나타났다. 학교폭력 피해장소에 대한 조사 결과는 그림 1-7과 같다.

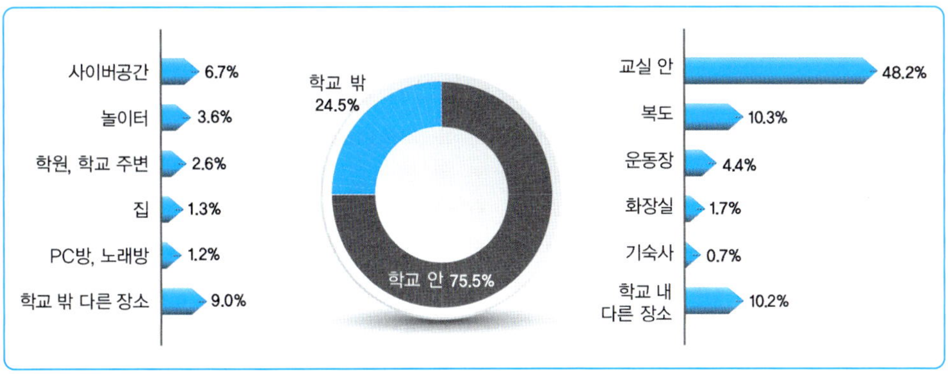

그림 1-7. 피해장소

그림 1-7에서 보는 것과 같이 피해장소는 학교 안에서의 학교폭력이 75.5%로 학교밖 24.5%보다 높은 것으로 나타났다. 그리고 학교 안 학교폭력 장소는 교실 안이 48.2%로 가장 높았으며, 복도 10.3%, 학교 내 다른 장소 10.2%, 운동장 4.4%, 화장실 1.7%, 기숙사 0.7% 순이었고, 학교 밖 학교폭력 장소는 학교 밖 다른 장소가 9%로 가장 높았으며, 사이버공간이 6.7%, 놀이터 3.6%, 학원과 학원 주변 2.6%, 집 1.3%, PC방과 노래방 1.2% 순으로 나타났다. 학교폭력 가해 및 목격응답 현황에 대한 조사 결과는 그림 1-8과 같다.

〈가해응답률〉

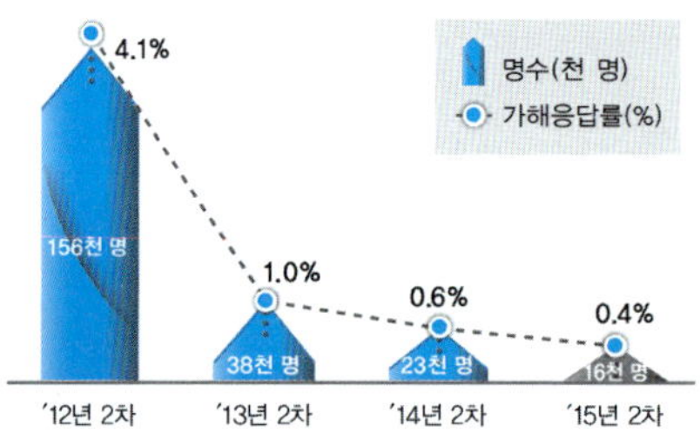

구분	'12년 2차	'13년 2차	'14년 2차	'15년 2차
가해응답률(%)	4.1	1.0	0.6	**0.4**
명수(천 명)	156	38	23	**16**

〈목격응답률〉

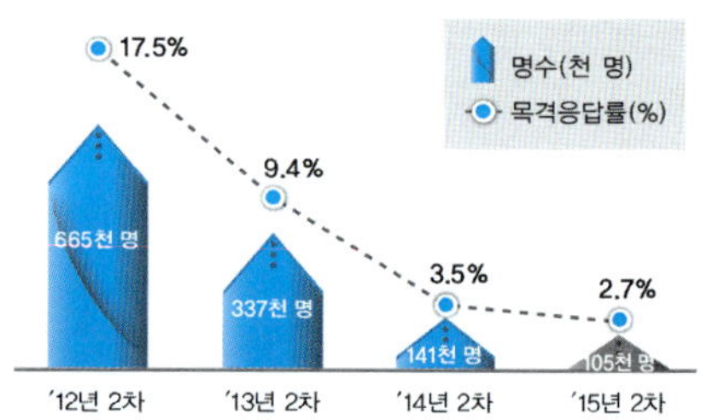

구분	'12년 2차	'13년 2차	'14년 2차	'15년 2차
목격응답률(%)	17.5	9.4	3.5	**2.7**
명수(천 명)	665	377	141	**105**

그림 1-8. 가해 및 목격응답 현황

그림 1-8의 가해응답률에서는 가해 경험이 있다고 응답한 학생은 2015년 1만 6,000명(0.4%)으로, 2014년 동차 대비 7,000명 감소한 것으로 나타났다. 학교급별 가해응답률은 초등학교 0.8%, 중학교 0.3%, 고등학교 0.1%이며, 집단 가해 응답 비율은 전년 동차 대비 1.3% 감소한 것으로 나타났다.

목격응답률에서는 2015년 목격 경험이 있다고 응답한 학생은 10만 5,000명으로 2014년 14만 1,000명 대비 0.8% 감소한 것으로 나타났다. 학교급별로는 초등학교

4.5%, 중학교 2.0%, 고등학교 1.6%이며, 중학교의 목격응답률이 가장 큰 폭으로 하락한 것으로 나타났다.

2) 학교폭력 인식과 감소 원인

(1) 학교폭력 관련 인식

학교폭력과 관련하여 신고 비율이 지속적으로 올라가고 있는 것으로 나타나 전반적으로 학교폭력에 대한 인식수준이 개선되고 있는 것으로 나타났다. 학교폭력 예방교육 효과에 대해 학생들은 '117 등에 신고'가 20.0%로 가장 높았으며, '힘든 친구를 도와주어야 한다' 17.9% 등의 순으로 나타났다. 피해 후 신고 비율에서는 실제 피해응답 학생 중 '가족'이 32.6%로 가장 높았으며, '학교' 25.5%, '친구나 선배' 17.7%, '117 상담센터' 3.8%에 피해 사실을 알려, 신고 비율이 79.7%로 2014년 대비 1.4%로 증가한 것으로 나타났다.

목격 후 도움 비율에서는 학교폭력 목격 후 '알리거나 도와줬다'는 응답은 82.7%로 2014년 동차 대비 2.2% 증가하였고, '방관'에 대한 응답도 2015년 18.9%로 2014년 16.8%보다 증가한 것으로 나타났다.

(2) 학교폭력 감소 원인

교육부는 2015년 실태조사에서 학교폭력 피해응답률의 지속적 감소는 학교폭력을 근원적으로 해결하기 위해 종합적인 대책을 수립하여 추진한 결과라고 설명하면서 학교폭력 감소원인을 다음과 같이 설명하고 있다.

첫째, 현장 맞춤형 학교폭력대책을 통해 학생들의 공감·소통·배려·리더십 능력을 함양하는 어울림 프로그램과 단위학교의 자율적인 학교폭력 예방활동을 선도하는 어깨동무학교를 집중 육성한 결과 단위학교의 자율적인 학교폭력 예방 역량이 강화되었기 때문이다.

둘째, 학교 내·외의 다양한 학생체험활동을 장려하고, 고성능 CCTV 확충 및 학생보호인력 증원 등 학생보호 및 학교 안전 인프라를 내실화함과 동시에, Wee 프로젝트를 통해 위기 학생과 학교부적응 학생에 대한 집중상담 및 심리치료기관 연계 서비스를 제공하여 학교폭력을 예방하는 것에 주안점을 두고 추진되어 왔기 때문이다.

셋째, 2015년 1차 학교폭력실태조사 결과 초등학생의 학교폭력 피해 응답률이 상대적으로 높았는데, 이에 대해 초등학생 학교폭력의 원인을 정신의학적 관점, 유해환경적 관점, 가정요인, 학교요인 등의 관점에서 분석하고, 그에 따라 스쿨 닥터 확대 등 정신의학적 지원, 스마트폰·인터넷 중독을 예방하기 위한 유해정보차단 조치 강화, 초등학생에 대한 어울림·어깨동무학교 지원 확대 및 전문상담교사 초등학교 우선배치 등을 포함하고 있기 때문이라고 주장한다.

이와 같은 교육부의 학교폭력 감소 원인에 대한 현황들을 살펴보면 표 1-5, 1-6, 1-7, 1-8, 1-9와 같다.

표 1-5. 현장 중심 학교폭력 예방활동 현황

연도	어울림 프로그램 운영학교	학교폭력 예방 선도학교 (어깨동무학교)	또래조정 운영학교	또래상담 운영학교	학생자치법정 운영학교
2012	-	-	79교	4,638교	660교
2013	300교	1,000교	1,448교	5,217교	1,045교
2014	502교	2,864교	845교	6,396교	1,580교
2015	536교	3,109교	어깨동무학교에 통합 운영		1,720교

표 1-6. 영상정보처리기기(CCTV) 설치 현황

(단위 : 교, 대)

연도	총계	화소별 구분					
		40만 이하		40만 이상~100만 미만		100만 이상	
		대수	비율	대수	비율	대수	비율
2012	101,177	22,888	22.6%	78,289	77.4%	-	-
2013	141,790	24,040	16.9%	103,071	72.6%	14,679	10.5%
2014	164,282	26,765	16.3%	95,693	58.2%	41,824	25.5%
2015	177,585	25,662	14.5%	88,296	49.7%	63,627	35.8%

▮표 1-7. 학생보호인력 현황

구분	2011	2012	2013	2014	2015
배치학교	8,002교	8,576교	9,014교	10,023교	10,032교 (85.4%)
배치인원	9,517명	10,834명	11,509명	13,379명	13,082명

※ 학교전담경찰관 : '12년 514명 → '13년 681명 → '14년 1,068명 → '15년 1,138명(정원)

▮표 1-8. Wee 프로젝트 구축 현황

(단위 : 개, 누적치)

구분	'08	'09	'10	'11	'12	'13	'14	'15
Wee 클래스	530	1,530	2,530	3,170	4,658	4,904	5,633	6,148
Wee 센터	31	80	110	126	140	155	188	196
Wee 스쿨	-	-	3	3	4	7	9	11

• 전문상담교사 현황 : ('12) 1,422명 → ('13) 1,889명 → ('14) 2,009명 → ('15) 2,089명
• 전문상담사 현황 : ('12) 4,681명 → ('13) 3,383명 → ('14) 3,590명 → ('15) 3,610명

▮표 1-9. 117센터 신고·상담 현황(최근 4년)

연도	구분	계	1월	2월	3월	4월	5월	6월	7월	8월	9월	10월	11월	12월
'12년	건	80,127	616	1,124	2,386	3,592	6,400	10,923	9,927	5,134	9,651	10,800	10,736	8,838
	일평균	219.5	19.9	38.8	77.0	119.7	206.5	364.1	320.2	165.6	321.7	348.4	357.9	285.1
'13년	건	101,524	4,730	6,033	10,575	12,203	12,026	10,896	8,876	4,383	6,686	8,561	8,577	7,978
	일평균	278.1	152.6	215.5	341.1	406.8	387.9	363.2	286.3	141.4	222.9	276.2	285.9	257.4
'14년	건	80,151	3,082	3,910	7,184	8,577	8,212	7,580	7,422	4,188	6,726	8,438	8,225	6,607
	일평균	219.6	99.4	139.6	231.7	285.9	264.9	252.6	239.4	135.0	224.2	272.2	274.1	213.1
'15년	건	52,729	2,823	3,716	6,774	8,824	7,762	7,065	6,261	3,458	6,046			
	일평균	193.1	91.1	132.7	218.5	294.1	250.4	235.5	202.0	111.5	201.5			

• 2015년 9월 현재 일 평균 193.1건 (전년 동기 대비 7.3% 감소)

02 학교폭력의 원인

배울 내용

1. 생물학적 이론
2. 심리학적 이론
3. 사회환경이론
4. 가정환경과 학교환경이론

학습목표

1. 생물학적 원인들을 이해하고 설명할 수 있다.
2. 심리학적 원인들을 이해하고 설명할 수 있다.
3. 사회환경 원인들을 이해하고 설명할 수 있다.
4. 가정환경과 학교환경 원인들을 이해하고 설명할 수 있다.
5. 다양한 학교폭력 원인들을 통해 학교폭력 대처 방안을 모색해볼 수 있다.

개 요

학교폭력의 원인을 하나의 이론으로 설명하는 것은 불가능하다. 그 이유는 학교폭력 발생에 영향을 주는 요인은 단일요인이 아닌 복합적인 요인들의 상호작용에 의해 발생되고 있기 때문이다. 그러나 많은 학교폭력 관련 관계자들은 학교폭력의 원인을 찾으려고 노력하여 왔으며, 앞으로도 학교폭력의 원인을 찾으려는 노력은 계속될 것이다. 그 이유는 학교폭력의 정확한 원인을 파악해야만 학교폭력의 예방책을 강구하는 것이 가능해지기 때문이다. 따라서 학교폭력의 원인을 설명하고 있는 다양한 요인들을 고찰할 필요성이 있으며, 본 장에서는 학교폭력의 원인을 설명하고 있는 다양한 이론 중 생물학적 이론, 심리학적 이론, 사회환경이론, 가정환경과 학교환경이론으로 구분하여 살펴보고자 한다.

학교폭력 발생에 영향을 주는 요인은 단일요인이 아닌 복합적인 요인들의 상호작용에 의해 발생된다고 보는 시각이 일반적이다. 그러므로 다양한 요인들에 대한 이해를 바탕으로 학교폭력을 바라보고, 각 이론을 통해 학교폭력에 대한 대처방안을 모색해보는 것이 필요하다. 학교폭력의 원인을 설명함에 있어 많은 학설이 있으나 크게 생물학적 이론, 심리학적 이론, 사회환경이론, 가정환경과 학교환경이론으로 구분할 수 있다.

1 생물학적 이론

생물학적 이론은 청소년의 문제행동은 신경계통의 기능과 밀접한 관계가 있기 때문에 개인의 신체적 발달의 결함과 정상인과 구별되는 특수체질이 학교폭력의 원인이라는 입장이다. 즉, 학교폭력 가해 청소년은 전두엽 실행기능에 문제를 가지고 있어 공격적이고 부적절한 언어적·신체적 행동을 통제하는 능력이 부족하기 때문에 학교폭력이 나타난다는 것이다. 또한 학교폭력과 유사한 비행행동을 보이는 청소년들 역시 실행기능의 문제와 낮은 주의력을 유발하여 결국 폭력적인 행동으로 이어진다고 주장한다(문용린 외, 2006).

학교폭력 행동을 하는 청소년에게서 나타나는 개인적 특성 중 가장 많은 부분을 차지하는 것이 충동성과 공격성이다. 충동적이고 공격성이 높은 사람은 사회질서나 규범을 고려하지 않고 자기중심적으로 행동하는 경향이 강하다. 이들은 스스로 분노를 조절하거나 화를 참는 능력이 부족하고 자신의 처한 상황에 대한 해석과 인식에 있어서 일반 청소년보다 더 많은 스트레스를 경험하게 된다(노성호, 2004). 이러한 학생들은 부정적인 자아개념이 형성되어 자기 자신을 필요 없는 존재, 무능한 존재, 약한 존재로 규정하며 그러한 방향으로 삶을 이끌어 간다. 이러한 행동이 결국에는 공격행동과 폭력행동으로 이어지게 된다.

학교폭력에 영향을 미칠 수 있는 생물학적 이론에서는 품행장애, 반항성 장애 및 주의력결핍 과잉행동장애 등도 폭력이나 비행과 관련될 수 있다는 것이다. 이러한 장애를 가지고 있거나 특수교육을 받고 있는 경우, 그들은 학교폭력의 가해자 및 피해자가 될 위험성이 높다. 그 이유로는 사회적으로 잘 기능하지 못하고 폭력에서 자신을 보호할 수 있는 능력이 부족하기 때문에 이들은 학교폭력의 표적이 될 수 있기 때문이다. 반면에 과거의 생활경험이나 생활양식, 특성, 그들 자신이 가지고 있는 행동장애를 공격적인 방법으로 표출하여 학교폭력의 가해 청소년이 되기도 한다(강유미, 2011).

그러나 생물학적 이론은 특정 문제행동과 특정한 신체적 장애와 연관 지을 수 없고, 문제 행동의 대부분이 신체적으로 결함이 없는 청소년에 의해 발생하고 있다는 점에서 이 이론은 설득력이 다소 약하다고 할 수 있다. 그러나 최근 학교폭력에 영향을 미치는 생물학적 요인으로는 호르몬, 신경전달물질, 뇌발달과 관련이 있다고 주장하고 있으며, 각각에 대해 살펴보면 다음과 같다.

1) 호르몬과 학교폭력

사춘기에 일어나는 몸의 변화는 뇌에서부터 시작한다. 뇌에서 내리는 지시에 따라 아동기에 잠들어 있던 고환과 난소가 깨어나고 성호르몬 분비가 활성화되는데, 이것이야말로 진정한 사춘기를 알리는 신호이다. 이때 아이는 성장호르몬의 도움으로 키가 부쩍 자랄 뿐 아니라 성호르몬이 분비되면서 2차 성징을 보이게 된다. 그 중 여성 호르몬인 에스트로겐(estrogen)은 여자아이의 몸을 성숙하게 만든다. 그리고 남성 호르몬인 테스토스테론(testostrerone)은 남자아이를 남성답게 만든다.

동물의 세계에서 테스토스테론 수치가 높은 수컷은 암컷에 비해 더 공격적인 행동을 하는 것으로 알려져 있다. 사람에게서 나타나는 테스토스테론의 영향력도 마찬가지이다. 즉, 충동적으로 폭행과 같은 범죄를 저지르거나 다른 사람에게 공격적인 태도를 취하는 남자들은 대부분 이 호르몬의 수치가 평균보다 높은 것으로 나타났다. 미국에서 1990년대에 수감자들을 대상으로 이와 관련된 실험을 실시한 결과, 테스토스테론 수치가 평균에 비해 월등히 높은 사람일수록 폭력범죄를 저지를 가능성이 더 높다는 결론을 얻었다.

2) 신경전달물질과 학교폭력

신경전달물질이란 뇌신경세포인 뉴런(neuron) 사이에서 메시지를 전달하는 화학물질이다. 현재까지 약 50여 종의 신경전달물질이 발견되었는데, 그중에서 사람의 기분과 행동에 영향을 미치는 것으로 알려진 대표적인 신경전달물질은 표 2-1에 제시된 세 가지이다.

표 2-1. 기분과 행동에 영향을 미치는 신경전달물질

종류	특징
세로토닌(serotonin)	불안하고 우울한 기분과 상관이 있으며, 공격성과도 관련이 있다.
도파민(dopamine)	현실인식에 영향을 미치는 신경전달물질로 도파민이 부족하거나 지나치게 많이 분비되면 판단력이 떨어지고 충동적인 행동을 할 수 있다.
노르에피네프린(nerepinephrine)	주의력과 집중력에 영향을 미치고 각성상태에 영향을 끼쳐 사람을 불안하게 만들고 공포심을 느끼게 한다.

이 중 폭력성과 가장 관계가 깊은 신경전달물질은 세로토닌과 도파민이다. 뇌 속의 세로토닌과 도파민의 수치가 낮으면 폭력적인 행동을 할 가능성이 높고, 수치가 높아지면 폭력적인 행동이 낮아질 가능성이 높아진다. 즉, 세로토닌과 도파민은 폭력 또는 충동적인 행동 등의 극단적인 행동을 제어하는 뇌호르몬이다.

3) 뇌발달과 학교폭력

지난 30년간 눈부시게 발달한 뇌 영상기들 덕분에 청소년기의 뇌발달에 대해 더욱 자세하게 알 수 있게 되었다. 즉, 청소년기에는 감정뇌, 본능뇌에 비해 이성적인 뇌(대뇌피질)가 덜 발달되어 있다. 따라서 충동을 조절하는 능력이 떨어지며, 이로 인해 감정을 자제하지 못하거나 폭력적인 행동을 보이게 되는 것이다(그림 2-1 참조).

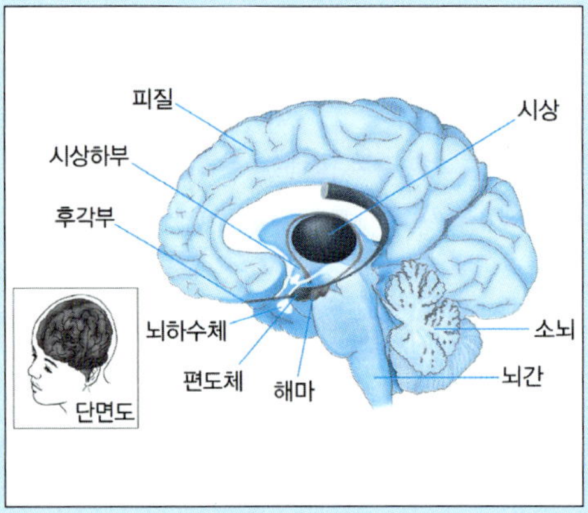

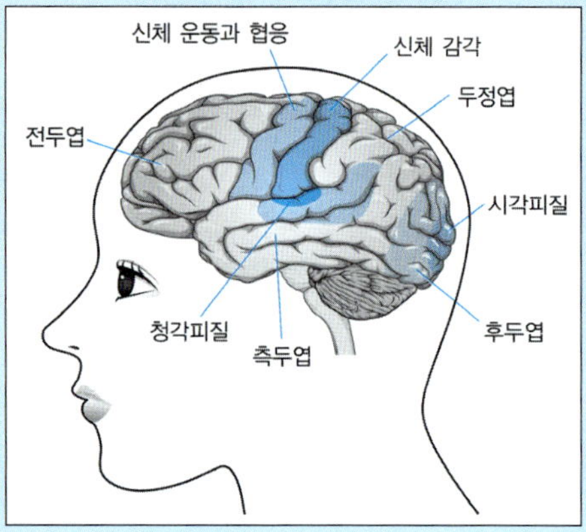

뇌간에 위치한 연수는 뇌신경을 통해 호흡, 심장박동, 구토, 기침 그리고 재채기와 같은 생명과 직결된 행동을 담당한다. 소뇌는 깊게 파인 주름을 가진 후뇌의 구조물로서 피아노를 치거나 바느질과 같은 빠르고 정교한 운동을 통제하고 신체의 평행유지를 담당한다. 시상은 대뇌피질에 투사하는 주요 감각기관의 최종 중계소 역할(후각 제외)을 한다. 시상하부는 뇌하수체를 통제하여 여러 호르몬 분비를 조절한다. 그리고 시상하부는 동기와 감정적인 행동의 많은 측면들을 조절한다. 만약 시상하부에 손상이 오면 동기적 행동, 즉 먹는 것, 마시는 것, 온도조절, 성행동을 비정상적으로 하게 된다. 특히, 편도체는 공포에 중요한 역할을 하며, 해마는 기억을 담당하게 된다.

인간의 대뇌피질은 크게 네 가지 영역, 즉 전두엽, 측두엽, 후두엽 및 두정엽으로 구분된다. 전두엽은 문제해결과 같은 인간의 고등 인지를 담당하고, 측두엽은 청각, 후두엽은 시각, 두정엽은 시공간 지각에 중요한 역할을 담당한다.

▮그림 2-1. 뇌의 구조

전두엽은 뇌의 가장 앞쪽에 위치하며, 문제에 대해 합리적인 해결방안을 모색하는 일들을 담당한다. 청소년기가 되면 전두엽이 발달하면서 모호한 상징을 이해하고 추상적인 생각을 하며, 미묘한 의미 차이를 구분하는 등 생각의 질이 크게 향상된다. 그러나 청소년들은 전두엽이 덜 발달되었기 때문에 정리정돈이나 의사결정을 제대로 하지 못하고 참을성이 없이 충동적인 일을 벌이고, 폭력적인 행동을 하게 된다. 전두엽은 사춘기의 뇌 가운데 가장 활발하게 발달하는 부분으로 자동차의 브레이크 역할을 한다. 청소년의 뇌는 브레이크가 고장난 차와 같다. 만약 전두엽에 문제가 생기면 거짓말을 하거나 물건을 훔치고, 자주 욕을 할 뿐 아니라 폭력적인 행동을 하게 된다.

한편, 청소년들은 다른 사람의 표정을 제대로 읽지 못한다. 특히, 화난 표정과 놀란 표정을 구분하지 못한다. 이는 다른 사람의 표정을 읽을 때 성인은 논리적인 판단을 수행하는 전두엽을 작동시키는 반면, 청소년은 감정중추인 편도체를 사용하기 때문이다. 따라서 청소년은 어른들의 충고가 잔소리로 들리고, 누군가 조금만 스쳐도 자신에게 해를 끼치려 했다고 쉽게 오해하게 된다.

2 심리학적 이론

심리학적 이론은 청소년 문제행동의 원인이 주로 개인이 사회화를 통하여 본능적 충동을 해소할 수 있는 방법을 학습하지 못함으로써 본능적 충동으로 인해 문제행동을 일으키게 된다고 보는 이론이다. 이런 점에서 이 이론은 문제행동은 단순하게 개인의 내적 요인에 의해 발생되는 행위로만 본다. 심리학적 원인을 크게 7가지로 구분할 수 있는데, 즉 프로이트(Freud)와 에릭슨(Erikson)의 정신분석이론, 피아제(Piaget)의 인지발달이론, 콜버그(Kohlberg)의 도덕성이론, 지능이론, 성격이론 및 욕구좌절이론이다.

1) 정신분석이론

정신분석이론은 프로이트에 의하여 성립된 이론이다. 정신분석이론에 따르면 인간은 성에 대한 본능과 공격성에 대한 본능을 지니고 있기 때문에 인간은 이 충동들에 의해 끊임없이 흔들린다고 가정한다. 따라서 자연인으로서의 인간은 충동에 의해 움직이고 있지만, 현실 사회에 있어서는 그와 같은 즉흥적 움직임은 만족을 얻을 수 있는 길이 되지 못하고 오히려 고통을 불러들이는 결과가 되는 일이 많다.

성격은 그림 2-2, 표 2-2와 같이 원초아(id), 자아(ego), 초자아(superego)로 이루어져 있으며, 특히 비행행동은 자아의 통제기능이 결여되었기 때문으로 해석한다. 즉, 비행에 대한 정신분석학적 접근의 기본 전제는 비행이나 범죄 그 자체보다는 원초아와 자아, 초자아 간의 심리적 갈등의 증후로서 나타나는 결과라는 것이다.

비행이나 범죄는 비정상적 성장이나 본능의 통제, 부모와의 좋지 않은 초기경험, 정서적 발달단계에서의 고착, 억압된 성과 죄의식에서 유발된다는 것이다. 냉정하고 애정이 없는 부모에 의해 양육되면 즉각적인 만족을 추구하고 타인 배려가 부족하여 공격적이고 충동적 행동 그리고 심하면 정신질환의 발생을 유발할 수도 있다는 것이다.

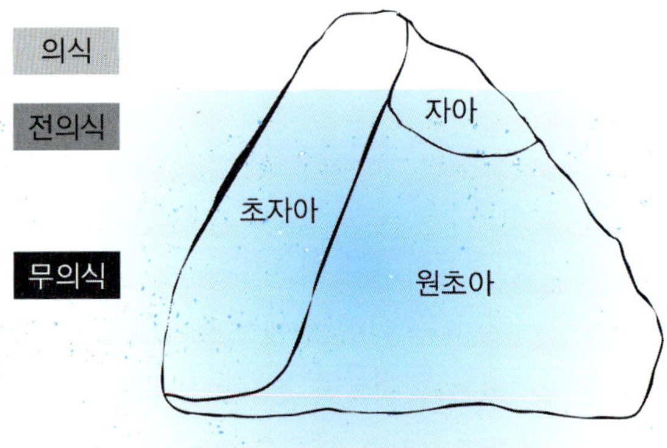

▮그림 2-2. 성격의 구조와 의식수준

▮표 2-2. 성격의 구조

구분	내용
원초아(id)	인간의 생물학적 토대에 기초하고 있으며 모든 충동 에너지의 근원이 된다(쾌락원리).
자아(ego)	현실과 초자아의 요구에 맞추어 원초아의 욕구를 만족시키거나 표현한다(현실원리).
초자아(superego)	좋은 행동에 대해서는 보상을 하고 나쁜 행동에 대해서는 처벌을 하는 사회 규칙이나 관습에 따라 사람들이 행동하도록 기능한다(도덕과 양심).

프로이트가 삶의 원동력에 대해 원초아를 강조한 반면, 에릭슨은 자아의 중요성을 강조한다. 즉, 생물학적인 힘보다는 인간관계에서의 경험에 있어 자아의 기능을 요구하고 있으며, 자아는 사회화 과정, 사회와의 관련성을 전제로 하고 있다. 따라

서 인간을 제대로 파악한다는 것은 개인과 사회와 시간성의 관계를 이해하지 않고는 불가능하다고 본다. 이 때문에 에릭슨의 성격발달을 심리사회발달이론이라고 한다. 그는 인간은 8단계의 일정한 발달 시기를 거치게 되고, 각 시기마다 그 시기에 해결해야 될 사회발달 문제, 즉 발달과업이 있는 것으로 보았다〈표 2-3〉.

▮표 2-3. 에릭슨의 인간발달 8단계

단계	시기	발달 과업
1단계	유아기 : 구강기	신뢰감 대 불신감
2단계	초기아동기 : 항문기	자율성 대 수치심
3단계	학령전기	주도성 대 죄책감
4단계	학령기	근면성 대 열등감
5단계	청소년기	정체감 대 정체감 혼동
6단계	성인 초기	친밀감 대 고립감
7단계	성인 중기	생산성 대 침체감
8단계	노년기	자아통합 대 절망감

또한 에릭슨은 청소년기의 중요성을 강조하였는데, 이 시기에는 정체감이 형성되는 시기이기 때문이다. 청소년기의 발달은 이전 발달의 경험과 밀접한 연관이 있으며 이후의 발달에도 지속적인 영향을 미치기 때문에 중요하다. 특히 배변훈련시기에 양육자가 충분한 반응을 해주고 스스로 문제해결을 할 수 있는 자율성을 키우며 주도적인 역할을 충분히 경험하게 해준다면 정체감의 형성에 긍정적인 영향을 주지만 그렇지 않은 경우에 불신감과 열등감, 죄책감을 경험하여 정체감의 혼미에 빠지게 되어 결국 왜곡된 정체감을 형성하게 된다. 이러한 왜곡된 정체감은 절도와 폭력과 같은 행위를 시도한다든지 또래관계에서 자신의 권력을 과시하려는 방법으로 발현하게 된다(이수정, 2006).

2) 인지발달이론

피아제에 의해 발달한 인지발달이론은 청소년들의 의식적인 사고의 중요성을 강조하는 것이라고 할 수 있는데, 이 이론은 인지발달에만 초점을 두었기 때문에 사회적 환경과 관계 등에 대해서는 간과했다는 단점을 지니고 있는 이론이다. 피아제의 인지발달이론은 인지발달이 표 2-4와 같이 네 단계를 거치게 되는데, 첫째 단계는 감각운동기로서 모방과 기억, 사고의 시작단계이며 대상영속성을 인식하고 단순 반사행동에서 목적을 가진 행동으로 발전하는 단계이다. 둘째 단계인 전조작기는 언어가 점차적으로 발달하고 상징적인 형태로 사고하며 사고와 언어가 자아 중심적인 특징을 보인다. 셋째 단계인 구체적 조작기는 논리적으로 구체적인 문제를 해결할 수 있고 보존개념의 이해, 유목화와 서열화 가능, 가역성을 습득할 수 있는 단계이다. 마지막으로 형식적 조작기는 논리적으로 추상적인 문제를 해결할 수 있으며 사고가 점차 과학적으로 변화하고 복잡한 언어 과제나 가설적인 문제해결이 가능한 단계이다.

표 2-4. 피아제의 인지발달단계

발달단계	연령	특징
감각운동기	0~2세	감각운동기능에 의한 반복활동(빨기, 잡기, 물기 등)을 한다. 대상영속성의 개념을 획득한다.
전조작기	2~7세	언어를 습득하여 상징적 사고가 가능해지지만, 자기 중심적이며, 직접적인 경험에 한정되어 있다.
구체적 조작기	7~11세	논리적 사고가 가능해지고, 보존개념을 획득하게 되며, 분류 및 서열에 대한 개념을 습득하게 된다.
형식적 조작기	11~15세	추상적 사고가 가능해진다. 과학적 사고를 통해 체계적인 문제해결을 하게 된다. 과거-현재-미래를 연결할 수 있다.

청소년기에 해당하는 발달단계는 마지막 단계인 형식적 조작기라고 할 수 있는데, 각 단계의 발달은 생물학적인 성숙과 더불어 적절한 환경조성으로 이루어지며 전 단계의 발달을 토대로 형식적 조작기에 이른다. 따라서 형식적 조작기는 개인의 이전 경험에 따라 많은 차이가 생길 수 있고 그 발달의 폭이 가장 크며 개인차가 크게 나타날 수 있는 단계라고 할 수 있다. 이 형식적 조작기의 발달이 제대로 이루어질 수 있는 것은 학교생활을 통한 추상적 사고능력의 확장인데, 비행청소년들

은 이전 경험의 결손으로 인해 충분한 학습 인지적 자극이 이루어지지 않으며 학교생활을 제대로 수행하지 않아 형식적 조작기의 과업을 제대로 이루어 내기 어렵게 되는 것이다. 따라서 이러한 학습 이외에 누적된 결손에 영향을 받지 않고 관계를 이룰 수 있는 방법은 외모에 신경을 쓰는 것이나 싸움, 학교 밖의 절도, 폭력 등과 같은 비행이라고 보는 것이다(노연순, 2014).

3) 도덕성발달이론

콜버그(1984)는 인지발달이론을 토대로 도덕적인 발달에 대한 깊이 있는 이론을 제시했는데, 아동 후기부터 성인에 이르기까지 도덕성발달을 인지이론에 바탕을 두고 크게 세 가지 단계로 제시하고 있다〈표 2-5〉.

표 2-5. 콜버그의 도덕성발달단계(3수준 6단계)

수준	단계	도덕판단의 특성
전인습수준	1단계 : 처벌회피 및 복종 지향	처벌을 회피하기 위해 권위자의 지시와 명령에 무조건 복종한다.
	2단계 : 도구적 이기주의 지향	자신과 타인의 욕구 충족이나 이익 추구를 중시한다.
인습수준	3단계 : 대인관계 조화 지향	타인을 의식하기 때문에, 자신의 행동이 타인에게 어떤 평가를 받을지에 민감하다.
	4단계 : 사회질서 유지 지향	규칙이나 법이 중요한 기준이 된다. 법이나 규칙은 절대로 어기지 말아야 한다고 생각한다.
후인습수준	5단계 : 사회계약 지향	규칙이나 법은 사회적 합의에 의해 만들어진 것이기에 변경이 가능함을 이해한다.
	6단계 : 보편적 윤리원칙 지향	보편적인 도덕 원리와 자신의 양심을 중시하며, 이에 위배되는 법이나 규칙은 지키지 않아도 됨을 이해한다.

첫째는 전인습수준으로 주관적 감정이 판단을 좌우하는 단계이며 이 단계에는 복종이 강조되며 권위자의 위력을 인지하고 벌을 피하기 위해 행동하는 벌과 복종중심의 단계와 자신에게 필요하고 원하는 것을 얻기 위해 행동을 하게 되는 쾌락주의

적이고 이기적인 도덕성 단계로 나누어질 수 있다. 두 번째 수준인 인습적 수준은 타인들의 인정을 받거나 사회질서를 유지하기 위해 규칙 및 사회적 규범에 복종하려고 노력하는 단계이다. 인습적 수준의 3단계는 타인들에게 착한 사람으로 인정을 받기 위해서 도덕적인 행동을 보이는 단계이고, 4단계는 사회적 질서를 유지하는 단계로 합법적인 권위를 가진 규칙들을 따르고자 도덕적 행동을 수행하는 단계이다. 마지막 수준인 후인습적 수준은 성별과 문화의 차이에 따라 도달하는 정도가 다른데, 이 단계에서는 성문법과 권위자의 명령에 대립되어 방대한 정의들의 원리에 의해 도덕적 행동이 결정되는 단계이다. 후인습수준의 5단계인 사회적 계약 지향단계는 법을 존중해야 할 사회적 계약으로 생각하지만 인간의 권리 혹은 존엄성을 손상시키는 법은 부당한 것으로 여기는 단계이며, 마지막 6단계인 보편적 윤리원칙 지향단계는 가장 높은 도덕단계로 양심에 대해 자신이 선택한 윤리적 원리들에 기초하여 행동의 잘잘못을 정의하는 단계이다.

청소년기를 도덕성발달이론에 비추어 해석하면 인습적 수준의 중반 이후부터라 할 수 있는데, 합법적인 권위에 대한 충분한 숙지 없이 4단계에 도달하는 것은 불가능하며 따라서 청소년의 비행행동은 합법적인 권위에 대한 충분한 인식이 부족하기 때문에 발생하는 것으로 본다(이수정, 2006).

4) 지능이론

지능(intelligence)이란 용어를 처음으로 사용한 사람은 19세기의 스펜서(Spencer)이다. 이후 지능에 대한 개념이 계속 발전하고 있으며, 지능에 대한 정의나 개념은 지능의 구성요인에 대한 학자들의 견해에 따라 상당히 차이가 난다. 학교폭력의 원인으로서의 지능이론은 학교폭력 혹은 비행을 행하는 청소년의 대표적인 특징 중 하나가 지능이 낮다는 것이다. 그러나 낮은 지능이 학교폭력 혹은 비행의 직접적인 원인이 아니라 낮은 지능으로 인해 법규를 잘못 이해하거나 자신이 저지른 행동의 결과를 예측하지 못하기 때문에 문제를 발생 시킨다고 보는 견해가 일반적이다.

여러 연구들에 의하면 낮은 지능과 비행과는 상관이 있는 것으로 보고되고 있다. 그러나 이와 같은 결과를 해석할 때 주의가 필요한데, 그 이유로 첫째, 지능과 비행과의 상관은 범죄의 종류별로 다르게 나타나고 있으며, 둘째, 비행으로 체포된 범죄자가 전체 범죄자를 대표할 수 없다는 한계를 지니고 있기 때문이다. 셋째는 범죄자 중 지능이 낮은 사람도 있지만 그 반대로 매우 높은 지능을 가진 자들도 매우 많기 때문이다.

그러나 지능검사를 통해 살펴보면, 비행청소년들은 동작성 지능에 비해 언어성 지능이 낮은 것으로 나타나고 있는데, 그 이유는 문제를 해결하는 방법이 비체계적이고 실패하는 일이 많으며, 추상적 사고가 뒤떨어지기 때문에 언어성 지능이 낮게 나타날 가능성이 높으며, 그 결과 비행행동으로 나타날 가능성이 높을 수 있다(이수정, 2006).

최근의 연구들은 자신과 타인의 정서상태를 잘 파악하고 합리적으로 사고하며 행동하여 환경에 대처할 수 있게 해주는 능력인 정서지능을 사회에 적응할 수 있는 중요한 개인적 변인으로 보고 있다. 정서의 'emotion'의 어원은 라틴어로 'motere'인데, 이는 '움직이다'의 의미이다. 여기에 '물러나다'를 의미하는 접두사 'e-'가 붙은 것으로, 행동을 의미하는 것이다(김현택 외, 2003). 인간의 삶에서 정서는 중요한 역할을 담당하고 있다. 정서는 인간이 행동을 준비할 수 있도록 한다. 예를 들어, 행복은 상황으로의 접근을 유도하고, 슬픔은 우리를 위축되게 하며, 공포는 그 상황에서 도망치도록 하는가 하면, 긴장은 어려움을 극복하도록 한다. 정서는 인생의 중요한 문제에서 우리가 환경과의 관계를 확립, 유지하거나 혹은 변화시키려는 준비성으로 표현된다. 최근 관심을 가지게 된 정서지능에 대해 메이어와 살로베이(Mayer & Salovey, 1997)는 정서지능이란 정서를 정확히 지각하고 평가하며 표현하는 능력, 사고를 촉진할 수 있도록 정서를 생성할 수 있는 능력, 정서와 정서 관련 지식을 이해할 수 있는 능력, 그리고 정서적·지적 성장을 촉진시키기 위하여 정서를 적절히 조절할 수 있는 능력이라고 정의하고 있다. 골먼(Goleman, 1995)은 정서지능을 다음과 같은 5가지 요인으로 구성되는 것으로 정리하였다〈표 2-6〉.

▮표 2-6. 골먼의 정서지능 5가지 요인

구분	내용
감성 인식	자신의 내적 상태에 지속적인 주의를 기울이고 스스로의 감정상태를 깨닫는 능력으로 감성지능의 핵심이다. 자신의 감정을 관찰하는 능력은 자신에 대한 심리적 통찰과 이해에 필수적이다. 이런 능력이 풍부한 사람은 자신의 인생을 보다 적절하게 이끌어 가며 개인적 결정의 순간에 어떤 감정을 가져야 하는지에 대한 정확한 감각을 가지고 있다.
감성 조절	주로 충동성이나 공격성 등의 자기감정을 통제하고 제어할 수 있는 능력으로 이런 능력이 풍부한 사람은 자신의 분노, 흥분, 우울, 불안을 쉽게 떨쳐버리고 좌절과 혼돈에서 빨리 벗어날 수 있지만 부족한 사람은 늘 괴로운 느낌에 시달린다. 감성 조절의 목적은 정서적 억압이 아니라 정서적 균형이 목적이다.
자기 동기화	난관에 봉착했을 때 어려움을 무릅쓰고 문제를 해결하기 위해 계속 노력하는 정서적 능력을 말하며 이런 능력은 주의집중, 동기부여, 자기정복, 창조에 필수적이다. 이런 능력이 많은 사람은 혼란스러운 상황에서도 보다 생산적이고 효율적으로 일을 한다. 자기 동기화의 하위요인은 집중력, 만족지연능력 그리고 낙관성이 있다.
감정이입 (공감)	타인의 생각이나 느낌을 대리적으로 느끼고 타인의 입장을 자신의 입장으로 받아들이고 이해할 수 있는 능력이다. 공감적인 사람은 돌보는 직업, 가르치는 일, 판매, 관리와 같은 일에 능력을 발휘한다.
대인관계기술	자신의 감정을 인식하고 스스로 조절하거나 타인의 감정을 아는 데만 그치는 것이 아니라, 타인의 감정을 조절하기 위하여 내가 할 일이 무엇인지를 알고 실천하는 능력이다. 이 능력은 우선 타인의 감정을 느끼고, 그에 대한 나의 감정을 인식한 후 내가 어떤 행동을 하는 것이 최선인지를 이해하고 나서, 실제 행동으로 실천에 옮기는 과정을 거쳐 이루어진다.

이와 같이 정서지능을 자신과 타인의 정서를 정확하게 평가하고 표현하며 긍정적인 방향으로 정서를 조절하는 능력이라고 한다면, 같은 스트레스 자극이라고 해도 받아들이는 사람의 정서지능 차이에 따라 대처하는 방식도 다를 것이라고 추측할 수 있다. 특히, 청소년들은 스트레스 상황에서 효과적으로 대처하는 능력이 부족하며 스트레스 상황에 직면했을 때 아무런 대처방식 없이 그대로 내버려두는 비현실적인 대처방식을 가장 많이 사용한다.

비행청소년들은 부정적 경향을 가지고 있고 이러한 인지의 특성으로 인해 문제 상황을 해결 지향적으로 다룰 수 없기 때문에 비행 및 정서상의 문제가 발생하게 되고 자신들이 충동적으로 저지른 비행에 대해 좌절하거나 위축될 뿐만 아니라 미래에 대한 부정적 측면이 많이 형성되며 이는 다시 사회적 기능을 수행하는 저해요인이 된다.

우울, 불안과 걱정은 스트레스의 하위개념으로 볼 수 있는데, 비행청소년집단에서 이들 부정적 정서의 수준이 높게 나타나며, 스트레스 상황에서 걱정에 불안이 수반되는 경우에 문제 중심적인 해결방안을 생각하더라도 이 해결방안이 효율적이라고 판단하기 어렵다. 따라서 적절한 대처를 할 수 없게 되어 불안과 걱정의 악순환에 빠지게 된다.

또한 사이코패스 성향을 가진 청소년들은 타인의 정서를 공감하는 능력이 현저하게 저하되어 있다. 타인의 기쁨과 같은 긍정적인 정서는 일반인들과 차이 없이 공감하지만 고통이나 슬픔, 분노와 같은 부정적인 정서는 일반인들에 비해 공감하는 능력이 현저히 저하되어 있다. 이런 이유로 사이코패스 성향을 가진 청소년들은 타인이 두려워하는 정서를 감지하지 못하며, 죄책감을 덜 느끼게 되는 것이다.

5) 성격이론

성격이론의 기본 가설은 비행과 범죄가 비정상적이거나 부적절한 성격적 특성을 지닌 사람에 의해서 일어나는 것으로 보는 것이다. 즉, 충동성, 공격성, 감각 추구, 반항, 적대성 등의 일탈적 특성의 표출로 본다. 다시 말해, 성격이론에서는 성격적으로 성숙되어 있지 못하거나 성격의 구조가 왜곡되어 있어 사회생활에서 자기능력을 발휘하지 못하거나 적응하지 못하며 대인관계에 문제를 야기할 뿐만 아니라 사회적 준거나 규범에서 일탈된 행동을 하는 것을 말한다. 이들의 성격장애는 심하게 체질화되어 있고 확고하며 융통성이 없기 때문에 자신과 환경에 대한 지각이나 관계 맺음에 있어 비적응적 양상을 보여 타인에 대한 배려나 이해심이 없고 관계되는 사람을 화나게 만들어 결국 관계 악화라는 악순환을 되풀이하게 된다. 성격의 유형에 따른 특성은 표 2-7과 같다.

▌표 2-7. 성격의 유형에 따른 특성

구분	내용
편집성 성격	편집성 성격의 특징은 타인에 대한 지속적인 불신과 의심이다. 항상 타인의 행동에서 숨겨진 동기와 의미를 찾고자 하며 자신을 괴롭히고 착취하고 해치려한다고 예상하여 그 증거를 탐색한다. 이들은 예민하고 의심과 질투심이 많으며 논쟁을 잘하고 늘 긴장되어 있다. 또한 자신의 어려움을 남의 탓으로 돌리고 자신의 책임이나 잘못을 받아들이지 않는다.
조현성 성격	조현성 성격은 타인과의 관계 형성능력과 적절히 반응하는 능력에 심각한 장애가 있어 사회적 관계를 형성하지 못한다. 이들은 사회적 참여에 관심이 없고 타인의 칭찬, 비난에 무관심하며 극도로 내성적이고 빈약한 정서를 가지고 있어 다른 사람이 볼 때 괴팍스럽고 외톨이로 보인다.
조현형 성격	조현형 성격은 사고, 인지대화, 행동에서 오랫동안 지속된 기이함이 그 특징이다. 또한 이들은 특이한 지각과 사고과정을 가지고 있어 기괴한 환상이나 어린 시절의 선입관, 마술적 사고, 관계망상, 피해의식, 착각, 이인증을 나타내며 일반 사람들이 보기에도 행동, 사고, 지각, 의사소통에 괴이성이 나타나 사회적 기능과 직업적 기능에 한계를 가져오며 사회적 고립상태가 된다.
반사회성 성격	반사회적 성격장애는 무책임하고 반사회적 행동과 타인의 권리를 해치는 행동을 지속적으로 보인다. 이들은 지적 능력의 장애나 사고장애는 보이지 않는다. 그러나 지나치게 자기 중심적이며, 거짓말을 하고 남의 물건을 훔치며, 남의 약점을 협박한다. 또한 냉담하며, 냉소적이고 타인의 감정이나 권리, 고통을 무시한다. 이들은 현재의 문제나 미래에 대한 현실적 관심이 결여되어 있고, 감정이입의 결여, 과도한 자기주장을 하는 것이 특징이다. 반사회적 성격장애는 범죄, 공격적 행동이 일반적으로 드러나는 감옥이나 법정 같은 곳에서 두드러지게 나타난다.
경계성 성격	경계성 성격은 정서, 행동 및 대인관계의 불안정과 주체성의 혼란으로 모든 면에서 변동이 심한 이상 성격이다. 이들은 평상시에도 기분의 변동이 심하여 대인관계가 불안정하고 강렬하며 의존과 증오심을 동시에 가지고 있어 행동 면에서도 매우 돌발적이고 통제력이 상실되어 예측할 수 없다. 타인으로부터 동정과 분노의 표시 그리고 자신의 불안정한 정서를 가라앉히기 위해 자해행위, 자살위협을 하기도 한다.
연극성 성격	남자보다 여자에게서 더 명확히 나타나는 이 성격은 자신에 대한 관심을 지속적으로 끌고 싶어하고 작은 일에도 흥분된 정서적 반응을 보이는 것이 특징이다. 이들은 외향적이고 자기 중심적, 자기 과시적이며 허영심이 많다. 또한 대인접촉은 처음에는 강력하고 맹목적이나 일단 관계가 형성되면 매우 요구가 많고 무성의하며 자기 중심적이 되고 자신의 소망이 만족되지 않으면 괴로움과 소외, 우울증에 빠지게 된다.

구분	내용
자기애적 성격	자기애적 성격은 자신의 중요성과 능력에 대해 매우 과장된 인식을 가지고 있어 자신의 재능, 성취도, 중요성을 과장하거나 행동으로 표현하며, 타인들로부터 존경과 찬사를 받고자 하는 과대 망상적 요구를 가지고 있다. 따라서 자신에 대한 비판에 매우 예민하여 사소한 일에도 심한 분노, 수치심, 모욕감, 열등감, 공허감 등 과장된 반응을 일으키며 또한 이들은 타인의 입장을 이해하는 감정이입의 기능이 결핍되어 냉정하고 잔인하면서도 죄책감을 느끼지 않고 행동한다.
회피성 성격	회피성 성격의 특징은 사람들과 새로운 경험, 나아가 자신이 익숙한 것들까지도 회피하고자 한다. 또한 이들은 남들로부터 모욕, 수치, 거절, 배척당할 것 같은 사회적 상황에 대해 극도의 예민성과 두려움을 가지고 있다.
의존성 성격	의존성 성격을 가진 사람은 독립적 기능을 발휘하지 못하고 자신의 욕구를 타인의 욕구에 계속 의존하며 자신의 삶의 주요한 영역에 대한 책임을 타인에게 지우고 자신감이 결여되어 혼자 있을 때 심하게 괴로움을 느낀다. 이들은 염세적이고 수동적이며 성격, 공격적 느낌을 표현하는 데 두려움을 가지고 있는 것이 특징이다.
강박성 성격	강박적 성격을 지닌 사람은 초자아(superego) 기능이 매우 엄격하여 감정적 억제, 규칙성, 고집, 완고함, 책임감을 과장되게 느껴 완전주의를 추구한다. 일과 생산성을 즐거움보다 중요하게 생각하지만 사소하고 세부적인 것에 마음이 사로잡혀 아무리 우수한 결과도 이들을 만족시키지 못하며 타인들에 대해서도 이러한 완벽을 요구하므로 대인관계를 저해한다.

성격이론에서는 표 2-7에서와 같이 다양한 유형의 성격장애를 가지고 있는 경우 학교폭력 혹은 비행의 가능성이 높아진다고 가정한다. 최근 들어 반사회적 성격장애를 가진 사람이나 사이코패스 등으로 범죄행동을 설명하는 것이 매우 타당하게 받아들여지고 있다. 이는 매우 지속적인 특징으로 청소년기의 비행행동을 설명하는 데 있어 제한적이지만 평생지속형 범죄자의 청소년기의 범죄를 설명하는 데에는 유용하다. 이들은 매우 어린 시절부터 문제행동을 보였기 때문에 대인관계 기술을 학습할 기회가 없었으며 학교나 또래 친구들과의 생활에서도 부적응적인 행동을 보여 그들의 대인관계는 자신과 유사한 비행청소년으로만 제한되게 되는 것이다.

청소년기 제한형은 정신병리학적 문제가 없어 아동기에는 정상적인 대인관계를 맺고 문제를 보이지 않다가 청소년기에 들어서 비행을 저지르게 되는데, 이는 성인과 유사한 성숙에도 불구하고 제한된 행동양식에 따른 불만 등의 표출이라고 볼 수 있다. 그러나 이들은 성인이 되면 더 이상 갈등을 겪지 않기 때문에 비행을 하지 않게 되는 것이다. 이들은 어린 시절 정상적인 사회화를 거쳤기 때문에 쉽게 사회에 적응할 수 있다(Moffit, 1993).

그리고 비행청소년의 상당수가 충동적인 경향을 특징으로 하고 있는데, 이러한 충동적인 특징을 설명할 수 있는 것이 주의력결핍 과잉행동장애(ADHD)이다. 이들은 매우 산만하고 부주의한 행동을 할 뿐만 아니라 자신의 행동을 통제하지 못한다. 이러한 특징들은 시간이 지나면서 학업 부진, 반사회적 행동 야기 등의 청소년 문제를 일으키는 원인이 되기도 한다. 일반적으로 ADHD는 유전적 요인이나 뇌 손상 등의 생물학적 요인과 부모의 성격이나 양육방식과 같은 심리사회적 요인이 복합적으로 작용하여 유발되는 것으로 여겨지고 있다, 특히, 청소년기까지 장애가 지속되는 경우 품행장애로 발전될 가능성이 매우 높다. 결국 이러한 행동은 학교나 사회에 적응할 수 없게 하며 어른들에게 인정받지 못하게 되어 다시 품행장애를 일삼는 등의 악순환을 하게 되는 것이다(노연순, 2014).

6) 욕구좌절이론

욕구의 좌절이란 바라는 목표의 달성이 방해되거나 막히는 경우를 말하며, 욕구의 좌절은 분노를 유발하고 공격과 폭력을 초래할 수 있다. 이러한 욕구의 좌절이 폭력행동에 영향을 미친다는 연구들은 이미 밝혀진 사실이다. 예를 들어, 바커(Barker), 뎀보(Dembo), 레빈(Lewin)의 고전적 연구에서 눈앞에 있는 장난감들을 가지고 노는 것을 저지당한 아동들은 나중에 장난감을 가지고 놀도록 허용되었을 때 장난감을 바닥에 던지거나 벽에 집어던지는 등의 매우 파괴적인 행동을 보이는 것으로 나타났다. 또한 민츠(Mintz)는 1882년에서 1930년 동안에 미국 남부지방에서 목화 값과 린치의 발생 빈도 간의 관계를 조사하였는데, 목화 값이 비쌌을 경우에는 린치가 적었으나 목화 값이 쌌을 경우에는 린치의 빈도가 높았음을 발견하였다. 이 이론가들은 공격행위는 욕구의 좌절에서 비롯된다고 설명한다. 즉, 좌절감에서 공격적인 행위가 유발되고 공격적인 행위는 반드시 좌절감을 전제로 한다는 것이다(김왕열, 2006).

좌절감이란 목적이 이루어지지 않아 자신감이 낮아지는 것을 의미한다. 좌절감은 외부적으로 개인이 좌절을 느끼도록 하는 조건 그 자체를 의미하는 것이기 때문에 어떤 외부조건에 대한 개인의 반응을 가리키는 것은 아니다. 좌절감이 생겨남으로써 공격행위가 유발되는 것으로 이때 공격적인 반응은 처벌을 통해 약화될 수 있다. 상대를 공격하게 되면 처벌이 반드시 수반된다는 사실을 학습하게 되면 그 공격적인 반응의 정도는 줄어든다(연성진, 2000).

우리나라 청소년들은 급격한 사회변화와 입시 위주의 학교교육에 매진해야 하는 반면 이들이 누려야 할 문화적 혜택이나 청소년 문화의 부재로 인해 이중의 어려움을 겪고 있다. 또한 가정의 기능 약화로 인한 심리적 갈등은 우리 청소년들의 욕구불만과 좌절을 더욱 크게 느끼게 만들고, 결과적으로 학교폭력의 증가에 영향을 미치는 요인이 된다(노연순, 2014).

3 사회환경이론

학교폭력의 원인을 설명하고 있는 사회환경이론은 크게 6가지의 관점으로 설명할 수 있다. 즉, 사회학습이론, 아노미이론, 사회통제이론, 차별접촉이론, 하위문화이론 및 낙인이론이다.

1) 사회학습이론

사회적 상황 속에서 행동의 학습에 관심을 가진 반두라(Bandura, 1977)와 미셸(Mischel, 1979)은 잘 알려진 사회학습이론가이며 환경론자이다. 그들에 의하면 다른 사람들이 하는 행동이 주위 환경에 대한 중요한 정보가 되기 때문에 관찰학습의 중요성을 강조하였다. 또한 사회학습은 인간의 행동이 사회적 상황 속에서 개인의 내적 과정과 환경적 영향 사이의 상호작용을 통하여 결정된다고 보았다.

인간은 사회적 동물이고 사회를 통해서 학습하고 사회 속에서 살아가므로 인간행동의 대부분이 학습된 행동이라고 보는 것이 사회학습이론의 초점이며, 인간의 행동은 타인의 행동을 관찰하고 모방함으로써 새로운 행동을 획득하게 된다고 가정한다. 따라서 타인을 모방하려는 경향성이 강한 청소년들은 모방 대상이 폭력적 행동을 하게 되면 그것을 쉽게 모방하는 경향이 있다. 특히, 모방의 대상이 되는 타인이 더 중요하고, 힘이 있고, 성공적이며, 호감이 가는 것으로 지각될수록 모방의 경향은 더 강해진다(김왕열, 2006). 따라서 사회학습이론에서는 청소년들의 학교폭력은 다른 사람 혹은 대중매체를 통해 타인의 폭력적 행동을 관찰하고 모방하여 새로운 폭력행동의 기술을 습득하고, 폭력행위에 대한 자제력이 떨어져서 양심의 가책이나 죄의식 없이 폭력을 사용할 수 있게 된다고 주장한다. 즉, 타인의 공격적 행동을 모방하여 그 수준을 높이게 되면 그 행동은 더욱더 가속화, 지속화되어 문제해결 방법으로 폭력적 행동을 지속적으로 사용하게 된다는 것이다(서미경, 2007).

2) 아노미이론

아노미이론은 뒤르켐(Durkheim)에 의해 무규범 혹은 무규제 상태를 의미하는 아노미라는 개념이 정립되기 시작하여 머튼(Merton)에 의해 일탈행위, 즉 문제행동에 대한 아노미이론으로 발전하게 되었다. 이 이론의 특징은 학교폭력의 원인을 사회구조적 측면에서 찾는다는 것이다. 뒤르켐은 현대사회는 사회통합력이 약화되어 구성원의 감정에 대한 억제력이 상실되고 무규범에 가까운 상태가 되는데, 이런 상태가 바로 범죄를 유발하는 원인이 된다고 주장한다.

아노미이론은 문화적으로 규정된 성공과 행복이란 삶의 목표와 그 목표를 합법적으로 달성할 수 있는 제도화된 수단과의 모순, 불일치가 문제행동의 동기를 부여한다고 주장한다. 즉, 문화적 이상 혹은 목표와 이를 실현할 수 있는 경제적 기회구조가 통합되지 않은 사회에서는 개인적 목표와 수단의 괴리가 불가피하고 이와 같은 목표, 수단 간의 괴리를 규범체계의 와해 혹은 문제행동을 저지르게 하는 구조적 압력으로 작용한다고 본다.

머튼은 사회구조적인 입장에서 가난과 범죄는 연관이 있다는 사실을 밝혀내고 있으며, 그는 사회를 구성하는 기본적인 기둥을 문화구조와 사회구조의 개념으로 파악하고 있다. 비교적 안정된 사회에서는 문화구조와 사회구조 사이에 괴리가 없으나, 안정되지 못한 사회에서는 두 구조 사이에 괴리가 발생한다. 특히, 위계서열에서 불리한 위치를 차지하고 있는 사람들은 이러한 괴리를 더욱 많이 느낄 수 있다는 것이다.

이 이론에 의하면, 가난한 집안에서 태어났기 때문에 사회구조적으로 매우 불리한 입장에 있는 청소년들은 그들이 원하는 지위를 사회적인 배경 때문에 성취할 기회가 상대적으로 제약되어 있어, 목적을 비행과 범죄라는 수단을 통해서 얻어내려고 행동하게 된다는 것이다.

3) 사회통제이론

인간의 공격성과 폭력을 설명하는 이론 중 사회적 통제이론은 인간의 공격과 폭력행위는 사회적 통제를 통하여 더욱 강화되거나 조장될 수 있다는 견해이다. 허시(Hirschi)는 "개인이 사회에 대한 유대가 약해졌거나 끊어졌을 때 비행행위가 발생한다"고 주장한다. 즉, 모든 사람은 규범을 준수하기보다는 규범을 위반할 가능성을 가지고 있다고 본다. 이는 성악설적인 입장의 인간관에서 사람이 규범을 어기고 싶은 충동은 항상 누구에게나 있지만 사회통제와 유대를 가지고 있기 때문에 이를 어기지 못한다는 것이다. 그러나 이러한 유대가 약해지거나 끊어지면, 즉 사회통제가 개인에게 영향력을 행사하지 못하게 되면 그 개인은 거의 자동적으로 규범을 어기게 된다는 이론이다.

허시(1969)는 개인의 사회에 대한 유대를 네 가지 차원, 즉, 사회적 결속은 애착, 위탁, 참여, 신념으로 구분하고 있으며, 각각의 사회적 결속이 강할수록 비행을 하지 않게 될 것이라고 설명한다〈표 2-8〉.

표 2-8. 허시의 사회 유대의 네 가지 차원

구분	내용
애착 (attachment)	애착은 개인이 다른 사람이나 집단의 견해와 감정에 대해서 관심을 기울이는 정도와 개인이 다른 사람이나 집단에 대해서 느끼는 심리적·정서적 관심을 의미한다. 즉, 부모, 학교 및 친구와의 관계를 말하는데, 특히, 부모와의 애착이 가장 중요한 것은 부모의 행동이 그들 자녀의 역할모델이 되고 사회화를 형성하는 기초가 되기 때문이다.
위탁 (commitment)	위탁은 대학에 가고 싶은 열망과 높은 지위의 직업을 얻는 것과 관련된 것으로, 관습적인 규범에 대한 확실한 투자를 말한다. 다시 말해, 만약 사람들이 생활번영 및 평판에 대해서 강력히 위탁을 할 경우에 그들은 자기네 지위를 위태롭게 할 제반행동을 하지 않게 된다. 즉, 인습적인 규범에 대한 위탁부족이 비행과 같은 위기를 끌어들이는 행동 대안이 된다는 것이다.
참여 (involvement)	참여는 사회적으로 성공과 지위를 얻는 데 필요한 인습적인 활동에 참여하는 것을 말한다. 이러한 인습적인 활동에 깊이 참여하면 비합리적인 행동을 할 여유를 갖지 않게 된다. 예를 들어, 학교생활과 각종 레크리에이션 및 가정생활에 적극 참여하거나 장래의 목표에 대한 그들의 부단한 활동이 비행을 예방하게 된다.
신념 (belief)	신념은 중심사회 가치관인 인습적 가치관의 수용을 말하는 것으로 통제이론의 논리상 아무리 이성이 강해도 관습적인 신념이 약해지면 비행의 가능성이 증대되는 것이다.

사회통제이론은 인간이 어떤 문화에 구속되어 행위를 강요받게 된다는 점을 부인하면서 청소년을 둘러싸고 있는 사회통제가 약화되었을 때 폭력과 같은 일탈행위가 일어난다고 설명한다. 예를 들어, 사회유대를 강조하는 이론에 의하면 청소년은 규범을 어기고 싶은 충동이 항상 있지만 사회유대에 의해 이러한 충동이 억제된다. 그러나 사회유대가 약해지거나 끊어지면 거의 자동적으로 폭력과 같은 일탈행위가 발생한다는 것으로 설명할 수 있다(박기민, 2000).

4) 차별접촉이론

차별접촉이론은 미국의 서더랜드(Sutherland, 1996)에 의해 창안된 이론으로서 지금까지의 비행이론 중 가장 많은 주목을 받고 있고 실제 적용도가 높으며 비행 사회화에 관한 문화전파이론 중 가장 영향력이 있는 이론이다. 이 이론에서는 인간의 행동은 환경이나 상황에 따라 달라지는 유동적인 것으로 보며 모든 행동을 학습된 것으로 파악한다. 따라서 비행도 학습된 것으로 보며 비행의 학습은 초기에는 사소한 비형식적인 집단에서 이루어지다가 나중에는 집단적 경험의 형태로 발전해 간다는 것이다.

서더랜드 이론의 주장을 요약해 보면 다음과 같다. 첫째, 모든 비행행동은 학습된 것이다. 둘째, 비행행동은 다른 사람들과 의사소통하는 과정에서 상호작용을 통하여 학습된다. 셋째, 비행행동에 대한 학습과정의 주된 기회는 사적인 집단 내에서 이루어진다. 넷째, 학습되는 비행행동 내용은 비행행위에 필요한 기술뿐만 아니라 비행에 대한 충동, 동기, 추진력, 합리화 그리고 태도까지 포함된다. 다섯째, 자신의 비행행동을 합리화해 주는 태도와 동기의 학습은 법규범에 대한 긍정적, 혹은 부정적 정의의 관념으로부터 결정된다. 여섯째, 인간은 법 위반에 있어서 법률위반을 억제하는 분위기보다 법률 위반을 촉구하는 분위기가 더 팽배할 때 청소년은 비행자가 된다. 일곱째, 정상행동과 비행행동과의 접촉 차이에 있어서 비행의 빈도, 지속기간, 우선순위, 그리고 강도는 비행에 있어서 결정적인 요인이 된다. 여덟째, 비행 양식과 정상적 행위 양식과의 접촉을 통해서 비행행동을 배우는 과정은 다른 모든 인간의 학습과 마찬가지로 복잡한 학습과정을 포함한다. 아홉째, 비행에 대한 욕구나 가치가 반드시 정상행동의 욕구나 가치에 의해 설명되지 않는다(노연순, 2014).

결론적으로 비행행동이란 다른 사회적 행동과 마찬가지로 사회적 상호작용의 과정에서 학습된 행동이며, 인간은 비행 문화 또는 위법적 기회와의 접촉을 정상적인 문화의 접촉을 능가할 때 비행자가 된다는 것이다. 즉, 가난한 사람들이 살고 있는 지역의 문화가 그 지역의 청소년들에게 학습된다는 것이다. 따라서 범죄행위란 범죄적인 행동양식에 동의하고 이를 지지하는 집단 내에서 정상적인 학습을 통하여 획득한 행동양식의 표현이며, 이는 합당한 이유가 있고 이해할 수 있는 행동으로 볼 수 있다고 주장한다.

5) 하위문화이론

하위문화이론은 코헨(Cohen)이 대표적인 학자로서 하위문화를 이해하려는 입장이다. 즉, 어떤 집단의 기대에 부응하려는 노력을 하는 과정에서 비행행동이 나타나거나 혹은 비행행동이 나타나지 않게 된다는 것으로, 하위 사회의 문화적 특성이 어떻게 비행행동에 영향을 미치는지에 대해 초점을 두고 있는 이론이다.

코헨에 의하면 사회에는 각 계층의 모든 구성원들이 공유하는 중심문화가 있으며, 중류층의 가치관을 중심으로 형성된 중심문화와 하층계층의 문화와는 갈등이 존재하게 된다. 이런 중간계층의 가치관이 지배하는 제도는 학교인데, 학교에서의 경쟁에 실패한 사람과 중심문화에 귀속되지 못한 하층계급의 청소년들은 심각한 긴장상태를 나타내게 된다. 결국 그들은 중심문화에 반발하여 자신들의 가치관을 합리화, 정당화하기 위해 집단을 형성하게 되고 그 집단을 강화하여 중간계급의 가치관에 대항하게 되며 이것이 곧 비행집단을 형성하게 된다는 것이다. 하위문화이론은 사회구조를 강조하면서도 인간은 그가 속한 집단의 문화, 즉 하위문화를 학습하는 것으로 볼 수 있으며, 폭력 역시 이러한 하위문화의 학습에 근거하고 있다고 보는 것이다(정옥경, 2001).

사람들이 곤란한 상황에 처했을 때 대응하는 방법에는 폭력적인 것과 비폭력적인 것이 있을 수 있다. 같은 상황이 문화적 환경에 따라 폭력적인 대응을 취하는 방향으로 해석될 수 있다는 것이 하위문화의 주요한 골자라고 한다면, 폭력적인 하위문화에서 해석되는 폭력의 의미는 비폭력적인 문화에서 해석되는 것과는 다를 수 있다. 예를 들어, 친구 간의 사소한 말다툼 끝에 주먹이 오갔을 때, 폭력적인 하위문화가 지배적인 사회에서는 그 정도의 주먹질은 폭력이라고 해석하지 않고, 오히려 남자다운 행동으로 해석할 가능성이 매우 높다. 한편, 비폭력적인 문화에서는 어디까지나 대화로 해결해야 되며, 아주 사소한 주먹질이라도 육체적인 싸움은 야만적이고, 비합리적인 해결방법으로 간주될 가능성이 높다. 즉, 같은 행동이 문화에 따라 다르게 해석될 수 있는 것이다(노연순, 2014).

하위문화이론은 사회구조를 강조하면서도 인간은 그가 속한 집단의 문화, 즉 하위문화를 학습하는 것으로 보며, 폭력행동 역시 이러한 하위문화의 학습에 의한 것으로 해석한다. 따라서 빈곤계층의 청소년들은 가정이나 또래집단에서 배운 행동양식과 학교나 사회에서 요구하는 행동양식 사이에서 긴장과 갈등을 느끼며, 이것이 폭력행동 등의 일탈행동으로 연결될 수 있기 때문에 행동양식 사이의 긴장을 해소시켜주는 것이 폭력예방대책이 될 수 있다고 주장한다.

6) 낙인이론

사회적 상호작용론(social interaction theory)에 기초한 낙인이론(labelling theory)은 비행행동 자체보다는 어떤 행동이 비행으로 낙인찍히는 과정에 초점을 둔 이론이다. 즉, 비행은 객관적으로 존재하는 것이 아니고 어떤 사람이 저지르는 행위를 비행으로 규정하는 사람들의 낙인행위로부터 비롯되는 것이다. 이처럼 낙인이론은 비행에 대한 사회적 반응을 중시하므로 사회반응이론(social reaction theory)으로 불리기도 한다. 낙인이론의 가정은 첫째, 최초의 비행은 다양한 요인들에 의해 야기되면서, 둘째, 비행을 반복하게 되는 근본요인은 비행이라는 공식적인 낙인에 의해서이고, 셋째, 공식적인 낙인이 자아상을 비행자로 변경시키기 때문에 계속 비행을 하게 되며, 넷째, 낙인은 비행 자체보다 연령, 성별, 인종, 사회계급 등의 기준에 의존하는 경향이 강하다.

낙인이론은 개인의 어떤 행위를 일탈·비행행동이라고 낙인하는 사회집단의 반응과정이 무엇인지에 대한 분석에 초점을 두고 있다. 즉, 일탈·비행현상은 그 행위 자체에 의해서 일탈·비행성이 결정되는 것이 아니라 일탈·비행은 사회집단이나 제3자가 한 개인이나 특정 집단의 행위를 일탈이라고 명명해서 부과해 놓은 사회적 지위라는 것이다. 따라서 낙인이론은 범죄나 일탈을 행위에 내재되어 있는 속성으로 파악하는 것이 아니라 그 행위에 대해서 타자로부터 부여된 특성으로 파악한다. 다시 말해서, 낙인이론에 의해서 설명될 수 있는 현상은 행위의 원인이나 발생과정이 아니고 어떤 행위가 일탈이라고 인지되거나 규정되어 일탈자라는 낙인을 부여받게 되는 일련의 과정에 중점을 둔다.

낙인이론가들(Becker, Thomas, Tannenbaum & Lemert et al.)의 낙인이론적 입장을 요약했을 때 일탈의 형태는 대체로 4가지 형식으로 나타난다〈표 2-9〉.

표 2-9. 낙인형태와 정체성의 형태 중심으로 분류된 일탈자유형

정체성 \ 낙인		낙인의 유형	
		공식적 낙인	비공식적 낙인
정체성 유형	일탈적	공식적으로 낙인된 일탈적 유형(예 : 정신병자)	비공식적으로 낙인된 일탈적 유형(예 : 동성연애자)
	비일탈적	공식적으로 낙인된 비일탈적 유형(예 : 낙제생)	비공식적으로 낙인된 비일탈적 유형(예 : 미혼모)

낙인은 일종의 사회적 지위와 같은 역할을 하며 일탈자는 처음에 인정하지 않지만 사회적으로 낙인의 반응이 계속되면 그 사람은 범죄를 저지를 가능성이 높아지게 된다. 학교폭력 역시 비슷하게 생각할 수 있다. 예를 들어, 심각한 폭력이 아니더라도 사회나 학교에서 폭력을 저지르는 학생으로 낙인되면 그렇게 부여된 학생은 정말로 폭력을 행사하는 학생이 된다는 것이다. 이러한 낙인이론은 청소년의 폭력행동에 대한 지도에도 중요한 시사점을 줄 수 있다. 사실 학교생활에서 대부분의 경우에 일어나는 폭력적 행동에 대한 깊은 이해 없이 해당 학생을 폭력학생으로 낙인을 찍게 되면, 그 학생은 정말로 폭력학생이 될 가능성이 커지게 되기 때문이다(조영달, 1997). 이 이론의 시사점은 폭력학생의 지도에서 폭력행동으로 규정할 때에는 신중해야 하며 더불어 학생들의 폭력행동에 대해 깊은 이해가 있어야 한다는 점이다.

4 가정환경과 학교환경이론

1) 가정환경이론

인간은 출생과 동시에 한 가족의 일원이 되어 성장하며 가족구성원으로서 생활한다. 가족은 자녀를 양육하고 가르치며 가족구성원에게 정서적 안정과 지원을 제공함으로써 아동의 발달에 가장 큰 영향을 주는 사회체계이다. 가족은 인간에게 가장 근접한 사회환경으로서 인간발달에 지대한 영향을 끼치기도 한다(박선환, 2010). 이와 같이 가족관계는 아동 및 청소년기 자녀의 정신건강과 밀접한 관계가 있다. 특히, 부모와 청소년 간의 대화 부족, 부모에 대한 자부심 부족 등이 청소년 비행과 관련이 있다(김재엽, 정소연, 1997).

사회가 산업화되어 감에 따라 가정의 유형도 대가족으로부터 점차 핵가족화되고 가정의 교육적 기능도 약화되었다. 부모의 부적절한 양육태도, 일관성 없는 훈육방법, 부모의 불화 또는 결손, 가정의 경제적 빈곤 등이 폭력행동을 유발하는 원인이 되고 있다. 특히, 부모와 자녀 간의 대화 부족, 강압적이고 일관성이 결여된 부모의 자녀 양육방식, 가정폭력 경험이 주 영향을 끼치는 요인들이다.

2) 학교환경이론

아동 및 청소년에게 있어서 학교는 가정 다음으로 중요한 의미를 갖는 장소이다. 학교는 아동 및 청소년으로 하여금 사회의 구성원으로서 갖추어야 할 지식과 기술, 가치관을 습득하는 곳으로서 학교의 요소 중 친구관계나 선생님과의 관계가 청소년에게 중요한 영향을 미친다고 연구된 바 있다. 학교생활 부적응으로 불안, 우울 및 신체 증후 등의 부적응을 경험기도 하며(한덕웅 외, 1992), 학교생활 적응의 어려움을 경험하는 학생은 학교생활이 원만하지 못하고 각종 정신적인 문제를 경험하기도 하는 것으로 나타났다(김수영, 2004; 류진혜, 현숙자, 2003; 송만익, 정윤애, 2001; 이영선, 2004). 이런 이유로 최근 많은 연구자들이 학교생활 부적응에 영향을 미치는 요인을 밝히려는 연구에 많은 관심을 기울이고 있다.

특히, 성적 위주의 교육문화와 교육환경은 학생들에게 원만한 인간관계를 형성하는 데 필요한 사회적 기술이나 타인을 배려하고 상대방의 입장을 이해하는 방법에 대한 교육을 소홀하게 한다. 더불어 교사의 무관심과 부적절한 지도방식, 과대 학교 과밀 학급 등이 학교폭력의 원인으로 작용하고 있다.

03
학교폭력 발생 시 지도방안

배울 내용

1. 학교폭력 처리 절차
2. 학교폭력 발생 시 초기 대응
3. 학교폭력 상담의 유의사항

학습목표

1. 학교폭력 처리 절차를 이해하고, 각 절차에 맞는 대처능력을 함양한다.
2. 학교폭력 발생 시 초기 대응에 대해 설명할 수 있다.
3. 학교폭력 상담 시 유의해야 할 사항을 인지하고, 상담기술을 익힌다.

개　요

학교폭력의 심각성은 사회적으로 매년마다 크게 이슈화되고 있는 문제 중의 하나이며, 2013년 정부 정책에서 '4대 근절 악'의 항목에 학교폭력이 포함될 정도로 지속적으로 문제화되고 있는 실정이다. 2003년에 발의되어 「학교폭력 예방 및 대책에 관한 법률」이 따로 시행되고 있으며, 학교폭력에 관한 이론과 실제 상황에 대한 개입 방안들에 대한 많은 연구들이 진행되어 왔다. 학교폭력에 있어 가장 중요한 것은 학교폭력을 예방하는 것이지만 학교폭력이 발생했을 경우 신속하게 대응하여 2차적인 피해를 방지하려는 노력도 매우 중요하다. 따라서 본 장에서는 학교폭력 처리 절차, 학교폭력 발생 시 초기 대응 및 학교폭력 상담 시 유의해야 할 점과 기술들을 살펴보고자 한다.

학교폭력이 발생하면 신속하고 객관적으로 사안을 처리하는 능력이 매우 중요하다. 왜냐하면 2차적인 학교폭력을 예방할 수 있기 때문이다. 따라서 본 장에서는 학교폭력의 처리절차, 학교폭력 발생 시 초기 대응 및 학교폭력 상담에 대해 자세하게 살펴보고자 한다.

1 학교폭력 처리 절차

학교폭력은 예방이 최우선이지만 만약 학교폭력이 발생한다면 법령에 근거한 절차에 따라 신속하고, 적극적으로 대응하는 것이 매우 중요하다. 먼저 교육부(2013)에서 제시하고 있는 학교폭력 사안처리 10대 유의사항을 살펴보면 표 3-1과 같다.

표 3-1. 학교폭력 사안처리 유의사항

1. 학교폭력 사안이 발생할 경우 공정하고 객관적인 자세를 끝까지 견지한다.
2. 학생과 학부모의 상황과 심정에 대한 이해와 공감을 통해 신뢰를 형성하고, 불필요한 분쟁이 추가적으로 발생하지 않도록 한다.
3. 적극적인 자세로 학교폭력 사안 처리를 위해 노력하고, 축소·은폐하거나, 성급하게 화해를 종용하지 않도록 한다.
4. 학교폭력 사안조사는 가능한 한 수업시간 이외의 시간을 활용한다.
5. 학교폭력 사안은 반드시 학교폭력대책자치위원회에 회부한다.
6. 전담기구의 조사 및 자치위원회 조치 결정 시 관련 학생 및 보호자의 의견을 반드시 청취한다.
7. 자치위원회 결과는 학교장 명의로 서면통보하고, 이때 재심 등 불복절차를 안내한다.
8. 자치위원회 회의록 및 사안조사 자료는 비공개를 원칙으로 한다(단, 관련 학생 및 학부모가 회의록 공개를 요청하는 경우에는 「학교폭력 예방 및 대책에 관한 법률」 제21조에 의해 개인정보에 관한 사항을 제외하고 공개하여야 함).
9. 동일한 사안에 대하여 재심 성격의 자치위원회는 개최하지 않는다.
10. 성범죄 관련 사안을 인지한 경우 모든 경우에 예외 없이 수사기관에 즉시 신고한다.

표 3-1에서 보는 것과 같이 학교폭력이 발생하면 공정하고, 신속하게 그리고 「학교폭력 예방 및 대책에 관한 법률」에 명시된 절차에 맞도록 대응하는 것이 무엇보다 중요하다. 또한 학생과 학부모의 이해와 공감을 통해 추후 불필요한 분쟁이 없

도록 하는 것도 중요하다. 학교폭력 처리과정에 관한 전반적인 과정은 그림 3-1과 같다.

출처 : 교육부(2013). 학교폭력 사안처리 및 초기 대응 절차. p.2.

▮그림 3-1. 학교폭력 처리과정

그림 3-1에서 보는 것과 같이 학교폭력 처리과정은 크게 세 가지로 구분할 수 있는데, 즉 사전 예방활동, 사안처리 및 사후관리로 나눌 수 있다. 먼저 학교폭력

에 있어 가장 중요한 단계로 사전예방활동이다. 여기에는 예방교육, 예방활동, 학교폭력 징후 파악 및 학생상담활동이 포함된다. 둘째, 사안처리단계로 학교폭력에 대한 사안인지, 신고접수, 초기 대응, 긴급조치, 사안조사, 자치위원회 심의·처분결정, 처분통보·이행 활동이 포함된다. 셋째, 사후관리단계에서는 피해학생의 적응지도, 가해학생의 선도 및 재발방지를 위한 노력 등이 포함된다. 그리고 학생 측 처분불복에 의한 재심, 행정심판·소송 등이 포함된다.

학교폭력 처리과정의 3단계 중 2단계인 사안처리를 중심으로, 즉 초기 감지 및 인지, 신고 및 접수, 전담기구 사안조사, 자치위원회 조치에 대해 자세하게 살펴보면 다음과 같다.

1) 초기 감지 및 인지

드러나지 않은 학교폭력에 대한 징후 발견 등 감지 노력과 더불어 드러난 학교폭력 사안을 모른 체하지 않고 적극 대처하는 노력이 필요하며, 초기 감지 및 인지 단계에서의 업무 처리과정은 그림 3-2와 같다.

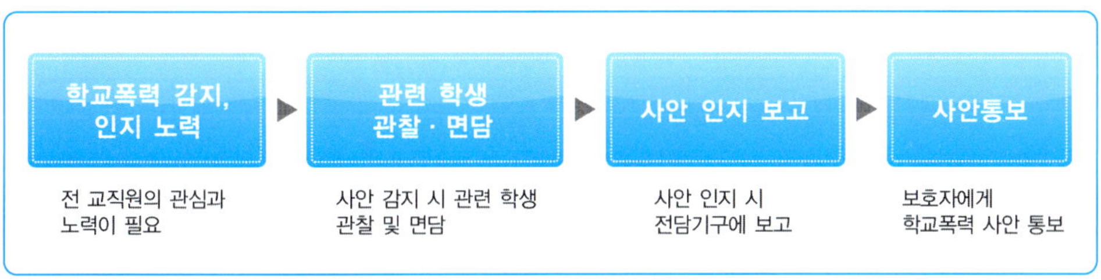

출처 : 교육부(2013). 학교폭력 사안처리 및 초기 대응 절차. p.5.

그림 3-2. 초기 감지 및 인지의 흐름도

표 3-2에서 보는 것과 같이 학교폭력 감지 및 인지를 위한 전교직원의 관심과 노력이 필요하며, 사안 감지 시 관련 학생의 관찰 및 상담, 사안 인지 시 전담기구에 보고하고 보호자에게 학교폭력 사안을 통보하게 된다.

이때 학교폭력 감지 및 인지를 위해 학교 관련 구성원들이 함께 노력해야 할 내용은 표 3-2와 같다.

▮표 3-2. 학교폭력 감지 및 인지를 위한 노력

구분	내용
학교폭력 실태조사	• 학교폭력 실태조사(연 2회 전국 공동 실시) • 학교·학급 단위에서 자체적으로 설문조사 등 수시 실시 • 실태조사, 자체적으로 실시한 설문조사 등의 결과를 파악하여 지도방안 마련
교내 학교폭력 신고	• 학교폭력 신고함, 학교 홈페이지 비밀 게시판, 담임교사의 문자, 메일 등 다양한 신고체계 마련 • 학생들이 적극적으로 신고하도록 지도
상담 실시	• 담임교사, 전문상담(교)사 등에 의한 상담
교내·외 순찰	• 점심시간, 쉬는 시간 등 취약시간 순찰(학교장, 교감, 직원 등 참여) • 학부모, 자원봉사자, 학생보호인력, 학교전담 경찰관 등과 유기적 협력
학교폭력 예방교육	• 학생, 학부모, 교사 대상 학교폭력 신고 교육 • 학교폭력 피해자 신변보호제도, 상담기관 홍보

2) 학교폭력 신고 및 접수

학교폭력에 대한 초기 감지 및 인지가 이루어진 후 학교폭력 신고 및 접수가 이루어지게 된다. 이때 학교폭력의 신고 및 접수의 절차는 그림 3-3과 같다.

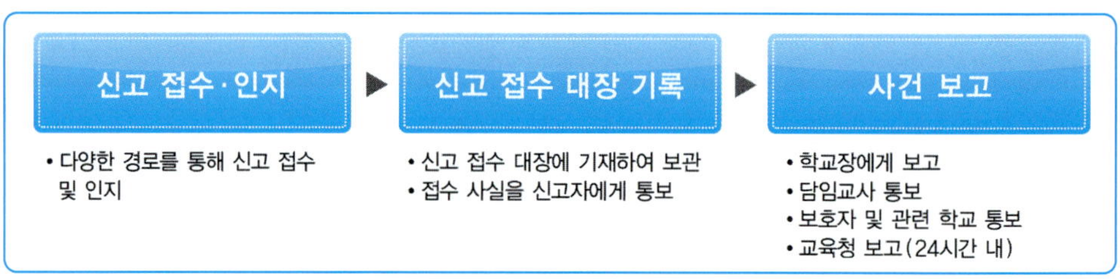

출처 : 교육부(2013). 학교폭력 사안처리 및 초기 대응 절차. p.6.

▮그림 3-3. 학교폭력 신고 및 접수 흐름도

학교폭력의 신고 주체자는 「학교폭력 예방 및 대책에 관한 법률」 제20조 제1항 학교폭력 신고의무에 따라서 학교폭력 현장을 보거나 그 사실을 알게 된 사람은 누구라도 학교 등 관계기관에 이를 즉시 신고하여야 한다. 이때 누가 신고를 하느냐에 따라 대처방안도 같이 모색해야 한다. 예를 들어, 신고자가 피해학생인 경우 비밀보장 및 신변보호가 중요하며 상담자 및 해결자로서의 역할을 동시에 수행해야 한다. 신고자가 목격학생인 경우에는 신고행동에 대해 칭찬을 하고 목격학생과 협력관계를 구축하면서 다른 목격학생이 있는지를 확인해야 한다. 신고자가 보호자인 경우에는 먼저 학교폭력 신고에 대해 안심시키고 믿음을 주어야 하며, 보호자와 협력관계를 구축하는 것이 중요하다. 마지막으로 신고자가 교직원일 경우에는 정확한 사안을 파악하는 것이 중요하며 협력관계를 구축할 수 있도록 하는 것이 좋다.

그림 3-3에서 보는 것과 같이 다양한 경로(앞에서 제시한 학교폭력 감지 및 인지를 위한 노력 참조)를 통해 신고 접수 및 인지가 이루어지면, 신고 접수 대장에 기재하여 보관하고 접수 사실을 신고자에게 통보하게 된다. 그 다음으로 학교장, 담임교사, 보호자 및 관련 학교에 통보하고 24간 내에 교육청에 보고해야 한다.

3) 전담기구의 사안조사

학교폭력에 대한 감지와 인지, 신고와 접수가 이루어지고 난 후 학교폭력의 전담기구의 사전조사가 이루어지게 된다. 학교폭력 전담기구의 사안조사 시 각 구성원의 세부 역할은 그림 3-4와 같다.

담임교사

- 관련 학생 관찰
- 학생들의 감정상태를 파악, 심리적 지지 및 안정 추구
- 학생 보호자 연락
- 사안조사 등에 협력

학교폭력 전담기구

- 교감
  - 학교폭력 전담기구 운영 총괄
- 학교폭력 책임교사
  - 학교폭력 신고서 관리 및 접수
  - 담임교사 및 상담교사 등의 협조를 얻어 사안 파악
  - 학교폭력, 진행상황 등을 기록하고 증인 및 증거자료 확보 후 자치위원회에 보고
- 전문상담교사
  - 관련 학생 관찰 및 면담
  - 관련 학생들과의 상담을 통해 심리적·정서적 상황을 파악
  - 학생들의 상태에 대한 소견 제시
- 보건교사
  - 피해학생 피해상황 파악

관리자(학교장)

- 전담기구, 책임교사, 담임교사 등의 지도·감독
- 필요시 피해추정학생 긴급보호 및 가해추정학생 우선출석조치 등 긴급조치

출처 : 교육부(2013). 학교폭력 사안처리 및 초기 대응 절차. p.8.

그림 3-4. 학교폭력 전담기구 구성원의 역할

그림 3-4에서 보는 것과 같이 학교폭력전담기구 구성원의 세부역할은 크게 담임교사, 학교폭력 전담기구 및 관리자(학교장)의 역할로 구분할 수 있다. 먼저 담임교사는 관련 학생 관찰, 학생들의 감정상태를 파악하고 심리적 지지 및 안정 추구, 학생 보호자 연락 및 사안조사 등에 협력하는 역할을 담당하고, 둘째, 학교폭력 전담기구의 교감은 학교폭력 전담기구 운영을 총괄하며, 학교폭력 책임교사는 학교폭력 신고서 관리 및 접수, 담임교사 및 상담교사 등의 협조를 얻어 사안을 파악하며, 학교폭력 진행상황 등을 기록하고 증인 및 증거자료 확보 후 자치위원회에 보고하고, 전문상담교사는 관련 학생 관찰 및 면담, 관련 학생들과의 상담을 통해 심리적·정서적 상황을 파악, 학생들의 상태에 대한 소견 제시를 하며, 보건교사는 피해학생의 상황을 파악하게 된다. 마지막으로 관리자(학교장)는 전담기구, 책임교사, 담임교사 등의 지도·감독, 필요시 피해추정학생 긴급보호 및 가해추정학생 우선 출석조치 등의 긴급조치의 역할을 맡게 된다.

사안조사 시 유의사항으로는 첫째, 신고 접수 또는 사안 인지 시 담임, 관련 교사 및 전담기구와 상호 협력하여 신속한 증거 수집 및 조사가 이루어지도록 해야 한다. 둘째, 예단이나 선입견을 배제하고 객관적이고 공정한 자세와 언행을 유지하는 것이 필요하다. 셋째, 학생과 학부모의 상황과 심정에 대한 이해와 공감을 통해 신뢰를 형성하여 불필요한 추가적 분쟁발생을 억제하는 것이 중요하다. 그리고 사안조사 시 조사할 사항과 조사방법에 대한 주의가 필요한데, 그 내용은 표 3-3과 같다(한국학교폭력상담학회, 2013).

또한 전담기구의 사안조사 시 중점 파악요소로는 폭력 유형에 따라 달라질 수 있는데, 신체적 폭력에서는 발생경위, 상해의 심각성, 감금, 신체적 구속 여부 및 성폭력 여부에 중점을 두고 파악하는 것이 필요하며, 경제적 폭력에서는 반환 여부, 손괴 여부, 협박/강요의 정도를 파악하는 것이 중요하다. 정서적 폭력인 괴롭힘과 따돌림에서는 폭력의 지속성 여부, 협박/강요의 정도와 성희롱 여부를 파악해야 한다. 그리고 언어적 폭력에서는 욕설/비속어, 허위성 및 성희롱 여부를 파악해야 하며, 사이버 매체 폭력에서는 명의도용, 폭력성/음란성, 유포의 정도 및 사이버 성폭력 여부를 파악해야 한다.

표 3-3. 사안조사 시 조사할 사항과 조사방법

구분	내용
조사할 사항	학교폭력의 특성상 가해자와 피해자의 구분이 명확하지 않은 경우가 많다. 표면적인 관계에만 치중할 것이 아니라 그 이면에 감추어진 다양한 관계를 분석하여 가해자와 피해자를 구분해야 한다. 이를 위해 주변 인물들의 이야기를 주의 깊게 경청하고 관련 정보를 수집해야 한다. 또한 폭력장소와 폭력의 형태 등을 파악해야 한다. 그렇게 함으로써 해당 폭력에 내재된 요인이 무엇인지를 확인할 수 있고, 문제해결의 방법을 합리적으로 모색할 수 있다. 폭력은 복합적인 장소와 형태로 나타날 수도 있다. 특히, 조사과정에서 피해학생의 피해 정도를 파악하는 것도 매우 중요하다. 이를 토대로 향후 적절한 중재를 할 수 있기 때문이다.
조사방법	조사는 서면조사, 해당 학생 및 증인의 면담조사, 사건현장조사 등으로 실시한다. 필요한 경우 자치위원회나 학교장은 전문상담교사로부터 피해학생 및 가해학생과의 상담결과를 보고받을 수 있으며, 관련 진술서를 받아 두는 것이 좋다.

4) 자치위원회의 조치

학교폭력 전담기구에서 사안조사가 이루어지고 나면 다음 단계로 자치위원회 심의·처분 결정을 내리게 된다. 자치위원회의 심의·처분 결정의 진행과정은 그림 3-5와 같다.

출처 : 교육부(2013). 학교폭력 사안처리 및 초기대응 절차. p.9.

그림 3-5. 자치위원회 심의·처분 결정의 흐름도

그림 3-5에서 보는 것과 같이 자치위원회는 회의 개최를 알리고, 자치위원회 개요설명, 사안보고, 피해 측 확인, 가해 측 확인, 질의응답, 피해학생 보호조치, 가해학생 선도·교육조치 논의, 조치결정 및 결과통보와 교육청 보고 순으로 이루어지게 된다.

자치위원회의 기능으로는 첫째, 학교폭력 예방 및 대책을 위한 학교체제 구축, 둘째, 피해·가해학생 및 보호자의 의견확인 기회를 부여하는 것, 셋째, 피해학생 보호조치 및 가해학생을 선도하고 교육하는 것, 넷째, 피해학생과 가해학생 간의 분쟁을 조정하는 기능을 가진다.

2 학교폭력 발생 시 초기 대응

그림 3-1에서 학교폭력 처리과정을 크게 세 가지, 즉 사전예방활동, 사안처리 및 사후관리로 이루어진다고 하였다. 지금부터는 사안처리과정에 속하는 초기대응에 대해 자세하게 살펴보고자 한다〈그림 3-6〉.

출처 : 교육부(2013). 학교폭력 사안처리 및 초기 대응 절차. p.10.

그림 3-6. 학교폭력 발생 시 초기대응 진행과정

그림 3-6에서 보는 것과 같이 학교폭력 발생 시 초기대응은 학교폭력 사안발생, 관련 학생 안전조치, 보호자 연락, 피해·가해 학생 상담, 관련 교사 및 전담기구 사안조사로 이루어진다. 학교폭력 유형별 초기 대응을 자세하게 살펴보면 다음과 같다.

1) 신체폭력

신체폭력은 형법상 폭행죄에 해당되며, 타인의 신체에 고통을 가하는 행위와 상대방을 유인하거나 강제로 가두어 두는 행위를 포함하는 것이다. 신체폭력 발생 시 담임교사, 교직원 및 학교폭력전담기구의 역할은 표 3-4와 같다.

▮표 3-4. 신체폭력 발생 시 초기 대응

구분	내용
담임교사 또는 교직원	• 보호자 연락, 보건교사에게 연락 • 병원 이송 시 반드시 동승
학교폭력 전담기구	• 교감 : 상황파악, 지시 • 책임교사 : 상황지시, 주위 학생 안정 및 질서유지 지도, 진행상황을 육하원칙에 따라 기록 • 보건교사 : 응급조치, 병원 이송 시 반드시 동승, 차량 내에서 요원의 응급처치 도움, 병원에서 피해학생 상태 설명 • 상담(교)사 : 피해학생의 심리적 안정 지원

신체폭력이 발생했을 경우 교직원의 신속한 응급조치가 필요하다. 첫째, 사안을 가장 먼저 인지한 교직원은 신속히 학교폭력 전담기구 소속교사에게 연락을 해야 하며, 둘째, 피해학생의 위급상황을 발견한 교직원은 보건교사에게 이를 알리거나 119에 연락을 해야 한다. 셋째, 관리자와 해당교사, 학부모에게 이를 알리고, 응급조치한 내용은 빠짐없이 기록하는 것이 중요하다.

2) 언어폭력

언어폭력은 학교 내·외에서 선후배나 동료들을 상대로 이루어지는 놀림이나 조롱, 심한 욕설, 비난, 헐뜯기 등의 행위를 의미한다. 즉, 언어폭력은 신체에 직접적인 영향력을 행사하는 것이 아니라 정서나 감정 등 정신적으로 부정적인 반응을 불러일으키는 언어나 상징의 사용으로, 욕설, 비웃기, 은어로 놀리기, 겁주기, 위협, 협박, 별명 부르기, 신체의 일부분을 장난삼아 놀리기 등이 포함된다. 언어폭력 발생 시 피해학생과 가해학생에 대한 초기 대응에 필요한 내용은 표 3-5와 같다.

▮표 3-5. 언어폭력 발생 시 초기 대응

구분	내용
피해학생 조치	• 욕설, 협박 등에 반응하지 않도록 지도 • 인터넷, 모바일상의 언어폭력은 저장(캡처) • 보호자에게 연락, 필요시 상담조치
가해학생 조치	• 언어폭력을 했는지 사실 여부와 이유 등을 확인 • 학교폭력 전담기구에 신고 • 보호자에게 알림

언어폭력은 상대방의 명예를 훼손하는 구체적인 말을 하거나 인터넷, SNS, 문자 메시지 등으로 퍼뜨리는 행위이므로 증거를 확보해 놓는 것이 중요하다. 그리고 피해학생에게는 이후 언어폭력에 반응하지 않도록 지도하고, 가해학생에게는 언어폭력 사실 여부와 이유 등에 대해서 확인한다.

3) 사이버폭력

사이버폭력이란 상대방의 의사와 관계없이 이루어지는 인터넷상의 게시판, 댓글 등을 통한 비방과 욕설, 허위사실 유포, 개인정보와 사생활 유출 등의 행위로 특정 대상에게 불쾌감과 정신적 피해를 주는 행동을 말한다. 사이버폭력 발생 시 피해학생과 가해학생에 대한 초기 대응에 필요한 내용은 표 3-6과 같다.

▮표 3-6. 사이버폭력 발생 시 초기 대응

구분	내용
피해학생 조치	• 협박성 문자가 오면 반응하지 않도록 지도 • 인터넷, 모바일 등 공개적인 비방 및 욕설의 내용은 그 자체로 저장(캡처) • 학교전담경찰관, 학교 교사 등을 SNS 친구로 등록 • 필요시 상담 조치
가해학생 조치	• 교사는 증거를 철저하게 확보한 후 사이버폭력을 지속하지 않도록 지도 • 피해학생에게 사이버상에서 사과하도록 지도

사이버폭력은 인터넷 사용 예절, 정보통신윤리교육 등을 수시로 실시하고, 피해, 가해 사실은 모두 기록이 남는다는 사실을 알리며, 가정에서도 컴퓨터, 스마트폰 사용 교육을 실시하는 등 평소 예방교육을 실시하는 것이 효과적이다. 사이버폭력 발생 시 피해학생의 경우 학교전담경찰관, 학교 교사 등을 SNS 친구로 등록하게 하고, 사이버폭력 발생에 대한 내용을 저장하도록 하며 이후 폭력에 대해서는 반응하지 않도록 지도한다. 가해학생에게는 증거 확보 후 사이버폭력을 지속하지 않도록 지도한다.

4) 강요

강제적 심부름인 강요는 '폭행이나 협박을 이용해 권리행사를 방해하거나 의무 없는 일을 하게 하는 일'로 정의되며, 힘센 학생들의 강요로 간식이나 담배를 사다 주는 등 온갖 심부름을 하며 괴롭힘을 당하는 것을 말한다. 강요 발생 시 피해학생과 가해학생에 대한 초기 대응에 필요한 내용은 표 3-7과 같다.

표 3-7. 강요 발생 시 초기 대응

구분	내용
피해학생 조치	• 상담을 통하여 어느 정도 피해를 받았는지, 다른 폭력 피해는 없는지를 확인 • 당분간 부모가 등·하교길에 동행하도록 지도
가해학생 조치	• 단순 가담 학생들은 상담을 통해 지도 • 보호자에게 알리고 재발하지 않도록 지도

강요는 폭력서클과 연계되어 있거나 금품갈취와 함께 일어날 수 있으므로 평소에 즉시 신고하도록 예방교육을 실시하는 것이 중요하다. 강요 발생 시 피해학생에게는 피해 정도와 다른 유형의 폭력이 있었는지 확인하고, 필요시 등·하교길에 보호자가 동행할 수 있도록 지도한다. 그리고 가해학생에게는 보호자에게 강요 사실을 알리고 재발하지 않도록 지도한다.

5) 따돌림

따돌림이란 학교 내·외에서 2명 이상의 학생들이 특정인이나 특정집단의 학생들을 대상으로 지속적이거나 반복적으로 신체적 또는 심리적 공격을 가하여 상대방이 고통을 느끼도록 하는 일체의 행위를 의미한다. 따돌림 발생 시 피해학생과 가해학생에 대한 초기 대응에 필요한 내용은 표 3-8과 같다.

표 3-8. 따돌림 발생 시 초기 대응

구분	내용
피해학생 조치	• 피해학생이 정신적 피해를 심하게 입어 학교에 나오지 못하는 경우 집에서 휴식을 취하거나, 적절한 기관에서 상담을 받을 수 있도록 지도 • 학교에 출석하지 못하는 동안 담임교사는 학생의 학습상황을 수시로 점검하여 학업이 뒤처지지 않도록 관심을 가짐 • 관련 기관에서 받은 진단서나 상담 소견서 등을 교사에게 제출하여 출석으로 인정받을 수 있도록 함
가해학생 조치	• 가해학생은 실제 자신이 무엇을 잘못했는지 모르는 경우가 많기 때문에 가해학생의 따돌림 행동이 명확한 학교폭력이라는 것을 인식시킴 • 담임교사나 상담교사가 수시로 가해학생을 만나 지속적으로 상담을 실시

따돌림에 대한 피해사실이 확인되고 난 후 이를 바로 공개하면 피해학생이 당황하고 난처해질 수 있다. 따라서 교사는 피해학생과 상담을 깊이 있게 하여 피해학생의 요구를 최대한 존중해주는 방식으로 대처하는 것이 좋다. 또한 가해학생을 바로 불러서 야단치면 가해학생은 교사에게 알렸다는 이유로 피해학생을 더욱 심하게 괴롭히고 따돌리는 경우도 많으므로 조심해야 한다. 그리고 반 전체 앞에서 피해·가해학생의 이름을 지목하여 따돌림에 대해 훈계하면 피해·가해학생 모두가 낙인이 찍히기 때문에 문제해결에 효과적이지 않은 방법 중의 하나이다. 따라서 가해학생과 피해학생을 대상으로 지속적인 상담을 실시하고 학생의 의견을 존중해주는 것이 효과적이다.

6) 성폭력(성희롱, 성추행, 성폭력 등)

성폭력은 성을 매개로 가해지는 신체적·언어적·심리적 폭력을 의미하며 성희롱, 성추행, 성폭행을 모두 포괄하는 개념이다. 성폭력을 당한 경우 반드시 「아동 및 청소년의 성보호에 관한 특례법」에 따라 수사기관에 신고하고, 전문기관 및 병원을 지정하여 정신적·신체적 피해 이유 및 성폭력 등 특수한 학교폭력사건에 대하여 실태조사를 의뢰한다. 그리고 피해학생의 정신적·신체적 피해를 치유하기 위한 조치도 실시한다. 성폭력 발생 시 대처 요령은 표 3-9, 성폭력 사안 관련 유의사항은 표 3-10과 같다.

표 3-9. 성폭력 발생 시 대처 요령

- 사건 인지 즉시 반드시 경찰 등 수사기관에 신고(미신고 시 과태료 처분)
- 응급처치 : 가능한 빨리 의료기관으로 이송(씻어내는 등 증거가 소멸되지 않도록 조치하여 의료기관에 이송)
- 성폭력 전문 상담기관과 연계하여 성폭력 사건 발생 후 증거물 수집 및 보관 등 전문상담 조치(1899-3075 : 원스톱 지원센터, 해바라기여성아동센터, 1366 : 여성긴급전화)
- 피해학생 상담 시에는 비밀보장 및 2차 피해 주의
- 피해학생의 심리적 안정 도모
- 성폭력 발생으로 인한 자살 위험성 파악
- 보호자에게 즉시 연락
- 목격자 및 주위 학생에 대한 조치 : 성폭력 비밀누설 금지 유의사항 전달
- 피해학생 보호자와 협의하여 피해학생이 학교생활에 적응할 수 있도록 최대한 보호조치 강구

표 3-10. 성폭력 사안 관련 유의사항

- 「아동·청소년의 성보호에 관한 법률」에 따라 성폭력 사안의 경우 즉시 수사기관에 신고(성폭력 관계기관 연계 시에는 피해자 동의가 필요함)
- 학교장은 중대한 사안에 대해서는 해당 교육청에 즉시 유선 보고
- 성폭력 관련 사실을 외부에 누출하거나 공개하는 경우 피해자에게 더 큰 상처가 되며, 피해 사실을 유포하는 경우 법적 처벌을 받을 수 있음
- 성폭력 피해학생(또는 보호자)이 피해학생의 신변·사생활 보호를 위해 자치위원회 참석을 원하지 않을 경우 자치위원회에 참석하지 않고 서면 의견 진술로 대체할 수 있음(피해학생 혹은 보호자가 자치위원회 참석을 원하지 않더라도 자치위원회는 비공개로 가해학생에 대해 「학교폭력 예방 및 대책에 관한 법률」상의 조치를 심의·의결해야 하며, 학생징계조정위원회 징계로 가해학생에 대한 조치를 갈음할 수 없음)

3 학교폭력 상담의 유의사항

1) 학생 상담 시 유의사항

학교폭력에 대해 학생들을 상담할 때 중요한 것은 관련 학생들을 함께 만나지 않도록 하는 것이다. 즉, 피해학생과 가해학생은 따로 상담을 실시하는 것이 좋다. 그리고 신고·고발한 학생도 피해학생의 수준에서 가해학생으로부터 보복행위를 당하지 않도록 조치해야 한다. 학교폭력 학생 상담 시 유의사항은 표 3-11과 같다.

표 3-11. 학생 상담 시 유의사항

- 피해·가해학생들을 강제로 한 자리에 불러 사건의 경위를 조사하지 않도록 한다.
- 관련 학생들끼리 얘기하라고 교사가 자리를 비우는 것은 바람직하지 않다.
- 피해학생은 더욱 심한 공포심과 위압감을 느끼게 되므로, 피해학생과 가해학생은 교사가 따로 불러서 상담을 실시한다.

2) 보호자 상담 시 유의사항

학교폭력에 대한 보호자 상담 시 중요한 것은 학교폭력 발생이 가정에서의 부모의 양육태도 및 환경에 의해 발생했다는 인식을 심어주어서는 안 된다는 것이다. 이는 학교에서 책임을 회피, 사건의 축소 및 은폐로 받아들이게 되어 더욱 흥분할 수 있도록 하는 계기가 될 수 있기 때문이다. 보호자를 만날 때의 대처법은 표 3-12, 피해학생 보호자 면담 시 유의사항은 표 3-13과 같다.

표 3-12. 보호자 면담 시 대처법

- 관련 학생의 보호자는 흥분한 상태인 경우가 많다.
- 교사는 보호자에게 학교에서 피해·가해학생들에 대한 보호 및 지도 조치를 통하여 책임지고 돕겠다는 것을 분명히 알린다.
- 감정이 격앙되어 오히려 문제해결을 악화시킬 수 있으므로, 관련 학생 보호자들을 같은 자리에서 만나지 않도록 한다.
- 보호자들은 교사의 표현 중에 책임을 회피하거나 학생 또는 가정의 책임으로 돌리는 태도, 사안을 축소하려는 태도에 민감하게 반응하므로 대화 시 이를 유념한다.

표 3-13. 피해학생 보호자 면담 시 유의사항

- 우선 보호자의 감정이 격앙됨을 이해하고 보호자에게 정서적 지지를 보낸다.
- 보호자가 말하는 학생의 피해사실에 대해 객관적으로 인지하고 피해사실을 구체적으로 메모한다.
- 학생의 피해에 대해 진심어린 유감을 표현한다.
- 피해학생과 보호자가 현재 무엇을 원하는지 정확히 묻는다(화해, 사과, 전학, 가해학생 처벌 등)
- 추후 처리과정에 대하여 설명하고 진실과 사실에 근거하여 문제를 처리할 것을 약속한다.
- 학생의 보호와 안정, 적응을 위해 노력할 것을 약속한다.
- 사안 축소·은폐로 의심될 만한 어떠한 언행도 하지 않는다.

피해자 학생의 부모들은 사건을 접하고 당혹감과 놀라움, 분노감 등 다양한 감정을 경험한다. 따라서 피해자 부모를 접할 때에는 이들의 감정적 심리상태에 대한 이해가 선행될 필요가 있다. 피해부모들이 겪는 감정상태로는 놀람, 원망, 분노, 아이를 지켜주지 못했다는 미안함, 죄책감, 억울함, 복수심 등이 있는데, 우선 이러한 감정에 대해 공감과 지지를 해주어야 한다. 그런 다음 피해학생의 부모가 객관적으로 사건을 정리할 수 있도록 돕고 단순한 가해자 처벌보다는 교육적인 관점에서 판단할 수 있도록 돕는 것이 필요하다.

사건이 원만하게 마무리되면 향후 피해학생이 또다시 피해를 당하지 않도록 근본적인 해결책을 모색해야 하는데, 부모의 양육태도, 가정환경 등에 대한 조심스럽고 장기적인 접근이 요구된다. 피해학생 부모가 지나치게 감정적이고 비이성적인 경우에는 피해학생의 심리적 문제는 뒤로 밀리고 어른들 간의 감정싸움으로 비화될 가능성이 있기 때문에 주의를 기울여야 한다(한국학교폭력상담학회, 2013). 다음으로 가해학생 보호자 면담 시 유의사항으로는 표 3-14와 같다.

표 3-14. 가해학생 보호자 면담 시 유의사항

- 학교폭력대책자치위원회라는 말이 자칫 보호자에게 반감을 불러일으킬 수 있으므로 자치위원회라는 말로 바꾸어 사용한다.
- 가해학생 보호자의 감정을 일단 수용하되, 가해학생의 행위는 정확히 알려준다.
- 피해학생의 피해 정도를 정확하게 알려준다.
- 피해 측에 대한 가해 측의 진심어린 사과의 중요성을 인식시킨다.
- 사안처리 절차와 예상되는 결과를 알려준다.
- 가해학생에게 교육적으로 적절한 지도와 선도가 이루어질 것임을 알린다.
- 이번 일로 가해학생이 학교에서 낙인찍히지 않을 것임을 알려준다.
- 가정에서 학생에 대한 특별한 관심과 지도를 부탁한다.
- 가해학생의 처벌에 따른 심리적 불안감, 죄책감 등의 감정에 대해서도 관심을 가진다.

학교폭력의 가해학생 부모 역시 자녀가 다른 학생에게 폭력을 휘둘렀다는 사실에 당황스러움과 혼란스러움, 의심, 미래에 대한 불안감 등을 경험하게 된다. 동시에 잘못을 인정하면 더 큰 피해를 입을지도 모른다는 우려도 할 수 있다. 따라서 가해학생 부모의 정서적 반응에 공감과 지지가 우선되어야 한다. 또한 가해학생의 부모와 상담을 할 때 자녀 문제의 책임을 부모에게 묻고 비난하는 식의 태도보다는 그럴 수밖에 없었음을 이해해 주고 공감해주어야 한다. 부모 자신이 변명, 방어를 내려놓고 자신의 문제를 솔직하게 탐색하고 반성할 수 있도록 지지를 해주며, 부모로서 잘 해결해 나갈 수 있다는 자신감을 가질 수 있도록 돕는 것이 필요하다. 또한 피해학생의 부모 입장으로 바꾸어 생각해 보고 상대방의 입장을 공감할 수 있도록 도와야 한다. 가해학생의 부모가 심적 부담감과 불편감을 덜게 되면 가해학생의 책임을 분명히 밝히고 이에 대한 대처와 반성의 중요성을 인식하도록 한다. 피해학생이 부모와 가해학생의 부모들이 서로 만나서 협의하게 되는 상황에서는 감정이 상하지 않도록 언어의 사용에 각별히 조심할 수 있도록 당부할 필요가 있으며, 가해학생의 경우 자녀양육을 위한 부모교육 상담이 제공될 필요성이 있다(한국학교폭력상담학회, 2013).

3) 피해학생 보호자가 경찰에 고소했을 경우의 상담

가해 측의 부모가 가해사실을 인정하지 않거나 축소 내지 합리화할 때 학교 측에서 효과적으로 대응하지 않거나 성의 없는 태도를 보일 때, 그리고 피해상황이 매우 심각하고 피해 후유증이 명확하게 예상될 때 피해학생 부모는 법적인 대응을 하는 경우가 많다. 이때 학교 측의 대처법으로는 표 3-15와 같다.

표 3-15. 피해학생 보호자가 경찰에 고소했을 때 학교 측의 대처법

- 보호자가 법적 절차를 밟을 때 학교는 자체적인 조치를 중단하기보다는 피해·가해학생에 대해 학교 차원에서 할 수 있는 보호 및 지도조치를 계속적으로 취하는 것이 원칙이다.
- 피해·가해학생을 격리 조치하고, 피해학생을 보호조치하며, 피해학생이 위험상황에 있을 때 담임교사에게 바로 연락할 수 있도록 조치한다.
- 법적 절차가 진행되는 동안 피해학생에 대한 가해학생의 공격행동이 재발되지 않도록 주의하고 가해학생을 상담교사나 지역상담센터와 연계하여 지속적으로 상담을 받도록 조치한다.

04 학교폭력에 대한 법률적 이해

배울 내용

1. 학교폭력 관련 법률과 적용사례
2. 학교폭력 근절 종합대책

학습목표

1. 학교폭력에 관련된 법률을 이해하고 적용사례를 설명할 수 있다.
2. 학교폭력 근절 종합대책을 이해하고 7대 정책을 설명할 수 있다.

개 요

학교폭력의 변화에 따라 학교폭력에 관한 법률도 여러 차례의 개정을 거쳐 현재의 모습으로 변하게 되었다. 학교폭력 관련 법률 중 가장 대표적인 「학교폭력 예방 및 대책에 관한 법률」은 2004년에 제정되어 일부개정과 전면개정의 변화를 거쳐 현재의 모습을 갖추게 되었다. 이와 함께 2012년에 발표된 학교폭력 근절 종합대책은 학교폭력의 근절을 위하여 '학교폭력 없는 행복한 학교'를 목표로 직접대책('사소한 괴롭힘'도 '범죄'라는 인식하에 철저히 대응), 1) 학교장과 교사의 역할 및 책임강화, 2) 신고-조사체계 개선 및 가·피해학생에 대한 조치 강화, 3) 또래 활동 등 예방교육 확대, 4) 학부모교육 확대 및 학부모의 책무성 강화, 그리고 근본대책(학교-가정-사회가 함께 인성교육 실천), 5) 교육 전반에 걸친 인성교육 실천, 6) 가정과 사회의 역할 강화, 7) 게임·인터넷 중독 등 유해요인 대책 등의 학교폭력 근절 7대 정책을 발표하였다.

본 장에서는 학교폭력에 관한 법률 중 「학교폭력 예방 및 대책에 관한 법률」과 그 외 학교폭력에 관련된 법률 그리고 법률에 관한 적용사례를 학교현장의 질의사례들을 중심으로 살펴본다. 그리고 학교폭력 근절 종합대책에 대하여 7대 정책을 중심으로 살펴본다.

학교폭력과 가장 관련이 깊은 법률은 2004년에 제정된 「학교폭력 예방 및 대책에 관한 법률」이다. 따라서 본 장에서는 「학교폭력 예방 및 대책에 관한 법률」과 그 외 학교 폭력과 관련된 법을 적용사례를 통해 이해하고, 마지막으로 학교폭력 근절 종합대책에 대해 자세하게 살펴보고자 한다.

1 학교폭력 관련 법률과 적용사례

1) 학교폭력 예방 및 대책에 관한 법률

학교폭력의 문제가 날로 심각한 사회문제로 대두되고 있었지만 학교폭력에 대한 처리는 학교폭력 관련자만의 문제로 인식되고 학교현장에서는 학교폭력사건이 일어나면 은폐하고 축소하는 경향이 많았다. 이러한 방법으로 학교폭력을 예방하고 감소시키는 것은 많은 문제점을 안고 있다는 인식이 확산되면서 정부는 "심각한 사회문제로 대두되고 있는 학교폭력문제에 효과적으로 대처하기 위하여 정기적인 학교폭력 예방교육의 실시, 학교폭력의 신고 의무화, 학교폭력의 예방 및 대책을 위한 전담기구의 설치와 이를 위한 국가의 재정적 지원을 위한 제도적 틀을 마련하기 위한 것"임을 밝히고 2003년 6월 23일 현승일 의원의 대표발의로 「학교폭력 예방 및 대책에 관한 법률」(이하, '학교폭력 예방법')안을 제출하였다.

이후 「학교폭력 예방법」은 2004년 1월 29일 법률 제7119호로 제정되어 현재까지 여러 차례에 걸쳐 전면개정 및 일부개정을 통하여 현재의 모습을 갖추게 되었다.

표 4-1. 학교폭력 예방 및 대책에 관한 법률의 일부, 전면개정의 주요내용

개정일시	개정형태	주요내용
2005년 12월 29일	일부개정	법률 제7796호 국가공무원법, 법률 제7799호 청소년기본법을 통하여 청소년위원회 명칭 변경 및 지방 청소년 종합상담센터 기능의 확대
2008년 3월 14일	전면개정	법률 제8887호 법제명 변경 및 전면개정을 통하여 학교폭력의 개념에 성폭력을 포함하고 피해학생에 대한 보호와 치료 그리고 가해학생에 대한 선도강화

개정일시	개정형태	주요내용
2012년 1월 26일	일부개정	법률 제11223호를 통하여 학교폭력의 개념에 강요, 강제적 심부름을 포함하고 따돌림의 정의를 신설하여 "따돌림"이란 학교 내외에서 2명 이상의 학생들이 특정인이나 특정집단의 학생들을 대상으로 지속적이거나 반복적으로 신체적 또는 심리적 공격을 가하여 상대방이 고통을 느끼도록 하는 일체의 행위로 규정하였다. 그 외에도 교육감의 임무, 피해학생 보호조항, 가해학생에 대한 조치 등을 강화
2012년 3월 21일	일부개정	법률 제11388호를 통하여 "사이버 따돌림"이란 인터넷, 휴대전화 등 정보통신기기를 이용하여 학생들이 특정 학생들을 대상으로 지속적, 반복적으로 심리적 공격을 가하거나, 특정 학생과 관련된 개인정보 또는 허위사실을 유포하여 상대방이 고통을 느끼도록 하는 일체의 행위로 규정하였다. 그리고 전문상담교사의 배치조항, 대책위원회의 구성을 강화하고 전담기구에 교감을 포함하며 교육대상에 학부모를 포함시키고 보호자의 벌칙을 강화

「학교폭력 예방법」은 제1조(목적)에서 "이 법은 학교폭력의 예방과 대책에 필요한 사항을 규정함으로써 피해학생의 보호, 가해학생의 선도·교육 및 피해학생과 가해학생 간의 분쟁조정을 통하여 학생의 인권을 보호하고 학생을 건전한 사회구성원으로 육성함을 목적으로 한다."라고 규정하였다. 이러한 목적을 중심으로 주요내용을 살펴보면 다음과 같다.

(1) 학교폭력에 대한 정의

학교폭력이란 학교 내·외에서 학생을 대상으로 발생하는 상해, 폭행, 감금, 협박, 약취, 유인, 명예훼손, 모욕, 공갈, 강요·강제적인 심부름 및 성폭력, 따돌림, 사이버 따돌림, 정보통신망을 이용한 음란·폭력 정보 등에 의하여 신체·정신 또는 재산상의 피해를 수반하는 행위를 말한다. '따돌림'이란 학교 내외에서 2명 이상의 학생들이 특정인이나 특정집단의 학생들을 지속적이거나 반복적으로 신체적 또는 심리적 공격을 가하여 상대방이 고통을 느끼도록 하는 일체의 행위를 말한다. 또한 '사이버 따돌림'이란 인터넷, 휴대전화 등 정보통신기기를 이용하여 학생들이 특정 학생들을 대상으로 지속적이고 반복적으로 심리적 공격을 가하거나, 특정학생과 관련된 개인정보 또는 허위사실을 유포하여 상대방이 고통을 느끼도록 하는 일체의 행위를 말한다.

(2) 학교폭력대책위원회

학교폭력대책위원회의 설치는 중앙정부 차원에서 학교폭력 예방 및 대책에 관한 사항을 심의하기 위하여 국무총리 소속으로 학교폭력대책위원회를 둔다(제7조, 2012년 3월 21일 개정). 그리고 시·도 차원에서는 지역의 학교폭력 문제를 해결하기 위하여 시·도에 학교폭력대책 지역위원회를 둔다(제9조, 2012년 1월 26일 개정). 시·군·구의 경우에는 학교폭력 예방 대책을 수립하고 기관별 추진계획 및 상호협력·지원방안 등을 협의하기 위하여 시·군·구에 학교폭력대책 지역협의회를 둔다(제10조 제2항, 2012년 3월 21일 신설). 단위학교의 경우에는 학교폭력 예방 및 대책에 관련된 사항을 심의하기 위하여 학교에 학교폭력대책자치위원회를 둔다(제12조, 2012년 1월 26일 개정). 즉, 「학교폭력 예방법」에서 학교폭력에 대한 단계별 위원회는 중앙정부에 대책위원회, 광역시·도에 지역위원회, 그리고 시·군·구에 지역협의회, 단위학교에 자치위원회를 설치하도록 규정하고 있다.

(3) 학교장 및 교원의 역할

학교의 장은 교육감에게 학교폭력이 발생한 사실, 피·가해학생에 대한 조치 결과, 분쟁조정 결과를 보고하고, 각 기관과 협력하여 교내 학교폭력 단체의 결성 예방 및 해체에 노력하여야 한다(제19조, 2012년 3월 21일 개정). 그리고 제20조(학교폭력의 신고의무)에서는 ①에서 학교폭력현장을 보거나 그 사실을 알게 된 자는 학교 등 관계 기관에 이를 즉시 신고하여야 하며, ② 신고받은 기관은 이를 가해학생과 피해학생의 보호자와 소속 학교의 장에게 통보하여야 한다. ③ 이러한 상황에 대하여 보고받은 학교의 장은 이를 자치위원회에 지체 없이 통보하여야 한다. 그리고 ④에서는 누구라도 학교폭력의 예비·음모 등을 알게 된 자는 이를 학교의 장 또는 자치위원회에 고발할 수 있다. 다만, 교원이 이를 알게 된 경우에는 학교의 장에게 보고하고 해당 학부모에게 알려야 한다(2009년 5월 8일, 2012년 1월 26일 개정).

(4) 피해학생에 대한 조치

제16조(피해학생의 보호) ① 자치회는 피해학생의 보호를 위해 필요하다고 인정하는 때에는 피해학생에 대하여 다음 각 호(심리상담 및 조언, 일시보호, 치료 및 치료를 위한 요양, 학급교체, 그 밖에 피해학생의 보호를 위하여 필요한 조치)의 어느 하나에 해당하는 조치(수 개의 조치를 병과하는 경우를 포함한다)를 할 것을 학교의 장에게 요청할 수 있다.

(5) 가해학생에 대한 조치

제17조(가해학생에 대한 조치) ① 자치위원회는 피해학생의 보호와 가해학생의 선도·교육을 위하여 가해학생에 대하여 다음 각 호(피해학생에 대한 서면 사과, 피해학생 및 신고·고발 학생에 대한 접촉, 협박 및 보복행위의 금지, 학교에서의 봉사, 사회봉사, 학내·외 전문가에 의한 특별이수 또는 심리치료, 출석정지, 학급교체, 전학, 퇴학처분)의 어느 하나에 해당하는 조치(수 개의 조치를 병과하는 경우를 포함한다)를 할 것을 학교의 장에게 요청하여야 하며, 각 조치별 적용기준은 대통령령으로 정한다. 다만, 퇴학처분은 의무교육과정에 있는 가해학생에 대하여는 적용하지 아니한다(2012년 3월 21일 개정).

(6) 재심

제17조의 2(재심청구) ① 자치위원회 또는 학교의 장이 피해학생에 대한 보호조치(제16조 제1항) 및 가해학생에 대한 조치(제17조 제1항)에 대하여 이의가 있는 피해학생 또는 그 보호자는 그 조치를 받은 날부터 15일 이내, 그 조치가 있음을 안 날부터 10일 이내에 지역위원회에 재심을 청구할 수 있다(2012년 3월 21일 신설).

2) 그 외의 학교폭력에 관한 법률

학교폭력의 피해가 경미한 경우에는 「학교폭력 예방법」에서 제시하는 관련 위원회와 각급 학교에 설치되어 있는 전담기구를 통하여 처리하고 학교의 장은 교육청에 보고하는 것으로 마무리할 수 있지만, 학교폭력의 피해가 심각한 경우에는 법적인 절차에 의해 처벌을 받게 된다. 이러한 법적 처리 절차에는 형사사건 혹은 민사사건으로 연결되어 처벌을 받을 수 있다. 일반적으로 학교폭력에 대한 학교에서의 처리과정은 표 4-2와 같이 요약할 수 있다.

표 4-2. 학교폭력의 처리과정

단계	처리내용	비고
폭력사건 발생 인지	• 사건현장 목격, 117신고센터 통보, 신고 등을 통해 사건발생을 인지한 교사, 학생, 학부모 등은 학교폭력전담기구(책임교사 등)에 신고	
신고 접수 및 학교장 보고	• 학교폭력전담기구는 신고된 사안을 대장에 반드시 기록하고, 학교장, 담임교사에게 보고하며, 가·피해학생 부모에게 통지 • 사안이 중대한 경우, 학교장 및 자치위원장에게 즉시 보고	학교폭력전담기구
즉시조치	• 피해학생과 가해학생 즉시 격리 • 신고·고발한 학생도 피해학생 수준에서 가해학생으로부터 보복행위를 당하지 않도록 조치 • 피해학생 -「아동·청소년의 성보호법에 관한 법률」에 따라 성폭행에 대해서는 반드시 수사기관에 신고하고, 성폭력 전문상담기관 및 병원을 지정하여 정신적·신체적 피해 치유 • 피해학생의 신체적·정신적 피해를 치유하기 위한 조치 실시 • 가해학생 - 2인 이상의 학생이 고의적·지속적으로 폭력을 행사하는 경우 등에 해당하는 사안이라면 학교장은 가해학생에 대해 출석정지 • 가해학생은 선도가 긴급한 경우 「학교폭력 예방법」 제17조 제4항에 따라 학교장은 가해학생에게 조치를 취한 후, 자치위원회에 즉시 보고하여 추인	학교장 학교폭력전담기구 담임교사
사안조사	• 학교폭력 전담기구에서 구체적인 사안조사 실시 • 가·피해학생 면담, 주변 학생 조사, 설문조사, 객관적인 입증자료 수집 등 • 가·피해학생 심층상담 • 조사한 결과를 바탕으로 가해자와 피해자 확정 • 성폭력의 경우 비밀유지에 유의	학교폭력전담기구 담임교사
가·피해학생 부모면담	• 조사결과에 대해 부모에게 알리고, 향후 처리절차 등에 대해 통보	학교폭력전담기구 담임교사
처리방향 심의	• 자치위원회 또는 징계위원회 회부 여부 결정	학교폭력전담기구
처리방향 결정	• 전담기구의 심의 결과를 바탕으로 자치위원회 개최 요구	학교장
자치위원회 개최 및 조치	• 자치위원회를 개최하여 가·피해학생에 대한 조치 결정 • 가해학생 및 보호자에게 의견진술의 기회를 부여하는 등 적절한 절차를 거쳐야 함	자치위원회
결정통보 및 재심안내	• 자치위원회의 결정을 가해자와 피해자 및 그 보호자에게 통보 • 통보 시 재심을 받을 수 있는 방법 안내	학교장

출처 : 법무부, 교육과학기술부(2012). 학교폭력에 대한 교사의 역할.

(1) 성폭력방지 및 피해자보호 등에 관한 법률

「성폭력방지 및 피해자보호 등에 관한 법률」은 성폭력을 예방하고 성폭력피해자를 보호·지원함을 목적으로 제정(법률 제10261호 2010년 4월 15일)되었다. 법률 제5조(성폭력 예방교육) ①에 국가와 지방자치단체는 청소년을 건전하게 육성하기 위하여 청소년에 대한 성교육 및 성폭력 예방에 필요한 교육을 실시하여야 한다. ②「초중등교육법」 제2조에 따른 각 급 학교의 장은 대통령령으로 정하는 바에 따라 성에 대한 건전한 가치관 함양과 성폭력 예방에 필요한 교육을 실시하여야 한다고 규정하고 있다.

(2) 청소년보호법

「청소년보호법」은 청소년에게 유해한 매체물, 약물 등이 유통되는 것과 청소년이 유해한 업소에 출입하는 것 등을 규제하고 청소년을 유해한 환경으로부터 보호·규제함으로써 청소년이 건전한 인격체로 성장할 수 있도록 함을 목적으로 제정(법률 제5297호, 1997년 3월 7일)되었다.

제2조(정의) 제8항에서 청소년유해환경이란 청소년 유해 매체물, 청소년 유해약물 등 청소년유해업소 및 청소년 폭력·학대를 말한다. 또한 제7항에서 "청소년 폭력·학대"란 폭력이나 학대를 통하여 청소년에게 신체적, 정신적 피해를 발생하게 하는 행위라고 규정하고 있다.

제36조(청소년보호위원회 설치)에서 여성가족부장관 소속으로 청소년보호위원회를 두며 청소년보호위원회는 청소년 유해 매체물 심의를 할 때 제9조 제1항(청소년 유해매체물 심의)에 의거 해당 매체물이 청소년에게 성적인 욕구를 자극하는 선정적인 것이거나 음란한 것, 청소년에게 포악성이나 범죄의 충동을 일으키는 것, 성폭력을 포함한 각종 형태의 폭력행위와 약물의 남용을 자극하거나 미화하는 것이 아닌지에 대한 심의기준을 제시하고 있다.

(3) 학교안전사고 예방 및 보상에 관한 법률

「학교안전사고 예방 및 보상에 관한 법률」은 학교안전사고를 예방하고, 학생·교직원 및 교육활동참여자가 학교안전사고로 인하여 입은 피해를 신속·적정하게 보상하기 위한 학교안전사고보상공제 사업의 실시에 관하여 필요한 사항을 규정함을 목적으로 제정되었다(2007년 신규 제정).

학교폭력 관련 규정에는 제18조에서 공제급여의 지급 및 이에 관련된 업무에서 「학교폭력 예방 및 대책에 관한 법률」 제16조 제6항에 따른 학교폭력 피해학생의 치료비 등의 지급, 구상권 행사 및 이에 관련된 업무가 포함되었다(개정 2012. 3. 21.). 그리고 제51조에서 학교폭력 피해학생의 치료비 등의 소요경비는 국가 또는 지방자치단체가 부담한다(신설 2012. 3. 21).

3) 적용사례

「학교폭력 예방법」의 적용사례는 교육부의 학교폭력 예방 및 대책에 관한 법률 Q & A를 기초로 학교폭력에 대한 기본적인 내용과 형사사건으로 다루어진 내용 중 경찰청 안전드림 홈페이지에 게재되어 있는 사건 중 중요하다고 판단되는 사례를 중심으로 재구성하였다.

사례 1 「학교폭력 예방 및 대책에 관한 법률」과 「형법」 등과의 관계는?

「학교폭력 예방 및 대책에 관한 법률」은 학생의 인권을 보호하고 학생을 건전한 사회구성원으로 육성하기 위해 교육적인 목적에서 제정되었다.

따라서 범죄 행위에 대한 처벌을 목적으로 하는 형법 등과는 입법 목적에서 차이가 있고, 형법 등에 적용되는 법 원칙이 일부 적용되지 않을 수 있으며, 사법(司法) 절차에 의한 피해자·가해자의 조치와 학교폭력대책자치위원회에서 결정된 피해학생·가해학생에 대한 조치 수준이 명확히 일치되지 않을 수 있다. 또한 사법 절차에 의해 훈방, 구류 등의 조치를 한 경우라도 선도·교육 목적의 가해학생 조치는 별도로 진행될 수 있다.

[관련 법령 「학교폭력 예방 및 대책에 관한 법률」 제1조]

사례 2 117신고센터에서 경찰청 또는 원스톱지원센터로 이송되는 학교폭력 사안의 경우, 반드시 학교로 통보되어야 하는 것인지?

117신고센터에서 경찰청 또는 원스톱지원센터로 이송되는 학교폭력 사안의 경우, 반드시 학교로 통보되어 학교폭력대책자치위원회가 열릴 수 있도록 하여야 한다. 신고자가 자신의 신분을 밝히는 것을 끝까지 거부하지 않는 이상 학교폭력 사안을 인지한 기관은 해당 학생의 소속 학교의 장에게 통보하여야 한다. 법률 제20조 제3항에 따라 '지체 없이' 통보하여야 하며 '지체 없이'는 시간적 즉시성이 강하게 요구되지만 정당하거나 합리적인 이유에 따른 지체는 허용되는 것으로 해석되며, 사정이 허락하는 한 가장 신속하게 해야 한다는 뜻으로 사용된다.

[관련 법령 「학교폭력 예방 및 대책에 관한 법률」 제20조 제2항]

사례 3 우발적인 싸움으로 쌍방 간 상처가 난 경우 양쪽 부모의 원만한 합의가 되어도 반드시 자치위원회에서 처리해야 하는지?

양쪽 부모가 합의한 경우라도 자치위원회를 개최하는 등 일반적인 학교폭력 처리절차에 따라야 한다. 다만, 조치수준을 적용할 때 양쪽 부모가 합의한 점을 참작할 수는 있으나, 양쪽 부모의 합의보다는 가해학생의 반성 정도와 피해학생의 수용 정도를 더 중요하게 고려해야 한다.

담임교사가 자체 해결할 수 있는 학교폭력 사안은, 가해행위로 인해 피해학생에게 신체·정신 또는 재산상의 피해가 있었다고 볼 객관적인 증거가 없을 뿐 아니라, 가해학생이 즉시 잘못을 인정하여 피해학생에게 화해를 요청하고, 이에 대해 피해학생이 화해에 응하는 경우에 해당하는 사안이다. 그러나 담임교사가 해결을 하지 못하는 경우, 일반적인 절차를 거쳐야 하는 사안으로 처리되어야 한다.

[관련 법령 「학교폭력 예방 및 대책에 관한 법률」 제13조 제2항]

사례 4 117신고센터에서 경찰청으로 이송되어 가해학생에 대한 조치가 경찰에서 이루어진 경우에도 자치위원회로 통보해야 하는 건지? 이 경우 이중조치가 아닌지? 또한 이런 경우 자치위원회에서는 경찰의 조치를 참작하여 아무런 조치를 하지 않을 수 있는지?

경찰에서 가해학생에 대한 조치를 실시한 경우에도, 학교의 장에 통보하여 자치위원회를 개최하여야 한다. 경찰의 조치와 자치위원회의 조치는 별개의 법적 근거에 기반 한 것으로 이중조치가 아니다. 즉, 경찰의 조치는 범죄의 처벌을 위한 사법 조치이며, 자치위원회의 조치는 가해학생의 선도·교육을 위한 교육적 조치이다. 따라서 경찰 조치와 별도로 자치위원회는 가해학생에 대한 조치를 결정하여야 한다.

[관련 법령 「학교폭력 예방 및 대책에 관한 법률」 제17조 제1항]

사례 5 A중학교 1학년생인 김모 군은 3학년에 재학 중인 내성적이고 정신연령이 낮은 박모 군을 무시하는 행동을 해왔다. 김모 군은 같은 동네에 사는 중학생 이모 군에게 박모 군이 바보이고 싸워서 자기가 이겼다는 거짓말을 퍼뜨리며 이모 군에게 박모 군과 어울리지 말라고 했다. 그 이야기를 듣고 동네 중학생 이모 군이 박모 군에게 이 사실을 이야기 했다.

박모 군은 김모 군을 오후 5시경 아파트 단지 내 놀이터로 불러내 사실을 확인하려 했지만 김모 군이 아무런 대답도 하지 않자 김모 군의 목을 조르고 구타를 하였다. 김모 군의 부모는 김모 군의 얼굴에 멍이 들고 목에 상처가 난 것을 보고는 자초지종을 물었다.

사실을 알게된 김모 군의 부모는 상처 부위를 찍은 뒤 박모군을 경찰에 고발했다. 김모 군의 부모는 김모 군이 중학생이 되면서 비행행동이 시작되고 도벽이 생긴 이유가 선배들의 상습적인 괴롭힘 때문이라면서 박모 군을 혼내 주겠다고 했다. 이때 김모 군을 때린 박모 군의 행동은 법적으로 어떤 처벌을 받을 수 있는가?

박모 군의 폭행은 김모군이 다소 정신 연령이 낮은 박모 군을 놀리고 박모 군에 대해 거짓말을 해서 박모 군이 폭력을 행사하게 되었지만 그렇다고 해서 박모 군의 행동은 정당한 행동이 아니다. 따라서 박모 군의 행동은 형법 제260조 제1항 사람의 신체에 대하여 폭행을 가한 자는 2년 이하의 징역 500만 원이하의 벌금 구류 또는 과료에 처한다는 규정에 의해 처벌을 받을 수 있다.

출처 : 경찰청 안전드림 홈페이지

사례 6 약 9개월간 중학교에서 발생한 사건으로 강모 군은 같은 반에 전학온 한모 군에게 급식을 대신 가져오라고 하거나 라이터를 가져오라고 하는 등 심부름을 시키고 수업시간에도 남들이 보지 않게 심심하면 때렸다. 또 10여 차례에 걸쳐 60여만 원을 빼앗고 금품을 요구했는데, 구해오지 않으면 안경을 벗기고 따귀를 때렸다.

체육대회 날에는 한모 군을 시켜 담임선생님의 심부름이라고 하면서 학교에서 절단기를 빌려오게 하여 방과 후 그 절단기를 이용 오토바이 절도에 사용하려고 들고 가다가 순찰 중인 경찰차에 발견되어 조사 후 훈방조치되기도 했다.

한모 군은 학교에서 절단기를 빌린 경위를 조사받다가 담임에게 사실대로 말했다. 이 때문에 한모 군은 학교 근처의 아파트에서 발로 배를 몇 차례 맞았고 강모 군은 한모 군을 화장실로 데려가 다시 때렸다. 이뿐 아니라 흉기로 위협을 하면서 담뱃불로 한모 군의 팔을 지지기도 하였다. 온몸에 타박상을 입어 만신창이가 된 한모 군은 집에 들어갈 수가 없어서 공원에서 있었는데 마침 지나가던 사람에 의해 경찰에 신고해서 사건이 밝혀졌다.

이 가해학생은 어떠한 처벌을 받게 되는가?

학교폭력 피해자의 경우 심리적인 폭력뿐만 아니라 신체적 폭력과 금품갈취 등 여러 가지 피해를 중복적으로 받게 되는데 심리적으로 괴롭힌 사실에 대해서는 입증하기 어렵지만 폭행이나 금품갈취, 강도 상해 등은 피해의 결과가 명확하여 처벌이 가능하다.

이렇게 가해학생이 피해학생에 대해 장기간 괴롭혀 왔고 피해학생의 경우 타박상을 입었다고 하니 먼저 병원에서 진단서를 첨부하고 상처 부위에 대한 사진을 찍거나 폭행을 당했을 당시 주위에 목격자가 있었는지 등에 대한 기본 자료를 준비해 두고 경찰에 신고하는 것이 좋다. 이러한 범죄행동에 대해 강도 상해 등의 범죄로 처벌할 수 있고 폭행치사상 등에 의해 처벌이 가능할 수 있다.

출처 : 경찰청 안전드림 홈페이지

사례 7 평소 친구 사이로 사이좋게 지내던 중학교 2학년생 허모 군과 봉모 군 등 6명은 비슷한 가정환경으로 서로의 아픔을 위로하고 의지하며 이해하면서 잘 지냈다. 그러나 가해 학생들은 피해학생이 자신들을 멀리하고 친구 사이를 이간질하는 것을 괘씸하게 여겨 사건 며칠 전부터 서너 차례에 걸쳐 놀이터로 불러내 심한 욕설과 집단구타로 괴롭혔다.

결국 사건 당일 오후 2시경에 놀이터에 도착하자마자 가해 학생 중에서 가장 힘이 센 안모 군은 피해학생이 그 동안 어려울 때 도와준 은혜도 모르고 가해 학생들을 이간질하고 욕하고 다닌다는 이유로 5명의 가해학생들과 때리는 순서와 부위를 미리 정해 처음에는 개인별로 5분씩 때렸고 그 후에는 남의 돈을 빼앗아 오도록 협박하고 폭행하면서 돈을 상납하면 용서해주겠다고 했다. 가해학생들의 경우 어떠한 처벌이 가능한가?

먼저 가해학생 중에 만 14세 미만의 자가 있다면 그 학생의 경우 촉법소년으로 경찰조사 후 소년법원으로 송치되어 보호처분을 받게 될 것이다. 만 14세가 넘는 가해학생의 경우는 경찰조사 후 검찰로 송치된다. 집단으로 피해학생에 대해 구타하고 다른 사람의 돈을 빼앗아 오라고 협박 폭행한 가해학생의 행위는 「폭력행위 등 처벌에 관한 법률」 위반죄로 처벌이 가능하다.

출처 : 경찰청 안전드림 홈페이지

2 학교폭력 근절 종합대책

학교폭력의 문제가 지속적으로 발생하여 심각한 사회문제로 대두되고 있었으나 학교, 사회, 정부의 대처는 미흡했다. 학교폭력에 대한 대처가 미흡한 가운데 2011년 대구의 중학생 자살사건을 계기로 학교폭력의 문제는 중요한 사회문제로 떠오르게 되었다. 여론이 학교폭력의 실태와 심각성을 연일 보도하면서 2012년 2월 6일 범정부 차원의 학교폭력 근절 종합대책이 발표되었다.

종합대책에서는 최근 학교폭력의 특징과 원인을 제시하고 기존의 대책 및 제도에 한계를 들어 학교폭력 근절 7대 실천정책을 제시하게 되었다. 여기에서 학교폭력에 대한 철저한 대응을 강조하는 직접대책(학교장과 교사의 역할 및 책임 강화, 신고-조사 체계 개선 및 가피해학생에 대한 조치 강화, 또래활동 등 예방교육 확대, 학부모교육 확대 및 학부모의 책무성 강화)과 인성교육 실천이라는 근본대책(교육 전반에 걸친 인성교육 실천, 가정과 사회의 역할 강화, 게임·인터넷 중독 등 유해요인 대책)을 제시하고 있다.

1) 학교폭력 근절 종합대책 발표의 배경

(1) 최근 학교폭력의 특징

① 학교폭력의 피해자 중 초등학교 시기에 피해를 당하는 경우가 53.6%(초 4~6학년 : 36.0%, 초 1~3학년 : 17.6%), 가해학생 중 58.0%(초 4~6학년 : 43.1%, 초 1~3학년 : 14.9%)가 초등학교 시기에 학교폭력의 가해자가 되는 것으로 나타났다.

② 중학생의 학교폭력 발생 비율이 가장 높은 상황으로 학교폭력 대책자치위원회의 총 심의건수 중에서 중학교가 차지하는 비율이 69%(초 : 3%, 고 : 28%) 수준이며 학교폭력 관련 민원도 중학교의 증가율이 초등학교의 7배, 고등학교의 2배에 달하였다.

③ 학교폭력의 가해자와 피해자의 구별이 불분명하며, 학교폭력의 피해경험이 있는 학생이 폭력을 당하지 않기 위하여 가해자가 되는 악순환이 발생하고 있다.

④ 단순한 신체폭력이 아닌 강제적 심부름(금품갈취 포함) 46%, 사이버폭력 34.9%, 성적 모독 20.7% 등 언어적·정신적 폭력이 증가하고 있고 이러한 언어적·정신적 폭력의 경우 휴대폰 문자, SNS 등을 통해 손쉽게 반복적으로 이루어지고 있어 문제가 심각하다.

⑤ 학교폭력의 피해자 중 66.2%가 2명 이상의 가해자에게 폭력을 당하고, 가해자 수가 6명 이상인 경우도 16.3%에 달하여 학교폭력이 집단화하는 경향을 보이고 있다.

⑥ 그러나 학교폭력을 단순한 장난으로 인식하거나 위장하고, 학교폭력을 목격하는 경우에도 방관하는 경향이 강하며 학교폭력에 대한 온정주의적 시각으로 인하여 처벌보다는 교육적인 차원의 계도조치에 치우쳐 학교폭력에 대한 인식과 대응수준이 매우 낮은 편이다.

(2) 학교폭력의 원인

① 학생들은 타인과 관계를 맺고 협력하는 사회적 상호능력이 부족하고 감성교육, 신체활동 참여의 기회가 부족하다.

② 교사는 학교폭력의 양상이 지속적으로 변화하고 있으나 적절한 생활지도를 할 수 있는 수단과 관련 제도가 미흡하다.

③ 학부모는 자녀와의 대화와 학교교육의 참여 기회가 부족하여 학교폭력으로 인한 이상 징후를 즉각 발견하지 못하는 경우가 빈번히 발생한다.

④ 인터넷을 통하여 폭력영화, 만화 등 유해 영상매체에 접근이 용이하여 학생들에게 부정적인 영향력을 미친다.

(3) 학교폭력 관련 기존 대책 및 제도의 한계

① 성적 중심 입시 위주 교육으로 인성교육을 소홀히 하였다.

② 학교폭력에 대한 신고전화가 각 기관에 산재하여 신고자의 혼란이 가중되고, 학교폭력의 내용에 대한 각 기관 간의 정보공유체계가 없다.

③ 2004년에 제정된 「학교폭력 예방 및 대책에 관한 법률」상의 조치의 구속력이 미흡하여 전학, 특별교육 등 법률상의 조치를 가해학생이 거부할 경우 이에 대한 강제력이 없어 실효성 확보가 불가하여 가해학생에 대한 조치와 피해학생 보호의 한계가 있다.

이러한 학교폭력의 특징과 원인, 그리고 기존 대책과 제도의 한계를 극복하기 위하여 정부는 학교폭력 근절 종합대책을 발표하게 되었다.

2) 학교폭력 근절 종합대책의 주요내용

학교폭력 근절 종합대책은 '학교폭력 없는 행복한 학교'를 목표로 4가지의 직접대책과 3가지의 근본대책을 주요골자로 하고 있다. 직접대책은 '사소한 괴롭힘도 범죄라는 인식하에 철저히 대응'을 목표로, 근본대책은 '학교-가정-사회가 함께 인성교육 실천'을 목표로 하고 있다. 학교폭력 근절 7대 실천정책을 살펴보면 다음과 같다.

(1) 학교장과 교사의 역할 및 책임강화

① 학교장의 역할 및 책무성 강화 : 「초·중등교육법」 시행령 제31조의 5(학교폭력에 대한 징계 특례) 규정을 신설하여 피해학생을 보호할 필요가 있을 경우 학교장은 즉시 가해학생에 대하여 출석정지 조치를 실시할 수 있게 하였다.

* **초·중등교육법 시행령 제31조의 5(학교폭력에 대한 징계 특례)**
(학교장이 가해학생에 대한 출석정지 조치를 할 수 있는 경우 : 보복폭력을 행사하는 경우, 집단적으로 피해학생에 대하여 폭력을 행사한 경우, 폭력을 행사하여 상해를 입힌 경우, 기타 피해학생을 가해학생으로부터 보호할 필요가 있다고 학교장이 판단하는 경우)

② 학교폭력 은폐 시 엄중 조치 : 학교에서 학교폭력을 은폐하려는 사실이 발각된 경우, 학교장 및 관련 교원에 대해 4대 비위(금품수수, 성적 조작, 성폭력범죄, 신체적 폭력) 수준에서 징계 조치한다.

③ 담임교사의 역할 강화 및 생활지도여건 조성 : 복수담임제 등 담임의 역할을 강화하고 상담인력을 증원한다. 그리고 교원양성과정에 학교폭력 예방 및 대책과목을 신설하고 임용과정에서 교직적성 심층면접 등을 통해 학교폭력 발생 시 문제해결능력을 측정하고 지속적인 연수를 통하여 변화하는 학교폭력의 유형에 효과적으로 대응할 수 있도록 한다.

(2) 신고·조사체계 개선 및 가·피해학생에 대한 조치강화

① "학교폭력은 은폐되지 못하며, 신고하면 반드시 해결된다"고 인식될 수 있도록 신고·조사 등 대응체계의 개선을 실시한다.

② 학교폭력 은폐방지를 위한 제도 개선 : 국가수준의 학교폭력 데이터의 수집·분석체계를 구축하기 위하여 매년 초등학교 4학년에서 고등학교 3학년 학생을 대상으로 학교폭력 실태조사 및 사후관리를 실시한다. 실태조사 결과 분석자료는 시·도 교육청, 경찰청과 공유하고, 업무공조를 통해 학교폭력 위험지역(학교)에 대하여 집중 지도·관리를 실시한다.

③ 피해학생에 대한 우선적 보호와 치유지원 : 가해학생이 피해학생과 접촉하지 못하도록 사건처리기간을 단축하고 신분 노출을 최대한 방지한다. 사안이 중대한 경우에 학교장은 일정기간 경찰에 피해자 동행보호를 실시하고 가해자에 대하여 감독을 요청한다.

④ 「학교폭력 예방 및 대책에 관한 법률」의 제16조 피해학생에 대한 보호조치 중 전학권고 조치를 삭제하고 피해학생 또는 피해학생 보호자가 요청하는 경우 상급학교 진학 시 피해학생과 가해학생이 동일학교로 배치되지 않도록 조치한다.

▮표 4-3. 117신고센터 개선사항

구분	기존 경찰청 117신고센터	부처합동 117학교폭력신고센터
주관기관	경찰청	경찰청, 여성가족부, 시·도 교육청 합동
신고 후 조치	경찰수사 개시	사안에 따라 경찰 수사개시, 자체 조사, 상담기관 연계
접수한 사안에 대한 학교 통보	의무 없음	학교장 통보 의무화, 단 피해자가 통보를 원하지 않는 경우 통보 유예
가해자 개인정보 교육기관 제공	규정 없음	시·도 교육감에게 가해자 수사 또는 조사결과 통보
신고 후 가해자 격리	수사 개시 후 가해학생 접근 곤란	학교장이 신속하게 피해학생으로부터 가해학생 격리 조치
가해자 징계	수사 종결, 재판 종료 시까지 학생징계 연기	학교장이 즉시 조치 가능

출처 : 학교폭력 근절 종합대책(2012년 2월 6일). 관계부처 합동 배포용 자료.

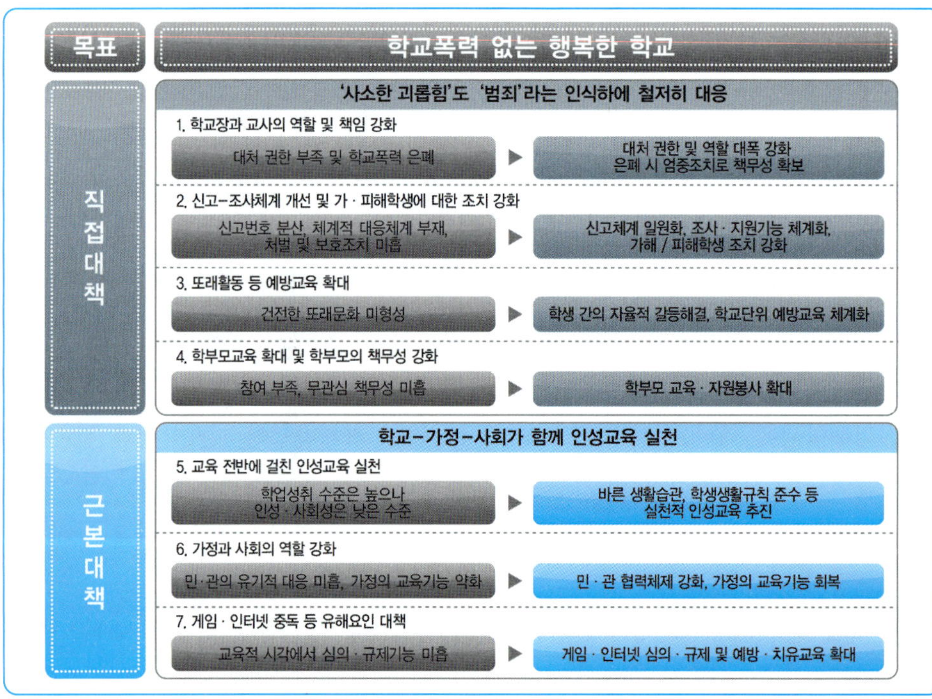

출처 : 학교폭력 근절 종합 대책(2012년 2월 6일). 관계부처합동 배포용 자료.

▮그림 4-1. 학교폭력 근절 7대 실천정책

(3) 또래활동 등 예방교육 확대

① 건전한 학교문화 형성을 위한 또래활동 지원 : 모든 학교가 학생 스스로 갈등을 해결하는 상담, 중재, 조정 프로그램을 운영할 수 있도록 지원한다.

② 사소한 괴롭힘도 폭력임을 단계적으로 교육 : 학교폭력 예방·조기발견 계획을 학교교육과정 운영계획서에 반드시 포함한다.

표 4-4. 또래 갈등 해결 프로그램의 개요

구분	프로그램 특징
또래 상담	• 또래가 상담자가 되어 동료학생의 눈높이에서 고민을 상담하고 함께 문제해결 • 갈등의 이상 징후 발견 및 예방에 초점
또래 중재	• 학급에서 신뢰(추천 등)받는 학생이 훈련을 통해 중재자가 되어 학생 간 문제를 해소하고 교사·전문상담사 등 갈등 조정 전문가는 이를 지원 • 갈등 발생 후 조정 및 화해에 초점
학급 총회	• 갈등상황 발생 시 담임선생님을 중심으로 학급학생 모두가 참여하여 토론을 통해 갈등 해결 모색(소규모 학교의 경우 학년 총회 운영 가능)
학생자치 법정	• 학생들이 경미한 학칙위반 등의 사안에 대해 상·벌점제와 연계하여 학생 스스로 변론하고 자율적 징계 실시

출처 : 학교폭력 근절 종합대책(2012년 2월 6일). 관계부처 합동 배포용 자료.

(4) 학부모교육 확대 및 학부모의 책무성 강화

① 학교폭력 예방, 자녀교육에 대해 학부모들이 제대로 알고 가정교육을 실천하도록 모든 학부모를 대상으로 교육을 확대한다.

② 교사-학부모 간 소통 강화 및 학부모의 책무성 제고 : 학교설명회 및 핵심정책에 대한 학부모교육을 연 2회 일과 후 개최를 의무화한다.

③ 가해학생 학부모의 자녀에 대한 이해 및 학교폭력 예방 관련 학부모 특별교육 이수를 의무화한다 : 가해학생이 특별교육조치를 받는 경우 학부모도 함께 교육을 이수하고 학교장은 특별교육 대상자 명단을 정하여 시·도 교육감에게 통보하고 시·도 교육감이 특별교육의 내용, 기간, 장소 등을 정하여 학부모 특별교육 대상자를 지정·통보한 후 특별교육을 실시한다.

(5) 교육 전반에 걸친 인성교육 실천

① 바른 인성의 기초를 형성하는 3~5세 누리과정의 운영 : 질서, 나눔, 배려, 협력 등 유아기에 반드시 습관화해야 할 바른 인성 형성에 주력한다. 유아의 사회적 상호작용역량을 기를 수 있는 자유선택활동 및 바깥놀이 활동 등 또래와 즐겁게 참여할 수 있는 누리과정을 운영한다. 그리고 토의, 협동학습, 현장학습, 역할놀이, 스토리텔링, 도서 활용 및 세대 간 지혜나눔 전문가 풀을 활용한 인성교육을 추진한다.

표 4-5. 누리과정의 바른 생활습관 체득을 위한 실천행동 예시

덕목	실천행동(예시)
질서	• 물건을 사용한 후 제자리에 놓기 • 순서를 기다려야 하는 장소에서 차례 지키기
나눔	• 친구와 물건 나누어 사용하기 • 도움이 필요한 이웃을 알고, 나눔을 실천하기 등
배려	• 몸이 불편하거나 도움이 필요한 친구 보살펴 주기 • 친구에게 양보하기 등
협력	• 친구와 도움을 주고받기 • 친구와 역할을 나누어 실행하기 등
존중	• 나와 친구의 차이점을 알고 존중하기 • 친구의 예술표현(그림, 동극, 율동 등)을 소중히 여기기 등
경로효친	• 등·하원 시 부모님과 선생님께 바르게 인사하기 • 어른들께 존댓말 사용하기 등
갈등해결	• 친구와 싸우지 않고 사이좋게 지내기 • 친구와 갈등(다툼)이 생겼을 때 함께 해결하거나 도움받기 등

출처 : 학교폭력 근절 종합대책(2012년 2월 6일). 관계부처 합동 배포용 자료.

② 배움이 실천으로 연결되는 프로젝트형 인성교육 실시

- 교육과정을 재구조화하여 프로젝트형 인성교육이 가능하도록 국어, 도덕, 사회교과의 인성핵심 역량요소를 강화한다.
- (바른 언어습관 및 소통 중심의 국어교육) 직접적인 욕설이나 모욕, 인터넷 및 SNS 등에 의한 학교폭력이 증가하고 있는 현상에 적극 대응한다.

- (인성 핵심역량을 실천으로 체득하는 도덕사회교육) 따돌림 문제, 친구 간의 갈등, 학교폭력, 학생의 권리와 의무 등 학교생활을 하며 발생하는 문제해결과정을 교육과정으로 구성하여 프로젝트 수업을 운영한다.

③ 중학교 체육활동 대폭 확대

- 신체활동 욕구가 왕성하고 자기정체성 확립시기인 중학생 체육활동을 대폭 확대하여 체·덕·지를 겸비한 인재를 육성한다.
- 방과 후 시간, 점심시간, 토요일 등을 활용하여 학급 및 학교스포츠 클럽 대항 교내 스포츠리그를 활성화하고 모든 중학생이 학교 스포츠클럽에 1개 이상 가입하도록 한다.

④ 학생-학부모-교사가 함께 학생생활 규칙을 통해 인성교육을 실천 : 학교생활 규칙이 학생, 학부모의 충분한 의견 수렴 없이 형식적으로 재정·운영되어 실효성이 부족한 현실을 개선한다.

- 교사, 학생, 학부모가 충분한 협의과정을 거쳐 학교생활규칙을 정하고, 이에 따르는 과정을 통해 규율준수의 중요성을 체득하는 실천적 인성교육을 추진하고 학생과 학부모는 학생생활규칙에 동의서를 제출하고, 동의서에 기반 하여 교사는 학생생활지도를 위한 권한과 책무성을 확보한다.

⑤ 인성 관련 학생부 기재 강화 및 입학전형에 반영한다.

- 학교생활기록부의 행동특성 및 종합의견 작성 시 학생의 인성발달 관련 특기사항을 핵심 인성요소별(배려, 나눔, 협력, 타인존중, 갈등관리, 관계지향성, 규칙준수 등)로 세분화하여 기록한다. 또한 학생생활규칙 준수, 동아리, 스포츠클럽, 또래상담과 같은 또래활동, 평소 생활 태도 등 학교에서의 생활을 구체적으로 기록한다.

⑥ 생활지도 등 인성교육을 잘하는 교원과 학교를 우대한다.

(6) 가정과 사회의 역할 강화

① 가정과 사회의 교육적 기능을 회복한다.

- 바른 인성 함양을 위한 밥상머리교육 범국민 캠페인을 추진한다 : 가족사랑의 날인 수요일과 주말을 활용하여 가족이 함께 식사와 대화를 나누며 기본

예절교육, 부모-자녀와의 상호이해를 확장 유도한다.

- 가족단위의 교육 프로그램을 확대하고, 지역사회의 학생, 청소년 대상의 인성 교육 프로그램을 확대한다.

② 가정과 사회의 참여 확대를 위한 홍보 및 캠페인을 추진한다.

- 문화부는 범정부 학교폭력 근절 대책 홍보를 총괄하고, 범사회적 학교폭력 근절 캠페인, 공익광고를 연중 실시한다.
- 교육부는 교육단체, 학생, 학부모, 교사가 참여하는 범사회적 학교폭력추방 캠페인을 실시한다.
- 법무부는 전국의 범죄예방위원 등 민간단체와 연계하여 다양한 학교폭력 예방 캠페인을 전개한다.

(7) 게임·인터넷 중독 등 유해요인 대책

① 게임·인터넷 중독예방을 위한 제도개선의 추진

- (셧다운제 강화 등 과도한 게임 이용 제한) 부모 명의 도용방지를 위해 아이핀 사용 확대 등 청소년에 대한 게임 제공 제한제도를 실효성 있게 운영하는 한편 제도 운영상의 문제점을 보완한다.
- 게임물에 대한 청소년유해성 심사 강화를 위해 게임물 등급분류제도를 보완하고 음란, 폭력, 교육 등 게임물 내용심의에 관한 게임물 등급분류기준을 강화하고 게임물 등급위원 구성 시 교육, 청소년 분야의 전문가를 확대한다.

② 게임, 인터넷 중독 예방 교육 강화 및 치유활동 확대

- 주요 시기별로 단계적으로 게임, 인터넷 중독 예방교육을 강화한다.
- 게임, 인터넷 중독예방을 위한 학생생활지도 요령을 마련한다.

③ 흡연·음주 치유 및 예방 프로그램의 활성화

- 최초 흡연, 음주 경험연령이 점차 낮아지고 있어 초등학교부터 흡연, 음주에 대한 예방교육실시를 의무화한다.
- 사회적 일탈행위의 통로로 이용되는 흡연, 음주치료 프로그램을 강화한다.
- 운동장을 포함한 학교 전체 금연구역 실시를 확대, 조기 시행하고, 금연구역 준수 여부에 대한 자율적인 감시제도를 강화한다.

이상과 같이 학교폭력 근절 종합대책은 범정부·지역적으로 추진체계가 구성 운영된다. 정책의 수립, 집행, 점검을 내실 있게 추진하기 위해 범정부 추진체계를 학교폭력대책위원회로 하고, 국무총리실 소속위원회로 격상하였다. 16개 광역단위의 시·도 학교폭력대책위원회의 운영을 활성화하고 시·군·구 단위의 학교폭력대책지역협의회를 신설하며 유관 민간단체와의 연계·협력을 강화하고 있다.

05

학교폭력의 가해자와 피해자 및 방관자

배울 내용

1. 학교폭력의 가해자
2. 학교폭력의 피해자
3. 학교폭력의 방관자

학습목표

1. 학교폭력의 가해자, 피해자, 방관자의 행동특성을 파악하여 학교폭력을 예방할 수 있다.
2. 가해학생에 대한 재발방지 적응 프로그램을 계획하여 실행할 수 있다.
3. 피해학생에 대한 치유 프로그램을 계획하여 실행할 수 있다.
4. 학교폭력 예방 프로그램의 적용으로 방관자에 대한 긍정적인 개입을 실천할 수 있다.

개 요

학교에서 다른 학생들에게 폭력을 가하는 학생 중 상당수가 한때 선배나 동료학생들로부터 피해를 당했던 학생이다. 따라서 가해학생과 피해학생을 엄격하게 구분하는 것이 쉽지 않으며, 어떤 면에서는 학교폭력 장면에서 순수한 가해자는 없고, 관련 당사자들은 물론 그들의 부모와 교사, 그리고 학교폭력을 목격하는 학생들 모두가 피해자라고 볼 수 있다. 이 장에서는 학교폭력에 대한 가해자, 피해자, 방관자에 대한 정의와 심리적 특성을 개괄하고, 학교폭력이 그들에게 미치는 영향에 대해 살펴보고자 한다. 더불어 가해자, 피해자, 방관자에 대한 역할과 대책, 프로그램을 통해 그들의 행동을 더 건강하고 대안적인 행동으로 변화시키는 데 도움을 주고자 한다.

학교폭력의 특징 중의 하나는 가해자와 피해자를 구분하기 어렵다는 점이다. 또한 학교폭력 목격자도 피해자가 될 수 있다는 점이다. 따라서 본 장에서는 학교폭력의 가해자, 피해자 및 방관자의 특성에 대해 살펴보고 개입방안에 대해 모색해 보고자 한다.

1 학교폭력의 가해자

1) 학교폭력 가해자의 정의와 특성

(1) 학교폭력 가해자의 정의

학교폭력의 가해자에 대한 개념은 많은 학자들에 의해 정의되고 있으나, 「학교폭력 예방 및 대책에 관한 법률」에 따르면 '가해학생'이란 가해자 중에서 학교폭력을 행사하거나 그 행위에 가담한 학생이라고 포괄적 정의를 내리고 있다.

올베우스(Olweus, 1994)는 가해자는 피해자에게 가해를 시작하고 적극적으로 가해 행동을 하는 사람이라고 정의하였으며, 또한 학교폭력은 학교를 중심으로 또래 간에 발생하는 폭력행위로 한 학생이 개인이나 집단에 의해 지속적이고 반복적으로 행해지는 부정적 행위이며 힘의 불균형으로 이루어진 대인관계의 형태라고 하였다. 이러한 가해행동은 공격성이 강화되고 극단화된 행동의 형태라 할 수 있으며, 공격성은 학교 내·외라는 특정한 장소에서 학생들 사이에 발생하는 문제로 한정된다.

스티븐슨과 스미스(Stephenson & Smith, 1989)는 가해자를 일반적인 가해자와 불안한 가해자로 구분하였다. 일반적인 가해자는 강하고, 단호하며, 쉽게 흥분하고, 공격행동을 즐긴다. 반면, 불안한 가해자는 심리·정서적으로 불안정하며, 학업성적이 낮고 대체로 인기도가 낮다.

집단따돌림과 또래 괴롭힘은 학교폭력과 유사한 개념으로, 이러한 행동을 주도적으로 행하거나, 암묵적으로 동조하고, 적극적으로 협조한 학생들을 가해자로 정의하게 된다.

(2) 학교폭력 가해자의 특성

학교폭력의 가해행동은 한 가지 요인에 의해 발생하는 것이 아니라 여러 가지 요인의 복합적인 작용으로 인해 발생하게 된다. 1970년대 말까지 이루어진 연구에 따르면, 가해행동을 하는 이유는 물리적 이득을 얻기 위한 목적이 주된 것이었으나, 근래에는 또래 간의 우월성을 드러내 보이고 또래 지지를 통해 또래에 대한 지배력을 강화, 유지하기 위한 수단으로 가해행동을 하는 것으로 나타났다. 이러한 가해자는 도발적 공격자(proactive aggressor)로 설명될 수 있으며, 이들은 그들의 공격성으로 또래집단 내에서 배척되거나 소외되기보다는 오히려 일반 학생들 이상의 큰 영향력을 가지며 심지어 인기가 있는 경우도 있다.

우리나라의 연구결과에서도 가해주동집단의 경우 다른 사회관계보다 친구와의 관계가 비교적 만족스럽고, 정상 집단 아이들과 비슷한 정도의 인기를 지닌다는 연구결과가 존재한다(이춘재, 곽금주, 2000).

올베우스(1994)는 폭력은 가정에서 학습되었을 수 있으며, 부모가 아동의 공격적 행동에 대해 허용적이거나 관대한 태도를 보이면 자녀의 공격성이 증대하는 경향이 있고, 부모가 체벌을 사용하는 것도 자녀의 공격성을 증가시킨다고 하였다. 또한 충동적이고 급한 아동의 기질적 특성은 폭력적 행동을 촉발하기도 하며, 가해자로 전환될 가능성이 높다.

일반적으로 학교폭력 가해학생은 힘이 세며, 싸움을 잘하고, 강한 충동성과 공격성, 높은 지배욕과 낮은 공감성 등의 특성을 지닌다. 학교폭력 가해자들의 특징을 살펴보면, 첫째, 공격성이다. 급우나 학생들을 대상으로 한 가해학생들의 공격적인 행동은 폭력을 즐기는 것으로 보이기도 하며, 그들은 이것을 통해 자신의 위상을 높이려는 과시욕과 벗어나고 싶은 좌절을 해소하려 한다. 그들은 자신의 공격적인 행동으로 피해를 입는 학생에 대한 죄의식을 전혀 갖지 않고 자신과는 무관하다고 생각하며, 감정이입이 전혀 일어나지 않는 특징을 지닌다. 이러한 공격성은 개인이 가지고 있는 성격이나 기질과도 관련이 있을 수 있으며, 폭력을 관찰하거나 당해 본 경험이 있는 사람들은 더 공격적이며 폭력을 행사할 가능성이 높다. 조용하고 내성적인 기질의 아동에 비하여 활동적이고 외향적인 기질의 아동이 좀 더 공격적인 청소년으로 발달할 가능성이 높다고 한다.

둘째, 충동성이다. 충동적인 가해자들은 판단이나 행동이 당시의 기분에 의해 좌우되어 충동적인 폭력으로 문제를 해결하려는 경향이 있다. 이러한 충동적인 행동은 행동장애의 징후로 볼 수 있으며, 인내심이나 자제력이 결여되어 자기 통제가 불가능하게 되고, 따라서 가해행동을 하게 될 가능성이 높다. 또한 충동적인 사람은 반항적이며 화를 잘 내고, 타인에 대한 우호성과 책임성이 부족하다. 아동기의 충동성은 청소년기나 성인기의 부적응이나 비행과 관련이 있는 것으로 보고 있다. 충동적인 사람들은 자신의 행위에 의해 나타날 결과를 생각하지 않기 때문에 처벌 결과가 큰 위협이 되지 않는다. 그러나 충동성을 긍정적인 측면으로 달리 보면 열정이라 볼 수도 있다.

셋째, 높은 지배욕이다. 타인에 대한 높은 지배욕은 가해자들의 또 다른 특성 중 하나이다. 가해자들은 급우나 학생들에게 폭력을 행사함으로써 자신의 지배욕을 충족시키고, 목표 성취라는 긍정적 강화를 통해 자신의 폭력적 행동을 더욱더 강화시켜 나간다. 타인에 대한 높은 지배욕은 개인의 기질적 특성과 연관성이 있다.

넷째, 낮은 공감능력이다. 공감능력이 부족한 가해학생들은 피해자가 폭력을 사용하게 만들었다며, 폭력을 정당화하는 경향이 있다. 그러나 일부 가해학생들은 일반학생들에 비해 인지적 공감능력이 뛰어나 상대방을 어떻게 괴롭혀야 하는지를 알고 피해학생을 괴롭히는 경우도 있다. 이러한 경우는 인지적 공감능력은 있으나 정서적 공감능력의 부족으로 인해 발생하는 것이라고 보고 있다.

표 5-1. 전형적인 학교폭력 가해학생의 징후

- 신체적으로 다른 학생보다 우월하다.
- 폭력을 통해 자신의 이상을 높이려는 과시욕을 가지고 있으며, 다른 학생들에게 자신의 영향력을 발휘하고 억압하려 하며, 힘과 협박을 통해 자신을 증명하고, 원하는 것을 얻으려 한다.
- 쉽게 잘 흥분하고 규칙을 지키려하지 않으며 저항과 분노를 품고 있다.
- 자신이 처한 어려운 상황과 관련하여 또래뿐만 아니라 성인에게도 자신의 분노를 표현하고 의심이 많으며 공격적이다.
- 고집이 세고, 집요하며, 전혀 동정심을 보이지 않는다. 자신의 공격적, 폭력적 행동으로 피해를 입은 학생에 대해 죄의식을 갖지 않으며, 감정이입이 잘 일어나지 않는다.
- 자아상이 지나치게 긍정적이다.
- 사회적으로 도둑질, 물건 파손 등의 위반된 행동을 할 수 있다. 심각한 경우 약물복용이나 흡연, 유흥업소 출입, 마약, 폭력과 같은 비행행동에 연루되는 경우가 많다.
- 매사에 민감하고 학교에 대한 불평불만이 많다.

표 5-2. 잠재적인 학교폭력 가해학생의 징후

- 어떤 특정집단에 소속되어 있을 수 있다.
- 자신의 문제를 폭력적으로 해결하고자 하는 경향이 있다.
- 눈에 띄게 잘 흥분하고 지나치게 활발하다.
- 음주나 흡연, 약물과 같은 기타 문제행동과 관련되어 있을 가능성이 높다.
- 주위사람들이 자신을 부당하게 취급한다고 생각한다.
- 자신의 행동반경이나 규칙들이 자신을 억압한다고 느낀다.
- 비판에 대해 매우 민감하다.
- 반사회적, 비사회적, 정신병리적 문제가 있을 수 있다.

표 5-3. 학교폭력 가해행동의 결과

- 모든 것을 폭력으로 해결할 수 있다는 왜곡된 가치관을 형성할 수 있다.
- 학업능력의 저하로 사회적응을 실패할 가능성이 높으며, 자아실현의 기회가 상실될 수 있다.
- 법을 위반하는 행동이 강화되고 반사회적 규범이 학습되어 반사회적 성격장애로 발전될 수 있다.
- 공격적 충동(불안과 분노)을 조절하지 못하는 심리적 장애를 가지게 될 수 있다.
- 학교부적응과 단절된 대인관계로 인하여 성인이 된 이후에도 반사회적 행동이 지속될 수 있다.
- 왜곡된 방식으로 인정받으려는 욕구로 인하여 자신의 행동을 책임지지 못하는 사회인으로 성장할 가능성이 높다.

올베우스(1994)의 연구결과에 의하면, 청소년기 폭력 가해자들의 1/3 이상이 성인기의 범죄자로 낙인찍힌 삶을 살아가게 된다고 한다. 스웨덴에서 이루어진 종단연구에 따르면 초등학교 6학년에서 중학교 3학년 때 가해자였던 남학생들의 약 60%가 24세까지 최소 한 가지 이상의 범죄를 저지른 것으로 보고되었다. 특히, 가해학생의 경우 35~40%는 세 번 이상의 반복적인 범죄를 저질렀다. 이와 같은 결과를 통해 학교폭력 가해자들이 일반 아동들에 비해 상습적인 범죄자가 될 가능성이 매우 높다는 사실을 알 수 있다.

2) 학교폭력 가해자에 대한 대책

학교폭력 가해학생에 대해서는 피해학생에 대한 사과, 학급 교체, 전학, 학교에서의 봉사, 사회봉사, 학내·외 전문가에 의한 특별교육 이수 또는 심리치료 등의 조치를 취할 수 있다.

학교폭력 가해행동의 원인은 다양할 뿐만 아니라 원인과 관련하여 학자들은 다양하게 설명한다. 일반적으로 학교폭력 가해행동의 개인적인 원인으로 행위자의 내재적 특성에 초점을 두는 신체적 특성, 유전적 특성, 성격적 특성 등 개인차 요인에서 그 원인을 찾는다. 따라서 학교폭력에 대한 사후 조치도 보복이나 응징보다는 가해자의 병리적인 성격 특성을 치료해야 하며, 집단 치료 프로그램과 같은 치료 모델을 권장한다.

(1) 학교폭력 가해학생 예방 및 재발방지 적응 프로그램

학교폭력 예방교육에 있어서는 학교폭력 가능성이 있는 학생들에 대한 학교폭력 예방교육과 학교폭력 경험이 있는 가해학생에 대한 재발방지의 적응교육이 필요하다. 학교폭력 행동을 보이는 학생들은 우발적인 경우도 있지만 품행장애현상을 보이는 경우가 많다.

일반적으로 품행장애학생들은 타인의 권리나 감정을 별로 고려하지 않으며, 잘못에 대한 죄의식 없이 남에게 비난을 잘한다. 욕구좌절과 인내력이 약하여 자신의 욕구가 관철되지 못하면 분노폭발이나 공격적 행동으로 대처하며, 학교에서 정학이나 퇴학 등의 문제를 갖기도 한다. 이들은 주의력결핍 과잉행동장애 및 적대적 반항장애와 관계가 밀접하여 초기의 주의력결핍 증상이 적대적 반항을 거쳐 품행장애로 발달하는 경우가 많다. 따라서 학교폭력 가능성과 경험이 있는 품행장애 학생들을 위해서는 품성계발, 도덕성 증진, 분노조절, 시간·정신에너지 관리, 자기존중감 증진, 의지계발을 위한 프로그램 개발 등이 요구된다. 나아가 자기표현과 주장능력을 향상할 수 있는 자기주장훈련 프로그램, 친밀감 표현방식의 변화와 표현력 증진을 위한 사회성 증진 프로그램 등도 포함될 수 있다. 학교폭력 예방을 위한 가해학생의 학교 적응교육은 다양한 심성 계발 프로그램 적응을 통해 효과가 나타날 수 있으며, 구체적인 프로그램 및 기대효과는 표 5-4, 단계별 프로그램 적용 모형은 표 5-5와 같다.

표 5-4. 가해학생 재발방지 적응 프로그램명과 효과

프로그램명	기대효과
도덕성 증진 프로그램	도덕적 규범과 가치존중
품성계발 프로그램	타인 배려성 증진
분노 조절 프로그램	감정 자제능력 향상 및 폭력 대처기술 증진
시간·정신에너지 관리 프로그램	시간·정신에너지의 효율적·긍정적 사용능력 향상
자기존중감 프로그램	대인관계 기술 및 자존감 높이기
의지계발 프로그램	내 인생 주인의식, 실천의지력 향상

출처 : 김규태 외(2013). 학교폭력 예방의 이론과 실제. 양서원. p.264.

표 5-5. 가해학생 재발방지 프로그램명 적용단계

구분		프로그램 적용
단계	회기	
1단계	1	오리엔테이션 및 자아탐색 프로그램
2단계	10	• 품성계발 프로그램 • 도덕성 증진 프로그램
3단계	각 5	시간·정신에너지 관리 프로그램
		분노조절 프로그램
4단계	5	의지계발 프로그램
5단계	5	자기존중감 프로그램

출처 : 김규태 외(2013). 학교폭력 예방의 이론과 실제. 양서원. p.264.

국내에 소개된 학교폭력 가해자 상담 프로그램은 분노조절 및 대처에 관한 프로그램, 문제해결 능력 프로그램, 탈비행화를 도모하는 프로그램, 부모교육 프로그램 등으로 구분할 수 있다. 특히, 학교폭력 가해학생의 개인적 부적응 문제를 다루는 데 역점을 둔 프로그램은 가해 청소년의 주요 폭력 원인이 되는 충동성과 분노감정을 조절하는 데 조력하는 프로그램, 문제해결, 자아존중감, 자아인식과 표현, 공동체의식 등의 향상을 꾀하는 프로그램이 있다(이명우 외, 2005).

이 외에 각 기관에서 연구 개발된 프로그램으로는 청소년폭력예방재단의 학교폭력 가해청소년집단 프로그램(2008), 한국교육개발원과 한국청소년정책연구원이 공동

개발한 학교폭력 가해학생 선도 프로그램 매뉴얼 또 하나의 선택(2007), 자녀 안심하고 학교보내기 운동 서울협의회의 학교폭력 개입 프로그램(2002), 청소년보호위원회의 학교폭력 가해학생 선도·교육을 위한 프로그램(2003) 등이 있다(염영미, 2012).

(2) 학교폭력 가해학생에 대한 정책적 대안

정부는 지금까지 3차에 걸쳐 학교폭력 예방 및 대책 5개년 기본계획을 발표하였다. 이와 더불어 2012년에는 관련 부처가 합동으로 '학교폭력 근절 종합대책'을 제안했고, 2013년에는 '현장 중심 학교폭력 대책'을 내놓았다. 이 가운데 가장 최근에 발표된 '제3차 학교폭력 예방 및 대책 기본계획(2015~2019)'에서 '학교폭력 예방 및 대책에 관한 2016년도 시행계획'을 살펴보면 다음과 같다.

① 피해학생과 가해학생을 위해 Wee 프로젝트를 확대운영

피해학생과 가해학생을 위해 Wee 프로젝트를 확대운영하고, 전문상담교사를 확대 배치하여 학생들의 학교적응에 대한 지원을 강화하였다.

표 5-6. Wee 프로젝트 및 전문상담인력 현황

구분	Wee 프로젝트			전문상담인력	
	Wee 클래스 (학교 단위)	Wee 센터 (교육지원청 단위)	Wee 스쿨 (시·도 교육청 단위)	전문상담교사	전문상담사
2014	5,633교	188개소	9개소	2,009명	3,590명
2015	6,161교	198개소	11개소	2,089명	3,706명

출처 : 관계부처합동(2016).

또한 가해학생에 대한 맞춤형 교육과 선도를 위하여 학교폭력 가해학생에 대한 지원 체계를 구축하고, 가해 유형과 수준에 따른 맞춤형 대응을 강화하고 있다.

② 학교폭력 가해학생에 대한 지원

- 학교폭력 가해학생과 위기학생의 인성회복을 위한 체험 프로그램 '숲으로 가

는 행복열차' 운영

- 학교폭력 가해학생에 대한 '상담조건부 기소유예제' 도입과 단위학교 상담을 통한 가해학생 선도 프로그램으로 '보호관찰학생 : 교사' 멘토링 실시
- 현장 중심의 학교폭력 예방을 위한 가족캠프 확대 운영
- 교사-학생 간의 유대감 강화를 위한 사제동행캠프 신규 도입
- 학교폭력 재발 방지와 가족 간의 유대감 강화를 위한 가족솔루션캠프 운영

③ 가해 유형 및 수준별 맞춤형 대책

- 인터넷 및 스마트미디어 중독 문제 해소를 위한 '스마트 쉼 센터' 추가 구축
- 인터넷 및 스마트폰 과다사용으로 인한 학교생활 부적응, 가족갈등 등 어려움을 겪고 있는 중독 위험군에 대한 전화, 방문, 온라인 상담 서비스 제공
- 청소년 미디어 중독 전담상담사 배치·운영
- 저 연령층의 중독 예방과 해소를 위한 '가족치유캠프' 확대 운영
- '국립청소년인터넷드림마을' 운영과 인터넷 및 스마트폰 중독으로 인한 고위험군 청소년을 대상으로 한 맞춤형 치유 프로그램 상시 제공
- 게임과 몰입·인터넷 중독 등과 관련하여 초·중·고교 교사 및 전문상담사 등을 대상으로 한 직무연수 운영
- 청소년의 인터넷(게임) 과다사용 중독을 위한 치유캠프 실시
- 스마트폰의 올바른 사용지도를 위한 부모교육 실시

2 학교폭력의 피해자

1) 학교폭력 피해자의 정의와 특성

(1) 학교폭력 피해자의 정의

학교폭력의 피해경험이 청소년들에게 부정적인 영향을 미친다는 연구들이 지속적으로 보고되고 있으며, 학교폭력에 대한 최초의 개입 역시 피해학생을 중심으로 다

루어지고 있다. 「학교폭력 예방 및 대책에 관한 법률」에 따르면 '피해학생'이란 학교폭력으로 인하여 피해를 입은 학생이라고 정의한다. 올베우스(1978)는 한 학생이 반복적이고 지속적으로 한 명 또는 그 이상의 다른 학생들로부터 부정적인 행동을 당하는 것을 학교폭력 피해자로 정의하고 있다. 이 개념은 이후 점점 확장되어 피해자와 가해자 간의 힘은 불균형 상태를 포함하게 되었으며, 언어적, 물리적, 관계적 측면 등에서 괴롭힘의 주요한 대상이 되는 학생을 의미한다.

(2) 학교폭력 피해자의 특성

학교폭력 피해 대상으로 쉽게 노출되거나 피해를 당하기 쉬운 학생들이 있다. 그리고 지속적으로 또래 괴롭힘을 당한 피해자들은 일반 학생들에 비해 자존감이 낮아지고, 스트레스를 많이 받게 되며, 우울증 및 학습된 무기력감에 시달리게 된다.

올베우스(1978)는 학교폭력의 피해자를 수동적 피해자(passive victim)와 도발적 피해자(provocative victim)로 구분하였다. 수동적 피해자와 도발적 피해자는 불안한 심리상태를 갖는다는 점에서는 서로 유사하지만, 도발적 피해자는 가해자와 비슷한 수준의 공격성을 가지고 있으며, 공격받았을 때 반격하려는 성향을 보인다.

수동적 피해자는 자신이 공격받고 모욕당할 때 상대방에게 보복하지 않고 불안정한 반응을 보이는 특징을 갖는다. 또한 이들은 자신이 무가치한 사람이라는 신호를 상대방에게 보여 피해를 당하는 경우가 많다. 이들은 괴롭힘을 당할 때 대응하려 하지 않고, 고립되거나 사회적으로 철회하는 경우가 많으며, 학급이 바뀌거나 새로운 집단에서 새롭게 친구를 사귈 수 있을 때에도 자신에 대해 부정적 이미지가 퍼져 있다는 생각으로 친구를 사귀려는 시도를 하지 않고 괴롭힘을 당하는 것이 어쩔 수 없는 상황이라고 믿는 경우가 많다(Berstein & Watson, 1997).

도발적 피해자는 피해를 당하면서 불안한 반응과 공격적인 반응을 함께 보이는 유형이다. 이들은 반항적이고, 산만하며, 화를 잘 내고, 주변 사람을 짜증나게 함으로써 피해 대상이 되는 경우가 많다. 또래들은 이들이 언제 폭발할지 모르는 통제 불가능한 분노를 가지고 있다는 이유로 일부러 외면하는 경향이 있다.

또래 괴롭힘을 당한 피해자들의 일반적인 특징을 살펴보면, 첫째, 심리적으로 불안하고 자신감이 결여되어 있다. 심리적 불안과 자신감의 결여로 인해 가해자에게 만만하게 보이고, 성격이 예민하며, 가해자로부터 조금만 공격을 당해도 울음으로 대응하거나 쉽게 복종하고 말이 없는 편이다.

둘째, 자신에 대해 부정적인 평가를 한다. 이들은 대체로 키가 작거나, 신체적 장애가 있는 경우가 있으며, 힘이 약하고, 가해자가 공격해 올 때 효과적인 자기 주장이나 방어를 하지 못한다. 가해자들이 학교폭력에 대한 원인을 자신이 아닌 주위 환경 탓으로 돌리는 것과 반대로 피해자들은 낮은 자존감으로 인해 괴로워하며, 자신과 자신이 처한 상황에 대해 부정적으로 평가한다.

셋째, 학교에서 소외당한다고 생각하며, 외로움을 많이 느낀다. 또래 괴롭힘을 당하는 피해자들은 사회성이나 대인관계 기술이 부족하며, 학급에서 친한 친구가 거의 없다. 학교에서 자신을 이해해주는 사람은 없으며, 외롭게 혼자 견딜 수밖에 없다며 스스로 위로하면서 절망하고 자신만의 세계에 갇혀 산다.

넷째, 학교폭력의 피해자가 가해학생으로 전환하는 경향이 있다. 또래 괴롭힘을 당한 도발적 피해자들은 가해자에 대해 복수할 기회를 노려 가해자로 전환하며, 복수에 대한 성공은 다른 피해자를 발생시켜 학교폭력의 악순환이 이루어진다. 이들은 자신보다 약한 학생을 선택해서 자신이 당한 만큼 괴롭힌다.

표 5-7. 학교폭력 피해학생의 징후

- 갑자기 학교에 흥미를 잃거나 학교 가는 것을 거부한다.
- 평소에 이용하지 않던 길을 통해 학교에 간다.
- 유급을 당한다.
- 가족과 소원해지고 학교활동에 불참하며 혼자 있고 싶어 한다.
- 점심 값을 잃어버렸다든가 학교에서는 배고프지 않았다고 말하며 방과 후 집에 오자마자 음식을 달하고 한다.
- 부모의 돈을 가져가고 그 돈의 사용처에 대해 서투른 변명을 한다.
- 집에 오자마자 곧장 화장실로 간다(가해자들이 공격할까봐 화장실을 못가기 때문).
- 전화나 이메일을 받은 뒤에 슬퍼하거나 시무룩해지고, 화를 내거나 무서워한다.
- 또래에 대해 말할 때 경멸적이거나 비하하는 언어를 사용한다.
- 또래나 일상생활에 대하여 말하려 하지 않는다.
- 설명과 일치하지 않는 신체적 부상을 입는다.
- 복통, 두통, 공황 발작 증세를 보이고 잠을 못 자거나 아주 많이 자며, 탈진 증세를 보인다.

2) 학교폭력 피해학생에 대한 대책

(1) 학교폭력 피해로 인한 후유증

학교폭력은 피해자에게 신체적 상해 외에도 심리·정서적, 발달적, 사회적, 환경적인 영향을 미친다. 학교폭력에 노출된 후 피해자들이 경험했던 불안과 두려움, 심리적 위축, 대인기피 등을 절절한 시기에 치료하지 않는다면 적응장애나 우울장애, 외상 후 스트레스 장애와 같은 심리적 장애를 초래할 수 있다(임재연, 2006).

또래 괴롭힘을 당한 피해자 중 많은 학생들이 심리적 고통으로 정신과 치료를 받거나 자살을 선택하는 경우도 있으며, 학교폭력 초기에는 학교 가는 것을 꺼리거나, 식욕이 줄어들고 무기력증을 호소하는 경우가 많다(최태진 외, 2006; Cohen, 2001). 폭력이 점점 반복되어 폭력을 당하는 기간이 길어질수록 외상 후 스트레스 장애(PTSD)와 우울증, 불면증에 시달리게 되고, 꿈에 가해학생들이 나타나서 괴롭히는 악몽을 꾸거나 헛소리를 하며, 두통과 복통 등 신체적 고통을 호소한다. 결국 잦은 결석과 집중력 저하로 학업성적이 떨어지고 대인기피 증상으로 사회적 적응이 쉽지 않게 된다(곽금주, 2006).

파커와 아셀(Parker & Asher, 1987)의 연구에 따르면, 학교에서 친구관계를 친밀하게 형성하지 못한 채 또래로부터 지속적으로 배척당하는 학창시절을 보냈을 경우 이후 성인에 정신장애를 경험할 수 있다고 주장한다.

(2) 학교폭력 피해학생 재활 프로그램

학교폭력 피해학생을 대상으로 한 치유 프로그램은 개인 상담이 주를 이루고 있으며, 개인 상담이 아닌 프로그램의 경우에도 학교가 아닌 전문상담기관에서 개별적 접근으로 이루어지는 경우가 많다.

구본용 등(2008)이 개발한 학교폭력 피해학생 치유 프로그램을 살펴보면, 학교폭력 피해학생 치유 프로그램의 기본 프로그램은 학교폭력 피해학생들의 후유증에 초점을 둔 프로그램으로 다음과 같은 목적이 있다.

첫째, 학교폭력으로 인해 발생한 마음의 상처를 치유하고, 심리적 부적응을 초래하는 파괴적 감정들을 관리할 수 있게 한다. 둘째, 심리적 부적응을 증폭시키는 자기인식을 자기효능감과 긍정적 자아상 회복을 통해 긍정적으로 변화시킨다. 셋째, 학교폭력으로 인한 왜곡된 사회적 관계를 회복시켜 학생들의 학교 재적응을 가능하게 하며, 나아가 심리적 성장 기반을 구축한다.

표 5-8. 학교폭력 피해학생 치유 프로그램(기본훈련 프로그램)의 목적 및 내용

<table>
<tr><th>단계</th><th>회기</th><th colspan="2">목적</th><th>구성내용</th></tr>
<tr><td>도입</td><td>1</td><td colspan="2">① 친밀감 형성
② 참여와 치유 동기 유발</td><td>• 오리엔테이션 및 자기소개
• 집단의 친밀감 형성 및 신뢰로운 분위기 형성</td></tr>
<tr><td rowspan="4">전개</td><td>2</td><td rowspan="2">감정 조절 능력 회복</td><td rowspan="2">① 감정인식 및 정화
② 피해로 인한 상처 수용 및 치유
③ 감정 관리능력 습득</td><td rowspan="2">• 학교폭력 사건 재경험하기
• 감정 구체화하기
• 이해받고 수용하기(경험 공유와 공감 주고받기)
• 감정 표현하고 관리하기</td></tr>
<tr><td>3</td></tr>
<tr><td>4</td><td rowspan="2">긍정적 자아상 정립 및 사회적 능력 증진</td><td>① 사회적 기본 기술 습득
② 사회적 자기효능감 증진
③ 성공적 또래관계 경험</td><td>• 친구 사귀기 행동 연습하기
• 성공적인 친구 사귀기 경험하기
• 기본적인 사회기술 배우기</td></tr>
<tr><td>5</td><td>① 긍정적 자기 재발견
② 자기비난 중지
③ 폭력 대처능력 증진</td><td>• 숨겨진 자기 장점 확인하고 수용하기
• 부정적 자기 진술방식 변화시키기
• 폭력 대처방법 배우기</td></tr>
<tr><td>종결</td><td>6</td><td colspan="2">나를 수용하고 희망 찾기</td><td>• 자기 용서하기
• 희망 정리하기</td></tr>
</table>

출처 : 구본용 외(2008). 학교폭력 피해학생 치유 프로그램 지도자용 지침서. 교육과학기술부.

심화 프로그램은 일상생활의 스트레스에 적절히 대처할 수 있는 능력을 기르기 위한 목적으로 구성되었다. 모든 사람은 살아가면서 스트레스를 받으며 그 스트레스들에 대해서 자신만의 방식으로 다양하게 대처하고 있다. 스트레스 대처방식을 살펴보면, 자신이 좋아하는 음악을 크게 틀고 듣거나, 좋아하는 운동을 하기도 하고, 문제해결을 하기 위해서 여러 가지 방법을 찾아보거나, 생각을 긍정적으로 바꾸려고 노력하는 등 다양한 형태로 나타나고 있다. 스트레스에 어떻게 대처하는가에 따라 개인의 삶은 큰 차이가 발생한다. 청소년기의 가장 큰 스트레스 중 하나인 친구관계에서 오는 스트레스는 단순히 친구관계에서만 끝나지 않고 학교생활 전반 및 일상생활 전반에 영향을 줄 수 있다. 따라서 이 프로그램에서는 스트레스에 적절히 대처하여 스트레스를 긍정적인 방향으로 끌어낼 수 있도록 하는 대처방법을 기를 수 있다. 훈련 프로그램의 목적과 구성내용을 정리하면 다음과 같다.

▮표 5-9. 학교폭력 피해학생 치유 프로그램(심화 프로그램)의 구성 내용

프로그램	회기		구성내용
스트레스 대처 훈련 프로그램	1	스트레스야 넌 뭐니?	• 스트레스 요인 알기 • 나의 스트레스와 대처방식
	2	스트레스의 완화	• 스트레스 이완 훈련 • 자기대화 방식 바꾸기
	3	스트레스 문제 해결하기	• 스트레스 문제해결의 단계 이해 • 스트레스 문제해결 연습
	4	외부 도움받기	• 도움받고 싶은 사람 정하기 • 도움 요청하기
사회적 기술 훈련 프로그램	1	두 개의 귀 하나의 입	• 다른 사람들의 이야기에 경청하기 • 자신의 의견을 표현하기
	2	미안하지만 곤란한데	• 거절로 인한 친구관계 손상 경험 살펴보기 • 감정이 상하지 않으면서 거절하기 연습
	3	고래도 춤추게 하는 칭찬	• 받고 싶은 칭찬의 내용과 대상 생각하기 • 친구들의 특징을 칭찬으로 표현하기
	4	나의 갈등 해결방식	• 자신의 문제해결 패턴 이해하기 • 긍정적인 문제해결 패턴 연습하기

출처 : 구본용 외(2008). 학교폭력 피해학생 치유프로그램 지도자용 지침서. 교육과학기술부.

학교폭력 피해학생들을 위한 치유 프로그램들은 피해학생을 정서적으로 안정시키고, 피해상황을 구체적으로 파악하여 문제를 해결하고 재발하지 않도록 한다. 또한 대인관계의 특징을 분석하여 사회기술 훈련과 긍정적인 대인관계를 형성·유지할 수 있도록 하는 것이 주 내용이다.

(3) 학교폭력 피해학생에 대한 정책적 대안 : 피해학생의 보호와 치유를 위한 지원의 내실화

① 학교폭력 피해학생을 위한 종합적 지원체계를 구축한다.

Wee 클래스의 확대설치와 더불어 전문상담교사를 증원하고 돌봄 기능이 강화된 가정형 Wee 센터를 확대 설치한다.

② 학교폭력 피해학생의 즉시 보호와 지원을 강화한다.

전국단위의 기숙형 피해자전담 지원기관인 '해맑음센터'의 지속적인 운영을 점검하고, 피해학생의 가족을 대상으로 한 치유 프로그램인 힐링캠프 예술치유 프로그램을 지원한다. 또한 학교 및 가정 등에서 활용할 수 있는 사이버폭력 치유교육 콘텐츠(교재)를 개발하여 시범운영을 한다.

③ 유관기관의 연계로 피해자에 대한 통합지원을 강화한다.

- 전국의 5개 국립병원에 설치된 '아동청소년건강증진센터'를 통해 학교폭력의 피해자와 가해자의 치료를 지원한다.
- 전국의 '해바라기센터' 운영을 통해 성폭력 피해자에 대한 긴급 상담과 치료를 지원하고, 피해 대상이 아동이나 장애인일 경우 동행서비스를 확대 실시한다.
- 청소년통합지원체계(CYS-Net)를 통해 유형별 전문 상담을 제공한다.
- 이 외에 대한법률구조공단과 법률홈닥터의 법률서비스 지원, 지역별 범죄피해자 통합지원네트워크를 통한 피해학생에 대한 경제적·의료적 지원, 스마일센터에서의 심리치유, 중앙청소년디딤센터를 통한 정서·행동장애의 수준별 치료와 거주형 치료 및 재활과정 운영, 디딤과정(4개월, 2회), 오름과정(1개월, 1회), 힐링 캠프(4박 5일, 상시운영) 운영 등이다.

3 학교폭력의 방관자

1) 학교폭력 방관자의 정의와 특성

(1) 학교폭력 방관자의 정의

방관자는 주위에서 어떤 일이 일어나더라도 상관하지 않고 지켜보기만 하는 사람을 일컫는 용어로, 학교폭력의 방관자는 학교폭력의 상황에서 가해자나 피해자의 입장에 서지 못하고 방관적 태도를 보이는 것이다. 방관자는 괴롭힘을 목격한 후 눈에 띄는 행동을 하지 않으며 그 상황에서 벗어나고 싶어 하는 한편 어느 누구의 편도 들지 않는다. 그러나 방관자 집단은 단순히 방관만 하는 집단이 아니라 방관함으로써 피해자 집단의 고통을 더 심하게 하기도 하고, 가해자의 가해행동을 더욱 강화시키기도 한다.

펠슨(Felson, 1982)은 상호 간의 분쟁이 발생했을 때 제3자가 존재한다는 사실 자체로 단순한 언어적 분쟁이 신체적 싸움으로 발전될 수 있다고 하였다. 이처럼 폭력상황에서 제3자 개입을 통해 갈등을 감소시킬 수도 있지만 논쟁이나 싸움을 자극하는 선동자가 될 수 있으며, 폭력을 인정하고 정당화해주는 선동적인 청중이 될 수도 있다고 정의하기도 한다(Oliver, 1994).

(2) 학교폭력 방관자의 특성

학교폭력에서 방관자는 집단적 맥락에서 이루어지는 만큼 집단과정으로 보아야 하며 그들의 역동에 주목해야 한다. 학교폭력 발생 시 방관자에 주목해야 할 중요한 이유와 시사점을 살펴보면 다음과 같다.

첫째, 피해자가 아닌 주변인으로서 괴롭힘을 목격하여도 피해자 못지않은 심리적 스트레스를 경험한다. 둘째, 이러한 심리적 스트레스는 주변인들이 피해자를 돕는 데 많은 두려움을 주어 대다수의 주변인들이 피해자를 돕기보다는 가해자의 행동을 부추기거나 무관심한 행동을 함으로써 괴롭힘을 지속시키는 효과를 일으킨다. 셋째, 주변인 중에서 소수의 학생들은 피해자를 보호하며 옹호하는 행동을 하는데,

피해자를 옹호하고 보호하는 방어자 역할을 하는 자는 방관자 중에서 나올 가능성이 높다(오인수, 2014).

황경익(2012)은 방관자들이 방관적 태도를 보이는 원인을 인지적, 정서적, 행동적 요인으로 나누어 설명하고 있다〈표 5-10〉.

▮표 5-10. 방관적 태도를 보이는 원인과 요인

원인	요인
인지적 요인	학습된 만성적 무기력감으로 인한 낮은 자존감, 비합리적인 신념, 또래 규범의 의식을 들 수 있다. 방관행동은 가해자로부터 보복당할 것에 대한 두려움이나 불만 같은 비합리적인 신념과 관련이 있는 것으로 집단 따돌림과 같은 상황에서 가해자에게 동조하지 않았을 때 낙인찍히거나 따돌림 당할까봐 두려워서 자기를 보호하려는 방어기제를 작동시켜 그 상황을 회피하거나 침묵하는 행동을 선택한다.
정서적 요인	청소년들의 이기적인 자기 중심화 경향을 들 수 있다. 핵가족화 이후 부모의 과잉보호와 학교교육에서 입시 위주의 과도한 경쟁주의 교육 속에서 형성된 자기 이익 추구와 친구관계의 질이 저하되는 청소년들의 심리적 특성 때문에 이들은 친구들을 수용하는 능력이 약화되어 친구의 고통에 둔감하게 되고 타인 수용능력이 결여되어 방관행동을 하게 된다. 이러한 자기 중심화로 인한 타인에 대한 무관심이 일반 학생들의 대표적인 경향으로 볼 수 있다.
행동적 요인	반사회성을 들 수 있다. 학교폭력에 방관태도를 보이는 학생들은 폭력성, 이기심, 무책임과 같이 자신에게 이익이 되지 않으면 다른 사람의 상황에 관심을 가지지 않으려는 부정적인 반사회적 행동을 나타낸다.

살미발리 등(Salmivalli et al., 1996)은 학교폭력 현상의 행동양상에 따라 가해자와 피해자뿐만 아니라 가해행동을 적극적으로 지지하는 조력자와 동조자집단, 적극적으로 피해자를 공격하지는 않지만 긍정적 피드백을 제공해 가해행동을 강화시키는 강화자집단, 피해자 편에 서서 그들을 위로하고 적극적으로 가해행동을 저지하려고 노력하는 방어자집단, 가해자와 피해자 모두에게 거리를 유지하고 침묵하여 암묵적으로 학교폭력을 승인하는 방관자집단 등 여섯 가지 영역으로 세분화하여 역할을 설명하고 있다.

2) 학교폭력 방관자에 대한 대책

(1) 학교폭력 방관자 개입의 중요성

우리나라에서는 방관자집단을 일반집단이나 폭력 무경험집단으로 분류하고 가해집단이나 피해집단에 비해 비교적 심리적 요인이나 환경적 문제가 적은 것으로 설명하고 있다. 그러나 이들 집단 역시 넓은 스펙트럼을 가지고 있으며, 왕따와 같이 또래집단의 역동이 중요한 영향을 차지하는 경우에는 다수를 차지하는 방관자 학생들의 태도와 행동이 폭력 발생에 핵심적인 역할을 하게 된다(곽금주, 2008).

폭력에 직접적으로 관련되는 가해-피해학생만 심리적·사회적 노력에 노출되어 있는 것이 아니다. 폭력을 목격한 학생은 폭력행동을 대리 학습할 수 있으며(Eron, 1997), 대인관계에 대해 왜곡된 인식을 가질 수 있다. 또한 또래 압력에 의해 자신의 신념과 배치되는 행동을 지속적으로 경험했을 경우, 만성화된 무력감으로 자존감이나 자기효능감이 저하될 수 있다. 그리고 힘 있는 공격적인 모델을 통해 폭력과 긍정적 결과를 연합시킬 경우 그런 행동을 정당화해도 된다는 신념을 발달시키기도 한다(Perry, Perry, & Rasmussen, 1986). 즉, 또래에 대한 폭력을 목격하며 생활하게 되는 방관자집단은 직접 왕따 행위에 적극적으로 가담하지 않더라도 이후 정상적인 발달을 위협할 수 있는 심각한 위험요인을 갖게 된다.

많은 연구자들은 동조자와 강화자의 행동을 변화시키는 것이 쉽지 않다고 보고 상대적으로 변화가 쉬울 것으로 보이는 방관자에 주목하는데, 교육을 통해 행동을 변화시킬 수 있는 가능성이 높다는 이유 때문이다.

학교폭력 유형 중 집단폭행이 발생한 경우 폭행 현장에 있던 주변인이 신고를 하지 않는다면 가해 동조자로 분류되어 가해자가 되기도 한다. 그러므로 신고의무를 다하지 않는 방관적 태도가 또 다른 폭력행위임을 교육해야 하며, 두려움 없이 신고의무를 할 수 있도록 목격학생을 보호할 수 있는 안전조치가 필요하다.

(2) 방관자의 개입을 위한 학교폭력 예방 프로그램

행복나무 프로그램은 법무부(2012)에서 학교폭력의 주변인을 건강한 또래 중재자로 이끌기 위해 개발한 프로그램으로, 학교폭력에 대한 스스로의 다짐 및 학급 규칙을 함께 만들어가는 프로그램이다. 학교폭력이 발생되는 10가지 상황별 역할극을 수행하도록 한 뒤 충분한 토의를 거쳐 10개의 학급 규칙을 정하고, 행복나무의 가지 아래에 나의 마음이나 행동에 대한 다짐을 쓴 나뭇잎을 붙여 학급의 행복나무를 만들고, 프로그램 종료 후 만들어진 학급의 행복나무의 약속들을 지킴으로써 행복나무를 지속적으로 가꾸어 나가는 방식을 취한다.

표 5-11. 행복나무 프로그램 구성요소

회기		주제	배경 장소	괴롭힘 유형
기초 과정	1	툭툭 치지 말아요	교실	외현적 공격-신체
	2	모두 함께 놀아요	운동장	관계적 공격성
	3	미운 말은 아파요	교실	외현적 공격성-언어
	4	이제 그만, 휴대폰 욕설	교실(사이버)	사이버 공격성
기본 과정	5	나는 미키마우스가 아니에요	수돗가	관계적 공격성
	6	모두가 행복한 점심시간	교실	외현적 공격성
	7	심부름은 싫어요	복도	관계적 공격성
심화 과정	8	험담쪽지는 이제 그만	학원	관계적 공격성
	9	내 친구를 도와줘요	외진 곳	외현적 공격성-신체
	10	돈은 그만 빌려요	하교길	외현적 공격성-도구

출처 : 청소년폭력예방재단 학교폭력문제연구소(2014).

학교폭력 예방교육에서 핵심이 되는 것은 학생들 모두에게 동시에 이루어질 수 있는 공통된 인식, 즉 다수의 방관자 학생들이 집단적으로 결집되어 중재의 역할을 할 때 큰 힘이 될 수 있다. 특히, 예방교육의 형식이 매우 중요하며, 기존의 집단 강의식 방식은 시간과 공간의 제약 때문에 불가피하게 많이 활용되었다면 이제는 학급단위의 체험형 또는 프로젝트형 교육의 방식으로 바뀌어야 그 실효성을 거둘 수 있다.

표 5-12. 학교폭력 예방교육 프로그램의 예

회기	프로그램명	목표	세부활동
1	학교폭력이란?	• 폭력의 개념 • 폭력의 최근 경향성	• 학교폭력 퀴즈! 골든벨! • 학교폭력 관련 문장 완성하기
2	우리 모두가 망가집니다.	• 폭력 피해의 심각성 • 공동체의 붕괴인식	• 실제 학교폭력 피해자 인터뷰 내용 시청 • 빈의자 기법 : 상대에 대한 이해
3	서로에 대한 이해	• 피해/가해/방관자 입장 이해하기	• '학교2013' 편집영상 시청 • 캐릭터에 분석과 토론
4	내가 할 수 있는 일은?	• 모두가 해결의 주인 • 방관자에서 조력자로 나서기	• 학교폭력 관련 UCC 만들기 • 자신의 경험사례 발표하기
5	화는 어디에서?	• 분노의 원인양상 등 이해하기	• 내 마음에 대한 두뇌, 감정지도 그리기 • 분노감정 일지 쓰기
6	제발 이해해 주세요.	• 상대의 입장 이해하기	• 공감훈련 • 비언어적 표현 이해하기
7	귀를 열어 주세요.	• 경청기법 연습하기	• 문장 전달하기를 통한 잘 듣기 훈련 • 비언어적 경청의 기술을 팀별로 연습하기
8	내 친구 지킴이	• 방관자를 조력자로 • 학교폭력 예방 실천	• 학교폭력 예방 포스터 만들기 • 방관자 얼굴모습 캐릭터 그리기
9	Forum 연극	• 적절한 대처법 익히기	• 연극대본 만들기 • 역할극에 적극적으로 참여하기
10	행복한 교실	• 학급 내 규칙 수립	• 행복한 교실을 위한 학급규칙 만들기

출처 : 원묵고 Wee 클래스.

06
학교폭력 학부모교육 및 상담

배울 내용

1. 학부모교육 및 상담의 필요성
2. 학교폭력에 대한 학부모교육
3. 학교폭력 학부모 상담과 사례

학습목표

1. 학교폭력 예방을 위해 학부모의 관심과 가정의 역할이 중요함을 부모교육을 통해 안내할 수 있다.
2. 학교폭력 예방을 위한 효과적인 학부모교육을 계획하여 실행할 수 있다.
3. 학교폭력 관련 자녀를 둔 가해학생, 피해학생의 학부모를 대상으로 한 상담기법과 과정을 숙지하여 실제 교육현장에 적용할 수 있다.
4. 학교폭력 실제 사례를 통해 학교폭력 발생 시 대처방법과 사후관리, 교사와 학부모의 역할을 안내할 수 있다.

개 요

학교폭력이 발생하는 요인은 개인특성요인, 학교환경요인과 더불어 가정환경요인이 중요한 요인으로 작용한다. 특히, 가정폭력의 경험과 부모의 무관심은 자녀들을 폭력적 성향을 가진 자녀로 성장하게 한다. 최근 학교폭력이 사회 문제화되면서 학교폭력 문제와 관련하여 학부모대상의 예방교육이 중요해지고 있으며, 학부모 상담 비율도 지속적으로 증가하고 있는 추세이다. 이 장에서는 학교폭력 예방을 위한 부모-자녀의 효율적인 의사소통 부모교육에 대해 살펴보고, 가해학생, 피해학생 부모를 대상으로 한 교육과 프로그램에 대해 살펴보고자 한다. 학교폭력으로 인한 가해자 상담사례와 피해자 상담사례를 통해 학교폭력이 발생했을 때 실제 부모 상담과 대처는 어떻게 해야 하는지 살펴보고, 학교폭력의 문제는 학부모의 지원과 협력 속에서 예방이 가능하다는 것을 인식하고자 한다.

학교폭력의 예방과 치유에 있어 가족의 역할은 매우 중요하며, 특히 학부모의 역할이 강조되면서 최근 학부모교육 및 상담에 많은 관심을 가지고 있다. 따라서 본 장에서는 학부모교육 및 상담의 중요성, 학교폭력에 대한 학부모교육 및 사례를 통해 학부모 상담이 어떻게 이루어지는지에 대해 살펴보고자 한다.

1 학부모교육 및 상담의 필요성

학교폭력 발생으로 인해 학부모 상담을 할 경우 대다수의 학부모들은 자신의 자녀는 문제가 없으며 친구를 잘못 사귀어서 학교폭력에 연루되었다고 생각을 한다. 이렇듯 대다수의 학부모들은 자신의 자녀에 대해서 매우 잘 파악하고 있다고 느끼고 있으며, 자신이 자녀에 대해 제일 잘 알고 있다는 생각을 한다. 특히, 자녀교육에 열정적이고 사교육 활용에 정성과 노력을 많이 들였다고 생각하는 부모의 경우에는 자신의 기대를 저버리는 자녀의 학교상황을 인정하지 않으려고 하는 경향이 있다.

많은 학자들의 학교폭력 관련 연구들에 의하면, 교사와 학부모 모두 가정환경과 부모의 무관심이 학교폭력에 영향을 미치는 중요한 요인으로 인식하고 있다. 이는 가정환경과 가족구성원의 특성을 반영하지 않은 학교 중심의 학교폭력 대책이나 노력이 성과를 거두는 데 한계가 있음을 증명한다. 최근 들어 밥상머리 교육의 중요성이 강조되고 있는 것 또한 이와 무관하지 않다.

청소년기의 자녀들은 신체적·성적 변화와 인지적 변화를 겪게 되면서 정서적으로 불안상태에 놓이는 경우가 많다. 이 시기의 자녀들은 가정에서의 따뜻한 관심과 원만한 대화가 필요하며, 원만한 부모-자녀관계를 통해 자기 정체성을 찾고, 반성적 사고를 함으로써 능동적인 사회인으로 성장할 수 있다. 따라서 청소년기에 발생하는 많은 문제들은 부모의 관심과 대화를 통해 예방 및 선도가 가능하다는 것을 알 수 있으며, 가정의 교육적 기능 회복이 선행되어야 함을 알 수 있다. 특히, 학교폭력의 가해학생들 대부분은 부모와의 관계가 원만하지 않으므로, 원만한 가족관계를 수립할 수 있도록 가해학생 부모를 대상으로 한 상담교육, 의사소통교육, 공감훈련 등 교육훈련 프로그램과 복지지원 서비스가 제공되어야 한다. 또한 학교폭력의 가해학생과 피해학생, 부모, 교사들이 참여하는 화해모임을 마련하여 당사자들이 폭력이나 갈등의 문제를 자신의 입장에서만 주장할 것이 아니라 상대방을 이해하려는 자세에서 풀 수 있도록 해야 한다.

학교폭력과 관련하여 상담을 받는 학부모의 경우 처음에는 당황스러움과 분노감, 수치스러움, 서운함 등 다양한 감정을 느낄 수 있지만, 교사가 학부모의 감정과 느낌을 충분히 경청하고 공감해 주는 과정을 통해 상호신뢰의 관계를 맺을 수 있다. 학부모와 교사가 자녀교육에 관한 다양한 생각을 서로 나누고 자녀의 건강한 삶을 위해 실천하는 과정에서 학교와 교육에 대한 신뢰감이 회복될 수 있다. 자녀의 학교생활과 정서행동 발달 측면에서 구체적으로 인지하지 못했던 학부모에게 상담을 통해 청소년기의 자녀를 이해할 수 있는 인식의 폭을 확대할 뿐만 아니라, 긍정적인 자아상을 확립하고 자존감을 고양하여 자신의 삶에 대한 긍정성을 확대할 수 있도록 지원할 수 있다. 이 과정에서 자신의 잠재력을 충분히 감지하고 계발하여 진학·진로에 대한 구체적인 계획을 수립하여 건강한 학교생활을 영위할 수 있도록 돕는다.

2 학교폭력에 대한 학부모교육

그동안 많은 연구들이 학교폭력과 관련된 중요한 요인을 가정요인에서 찾고자 하였다. 학교폭력에 관련된 학생들의 가정특성, 즉 가정의 구조적 특성과 경제적 특성, 부모의 양육태도 및 부모-자녀관계 특성, 가정 내의 폭력적 환경특성 등 이와 관련된 연구가 실행되었다.

올베우스(1993)는 그의 연구를 통해 가해자들은 다른 학생들에게 상해를 입히고 그들이 괴로워하는 데 만족감을 느끼게 되며, 이러한 특징에는 적대적인 가정환경이 일부 원인으로 작용했을 수도 있다고 주장했다. 그는 가해자들이 가지고 있는 공통적인 가정요인을 연구하면서 부모가 자녀의 삶에 긴밀하게 개입하지 않거나 온정성과 긍정적 개입이 부족한 것이라고 설명하였으며, 이러한 가정은 형제자매나 다른 아이들을 공격하는 것을 허용하는 경우도 있고, 가정에서 자녀들에게 체벌을 하거나 힘을 행사하는 양육방식을 취하고 있다고 주장한다. 이와 같은 맥락에서 학부모교육은 자녀에 대한 적절한 개입을 유도하고 학교폭력을 사전에 예방하거나 최소화 시킬 수 있으므로 중요한 의미를 갖는다.

1) 자녀와의 효과적인 의사소통방법

2015년 한국청소년정책연구원에서 실시한 아동청소년인권실태조사 통계자료에 의하면, 우리나라 청소년들이 고민 상담을 하는 대상으로 부모보다는 친구가 더 많은 역할을 하고 있는 것으로 나타났다. 특히, 어머니보다 아버지와의 대화가 많이 부족한 것으로 나타났으며, 반면에 어머니와의 대화는 해마다 증가하고 있는 것으로 보고되었다(통계청, 2015년 한국청소년정책연구원).

(1) 나-전달법으로 말하기

말하는 자신의 생각과 감정도 존중하고 상대방에 대해서도 공격하거나 원망하지 않는 자기 표현법으로 "나도 괜찮고 당신도 괜찮아요(I am O.K. You are O.K.)."라고 말하는 것이다.

나-전달법(I-message)은 자신의 감정을 알아차리고 이를 적절하게 드러내는 데 초점을 맞춘다. 따라서 상대방을 공격하거나 비난하지 않으므로 감정을 상하게 하는 일이 없다. 특히, 부모가 자녀의 행동을 수용할 수 없다고 느낄 때 활용할 수 있다. 나-전달법에서 부모가 자녀의 도움 없이 자기의 행동을 변화시키기 위해서는 부모의 문제가 무엇인지를 알 필요가 있으며, 이를 나-전달법의 3요소라고 한다.

① 문제를 유발하는 자녀의 **행동**은 무엇인가?
② 그 행동은 당신에게 어떤 **영향**을 끼치고 있는가?
③ 당신은 그 결과에 어떤 **느낌(감정)**을 가지고 있는가?

이 세 가지 요소는 첫째, 자녀가 자기의 행동이 부모에게 구체적인 영향을 끼치는 것을 믿게 되고, 둘째, 자녀가 그 행동을 계속하려는 욕구가 그다지 강하지 않거나 또 다른 방법으로 충족될 수 있기 때문에 효과를 나타나게 된다. 예를 들어, "너의 말을 듣다보니 내 마음이 아프구나!", "네 말을 듣고 나니 왠지 섭섭한 마음이 들어."와 같이 듣는 사람이 비난이나 책임 추궁과 같은 부정적인 감정이 느껴지지 않게 자신의 감정을 표현해 상대방이 흥분하지 않게 의사전달을 하는 것이다.

효과적인 의사소통방법에서 절대 하지 말아야 하는 것이 '너-전달법(You-message)'으로 말하기이다. 너-전달법은 '너'를 주어로 해서, 말하는 사람이 '너'의 행동을 규정하고 평가하고 지시를 내리며 말하는 것이다. 예를 들어, "엄마가 하지 말랬지?", "야! 조용히 해! 아빠 신문 읽는 거 안 보여? 떠들지 말고 네 방으로 들어가!"와 같은 표현으로, 자녀로 하여금 반감과 분노, 억울함과 같이 부정적인 감정을 유발시킨다. 부모와 자녀 간의 의사소통 부재에서 오는 언어표현을 살펴보면 너-전달법(You-message)일 경우가 대부분이다. 따라서 효과적인 의사소통을 위해서는 나-전달법(I-message)으로 말하기 훈련에 대한 교육이 필요하다.

(2) 긍정에너지로 말하기(칭찬하기)

긍정에너지로 말하기는 '보살핌과 애정과 사랑'이라는 긍정에너지를 담아 말하는 것으로 대표적인 것이 '칭찬하기'이다. 칭찬은 고래도 춤추게 한다는 말이 있듯이 칭찬은 긍정적 변화에 대한 많은 가능성을 내포하고 있다. 누구나 칭찬을 하면 말을 하는 사람도 기분이 좋아지고 듣는 사람도 기분이 좋아진다. 또한 어떤 칭찬은 그 자신도 자각하지 못했던 힘과 용기를 주기도 한다. 그러나 무조건적인 칭찬이 반드시 효과가 있는 것은 아니다. 칭찬하는 방법을 알고 칭찬을 하게 되면 더 칭찬을 잘 할 수 있다.

첫째, 진심으로 칭찬을 하는 것이다. 실제보다 부풀려지고 호들갑스러운 칭찬은 부담스럽고, 오히려 말하는 사람의 진실성에 의구심을 갖게 한다. 있는 그대로의 사실에 근거하여 진심으로 칭찬을 해야 더 실감이 난다.

둘째, 구체적으로 칭찬하는 것이다. 구체적으로 말해주면 긍정적인 사랑과 보살핌의 에너지가 그대로 상대방에게 흘러드는 칭찬이 된다.

셋째, 신체언어를 사용하는 것이 좋다. "정말 장하다."라고 칭찬하면서 눈을 마주치고 미소를 보내거나 등을 다독여주면 칭찬받는 즐거움이 몇 배가 된다.

넷째, 결과보다 과정을 칭찬한다. "내 딸, 100점 맞았네. 역시 최고야."하면 부모님이 100점 맞길 기대한다는 부담감을 갖게 한다. 그러므로 "다음에는 10점만 떨어져도 실망하시겠구나."하는 근심으로 이어질 수 있다. 이와 달리 과정을 칭찬하게 되면 "며칠을 열심히 하더니 100점 맞았구나. 노력만큼 좋은 결과를 얻어서 엄마도 기쁘다."라고 할 수 있다. 이러한 칭찬은 열심히 노력한 과정을 인정받는 기분이 들어 부담은 적고 의욕은 높아진다.

다섯째, 평가적인 칭찬보다 나-전달법으로 칭찬을 한다. "그 머리핀 잘 골랐네. 스타일이 참신한데?"보다는 "그 머리핀 참 맘에 들어. 세련되면서도 편하게 느껴져."라고 말할 때 좀 더 개방적이고 솔직한 칭찬으로 들린다.

2) 감정코칭

감정코칭은 감정을 삶의 자연스러운 부분으로 인정하고, 자녀의 모든 감정은 수용하되 그 행동은 바람직한 방향으로 선도하는 양육방식이다. 부모가 자녀의 감정을 인정하고 수용해 주었을 때 자녀는 자기 스스로 자신의 감정을 관리할 수 있게 된다.

존 가트맨(2007)은 부모가 자녀의 감정에 대응하는 방식에 따라 부모의 유형을 분류하였다. "별것 아니야." 축소지향형 부모, "그럼 못써." 억압형 부모, "뭐든 괜찮아." 방임형 부모, "함께 찾아보자." 감정코칭형 부모 등 네 가지 유형이다.

표 6-1. 감정 대응방식에 따른 부모 유형

유형	특징
축소전환형	• 아이의 감정을 대수롭지 않게 여기거나 무시하고, 비웃거나 경시한다. • 감정은 좋은 감정과 나쁜 감정이 있고, 나쁜 감정은 살아가는 데 아무런 도움이 되지 않는다고 생각한다. • 아이가 부정적 감정을 보이면 불편해서 아이의 관심을 빨리 다른 곳으로 돌린다. • 아이의 감정은 비합리적이어서 중요하지 않다고 생각한다. • 아이의 감정은 그냥 놔둬도 시간이 지나면 저절로 사라진다고 생각한다. • 감정적으로 통제가 불가능한 것을 두려워한다.

유형	특징
억압형	• 아이의 감정을 무시하고 심지어는 잘못된 것이라고 비판한다. • 아이의 감정보다는 행동을 보고 야단을 치거나 매를 든다. • 부정적 감정은 나쁜 성격, 나약한 성격에서 나온다고 생각한다. • 아이는 요구사항이 있을 때 부정적 감정을 이용한다고 생각한다. • 부정적 감정은 억제해야 한다고 믿는다. • 아이의 부정적 감정은 매를 들어서라도 없애주고, 올바른 행동을 가르쳐야 한다고 생각한다.
방임형	• 아이의 모든 감정을 다 받아준다. • 좋은 감정, 나쁜 감정을 구분하지 않는다. • 감정은 물론 행동에 대해서 제한을 두지 않는다. • 감정을 분출하면 모든 것이 해결된다고 믿는다. • 아이의 부정적 감정을 공감하고 위로하는 것 외에 아이에게 해줄 것이 없다고 생각한다. • 아이가 감정을 처리하고 문제를 해결하는 데는 관심을 두지 않는다.
감정코치형	• 아이의 감정은 다 받아주되 행동에는 제한을 둔다. • 감정에는 좋고 나쁜 것이 있다고 나누지 않고, 삶의 자연스러운 일부로 다 받아들인다. • 아이의 감정을 표현할 때 인내심을 가지고 기다려 준다. • 아이의 감정을 존중한다. • 아이의 작은 감정 변화도 놓치지 않는다. • 아이와의 정서적 교감을 중요하게 여긴다. • 아이의 독립성을 존중하며 스스로 해결방법을 찾도록 한다.

출처 : 존 가트맨·최성애·조벽(2011).

자녀의 감정을 충분히 공감하면서 지도하는 감정코칭의 5단계를 살펴보면 다음과 같다(조벽 외, 2011).

(1) 1단계 : 아이의 감정 인식하기

자녀가 아주 작은 행동을 하거나 감정을 보일 때에도 재빨리 알아차린다. 특히, 언어적 표현보다는 비언어적 표현 속에 숨겨진 다양한 감정을 느끼고 반응할 수 있어야 한다. 아이의 감정을 구체적으로 인식하기 어렵다면 직접 "지금 네 마음에 무언가 불편함이 있니?"라든가 "지금 네가 보이는 행동에는 너의 마음도 함께 느껴지는데 무엇일까?"라는 질문을 하여 파악하도록 한다.

(2) 2단계 : 감정적 순간을 좋은 기회로 삼기

부정적 경험이나 강점이 파악되었을 때 오히려 자녀와 부모가 서로 소통할 수 있는 좋은 기회라고 생각하고 적극적인 소통의 기회로 삼는다. 자신의 감정을 이야기하고 이름 붙이고, 이해받았다고 느껴야 부정적 감정이 사라지기 때문에 자녀의 부정적 감정이 고조되어 위험천만한 위기로 치닫기 전에 감정에 대해 표현할 수 있도록 돕는다. 감정이 격렬해지기 전에 해결하는 것이 위험부담은 적으면서 문제해결 기술을 연습할 수 있는 좋은 기회가 되기도 한다.

(3) 3단계 : 아이의 감정에 대해 공감하고 경청하기

긍정적 감정뿐만 아니라 부정적인 감정 모두를 충분히 들어주면서 공감한다. 자녀 자신도 모르는 복합적인 감정에 대해서도 있는 그대로 수용하도록 한다. 이 과정에서 '왜?'라는 질문은 진지한 공감적 수용의 맥락을 차단하기 때문에 최대한 하지 않는 것이 좋으며, '왜' 대신 '무엇'과 '어떻게'로 접근하는 것이 좋다. 또한 자녀가 한 말의 형용사나 문장을 그대로 반복해서 부모가 반영해주면 효과적인 감정공감이 이루어진다. 예를 들어, 잔뜩 짜증이 난 자녀가 학교에서 돌아와 엄마에게 "짜증나 죽겠어!"라고 말했을 경우 "그래. 많이 짜증나 보이네. 학교에서 무슨 일이 있어 이렇게 짜증이 났을까?"라고 반응해 주면, 자녀가 자신의 정서상태에 대해 공감을 충분히 받는다고 느끼면서 짜증난 것과 관련된 전후 상황과 자신의 지금 감정상태에 대해 조금 더 자연스럽게 이야기할 수 있는 분위기가 형성된다.

(4) 4단계 : 아이가 감정을 표현하도록 도와주기

자녀가 스스로 자신의 감정에 대해 구체적으로 표현하도록 다양한 방식으로 돕는다. 이때에는 자녀의 상태에 따라 다양한 방식으로 반응하면서 충분히 자기감정을 표출할 수 있도록 한다. 이 과정을 통해 자신의 행동이나 감정을 객관화시켜 바라봄으로써 자녀 스스로 성찰할 수 있는 기회를 주는 것과 동시에 문제해결의 실마리를 찾아갈 수 있는 원동력이 되기도 한다. 자녀가 이야기하는 다양한 감정들에 대해 '화난, 슬픈, 두려운, 시샘하는, 모멸감이 느껴지는' 등과 같은 단어를 제시하여 형태가 없고 불편하게 느껴졌던 자신의 감정을 정의해 그것을 '감정'의 일부분으로

받아들일 수 있게 한다. 예를 들어, 따돌림을 받아서 괴로움을 겪는 자녀가 최근에 학교에서 발생했던 다양한 사건들에 대해 가족들과 이야기하면서, 자신이 친구들에게 했던 말투나 표정이 상대친구들에게 반감을 불러일으키는 단서가 되기도 했다는 성찰이 이루어질 수도 있다. 이 과정에서 충분히 현재의 감정을 수용해 준 후 그 다음으로는 자녀의 말투나 표정을 좀 더 바꾸어 보면서 친구들과의 관계에 변화를 시도해 보자는 해결책을 함께 이야기 나눌 수 있다.

(5) 5단계 : 아이 스스로 문제를 해결할 수 있도록 하기

먼저 공감을 충분히 한 후 문제는 '감정'이 아니라 '잘못된 행동'임을 자녀가 깨닫도록 한다. 그 후에는 자녀가 원하는 목표를 확인하고 해결책을 찾아서 그 해결책이 과연 합리적이고 현실적인지 검토한다. 그 다음에 아이가 스스로 해결책을 선택하여 실천할 수 있도록 돕는다. 한두 가지 방법을 선택하여 시도하도록 지도하고, 그 과정에서 실수나 효과가 미비하더라도 스스로 분석하여 재조정할 수 있도록 지원한다.

3) 가해학생 부모교육 프로그램

가해학생과 관련이 있는 부모교육 프로그램으로 비행의 억제효과가 있다고 알려진 가족체계 치료 프로그램이 있다. 가족의 상호작용, 가족의 구조, 가족의 생활방식이 비행을 중재할 수 있다는 전제하에 부모에게 의사소통 기술, 행동 계약, 규칙 명세서 작성, 토큰 강화법을 적용한 것이다(Kazdin, 1987).

우리나라에서는 국가청소년위원회에서 개발한 '가해학생 부모교육 프로그램'(고성혜 외, 2003)이 있다. 가해학생들을 대상으로 스트레스, 공격성, 가족 지지도를 먼저 검사하고, 이를 토대로 부모에게 객관적인 자료를 제시하여 자신의 자녀들에 대한 부모의 이해를 돕는다. 마지막에는 부모-자녀가 함께 서약서, 다짐 등을 읽어주고, 변화를 위한 한 팀으로 활동하도록 하는 내용으로 구성되어 있다.

자녀안심운동본부에서 가해학생에게 실시하는 학교폭력 개입 프로그램으로 2박 3일의 농촌봉사활동과 부모교육이 일부 포함된 프로그램이 있다.

정현주 등(2012)은 가해학생 부모교육으로 6회기, 90~110분간 진행되는 6~8명의 소집단 대상의 프로그램을 개발하였다. 현장의 요구나 부모상황에 따라 일부 회기를 선택하는 모듈식으로 구성하였으며, 주요내용은 다음과 같다.

표 6-2. 가해학생 학부모 프로그램

회기	회기명	회기별 목표	세부내용
1	우리 아이가 왜 그랬을까요?	• 학교폭력에 대한 이해 • 부모의 어려움 공감 • 문제해결, 프로그램 참여 동기 고취	• 내 옆의 학교폭력 • 우리 아이들과 학교폭력 • 다시 한 번 일어서는 마음
2	우리 아이, 어디서부터 시작할까요?	• 학교폭력 경험 청소년의 어려움 이해 • 학교폭력 절차 및 조치사항 이해 • 학교폭력 해결을 위한 부모의 자세 습득	• 마음에서 출발하기 • 학교폭력에 대처하는 부모의 자세
3	아이와 말이 안 통할 때는 어떡하죠?	• 자녀와의 의사소통에서 관심 갖기의 중요성 인식 • 자녀와의 의사소통을 위한 경청의 중요성 인식과 연습 • 공감적 대화의 중요성 인식과 연습	• 아이와 말문 트기 • 아이와 통하기
4	아이가 말을 안 들을 때는 어떡하죠?	• 자녀와의 갈등상황 탐색 • 갈등상황에서 대처방법 습득 • 칭찬 및 훈육기술 습득	• 부글부글 100℃ • 따뜻한 40℃ • 우리 아이 보석 찾기
5	부모도 지칠 때는 어떡하죠?	• 부모의 어려움 공감 및 지지 • 부모의 사회적 지지망 인식, 활용 • 부모의 양육 자신감 증진	• 나도 괜찮은 부모! • 나의 지원부대 • 전문가 도움받기
6	앞으로 우리 아이는 어떻게 될까요?	• 프로그램 결과 점검 • 학습내용의 지속적인 실천	• Before & After • Action Plan • 전하고픈 이야기

출처 : 정현주 외(2012). 학교폭력 가·피해자 부모교육 프로그램 개발. 한국청소년상담복지개발원. p.73.

【가해학생 및 보호자 특별교육에 관한 법률적 근거】

- 제1항 제2호부터 제4호까지 및 제6호부터 제8호까지의 처분을 받은 가해학생은 교육감이 정한 기관에서 특별교육을 이수하거나 심리치료를 받아야 하며, 그 기간은 자치위원회에서 정할 수 있다(「학교폭력 예방 및 대책에 관한 법률」 제17조 제3항).
- 학교장은 가해학생 특별교육 이수조치를 결정한 경우, 교육감이 지정한 기관에서 그 학생의 보호자도 특별교육을 이수하도록 하여야 한다. 보호자가 특별교육에 불응할 경우, 학교장은 법률에 의하여 300만 원 이하의 과태료가 부과됨을 안내하고, 특별교육을 이수할 것을 재통보하여 이수하도록 한다(동법 제17조 제9항, 제22조 제2항).

4) 피해학생 부모교육 프로그램

국내·외의 학교폭력 부모교육 프로그램들은 대부분 가해학생과 관련하여 연구가 이루어지고 있으며, 피해학생을 지원하는 부모교육은 부모-자녀 간의 의사소통방식과 학교폭력 예방과 관련된 내용으로 이루어져 있다. 그러나 실제로 학교폭력으로 인한 부모의 상처와 고통은 자녀 못지않게 클 수 있다. 특히, 피해학생 부모의 경우, 자녀가 겪는 고통으로 인한 낙담과 소진이 크게 나타나는 것으로 보고되었다. 이와 관련하여 부모들의 어려움에 대한 지지와 공감을 다루며, 부모들이 어떻게 대처할지에 대한 정보 제공과 청소년 자녀에 대한 이해, 부모의 소진 등을 포함한 내용을 다루는 부모교육 프로그램을 제시하였다(정현주, 이호준, 이하나, 2012).

표 6-3. 피해학생 학부모 프로그램

회기	회기명	회기별 목표	세부내용
1	왜 우리 아이에게 이런 일이 생겼을까요?	• 학교폭력에 대한 이해 • 부모의 어려움 공감 • 문제해결, 프로그램 참여 동기 고취	• 내 옆의 학교폭력 • 우리 아이들과 학교폭력 • 다시 한 번 일어서는 마음
2	왜 우리 아이가 말을 안했을까요?	• 청소년 특성의 이해 • 학교폭력 피해자녀특성 이해 • 부모와의 상호작용 점검	• 아이들의 마음속에는 무슨 일이? • 부모와는 무슨 일이?
3	부모는 무엇을 해야 할까요? -학교생활 도와주기	• 학교폭력 대응절차 습득 • 학교폭력 대응을 위한 정보 습득 • 자녀 학교생활을 위한 협력관계 조성	• 학교폭력에 대처하는 부모의 바른 자세 • 학교폭력에 대처하는 자녀의 바른 자세
4	부모는 무엇을 해야 할까요? -집에서 도와주기	• 자녀의 상처치유를 위한 공감의 중요성 인식 • 관심, 경청을 통한 의사소통기술 습득 • 자녀의 강점의 발견 및 활용	• 통(通)하였느냐? • Bully Diary 쓰기 • 우리 아이 보석 찾기
5	부모는 무엇을 해야 할까요? -부모도 지칠 때	• 부모의 어려움 공감 및 지지 • 부모의 사회적 지지망 인식, 활용 • 부모의 양육 자신감 증진	• 나도 괜찮은 부모! • 나의 지원부대 • 전문가 도움받기
6	앞으로 우리 아이는 어떻게 될까요?	• 프로그램 결과 점검 • 학습내용의 지속적인 실천	• Before & After • Action Plan • 전하고픈 이야기

출처 : 정현주 외(2012). 학교폭력 가·피해자 부모교육 프로그램 개발. 한국청소년상담복지개발원. p.74.

3 학교폭력 학부모 상담과 사례

1) 학교폭력 학부모 상담의 목표

학교폭력과 관련하여 진행되는 학부모 상담은 일반 상담이나 학생 상담과는 다른 측면에서 매우 신중하게 준비되어야 하고 유의해야 할 사항이 많다. 학교폭력 관련 학부모 상담의 목표를 간단히 정리하면 다음과 같다(김혜숙, 최동욱, 2012).

표 6-4. 학부모 상담의 목표

- 학부모와 교사가 자녀의 교육과 성장을 위해서 서로 존중하고 협조하는 관계를 형성한다.
- 학부모와 교사가 자녀에 대해 보다 객관적이고 합의 가능한 평가를 도출해 낸다.
- 학부모와 교사의 협조적 관계 속에서 자녀의 장점을 더욱 발전시키고 문제행동을 수정할 수 있는 방안을 고안하며 공동의 노력을 기울인다.
- 문제해결 후에도 앞으로 생길 수 있는 문제를 예방하고 성장을 촉진하기 위한 협조적 의사소통을 학부모와 교사가 지속하도록 한다.
- 학부모가 자녀의 문제해결과 성장을 위해 지속적인 노력을 할 수 있도록 학부모의 노력을 인정하고 격려한다.
- 상담의 단계적 목표와 구체적 접근방안을 고안한다.

2) 학부모 상담의 과정

① 학부모의 불편한 심정을 충분히 공감하면서 학부모가 편안하게 상담에 임할 수 있도록 안내한다. 다른 교사들이나 학생들에 의해 방해받지 않고 조용히 편안하게 이야기를 나눌 수 있는 장소에서 상담을 진행한다. 학부모 상담을 위해 학부모가 학교에 와준 것에 대해 진심으로 감사의 뜻을 전한다. 자녀 문제로 학교에 오는 것은 학부모 입장에서는 심리적으로 매우 힘든 일이며, 특히, 직장에 다니고 있는 부모의 경우 시간을 내서 방문하는 것은 현실적으로 힘들기 때문에 지지하고 격려하도록 한다.

② 간단한 접수면접지를 작성하도록 안내한다. 학부모 성명, 해당 자녀성명, 주소, 연락처, 가족관계, 교우관계, 학교폭력 관련 기존 경험, 이전 학교에서의

학교 적응 정도 등을 기록한다. 상담자는 부모님의 외모나 행동특성 등에 관한 비언어적 표현에 대한 기록을 간단하게 작성한다. 평소 가정에서의 관계 유형에 대해 파악하기 위한 간단한 체크리스트를 작성할 수 있도록 안내한다. 단, 체크리스트 진단의 형태는 아니므로 조심스럽게 해석하여야 하며, 해석의 오류가 발생하지 않도록 유의한다.

③ 학교폭력과 관련하여 학부모 상담요청이 전달되었을 때 가졌을 학부모의 생각과 느낌에 대해 경청하고 이해하는 태도를 보인다. 학부모가 학교폭력 학부모 상담과 관련하여 가진 생각과 느낌을 이해하면서, 학부모가 과민하게 반응하거나 방어적인 태도를 보이더라도 교사는 잘 들어주고 공감적으로 이해하는 태도를 통해 상호신뢰의 분위기로 상담을 이끌어 갈 수 있다.

④ 학교폭력과 관련된 구체적인 사안의 정황에 대해 알고 있는지 확인한다. 학교폭력 문제는 사안의 정황에 대한 분명한 인지가 매우 중요하다. 자녀가 학부모에게 전달하는 내용만으로 분명하게 정황이 전달되기는 어렵다. 특히, 가해학생의 경우 자신에게 불리한 부분은 빠뜨리고 전달할 가능성이 높기 때문에 피해학생의 피해 정도와 심리적 피해에 대해서 가해학생 학부모가 제대로 알고 있지 못하는 경우도 있다.

⑤ 피해학생과 그 학부모에게 전달하는 사과에 대해 이야기를 나눈다. 폭력사안과 관련된 피해학생과 학부모의 입장을 충분히 공감하도록 안내하고 사과하는 마음을 전달하는 방법에 대해서도 이야기를 나눈다.

⑥ 학교폭력대책자치위원회의 진행경과에 대해 안내한다. 학교폭력대책자치위원회의 일정과 진행과정, 진행결과에 대해 자세히 안내한다. 필요하다면 학교 내의 폭력전담기구의 도움을 받을 수 있다.

⑦ 학생이 가지고 있는 심리적·행동적 측면에서의 문제에 대해 이야기 나눈다. 학교폭력 사안과 별개로 기존에 자녀에게 관찰되었던 심리·정서적 문제나 행동적인 측면에서의 특징들에 대해 이야기를 나눈다. 학교폭력 문제는 발생하는 사안의 폭력성에 대한 문제도 중요하지만 폭력적인 성향이 드러나게 된 심리·정서적 문제의 해결도 매우 중요하기 때문이다.

⑧ 학교와 가정에서 학생이 가지고 있는 문제를 해결하기 위해 학부모와 교사가

시도할 수 있는 방안에 대해 합의한다. 학생이 가지고 있는 다양한 심리·정서적 문제와 행동적 측면에서의 문제들에 대해 학부모와 교사가 함께 도와줄 수 있는 지원방법에 대해 구체적으로 이야기 나누고 해결 가능한 방법들에 대해 합의하여 실천할 수 있도록 한다.

⑨ 문제해결을 위해 시도한 내용과 실행과정에서 드러난 문제점과 성과에 대한 이야기를 다음 회기상담에서 나눈다. 지속적인 상담과정을 통해 이전 회기에서 합의하였던 실천사항을 어느 정도 달성하였는지 확인하고 부족한 부분에 대해서는 어떤 방식으로 보완해 갈 것인지 이야기를 나눈다. 자녀의 긍정적인 변화를 위해 가정에서 지속적인 노력을 할 수 있도록 격려한 후 상담회기에 대한 계획을 세운다(우지향, 2013).

3) 학교폭력 상담사례

(1) 집단폭력사건의 피해자사례

① 인적사항

- 고 2 여학생(만 17세)
- 부모 이혼으로 인한 모자 가정으로, 중학교 3학년 여동생이 1명 있음(3인 가구)

② 사례요약

■ 사실적 배경

피해자 A는 Y고교 2학년에 재학 중이며, M고교에 재학 중인 중학교 동창생 5명이 방과 후 Y고교로 찾아와 A를 불러내어 집단으로 폭행을 가하였다. 피해자 A는 머리와 배 등을 집중적으로 맞았으며, 근처의 꽃가게 주인이 현장을 목격한 후 교무실로 전화를 하였고, 전화를 받은 담임교사가 현장에 도착하여 꽃가게 안에 피신해 있는 A를 만나 병원에 입원시켰다.

피해자 A의 진술에 의하면, 가해자들은 중학교 재학 당시 친하게 지냈던 친구들이었으며, 다른 고등학교에 진학한 이후 중학교 친구들을 멀리했다고 한다.

그러나 친구들은 자신들을 무시하고 외면한다는 이유로 직접 학교로 찾아왔으며,

만나지 않겠다고 하자 집단으로 폭력을 가하였고 피해자는 전치 3주의 진단을 받았다.

■ **진행상황**

피해자 A의 담임교사는 이와 같은 사실을 M고교에 알려 가해학생에 대한 조치를 요구하였다.

M고교에서는 학교폭력자치위원회가 소집되었고, 경찰조사도 진행되었다. 그러나 경찰조사 진행과정에서 처음에는 피해자였던 A가 쌍방과실로 판정이 났으며, 이후 추가조사과정에서는 가해자와 피해자가 뒤바꾸는 상황까지 연출되었다. 피해자 A가 집단으로 구타를 당하는 중 도망가기 위해 가해학생을 밀쳤다는 것이 이유가 되었다. 그러나 피해자 A의 어머님과 담임교사, Y고교 측은 이 사실을 인정하지 않았으며, 학교 주변의 방범 CCTV 등을 확보하여 피해자 A에 대한 가해자들의 폭행과정을 찾아내어 경찰 측에 제보를 하였고, 재진행된 경찰조사에서 집단폭력이 이루어졌음이 확인되어 가해학생 5명은 재판을 받게 되었다.

■ **문제점**

학교폭력 사안을 조사하는 과정에서 가해자 학부모들의 개입이 있었으며, 이번 사건 이전에도 가해자 학부모들은 가해학생들의 교육적 지도나 훈육보다는 합의를 하거나 사건을 축소하여 마무리하는 것으로 끝낸 적이 여러 차례 있었다. 가해학생들은 학교폭력 가해경험이 많게는 7회, 적게는 5회 정도 있었으며, 이번에도 부모들이 알아서 처리를 해줄 수 있을 거라 믿었다고 한다.

■ **개입**

- 담임교사는 피해자 A를 입원시킨 후 어머님께 연락을 하였으며, 병원에서 피해자 어머니를 만나 유감스러운 상황을 설명하며 위로함
- 가해학생에 대한 학교폭력자치위원회 회의 내용과 경찰조사 진행과정을 피해자 학부모에게 안내하고, 사실적인 문제점이 무엇인지 서로 논의함. 이 과정에서 공통된 문제점이 있음을 서로 확인하고 공유하였음
- 학교폭력 사안에 대한 조사과정에서 가해자 학부모들의 개입이 있었으며, 사건 축소와 진실 은폐가 있었음을 확인한 후 학부모와 함께 무엇을 어떻게 할 것인

지 상의함. 이 과정에서 사건의 진실에 대한 지지와 교육적 책무성을 함께 공감하였음

- 학교 주변의 방범 CCTV 등을 확보하여 가해자들의 폭행과정에 대한 진실을 밝혀냄. 담임교사와 학부모가 공동 목표의 성공적 사례를 만들어 냄
- 가해학생들에 대한 정당한 처벌과 함께 가해 부모들에 대한 도덕적 책임을 물음. 이 과정을 통해 피해학생과 학부모는 심리적 안정과 함께 자존감 회복을 할 수 있었음

③ 상담목표

■ 심리·정서적 안정감 회복

- 학교폭력으로 인한 신체적 상해치료와 심리적 안정감 회복, 정서적 불안감 해소
- 무조건적인 수용과 긍정적인 공감을 통해 피해학생의 존재를 믿어줌

■ 학부모 상담을 통한 자녀의 자존감 회복 지원

- 학교폭력 대처에 대한 교육을 통해 피해학생이 가지고 있는 의지에 대해 지지
- 부모의 자녀에 대한 무조건적 수용과 공감을 통해 피해자의 자존감 회복 지원
- 피해자녀의 '자기실현' 목표에 대한 가능성을 믿어주고 기다려주는 부모상에 대해 교육

■ 자존감 향상 및 문제해결력 증진

- 학교폭력 피해로 인한 심리·정서적 치료와 더불어 자존감 회복을 위한 지속적인 상담과 다양한 프로그램 진행
- 학교생활 속에서의 성취경험을 통해 자존감이 회복될 수 있도록 지원

■ 진로목표 설정 및 실천도모

- 진로상담으로 자신의 미래를 설계할 수 있도록 지원
- 직업탐색과 인턴십 계획을 통해 구체적인 진로준비 실천력 향상지도

④ 상담방법

■ 심리검사 및 개인상담

- 미술심리진단검사와 MBTI 검사 실시 이후 개인상담 주 2회 총 8회 진행
- MMPI 검사, 진로성숙도 검사, 진로결정자기효능감 검사 등 진행

■ 자존감 향상 프로그램 진행

- 미술치료, 영화치료, ABC 상담치료 등을 통해 자신의 내면과 만날 수 있는 기회 마련
- U&I 검사(학습유형 검사) 및 학습능력검사를 통해 피해학생의 적성과 흥미 확인
- 부모와 자녀의 가족 프로그램을 통해 부모가 자신의 든든한 지원자임을 확인

■ 학부모 상담을 통한 피해학생의 자존감 회복 지원

- 부모교육을 실시하여 피해학생의 자존감 회복을 지원
- 의사소통 프로그램과 공감과 경청 중심의 대화법 프로그램 실시

■ 담임교사 및 교과교사의 협조 지원

- 담임교사 및 교과교사의 협의를 통해 피해학생을 격려하고 지원
- 학급에서의 자기역할을 통해 책임감과 존재감을 확인할 수 있도록 지원

(2) 학교폭력사건의 가해자사례

① 인적사항

- 고 2 남학생 K군(만 17세)
- 가족 : 대기업에 다니는 아버지와 같은 회사에 근무하시는 새어머니, 재혼해서 낳은 초등학교 3학년 남동생 1명
- 개인력 : 어려서부터 태권도를 했으며, 초등학교와 중학교 때 친구를 때려 징계를 받은 경험이 있음

② 사례요약

▪ 사실적 배경

학교에서 체육시간에 축구를 하고 있었고, K가 속한 팀이 지고 있는 상황이다. 이기고 있는 팀의 E는 K가 골을 몰고 가고 있는 것을 저지하면서 공을 빼앗으려는 상황에서 K가 E를 밀치면서 주먹으로 얼굴을 때렸고 넘어지자 발로 차는 등 우발적 폭력상황이 발생했다. 친구들과 교사가 말리면서 상황이 종료되었으나 피해자 E는 코피가 나면서 얼굴이 부어올랐고 다리 골절상을 입었다. 가해자 K는 E가 자기를 비웃듯이 쳐다봐서 기분 나빴다고 한다.

▪ 진행상황

교사는 가해학생과 피해학생을 분리하여 사건에 대한 경위서를 쓰게 하였고, 현장에 있었던 학급 친구들은 교실에서 백지 경위조사를 하였다.

교사는 가해학생과 피해학생의 학부모에게 연락을 하여 학교폭력이 발생한 경위를 사과와 함께 설명을 드리고, 학교의 방문을 요청하였다. 가해학생과 피해학생의 학부모 상담 후 학교 교사 중심의 징계위원회가 소집되었으며, 징계위원회 회의 결과 가해자는 공개서면사과, 20시간의 사회봉사 명령, 1박 2일 우리가족 프로그램 참여 등의 징계를 받았다.

▪ 문제점

가해자 K는 피해자 E가 자기를 비웃듯이 쳐다봐서 기분이 나빴다고 하지만, 사실은 축구경기가 지고 있는 상황에서 가해자 K가 화가 난 상태였고, 분노조절에 실패한 것이다.

담임교사는 학기 초 가해학생과의 상담을 통해 가해자 K가 어려서부터 아버지에게 폭력적인 체벌을 받아왔던 사실을 알고 있었다. 가해자 K는 평소에 실수나 잘못을 하게 되면 아버지가 골프채로 때렸고 화가 난 아버지는 굉장히 무서웠다고 한다.

K의 중학교 시절, 학교에서의 문제로 인해 담임선생님이 학부모 상담을 요청하여 아버지가 학교에 오셔서 상담을 받았는데, 그 다음날 온 몸에 멍이 들어 등교하는 K를 본 후로는 문제를 일으켜도 학부모 상담을 요청하지 않았다고 한다.

아버지로부터 심한 체벌을 받고 나면 아버지와 새어머니, 동생은 한 가족인데, 자신만 낙오자라는 생각이 들었다고 하며, 부모님께 사랑받는 동생처럼 자신도 아버지께 사랑받고, 인정을 받고 싶다고 하였다.

■ **개입**

- 담임교사는 가해학생과 피해학생의 학부모에게 학교폭력 발생상황을 전달하였고, 가해학생, 피해학생, 학급 친구들에게 백지 경위서를 받았다.
- 가해학생과 피해학생의 경위서와 학급친구들의 진술서 내용이 상이하지 않음을 확인하고, 가해학생과 피해학생의 부모 상담을 분리 실시하였으며, 이후 함께 만나 추후 진행과정에 대한 안내를 하였다.
- 징계위원회 회의 결과, 가해학생은 피해학생과 학교친구들에게 공개서면사과를 하고, 20시간의 사회봉사활동 명령과 1박 2일 우리가족 프로그램 참여 등의 징계를 받았다.
- 가해학생은 피해학생과 학교친구들에게 공개사과를 하였으며, 방학을 이용하여 D지역 재활센터에서 20시간의 사회봉사를 실천하였다.
- 학교에서 실시하고 있는 가족상담 집단 프로그램인 '1박 2일 우리가족' 프로그램에 가해자는 아버지와 함께 참가하여 부모-자녀 간 소통의 시간을 가졌다.

③ 상담목표

■ **학부모 상담을 통한 자녀의 자존감 회복 지원**

- 자녀와의 갈등 문제를 효과적으로 해결해 나가고 그 과정에서 장애가 되는 문제를 함께 풀어나감으로써 자녀와의 원만한 관계 유지를 할 수 있도록 교육
- 자녀와의 관계 회복과 치유를 위한 가족상담 집단 프로그램인 '1박 2일 우리가족' 프로그램 참여
- 유효하고 적절한 부모역할을 위한 대화기법 습득

■ **심리적 안정감 회복**

- 학교 급우들과 선생님들에 대한 불신감 회복

- '무조건적인 수용과 긍정적인 공감'을 통해 가해학생의 존재를 믿어주는 과정이 중요

■ **자존감 향상 및 문제해결력 증진**
- 학교폭력 관련 사건에 연루되고 조치를 받는 과정에서 생긴 하락된 자존감 회복을 위한 다양한 프로그램 진행
- 학교생활 속에서의 성취경험을 통해 자존감이 회복할 수 있도록 지원

■ **진로목표 설정 및 실천도모**
- 진로상담을 통해 자신의 미래를 설계할 수 있도록 지원하고, 스스로 목표설정을 할 수 있도록 격려
- 직업탐색과 인턴십 계획을 통해 구체적인 진로준비 실천력 향상지도

④ 상담방법

■ **심리검사 및 개인상담**
- MBTI 가족검사 실시와 미술심리진단검사 이후 개인상담 주 2회 총 8회 진행
- MMPI 검사, 진로성숙도 검사, 진로결정자기효능감 검사 등 진행

■ **자존감 향상 프로그램 진행**
- 미술치료, 영화치료, ABC 상담치료 등을 통해 자신의 내면과 만날 수 있는 기회 마련
- U&I 검사(학습 유형 검사) 및 학습능력검사를 통해 가해학생의 적성과 흥미 확인
- 가족상담 집단 프로그램인 '1박 2일 우리가족' 프로그램을 통해 가족 간의 갈등문제 해결에 도움을 주고, 관계 회복과 치유 경험을 통해 부모가 자신의 든든한 지원자임을 확인할 수 있도록 함

■ **학부모 상담을 통한 가해학생의 자존감 회복 지원**
- 가족상담 프로그램을 실시하여 가해학생의 자존감 회복을 지원
- 의사소통 프로그램과 공감 및 경청 중심의 대화법 프로그램 실시

■ **담임교사 및 교과교사의 협조 지원**

- 담임교사 및 교과교사의 협의를 통해 내담자에 대한 격려와 지원
- 학급에서의 자기 역할을 통해 책임감을 경험하게 하고 존재감을 확인할 수 있도록 지원

07
문제행동 유형과 학교폭력

배울 내용

1. 비행과 학교폭력
2. 정신질환과 학교폭력
3. 대중매체와 학교폭력

학습목표

1. 비행과 학교폭력의 관계를 설명하고 예방법을 모색해 본다.
2. 정신질환과 학교폭력과의 관계를 설명하고 대처방안을 모색해 본다.
3. 대중매체와 학교폭력과의 관계를 설명하고 건전한 사용법을 모색해 본다.

개　　요

최근 청소년의 경우 음주와 흡연, 가출, 무단결석 및 음란물 접촉이 증가하고 있으며, 다양한 원인으로 청소년의 정신질환이 증가하고 있는 실정이다. 이러한 비행과 정신질환은 청소년들의 학교폭력과 밀접한 관련이 있다. 그리고 최근 인터넷과 스마트폰 등 대중매체에 쉽게 노출될 가능성이 높아지면서 청소년의 발달에 긍정적인 영향과 부정적인 영향을 미치는 요인으로 작용하고 있다. 따라서 청소년기의 문제행동(비행, 정신질환 및 대중매체 등)은 신체발달, 정서·사회성발달 및 정신건강에 영향을 미치게 되고, 그 결과 학교폭력 행동으로 나타날 가능성이 높다. 따라서 본 장에서는 비행, 정신질환 및 대중매체가 청소년의 학교폭력과 어떤 관계가 있는지를 살펴보고 예방방법을 모색해 보고자 한다.

최근 연구들에서 학교폭력과 관련된 요인으로 비행, 정신질환 및 대중매체에 관심을 가지고 많은 연구들이 진행되어 오고 있다. 따라서 본 장에서는 비행과 학교폭력, 정신질환과 학교폭력 및 대중매체와 학교폭력 간의 관련성에 대해 자세하게 살펴보고자 한다.

1 비행과 학교폭력

1) 비행의 개념

비행(delinquent)이라는 용어는 라틴어에서 '과오를 범하다', '의무를 태만히 하다'라는 뜻에서 유래된 것으로, 그 사전적 의미는 '도리나 도덕 또는 법규에 어긋나는 행위'를 말한다. 그리고 비행은 본래 법률적인 용어로서 주로 청소년들에게만 적용되는 것을 의미하며, 성인의 경우에는 범죄라는 말로 사용하고 있다(김경식, 이현철, 2007). 따라서 비행이라는 용어는 청소년 비행(juvenile delinquency)이라는 용어로 사용하고 있다. 일반적으로 청소년 비행에 대한 연구에서는 연구의 초점을 행위에 둘 것인가, 아니면 행위자에 둘 것인가에 따라 청소년 비행의 개념적 정의에 차이를 두고 있다. 우선 비행 행위를 중심으로 하는 연구에서는 일회적이고 우발적인 사소한 비행뿐만 아니라, 청소년에게 금지된 규범 위반 행위까지를 포함하고 있다. 반면, 행위자를 중심으로 하는 연구는 누가 비행청소년이 되는가에 초점을 두었기 때문에, 청소년 관련 법규에 위반되는 행위만을 비행이라고 정의하고 있다(남재봉, 2007).

센나와 시걸(Senna & Siegel, 2000)의 연구에서는 청소년 비행을 청소년기에 걸맞지 않은 행동에 초점을 두었기 때문에 부모에게 반항, 흡연과 음주, 무단결석 및 교사에 대한 반항, 비행또래와의 접촉, 가출, 비윤리적 측면의 성행위 등이 해당된다고 주장하였다. 반면, 황성현(2010)의 연구에서는 청소년 비행에 해당되는 흡연과 음주는 약물사용으로 분류하고 무단결석과 가출은 일탈행위로 양분화해야 한다고 주장한다. 그리고 청소년이 호기심이나 주위 친구들의 유혹에 못 이겨 한두 번 하는 음주나 흡연 행위를 비행으로 분류하는 것은 무리가 있다고 판단하여, 지난 1년 이상 지속적으로 음주와 흡연을 한 경우만 약물사용자로 분류하고 있다. 이에 비해 무단결석과 가출은 의도적으로 하는 행위이기 때문에 지속성보다는 일회성에 강조점을 두어 청소년 비행을 설명하고 있다.

2) 비행의 유형

청소년 비행의 유형으로는 대표적으로 흡연과 음주, 가출, 무단결석 및 음란물 접촉 등이다. 첫째, 흡연과 음주는 청소년 비행의 유형 중에서도 대표적인 요인들이다. 다수의 연구에서는 청소년이 음주 및 흡연에 의존할 수밖에 없는 이유를 단순 호기심에 따른 모방심리, 스트레스를 해소하기 위한 수단, 또래집단과의 동질감 때문이라고 주장한다(조선희 외, 2012). 이와 같은 이유로 한국사회는 청소년기에 하는 음주와 흡연이 한때의 호기심으로 인식하는 경향이 매우 높다. 그러나 청소년의 흡연과 음주는 일탈행위로 보는 관점이 일반적이기 때문에 비행으로 간주한다.

둘째, 청소년이라는 사회적 지위 때문에 일탈행동으로 간주되는 비행에는 가출과 무단결석이 있다. 이러한 행동은 현재의 생활에서 벗어나고 싶은 강한 충동으로 인해 발생되는 것들이다. 경찰청(2013)에 따르면, 먼저 가출이라는 용어는 법률상 개념이 아닌 학술적 용어로서, 본인 스스로 집이나 가정을 버리고 떠난 상태 또는 그 행위를 의미한다. 따라서 경찰청 예규인 '실종아동 및 가출인 업무처리 규칙'에 따르면, 실종신고 당시 보호자로부터 이탈된 18세 이상인 자를 '가출인'이라고 정의하고 있으며, 그중 14세 이상에서 20세 미만의 자를 '가출청소년'이라 규정하고 있다. 무단결석 또한 중·고등학교에서 발생할 수 있는 일반적인 현상이다. 그러나 반복적이거나 사유 없이 무단결석을 하는 경우는 청소년 비행의 위험요인으로서 작용할 수 있기 때문에 청소년 비행으로 본다. 무단결석이라는 용어는 학교 공포증, 등교 거부, 학교 결석 등과 관련하여 사용하고 있는 용어이다. 학교공포증이란 학교생활에 대한 심한 불안감 때문에 학교 가기를 싫어하는 현상을 의미한다. 그리고 등교거부 또한 심리적인 원인으로 학교에 가는 것을 싫어하거나 아예 거부하는 현상을 의미한다. 따라서 심리적으로 일어나는 등교 거부의 상태는 공포증 상태에 한정되지 않는다는 이유로 학교 공포증보다는 등교 거부라는 용어가 넓은 의미로 사용되고 있다.

셋째, 청소년들의 음란물 접촉이다. 음란물이 청소년에게 어떤 영향을 미치는지에 대한 논란은 선행연구를 통해 끊임없는 논쟁이 있어 왔다. 즉, 역기능적인 측면에서는 청소년들로 하여금 폭력성과 잘못된 성적 개념으로 인해 성적 일탈행위를 조장할 수 있다는 주장이 있는 반면, 순기능적인 측면을 강조하여 오히려 음란물이 청소년의 성적 욕구를 해소시켜 주기 때문에 청소년에게 무해하다는 주장도 있다.

3) 비행과 학교폭력의 관계

청소년 비행은 대부분 청소년기에 걸맞지 않은 행동에 초점을 두고 있기 때문에 부모에게 반항, 흡연과 음주, 무단결석, 교사에 대한 반항, 비행 또래와의 접촉, 가출 및 비윤리적 측면의 성행위 등으로 나타날 수 있고, 학교폭력은 학교 내외에서 학생 간에 발생한 상해, 폭행, 감금, 협박, 약취·유인, 명예훼손·모욕, 공갈, 강요 및 성폭력, 따돌림, 정보통신망을 이용한 음란·폭력 정보 등에 의하여 신체·정신 또는 재산상의 피해를 수반하는 행위로 정의하고 있다. 이 두 가지 각각의 개념이 융합될 때, 다음과 같은 관련성을 보일 수 있다.

첫째, 청소년들의 폭력적 미디어의 접근에 따른 학교폭력과의 연관성이다. 즉, 폭력적 게임이나 영상물의 이용 빈도가 높을수록 비행행위를 더 많이 실행에 옮기고 있어, 학교 내에서 또래친구들에게 폭력을 나타낼 수 있는 계기가 될 수 있다.

둘째, 부모의 양육태도는 학교폭력, 집단괴롭힘 등 비행의 주요인으로 이어지고 부모의 정서적 지지의 부족 등 부정적 기능에 영향을 받은 청소년의 경우, 또는 부모와의 유대가 약하거나 불안정한 양육형태에서 학교폭력의 가해자가 될 가능성이 높아질 수 있다.

셋째, 무단결석 및 교사에 대한 반항, 비행 또래와의 접촉 등을 경험하는 청소년의 대부분은 부모나 교사들이 자신의 생각을 충분히 헤아리지 못한다고 생각한다. 따라서 자신의 삶에 대해 적극적인 조언과 지지를 보내고, 삶의 고민들을 함께 공유할 수 있는 친구들을 매우 소중하게 생각한다. 이와 같이 청소년에게 있어 강력한 영향력을 발휘하는 또래친구집단의 성격이 어떠한지에 따라 그 청소년의 행동에 영향을 받게 된다.

넷째, 청소년들은 학업능력에서의 실패, 교사 및 또래와의 부정적 관계 등은 청소년의 심리적 긴장 및 좌절, 분노 등을 초래하여 비행의 원인이 되기도 하며, 학교폭력이 나타날 가능성을 높이게 된다.

다섯째, 청소년의 흡연과 음주 및 가출경험 등의 비행이 학교폭력의 가능성을 높인다. 여성가족부(2012)의 청소년 유해환경 접촉 종합실태조사에 따르면, 청소년들은 흡연과 음주에 대해 유해한 것으로 지각하기보다는 사교적 기능을 상대적으로 높이 평가하고 있어 보다 관용적인 태도를 나타내고 있다. 한국직업능력개발원(2013)에 따르면, 학교폭력을 경험한 학생의 흡연율이 경험하지 않은 학생의 흡연율보다 3.8배 높게 나타났고, '일주일에 1회 이상 음주' 비율 역시 경험한 학생이 16.9%로 경험하지 않은 학생에 비해 학교폭력 경험이 3.5배 높게 나타났다. 가출의 경우 경험한 학생은 경험하지 않은 학생보다 학교폭력 경험 비율이 4.75배 높게 나타났다. 즉, 학교폭력을 경험한 학생의 경우 흡연이나 음주, 가출 등 비행에 더 많이 노출되어 높은 상관관계를 가지는 것으로 나타났다(박상호, 2015). 이러한 현상은 비행청소년뿐만 아니라 일반학생들까지도 보편화되어가고 있는 경향이 있으며, 사회문제로 대두되면서부터 학교와 민간단체들이 학교폭력을 뿌리 뽑으려는 노력을 하고는 있지만, 아직 그 효과는 미흡하다. 청소년들은 자신이 하는 행동 자체가 학교폭력의 범주에 해당된다는 인식을 하지 못하고 학교 안에서 흔히 발생하는 일로 생각하는 경향이 강하다. 따라서 청소년들을 대상으로 비행과 학교폭력의 명확한 정의에 대한 교육이 필요하고, 더불어 비행과 학교폭력의 관련성을 교육시킬 필요가 있다.

2 정신질환과 학교폭력

1) 주의력결핍 과잉행동장애와 학교폭력

주의력결핍 과잉행동장애(ADHD)는 기능 또는 발달을 저해하는 부주의 혹은 과잉행동-충동성을 보이는 것이 주 특징이다. 즉, 매우 산만하고 부주의한 행동을 나타낼 뿐 아니라 자신의 행동을 적절히 통제하지 못하고 충동적인 과잉행동을 나타내는 경우를 주의력결핍 과잉행동장애(ADHD)라고 한다. 부주의는 ADHD의 행동적 측면에서 과제를 수행하지 않고 돌아다니기, 인내심 부족, 지속적인 집중의 어려움, 무질서함과 같은 모습으로 나타나며, 이는 반항이나 이해의 부족에 기인한 것이 아니다. 과잉행동은 적절하지 않은 상황에서 과도한 운동활동(예 : 아이들이 여기저기 뛰어다니는 것과 같은)이나 과도하게 꼼지락거리거나 두드리는 행동 또는 수다스러운 말과 관련이 있다. 충동성은 심사숙고 없이 순간적으로 일어나는 성급한 행동과 연관이 있으며, 이러한 행동은 타인에게 해를 끼칠 가능성이 있다(예 : 주위를 둘러보지 않고 차도로 뛰어들기). 충동성은 즉각적인 보상 욕구나 만족을 지연시키지 못하는 것에 영향을 준다. 충동적 행동은 사회적 참견(예 : 타인에 대한 지나친 방해)과 장기적 결과를 고려하지 않고, 중요한 결정을 내리는 것(예 : 적절한 정보 없이 취직하기)과 같은 양상으로 나타날 수 있다(권준수 외, 2015).

이와 같은 ADHD는 학업수행, 학업성취와 대인관계에 부정적인 영향을 미치게 된다. ADHD가 있는 아동은 ADHD가 없는 또래에 비해 청소년기에 품행장애, 반사회적 성격장애가 나타날 가능성이 높으며, 그 결과 물질 관련 장애를 경험할 가능성을 증가시킨다. 지속적인 노력이 필요한 과제에 대한 부적절하고 다양한 노력은 종종 다른 사람들에게 나태하고 책임감이 부족하며 협동심이 없는 것처럼 보이기도 한다. 또한 가족 간의 불화, 부정적 상호작용의 가족관계가 특징으로 나타난다. 또래관계에서도 배척, 무시, 놀림을 경험하게 된다. ADHD의 학업적 결함, 학교 관련 문제와 또래들의 무시는 부주의 증상과 높은 상관이 있고, 또래들의 배척과 그 정도가 심하지 않더라도 우발적인 가해는 과잉행동 또는 충동성 증상이 있을 때 두드러지게 나타난다.

ADHD를 경험하는 경우 부주의, 과잉행동 및 충동성의 증상과 2차적인 영향으로 인해 학교생활에 부적응적인 행동을 보일 가능성이 매우 높으며, 그 결과 학교폭력으로 이어질 수 있다.

2) 파괴적, 충동 조절 및 품행장애와 학교폭력

파괴적, 충동 조절 및 품행장애는 정서 및 행동에 대한 자기 조절 문제와 관련 있으며, 아동기나 청소년기에 처음으로 발병하는 경향이 강하다. 이 장애는 여성보다 남성에서 더 흔하게 나타난다. 그러나 남성에서 상대적으로 더 우세한 정도는 장애의 종류에 따라 다르고, 같은 장애 내에서도 연령대에 따라 차이가 있다. 이 장애와 관련된 문제들은 다른 사람의 권리를 침해하는 것(예 : 공격성, 재산 파괴), 그리고 사회적 규준, 권위자 혹은 성인과 현저한 갈등을 유발하는 행동을 보인다는 점이다. 이 장애에는 적대적 반항장애, 간헐적 폭발장애, 품행장애 등이 포함된다.

적대적 반항장애의 핵심 특징은 분노/과민한 기분, 논쟁적/반항적 행동 또는 보복적 특성이 빈번하고 지속적인 것이다. 적대적 반항장애에서는 부정적인 기분 문제가 수반되지 않고 행동 문제가 보이는 경우도 종종 있다. 그러나 이 장애가 있는 사람들은 전형적으로 행동 문제뿐만 아니라 분노/과민한 기분 증상도 함께 보인다. 적대적 반항장애의 증상들은 한 가지 상황에서만 나타날 수도 있으며, 집에서만 문제를 보이는 경우가 가장 흔하다. 집에서만 이런 문제를 보인다 하더라도 진단적 역치를 충족하는 충분한 증거가 있다면 현저한 사회적 기능의 손상이 있을 수 있다. 반항 행동은 형제자매 간에서 흔히 볼 수 있기 때문에 형제자매가 아닌 다른 사람들과의 상호작용에서도 관찰되는지 확인해야 한다. 또한 이 장애의 증상은 전형적으로 성인과의 상호작용이나 개인적으로 잘 아는 또래들과의 관계에서 나타나는 경향이 있다.

간헐적 폭발장애에서 보이는 충동적인 공격적 행동폭발은 급성으로 발병하며, 반복적이고 충동적이며 문제가 되는 공격 행동은 대개 아동기 후반이나 청소년기에 시작되며, 40세 이상의 사람들에게서 처음 나타나는 경우는 드물다. 간헐적 폭발장애의 경과에서 충동적인 공격적 행동폭발이 반복되는 삽화로 나타날 수 있다. 충동적인 공격적 행동폭발은 그것이 유형적인 대상이냐 아니냐에 상관없이 대상을 손상시키거나 파괴하기도 하고, 사람이나 동물을 공격하거나 때리거나 상해를 입히는 것이 특징이다.

품행장애의 핵심 특징은 다른 사람의 기본 권리를 침해하고 연령에 적절한 사회적 규범 및 규칙을 위반하는 지속적이고 반복적인 행동 양상이다. 이런 행동은 크게 4가지 영역, 즉 다른 사람이나 동물에게 신체적 위해를 주는 공격행동, 재산손실이나 파괴를 야기하는 비공격적인 행동, 사기 또는 절도, 심각한 규칙 위반이 있으며, 이 중 3가지 이상의 행동이 지난 12개월 동안 존재해야 하며, 적어도 지난 6개월 동안 존재해야 한다. 품행장애가 있는 사람은 흔히 공격적 행동을 취하고, 다른 사람들에게 공격적으로 반응한다. 다른 사람을 괴롭히고, 위협하거나 협박하며(문자나 인터넷 기반 소셜미디어를 통한 괴롭힘도 포함), 자주 신체적인 싸움을 건다. 또 다른 사람에게 심각한 신체적 손상을 입힐 수 있는 무기를 사용한다(예 : 방망이, 벽돌, 깨진 병, 칼, 총). 사람이나 동물에게 신체적으로 잔인하게 대하고, 피해자가 보는 앞에서 도둑질을 하며(예 : 노상강도, 소매치기, 강탈, 무장강도). 다른 사람에게 성적 활동을 강요한다. 신체적인 폭력은 강간, 폭행, 드물게는 살인과 같은 형태로 표현될 수도 있다. 고의적인 재산 파괴에는 심한 손해를 입힐 목적으로 고의로 방화를 계획하는 경우와 다른 방식(예 : 자동차 창문을 파손하기, 학교 기물 파손하기)을 사용하여 고의로 타인의 재산을 파괴하는 경우가 있다. 사기 또는 절도 행위에는 다른 사람의 집, 건물 또는 자동차를 망가뜨리는 경우와 어떤 물건을 얻거나 환심을 사기 위해 또는 의무를 피하기 위해 자주 거짓말을 하는 경우(예 : 다른 사람을 속인다), 그리고 피해자와 대면하지 않은 상황에서 귀중품을 훔치는 경우(예 : 파괴와 침입이 없는 도둑질, 문서위조)가 포함된다.

품행장애가 있는 사람은 자주 심각한 규칙 위반을 보인다(예 : 학교, 부모, 직장에서). 품행장애 아동들은 부모의 제지에도 불구하고 13세 이전부터 자주 밤늦게까지 들어오지 않는다. 또한 집에서 가출하는 양상을 보이기도 한다.

3) 우울증과 학교폭력

우울장애는 파괴적 기분조절부전장애, 주요우울장애(주요우울 삽화 포함), 지속성 우울장애(기분저하증), 월경전불쾌감장애, 물질/약물치료로 유발된 우울장애, 다른 의학적 상태로 인한 우울장애, 달리 명시된 우울장애, 명시되지 않는 우울장애를 포함한다. 이 장애의 공통적인 특징은 슬프고, 공허하거나 과민한 기분이 있고, 개인의 기능 수행능력에 영향을 주는 신체적·인지적 변화가 동반되는 것이 특징이다.

파괴적 기분조절부전장애(disrptive mood dysregulation disorder)는 전형적인 양극성장애에 비해 만성적이고 지속적인 과민성을 보이는 아동에게 적절한 진단적 분류 및 치료를 위해 DSM-5에 추가되었다. 파괴적 기분조절부전장애의 주요 특징은 만성적이고 지속적인 과민성이다. 이러한 고도의 과민한 기분은 2가지 두드러진 임상적 징후를 보이는데, 첫째는 빈번한 분노발작이다. 이는 전형적으로 좌절에 대한 반응으로 나타나며 언어적일 수도 있고 행동적일 수도 있다(후자의 경우 사물, 자신, 타인에 대한 공격성의 형태로 나타난다). 이 증상들은 반드시 빈번하게 발생하여야 하며, 가정과 학교와 같이 2가지 이상의 환경에서 최소한 1년 이상 발생하고, 발달적으로 부적절해야 한다. 고도의 과민한 기분의 두 번째 징후는 분노발작 사이에 만성적이고 지속적으로 과민한 또는 화가 난 기분이 존재하는 것이다. 과민하거나 화가 난 기분이 이 장애를 가진 아동에서 특징적으로 거의 매일, 하루의 대부분의 시간 동안 나타나며 객관적으로 관찰할 수 있어야 한다.

우울증을 보이는 아동은 가족 및 또래와의 관계 그리고 학교에서의 수행능력 저하와 밀접한 관련이 있다. 극도로 낮은 좌절에 대한 내성으로 인해 이러한 아동들은 일반적으로 학교에 적응하는 데 어려움을 경험한다. 이들은 또래 아동들이 일반적으로 즐기는 활동에 참여하지 못하는 경우가 많으며, 친구관계를 형성하고 유지하는 데 어려움을 겪는다. 아동 우울증 증상으로는 학교공포증, 부모에 대한 지나친 집착 등이 나타날 수 있으며, 청소년 우울증 증상으로는 학업능력 저하, 물질남용, 무단결석, 가출 등으로 나타나기도 한다.

4) 알코올과 학교폭력

알코올 사용장애에는 금단, 내성 그리고 갈망감이 포함된 행동과 신체 증상의 집합체로 정의된다. 알코올 금단은 과도하게 장기간 음주하던 것을 중단하거나 양을 줄인지 4~12시간 정도 후 금단 증상들이 나타나는 것이 특징이다. 알코올로 인한 금단은 불쾌하고 강렬하기 때문에 개인은 부작용에도 불구하고 금단 증상들을 피하거나 경감시키기 위해 음주를 지속하게 된다. 일부 금단 증상(예 : 수면 문제)은 몇 달간 강도가 약할 정도로 지속될 수 있고, 재발의 원인이 될 수도 있다. 1회 반복되고 강한 사용 양상이 발생하면, 알코올 사용장애를 가진 사람은 상당 기간 동안 알코올성 음료를 얻고 소비하는 데 몰두하게 된다.

알코올에 대한 금단은 다른 것을 생각하기 어려울 만큼 강한 음주 욕구를 말하며, 주로 음주의 시작으로 이루어진다. 급성중독의 영향 혹은 음주 이후의 효과로 인해 학업적 혹은 직업적 수행에 어려움을 겪고, 육아나 집안일도 소홀해지며, 음주와 관련하여 학교나 직장을 빠질 수도 있다. 이들은 신체적으로 위험한 상황에도 음주한다(예 : 운전, 수영, 중독상태에서 기계조작). 결국 알코올장애가 있는 사람들은 지속되는 음주로 인한 신체적(예 : 일시적 기억상실, 간 질환), 정신적(예 : 우울), 사회적 혹은 대인관계의 문제(예 : 중독상태에서 과격한 언쟁)가 있다는 사실을 알면서도 음주를 지속한다.

특히, 청소년에게 알코올은 신체 및 정신에 부담을 줄 뿐만 아니라 과도하게 마시면 과운동, 발한, 떨림, 얼굴과 사지에 경련 등과 같은 이상을 초래한다. 알코올 문제는 그가 속한 사회가 인정하는 수준을 넘는 술을 마시고, 그 때문에 건강과 대인관계에 장애가 있는 만성행동장애로 볼 수 있으며, 비록 중독은 아니더라도 청소년의 경우 음주로 인해 2차적 사고, 즉 폭력행동을 보이는 경우가 흔하다. 여성가족부(2016)의 청소년의 음주율을 보면(표 7-1, 그림 7-1), 2015년 청소년 음주율은 16.7%, 주류 구매율은 32.3%로 나타났다.

표 7-1. 청소년의 음주 및 흡연 실태

(단위 : %)

유형	현재 흡연율[1]	담배 구매율[2]	현재 음주율[3]	주류 구매율[4]
2005	11.8	42.9	27.0	42.1
2010	12.1	50.1	21.1	28.3
2011	12.1	50.4	20.6	31.1
2012	11.4	47.6	19.4	31.0
2013	9.7	47.0	16.3	29.9
2014	9.2	50.9	16.7	31.2
2015	**7.8**	**50.4**	**16.7**	**32.3**
전년대비(%p)	−1.4	−0.5	0.0	1.1

주 : 1) 최근 30일 동안 1일 이상 흡연한 사람
2) 현재 흡연자 중에서 최근 30일 동안 본인이 피운 담배를 편의점이나 가게 등에서 직접 구매한 사람
3) 최근 30일 동안 1잔 이상 술을 마신 적이 있는 사람
4) 현재 음주자 중에서 최근 30일 동안 본인이 마신 술을 편의점이나 가게 등에서 구매한 사람

출처 : 질병관리본부·교육부. 「청소년건강행태온라인조사」 각 연도; 여성가족부(2016). 청소년 통계. p.16.

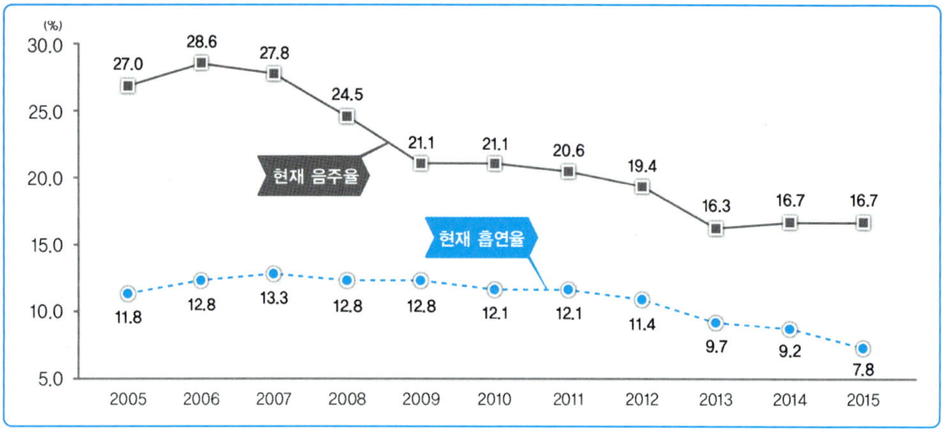

출처 : 질병관리본부·교육부, 「청소년건강행태온라인조사」

▌그림 7-1. 청소년의 음주와 흡연

5) 청소년 자살

1997년 IMF 경제위기 이후 자살 문제가 큰 사회적 문제로 부각되기 시작하였으며, 2010년 한 해 동안 10만 명당 자살률은 33.5명으로 나타났다. 더구나 자살기도자는 자살자의 10~20배가 된다는 통계를 볼 때, 우리 국민은 자살 또는 자살기도로 큰 정신적 충격과 고통을 경험하고 있는 것으로 보고되고 있다.

▌표 7-2. 청소년(9~24)의 사망원인

(단위 : 인구 10만 명당)

유형	1위	2위	3위
2004	운수사고 (7.1)	고의적 자해(자살) (6.6)	악성신생물(암) (4.1)
2007	고의적 자해(자살) (8.6)	운수사고 (6.6)	악성신생물(암) (3.8)
2010	고의적 자해(자살) (8.8	운수사고 (6.0)	악성신생물(암) (3.3)
2013	고의적 자해(자살) (7.8)	운수사고 (4.4)	악성신생물(암) (3.1)
2014	고의적 자해(자살) (7.4)	운수사고 (4.9)	악성신생물(암) (2.9)

출처 : 통계청, 「사망원인통계」 각 연도.
주 : ( ) 안의 수치는 사망률

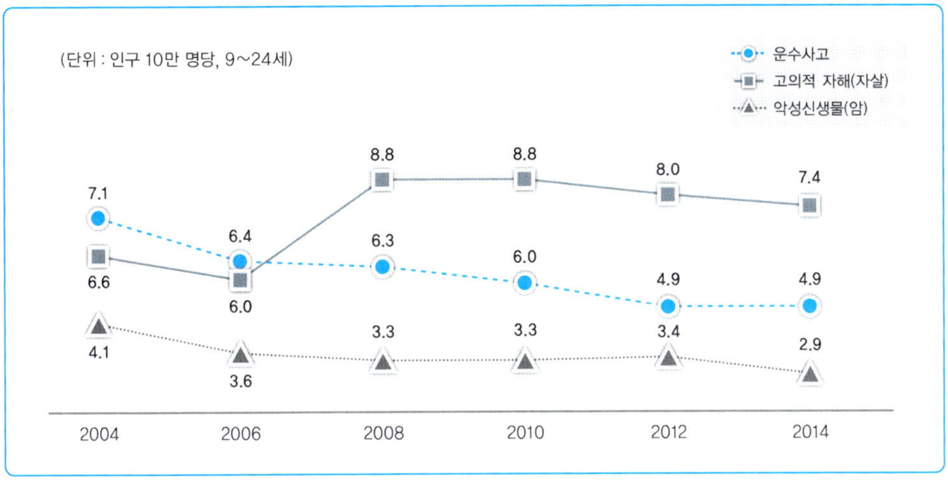

출처 : 여성가족부(2016). 청소년 통계. p.17.

▌그림 7-2. 청소년 사망원인 1위 고의적 자해(자살)

표 7-2와 그림 7-2에서 보는 것과 같이 2014년의 경우 10대 청소년들의 사망원인 중 1위가 자살로 나타났으며, 10만 명당 7.4명으로 보고되고 있다. 청소년들이 자살로 생을 마감하고 있다는 현실은 생명을 경시하는 사회적인 풍조와 무관하지 않다. 청소년의 자살의 원인을 어느 한 가지 원인으로 설명하기는 매우 어렵다. 그러나 자살에 이르게 하는 과정상에 영향을 주는 것으로 생각되는 일반적 요인으로는 크게 네 가지로 구분할 수 있다. 첫째, 개인의 성격적 특성과 감정에 의한 개인심리적 원인이다. 둘째, 학교, 가정, 친구관계 및 사회변화 등에 영향을 받는 사회환경적 원인이다. 셋째는 우울증, 충동성, 만성신체질환 등의 정신질환적 원인이다. 넷째, 앞의 세 가지 요인이 복합된 것으로 학교폭력경험의 결과로 자살이 나타나기도 한다. 예를 들어, 학교폭력으로 고통을 경험하는 청소년들이 학교폭력의 문제를 해결하기 위한 방법으로 자살을 선택하기도 한다.

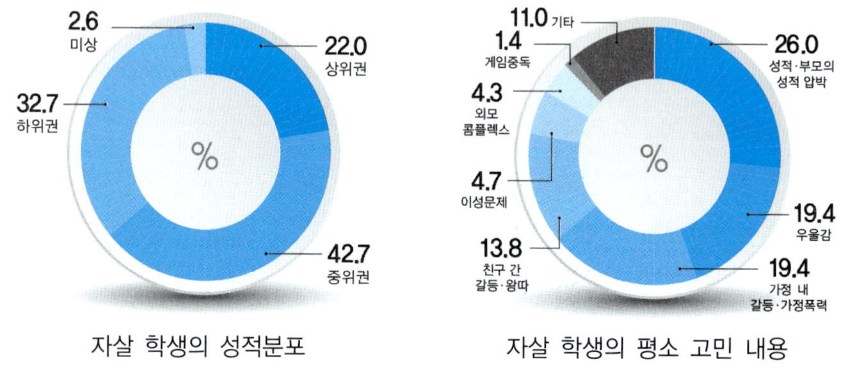

▮그림 7-3. 2014~2015년 상반기 학생 자살 실태

2015년 한림대학교 자살과 학생정신건강연구소의 2014~2015년 상반기 학생 자살 실태를 살펴보면(그림 7-3), 남녀성비는 남자가 여자보다 높았으며(2014년 1.7 : 1, 2015년 1~7월 1.2 : 1), 평균연령은 17세, 성적은 중위권이 가장 높고, 하위권, 상위권 순으로 나타났으며, 평소 고민으로는 성적 문제, 우울감, 가정 내 갈등·가정폭력 순으로 나타났다. 그리고 경제수준으로는 중, 하, 상으로 나타났고, 성격은 내향적인 성격이 외향적인 성격보다 자살이 높은 것으로 보고하고 있다.

청소년의 자살은 자살한 청소년 개인의 문제로만 끝나는 것이 아니라 사회적 파급효과가 큰 사회적 문제이다. 자살한 청소년을 둔 가족들은 그 죽음을 막지 못했다는 죄책감으로 평생 고통을 감수해야 하며, 친구들과 주위의 사람들로 하여금 정신적 충격으로 인해 자살을 유발하게 하기도 한다. 또한 자살 청소년이 다녔던 학교와 지역 공동체는 불안한 마음을 갖게 되며, 생명경시 풍조가 확산될 가능성이 매우 높다. 더욱이 한 청소년의 자살 또는 자살기도로 인한 사회경제적인 손실과 치료비용은 국가적으로도 큰 부담을 주게 된다.

청소년들의 대부분은 숙제를 하거나, 그림을 그리거나, 간접적인 언어적 표현 중에 자살에 대해 말할 수 있다. 또한 다양한 수단을 사용하여 실제 자살시도를 할 수도 있다. 그런 상황에서 신속하고, 합리적인 결정을 통해 자살을 방지하는 지혜가 필요하다.

3 대중매체와 학교폭력

대중매체란 신문, 서적, 잡지, 라디오, 영화, TV, 컴퓨터 등 일반 대중을 대상으로 하는 정보전달매체를 의미하며, 우리의 일상생활에 미치는 영향력은 매우 높다. 대중매체가 우리 생활의 다양한 정보를 빠르게 전달하여 삶의 질에 긍정적인 영향을 미치고 있지만 부정적인 영향도 많다. 특히, 청소년들에게 부정적인 영향을 미치는 것이 대중매체의 폭력성으로 볼 수 있다.

대중매체의 폭력성은 대중매체를 통해 무기(예 : 칼, 폭탄, 돌, 나무 등)를 사용한 싸움, 구타, 무기를 사용하지 않은 싸움 및 구타와 욕설, 언쟁, 고함 등의 장면을 듣거나 본 경험, 사람의 안전이나 생명을 불안하게 하는 위협이나 협박 등을 사용하는 장면이 청소년들에게 간접적으로 노출되는 경우를 의미한다.

대중매체의 폭력성은 비단 TV 매체뿐 아니라 영화, 비디오, 컴퓨터게임, 각종 서적으로까지 확대하여 생각할 수 있으며 청소년들이 이러한 유해매체에 자주 접촉할수록 폭력행동에 대한 학습효과가 커진다고 보고되고 있다. 즉, 이 현상은 사회학습이론으로 설명할 수 있는데, 인간은 직접 경험하지 않고 눈으로 관찰하는 것으로도 학습이 일어날 수 있다는 주장에 근거한다. 대중매체를 통해 이루어지는 사회적 학습이란 대중매체에서 제시하는 모델로부터의 모방, 동일시, 역할학습 등을 통해 이루어지는 것으로 이전의 대가족사회에서 가족 간에 담당했던 기능을 TV가 대신하면서부터 청소년들이 대중매체를 통해 모방, 시행착오 등을 거치면서 사회화가 되어간다. 이런 이유로 청소년들이 유해매체에 자주 접촉할수록 폭력에 대한 태도 형성에 직·간접적으로 영향을 받으며 폭력행동에 대한 학습효과가 커진다는 것을 유추할 수 있으며, 실제로 폭력적이고 범죄적인 내용에 많이 접촉하는 청소년일수록 비행을 많이 일으킨다고 보고되고 있다. 그 이유로는 대중매체의 폭력에 대한 빈번한 노출은 실제 생활에 대한 감정반응을 둔화시키며 TV, 비디오, 컴퓨터게임 등 매체의 폭력적인 내용은 현실과 가상의 구분력을 약화시키고, 갈등상황에서 폭력적으로 쉽게 문제를 해결하도록 가르치며, 폭력에 대한 미화와 심지어는 폭력에 대한 보상을 줌으로써, 특히 성인보다는 청소년에게 미치는 부정적인 영향은 더욱 크게 작용하기 때문이다.

최근 청소년에게 가장 영향을 미치는 대중매체는 인터넷과 스마트폰이다. 전국 초등학교 4학년, 중학교 1학년, 고등학교 1학년 학생 146만여 명을 대상으로 조사해 발표한 여성가족부(2016)의 '2016년 인터넷·스마트폰 이용습관 진단조사' 결과에 따르면 인터넷 중독 위험군 학생은 11만 5,243명, 스마트폰 중독 위험군은 13만 8,385명으로 나타났다. 두 문제를 모두 가진 공존위험 청소년은 5만 5,000여 명이었다.

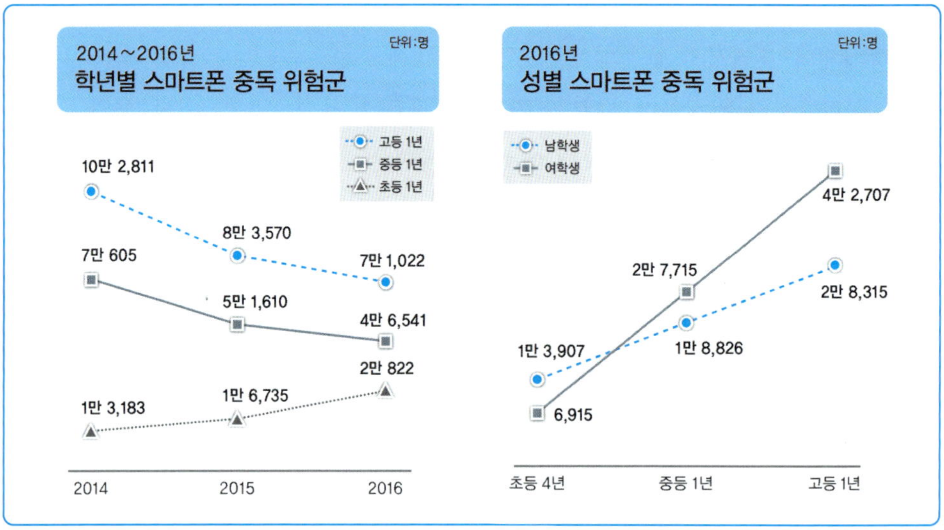

▮그림 7-4. 2014~2016년 스마트폰 사용 실태

2015년 조사 결과와 비교해 인터넷과 스마트폰에 중독된 청소년은 20만 8,446명에서 19만 8,642명으로 소폭 감소했다. 특히, 중·고교생 1학년 스마트폰 중독 위험군 수와 고교생 1학년의 인터넷 중독 위험군 수가 감소했다. 반면, 초등학교 4학년의 경우 인터넷과 스마트폰 위험군 수가 모두 증가했다. 인터넷·스마트폰 중독의 저연령화 현상이 지난해에 이어 지속되는 것으로 해석할 수 있다. 2015년과 비교해 초등학교 4학년의 인터넷 중독은 5,255명, 스마트폰 중독 위험군은 4,087명 증가했다. 그중에서도 일상생활에서 심각한 장애를 겪고 금단현상을 보이는 인터넷·스마트폰 '위험 사용자군' 수가 각각 538명, 606명 늘었다. 스마트폰 중독 위험은 남

학생의 경우 나이가 어릴수록, 여학생은 고학년일수록 높은 것으로 나타났다. 스마트폰 중독 위험군인 초·중·고교 여학생은 7만 7,337명으로 남학생(6만 1,048명)보다 많았다. 하지만 초등학교 4학년은 남학생이 1만 3,907명으로 여학생(6,915명)보다 2배 많은 것으로 나타났다. 이 결과에 대해 여성가족부는 남자 초등학생이 고학년에 비해 인터넷보다 스마트폰으로 게임을 즐기는 경향이 강하고 여학생들은 고학년이 될수록 관계지향성이 강해지면서 스마트폰을 통해 채팅, SNS 등을 많이 사용하는 특성 때문이라고 주장하고 있다.

1) 인터넷 사용

2011년 전국적인 조사에서 인터넷 중독자 200만 명 중 절반은 청소년이었다. 최근 조사는 유아기의 인터넷 중독률이 포함되었는데 조사결과 유아, 어린이 청소년들의 인터넷 중독률은 성인들의 6.8%보다 높은 7.9%로 나타났다. 어린 시절의 인터넷 노출은 학습능력 저하와 지능 저하, 집중력 장애 등을 초래하고 장기적으로 대인관계 약화로 인한 사회성발달의 장애요인으로 지적되고 있다(전종천, 2012).

인터넷 중독의 기본개념은 가상공간의 활용에 집착하고 의존하여 기분의 변화, 내성, 금단증상, 현실생활에 지장을 받을 정도의 신체적·정신적·사회적 이상 현상을 경험하는 것을 말한다. 인터넷 중독과 관련되어 흔히 호소하는 증상으로는 수면부족이다. 가족과 함께 시간을 보내거나 사교활동, 학교나 건강유지를 위한 행동이나 운동 등 여타의 중요한 활동을 무시하고, 하루 중 많은 시간을 인터넷에 접속하여 보내며, 주변의 가까운 사람, 친한 친구, 또는 가족이 접속행동에 대해 못마땅해 한다. 또한 접속 중이 아닌데도 불구하고 계속하여 접속 시의 경험을 생각한다. 온라인 접속시간을 줄이려고 노력하며 굳게 다짐하기도 하지만 마음대로 되지 않는다. 잠깐 동안만 접속한다고 스스로 다짐하지만 몇 시간이 지나고 나서야 시간이 많이 지났다는 것을 깨닫는 경우가 자주 있다(박선환 외, 2010).

인터넷과 미디어는 현대인이 반드시 익히고 사용해야 할 필수품이 되었다. 인터넷을 통해 정보를 구하고, 물건을 구매하며, 멀리 있는 사람들과 연락을 주고받는다. 이와 같은 순기능 외에도 과도한 사용으로 부작용이 나타나기도 한다. 인터넷 사용의 장·단점은 표 7-3, 7-4에 제시되어 있다.

표 7-3. 인터넷 사용의 장점

- 다중 정체성의 형성으로 현실과는 다른 모습으로 다른 사람과 상호작용을 할 수 있어 사이버상의 대인관계에서 자신감을 가질 수 있다.
- 성격적으로 소심하거나 수줍음이 많아 다른 사람 앞에 나서기 어려운 사람이 사이버 공간에서 활동함으로써 자신감이 생길 수 있다.
- 사이버 공간은 자신의 의견이나 생각을 자유롭게 표현할 수 있는 기회가 많아 자기주장이 뚜렷해지고, 자신감 또는 자기효능감이 높아질 수 있다.
- 다양한 배경을 가진 사람과 의사소통을 할 수 있게 되어 사회적 배경, 연령, 성 등에 상관없이 개방적이고 평등한 인간관계를 형성할 수 있다.

표 7-4. 인터넷 사용의 단점

- 인터넷의 과다 사용으로 사이버 공간에서의 익명성과 다중 정체성으로 분절된 자아상을 형성하게 되어 자아정체감 혼미의 현상으로 이어질 수 있다.
- 사이버상에서의 즉각적 반응은 충동적 성향으로 이어질 수 있다.
- 사이버 공간의 활동은 익명성에 의해 타인을 배려하는 사회적 능력을 감소시키고, 현실에서 충족되지 못하는 사회적 욕구를 가상공간에서 추구하다 보면 현실감각이 떨어질 수 있다.

2) 스마트폰 사용

스마트폰은 일반 PC와 같은 고기능의 운영체제(OS)를 탑재하여 '손 안의 PC'로 불린다. 일반적인 휴대전화의 기본 기능이었던 음성통화와 문자 메시지 기능 외에 정보검색, 음악 감상, 게임, 교육, 금융, 메신저, 사진촬영, 동영상 등을 시간과 공간의 제약 없이 사용할 수 있는 다기능 휴대전화이다(나혜연, 2012). 스마트폰의 특징으로는 첫째, 휴대성과 편리성에 있다. 기존의 인터넷은 PC를 켜고 접속해서 이용하는 번거로움이 있었다면, 스마트폰은 PC에 비해 크기가 작아 휴대하기 간편하고, 터치 한번으로 인터넷에 접속하여 정보를 얻을 수 있다. 두 번째는 접근성과 지속성이 좋다. 늘 휴대하고 다니며 사용하기 때문에 시·공간의 제약을 받지 않는다. 그로 인해 문자 메시지를 주고받거나 인터넷에 댓글을 다는 것이 지속으로 가능하다. 셋째는 개인 적합성에 있다. 스마트폰을 통해 자신이 원하는 콘텐츠를 선택하여 사용할 수 있는데, 학생은 교육 관련 애플리케이션을 이용하여 사전, 책, 뉴스 등 학습 콘텐츠를 활용할 수 있으며, 직장인은 스마트폰을 활용하여 실시간으로 금융, 유통 등의 업무가 가능하다. 그러나 이와 같은 다양한 기능들로 인해 이용자들이 스마트폰에 쉽게 빠져들게 되며, 과다몰입하게 되는 현상으로 이어져 각종 문제를 유발하는 요인이 되기도 한다(이창호 외, 2013).

중독이란 술이나 마약 따위를 지나치게 복용한 결과, 그것 없이는 견디지 못하는 병적 상태를 말한다. 흔히 스마트폰을 많이 사용하는 성인의 경우에 그럴 것이라고 예상하지만, 이런 중독 현상은 특정연령에서만 일어나는 현상이 아니다. 흔하게 가족끼리, 지인들끼리의 식사 자리에서 앞의 사람과 대화하지 않고 각자 스마트폰에 심취해 있는 것을 볼 수 있다. 앞에 직접 대면하고 있는 상대방의 이야기는 경청하지 않으면서 SNS의 가상의 누군가의 글에는 답하고 있는 어처구니 없는 상황은 아주 흔한 풍경이다. 이런 환경에서 어린 연령일수록 스마트폰에 빨리 적응하고, 그 대신 더 빠른 속도로 자신에게 반응해주길 기대한다. 그와 동시에 아이는 인내라는 것과 멀어지기 시작하는 것이다. 채프먼과 펠리카나(Gary Chapman & Arlene Pellicane)는 이것을 "과학기술에 익숙한 아이들은 힘든 일을 잘 참아내지 못한다. 과학기술은 아이들이 원하는 것을 빛의 속도로 찾도록 훈련한다. 그 가운데 인내라는 미덕은 사라졌다"라고 표현했다. 스마트폰의 중독 유형을 살펴보면 그림 7-5, 표 7-5와 같다.

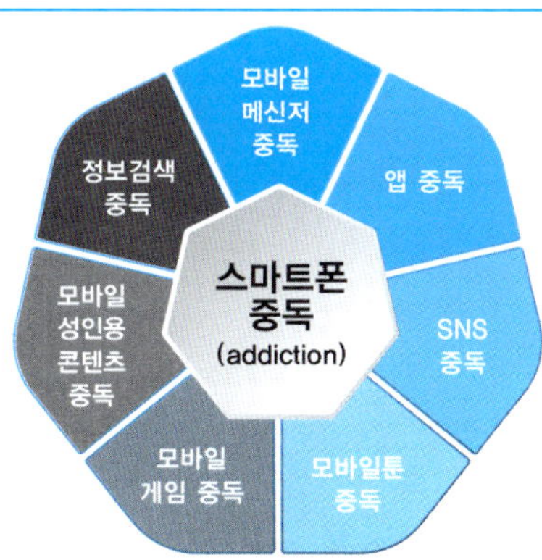

그림 7-5. 스마트폰 중독 유형

▮표 7-5. 스마트폰 중독 유형

구분	내용
정보 검색 중독	자신에게 정말 필요한 것보다는 정보수집 자체에 집착하여 강박적으로 웹사이트나 자료를 검색하는 경우
모바일 메신저 중독	모바일 메신저를 통한 인간관계에 몰두해 실제 인간관계를 등한시하는 경우
SNS 중독	개인 홈페이지, 인터넷 동호회 등을 운영하거나 SNS를 사용하는 데 과도하게 시간을 할애하는 경우
앱 중독 (앱 피로 증후군)	스마트폰에서 모바일 앱을 끊임없이 내려받기에 빠진 경우
모바일게임 중독	스마트기기를 통한 게임을 과다 사용하는 경우
모바일툰 중독	스마트기기를 통한 웹툰을 과다 사용하는 경우
모바일 성인용 콘텐츠	섹스나 포르노 등의 내용물을 담고 있는 모바일 콘텐츠를 강박적으로 계속 탐색하는 경우(음란 채팅, 음란물 공유, 야동, 야설 등)

출처 : 한국정보화진흥원(http://www.iapc.or.kr).

(1) 영유아의 스마트폰 사용

디지털 미디어 기기는 PC를 기반으로 한 인터넷으로부터 시작해서 휴대전화, 인터넷과 휴대폰 기능이 결합된 스마트폰, 태블릿 PC까지 진화된 상태이며(한국정보화진흥원, 2012), 이러한 디지털 문명의 발전은 사회 전반에 걸친 패러다임의 전환, 시간과 공간 제약의 극복, 인간 간 소통방식의 변화 등을 초래하게 되었다(박소영, 2015). 이 중 양방향 소통형의 스마트미디어(스마트폰, 태블릿 PC 등)는 기존 매체에 비해 상호작용의 특성이 강화된 이유로 급속도로 보급, 확산되고 있으며, 특히, 손만 갖다 대면 기계가 작동하는 터치스크린은 영유아가 쉽게 사용할 수 있기 때문에 영유아들의 스마트폰 사용이 증가되고 있는 실정이다(유구종, 2012).

영유아의 스마트폰 노출실태에 관한 연구들을 살펴보면, 이정림 외(2013)는 서울·경기 지역 만 0~5세의 최초 스마트폰 이용시기는 평균 2.27세로 10명 중 4명이 주 3~4회 스마트폰을 이용하는 것으로 나타났으며, 김이영과 최윤희(2015)는 대구·경북지역 만 3~5세 대상 유아의 스마트폰 사용에 대한 고위험 사용자군은 4.5%, 잠재적 위험 사용자군은 3.8%로 보고하였다. 또한 이정림 외(2013)의 연구에서는 유아 가정의 98.0%, 영아 가정의 99.1%가 스마트폰을 보유하고 있으며, 스마트폰을 사용한 유아는 68.4%, 영아는 34.9%로 나타났다. 이와 같은 연구결과는 영유아의 스마트폰 이용률이 늘어감에 따라 과다사용의 경향도 높아질 것이라는 예측을 가능하게 하고 있으며, 또한 연령이 낮을수록 부정적인 영향에 적절히 대응할 수 있는 능력이 부족하기 때문에 영유아들의 스마트폰 과다사용은 더 많은 문제를 야기할 수 있다고 지적하고 있다(서민영, 임은미, 2010).

영유아의 스마트폰 사용은 긍정적인 영향과 부정적인 영향으로 구분할 수 있는데, 긍정적인 영향으로는 신체발달과 인지발달, 사회·정서발달에 도움이 된다고 주장하고 있으며, 부정적인 영향으로는 자기 조절능력, 문제행동, 자기 효능감에 부정적인 영향을 미친다고 주장한다. 특히, 최근에는 영유아기의 스마트폰 사용이 그들의 뇌에 미치는 영향을 분석하려는 시도가 있었는데, 그 결과는 그림 7-6과 같다.

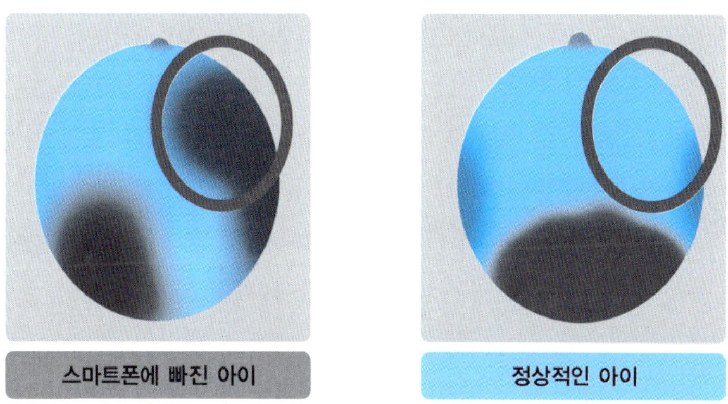

▌그림 7-6. 영유아의 스마트폰 사용이 뇌에 미치는 영향

그림 7-6에서 보는 것과 같이 영유아의 스마트폰 사용은 그들의 뇌의 우측 전두엽에 부정적인 영향을 주는 것으로 나타났다. 우측 전두엽의 이상은 주의력결핍 과잉행동장애 아동에게 나타나는 현상으로, 아이들의 경우 하루 30분 이상 휴대폰에 노출되면 매우 위험하다고 주장한다. 또한 3~5세의 아동이 있는 27가족을 대상으

로 관찰한 결과에 의하면 TV시청 동안 부모-자녀 사이의 상호작용은 거의 발생되지 않음으로써 가족구성원 간의 친밀성을 유지하게 되는 대화 및 접촉이 거의 없는 것으로 보고되고 있다.

(2) 청소년의 스마트폰 사용

청소년의 스마트폰 사용도 긍정적인 영향과 부정적인 영향으로 구분할 수 있다. 먼저 청소년의 스마트폰 사용의 긍정적인 영향은 청소년에게 있어 스마트폰은 서로의 감정과 정서를 쉽고 빠르게 공유하고 또래 간 의사소통을 가능하게 하며, 또래집단의 유대감을 형성하고 강화시키는 도구로서 활용되는 것이다. 또한 사회적 관계망 속에서 그들의 친화 동기 및 소통 욕구를 채워주는 역할을 하게 된다. 청소년들이 스마트폰을 통해 그들만의 또래문화를 구축하는 도구로 활용한다는 점은 다른 매체들보다 스마트폰이 청소년 문화와 밀접한 관계가 있음을 보여 준다. 즉, 스마트폰은 일반적인 휴대전화의 개념을 넘어서 자기표현의 욕구를 충족시켜주는 도구이자 청소년들의 대표적인 커뮤니케이션 수단으로서 중요한 의미를 지닌다.

이에 비해 청소년의 스마트폰 사용의 부정적인 영향으로는 스마트폰의 과도한 사용은 사회적으로 고립될 수 있으며, 특히, 또래관계에 부정적 영향을 미칠 가능성이 매우 크고 사이버불링[1)]에 노출될 가능성이 많아, 스마트폰 사용이 사이버불링에 영향을 미치는 것으로 나타났다(나혜연, 2016). 또한 스마트폰을 과다사용하는 청소년은 스마트폰에 더욱 몰두해 공격성과 폭력성에 영향을 미치고, 부정적 학교폭력 태도가 형성될 수 있으며, 스마트폰으로 인해 형성된 개인의 폭력성이나 학교폭력 태도는 다시 사이버상에서의 폭력이나 비행행동으로 나타나게 된다.

(3) 스마트폰과 학교폭력

청소년기의 스마트폰 중독으로 인해 신체적 심리적 고통 호소, 사회부적응, 일탈

---

1) 사이버불링은 사이버(cyber)와 불링(bullying)이 결합된 용어로, 여기서의 불링이란 '힘의 불균형으로 인해 생기는 공격적인 행동이며, 한 학생이 지속적으로 한 명 또는 그 이상의 학생들에게 불합리한 행동을 당하는 것'을 의미한다. 사이버불링은 정보통신기술의 발달로 인터넷과 휴대기기를 사용하여 타인에게 해를 입힌다는 점에서 기존의 불링에서 진화된 것이라고 볼 수 있다.

등의 문제에 시달리게 되며, 이로 인해 학업에 전념하기 어려우며, 반복되는 문제 발생으로 학교나 교사와의 빈번한 마찰, 가족 사이의 갈등 야기로 인한 유대관계 약화, 교우관계 형성의 어려움 등이 되풀이되면서 악순환이 계속된다.

스마트폰의 중독으로 인한 여러 가지의 정서적 문제가 다음과 같이 나타남을 알 수 있다. 첫째, 인간관계 결여의 문제가 발생한다. 학생들이 가상의 공간에서 사람들을 만나기 때문에 실제로 사람들을 만나서 관계를 맺는 것이 어렵다. 둘째, 공격성의 문제이다. 감정표현이 매우 강하게 나타나고, 화가 나면 때리는 행동과 함께 공격적으로 표현하는 등 감정표현의 미숙함이 드러난다. 자신의 원하는 물건을 만지거나 자신을 조금만 건드려도 또래는 물거나 때리고 밀치는 행동으로 표현한다. 셋째, 의사소통의 문제이다. 정서적 사회성발달이 원만하지 않고 일탈 및 부적응이 나타나고, 또래와 의사소통이 활발하지 않다. 선생님과 또래의 말을 경청하려 하지 않고 언어적 표현능력이 낮아 같은 단어를 주로 반복해서 말하고 일방적인 의사표현만 한다. 넷째, 불안의 문제이다. 스마트폰을 사용 못하게 했을 때 분노를 표출하고, 스스로 자해하는 경우를 보이기도 한다. 다섯째, 게임중독의 문제이다. 입시위주의 교육에 의한 학업스트레스로 게임에 빠져든다. 우울, 불안, 자살 충동을 느낀다. 여섯째, 신체 변화 및 활동의 문제이다. 앉아 있는 자세가 구부정하고 신체활동에 의욕이 없으며, 거북목 증후군, 손목 터널 증후군을 보이기도 한다. 일곱째, 공감능력 결여의 문제이다. 스마트폰의 일방적인 자극에 노출되다 보니 유아기에 습득해야 할 타인조망능력을 학습할 수 있는 기회를 놓치게 된다. 여덟째, 학업능력 부진의 문제이다. 스마트폰을 과다 사용하여 성적이 낮아질 가능성이 높고, 성적이 낮기 때문에 학업에 흥미를 잃어 또다시 스마트폰에 몰입할 가능성이 높다. 아홉째, 수면부족의 문제이다. 스마트폰 불빛은 수면 호르몬의 분비를 억제시켜 수면장애를 유발하고, 수면이 부족하면 우울하거나 자살 충동을 유발할 수 있다.

이 외에도 스마트폰이 부모와 자녀 간 갈등의 주원인이 되며, 청소년에게 강압적으로 스마트폰을 사용하지 못하게 했을 때에는 경련, 자해, 금단 현상을 동반하기까지 한다. 따라서 청소년 스마트폰 중독과 정서행동 문제와의 관계를 살펴보고 바람직한 스마트폰 사용을 권장하며, 스마트폰 중독 예방 프로그램 개발과 중독현상을 보이는 사람들을 대상으로 상담, 치료 프로그램을 마련하는 것이 필요하다.

표 7-6. 인터넷·스마트폰 과다 이용의 예방방법

- 스마트폰 게임이나 SNS가 스트레스를 해소하는 통로라는 사실을 먼저 인정한다.
- 컴퓨터는 부모와 공유할 수 있는 곳에 두고, 스마트폰은 적절한 요금제를 선택하도록 교육한다.
- 시간을 정하고 사용하는 습관을 스스로 가질 수 있도록 함께 의견을 조율한다.
- 특별한 이유 없이 휴대전화를 교체해 주지 않는다.
- 공부 중, 특히 수업 중에는 반드시 스마트폰 전원을 끄도록 교육한다.
- 자녀가 사용한 통화 내역은 반드시 직접 확인하고 자녀의 용돈으로 요금을 내는 습관을 들인다.
- 자녀가 사용하는 애플리케이션을 확인하고 성인 음란물이나 불건전한 콘텐츠에 접속하지 않도록 교육한다.

08

외국의 학교폭력 예방교육

배울 내용

1. 학교폭력 예방교육의 필요성
2. 우리나라의 학교폭력 예방교육 프로그램
3. 외국의 학교폭력 예방교육 프로그램

학습목표

1. 학교폭력 예방교육의 필요성을 설명할 수 있다.
2. 우리나라의 학교폭력 예방 프로그램을 이해하고 각 특성을 설명할 수 있다.
3. 외국의 학교폭력 예방 프로그램을 이해하고 각 특성을 설명할 수 있다.

개 요

학교폭력이 증가하고 이에 따른 피해가 다양하며 심각한 수준에 이르고 있어 학교를 비롯한 여러 단체에서 학교폭력 예방에 다각적으로 힘쓰고 있다. 학교폭력의 결과로 인해 가해자, 피해자, 방관자 모두가 피해자가 된다. 가해자, 피해자, 방관자 이 모두가 우리 자녀이고, 우리의 미래이다. 학교폭력 예방 프로그램의 목적은 이 아이들이 학교폭력이라는 아픔을 겪지 않도록, 혹은 당면하더라도 지혜롭게 대처할 수 있도록 학교폭력 예방 프로그램을 구성하여 실시하고자 함이다. 우리나라의 학교폭력 예방 프로그램은 어떻게 진행되고 있는지, 해외의 학교폭력 예방 프로그램은 어떤 배경 아래 어떻게 발전했는지 살펴보며, 우리나라와 비교하여 개선방안을 모색해 보고자 한다.

학교폭력은 우리나라만의 문제가 아니라 세계 각국에서 몸살을 앓고 있는 사회문제의 하나로 대두되었다. 학교폭력의 심각성은 각 나라의 원인과 배경은 다르지만 모두 다 공감하고 있는 사실이다. 폭력성 자체의 기준에 대한 무지함과 학교폭력에 대한 경각심 부족은 사태를 악화시키고 부정적인 결과를 만든다. 그러나 학교폭력에 대한 다양한 예방 프로그램 개발, 초기 개입, 그리고 신속한 실천적 대응은 학교폭력을 학교 내·외에서 종식시킬 뿐만 아니라 학교폭력으로 인한 여러 가지 사회문제 또한 사전에 방지하는 예방효과가 있다는 것을 외국의 대표적인 학교폭력 예방 프로그램을 통해 확인할 수 있다. 우리는 이러한 외국의 선진적 학교폭력 예방 프로그램을 우리나라의 학교폭력 예방 프로그램과 비교해 보고 더 효율적이고 실천적인 프로그램으로 수정 보완해 나아갈 필요가 있다.

1 학교폭력 예방교육의 필요성

학교폭력이 우리 사회의 심각한 사회문제로 대두되면서 이를 미연에 방지하는 것이 최선책이라는 판단 아래 예방적인 다양한 측면의 학교폭력 대책들이 마련되고 있다. 학교폭력 예방교육의 목적은 학생들로 하여금 안전한 교육적 환경을 조성하여 학생들의 교육적 역량을 극대화할 수 있도록 하는 것에 있다. 청소년들에게 학교폭력에 대한 올바른 인식과 태도를 함양하여 가해자 또는 가해 징후가 있는 학생들에게 학교폭력은 범죄라는 의식을 심어주고 바람직한 태도를 고취시키며, 일반 학생들에게 언제 당할지 모를 학교폭력에 대해 효과적으로 대처할 수 있도록 교육함으로써 학교폭력의 잠재적 가능성까지도 최소화하는 데 그 목적이 있다(교육과학기술부, 2012).

학교폭력의 원인으로는 학생들로 하여금 입시 위주의 교육환경에서 받는 스트레스, 가정의 기능 약화로 인한 부모와 자녀의 대화 부족, 매스미디어의 영향으로 인한 폭력성, 공격성 배양, 부정적인 사회분위기에 의한 지나친 개인주의와 공감능력의 저하 등이 있다. 이러한 여러 가지 병폐들로 인해 학교폭력은 더욱 다양한 방법으로 우리 아이들을 병들게 하고 있다. 학교폭력이 일어난 이후 피해자, 가해자,

방관자들이 받는 상처는 이루 말할 수 없으며, 이들이 다시 학교생활에 적응하려고 할 때에 우리 사회가 치루어야 할 사회적 비용 또한 막대할 것이다. 이러한 손실을 막을 수 있는 방법은 우리 교육현실에서 실천할 수 있는 예방교육 프로그램이 지속적으로 개발되고 실천하는 것이며, 이것이 우리 아이들이 안전한 학교에서 행복한 학교생활을 영위할 수 있도록 하는 지름길이 될 것이다. 이제는 개인이나 학교의 노력만으로는 학교폭력을 해결하고 종식시키기에는 무리가 있다. 그러므로 범정부적인 차원에서의 개선책이 필요하며, 이에 학교폭력에 대한 사회 전반적인 인식의 변화와 실천적 방안이 따라야 할 것이다.

2 우리나라의 학교폭력 예방교육 프로그램

교육부는 '학교폭력, 현장에서 해결한다'라는 슬로건 아래 2013년 7월 23일 학교폭력 실태조사 및 의견수렴 결과를 적극 반영하여 '사전 예방'에 중점을 둔 현장 중심의 학교폭력 대책을 발표했다. 이는 학교폭력 예방교육 프로그램 개발·적용 및 자율적 예방활동을 적극 장려하는 데 목적이 있다.

1) 어울림 학교폭력 예방교육 프로그램

보다 내실 있는 학교폭력 예방교육을 위해 한국교육개발원이 개발한 어울림 학교폭력 예방교육 프로그램을 2013년 2학기에 전국 300개교에서 시범운영하고, 2017년까지는 모든 학교에서 적용하고 운영하려는 계획을 가지고 있다. 어울림 학교폭력 예방교육 프로그램은 학교급(초등 저학년·고학년, 중학교, 고등학교)에 따라 학교폭력 인식 및 대처, 공감, 의사소통, 갈등해결, 자기 존중감, 감정조절 등 6개 영역에서 기본과정 4시간, 심화과정 6시간 등 모두 10시간 과정으로 구성하여 학급단위로 정규 교육과정에 반영하여 체험과 참여를 통해 교육할 수 있도록 하고 있다.

초등학생 때부터 이 프로그램을 이수하면 학생들이 방관자가 아닌 적극적 방어자·해결자로 성장하여 학교폭력을 자율적으로 예방하고 해결할 수 있는 역량을 키우게 될 것으로 기대된다. 아울러 교원용과 학부모용 프로그램도 개발하여 적용할 수 있도록 준비하고 있으며 또한 연극, 뮤지컬, 역할극 등 공감형 예방교육도 더욱 확대해 나갈 예정이다. 그 예로, 대구교육청에서 실시하는 학교폭력 예방 뮤지컬 〈선인장 꽃피다〉(114회, 13만명 관람)의 경우, 학생·교원 등 90% 이상이 학교폭력 예방에 도움이 되고 만족한다고 응답하였다.

2) 학교의 자율적 예방활동의 장려 및 어깨동무학교 육성

7·23 현장 중심의 학교폭력 대책의 핵심과제 중 하나는 각 학교의 실정에 맞는 다양한 예방활동을 자발적으로 할 수 있도록 지원하여 학생들 간의 또래지킴이 활동, 교직원·학부모·지역사회 인사 등이 참여하는 학교순찰, 학생상담, 위기학생 돌봄 등 다양한 예방활동을 모두 학교정보 공시에 포함하고 교육청 평가에 반영하는 등 학교의 자율적 예방활동을 적극 장려하는 것이다. 예를 들어, 강원도 모산초등학교에서는 매주(월) 아침 조회시간에 자기소개, 가족소개, 친구소개, 주제발표, 선행사례, 미담사례 등을 발표하여 학생들 간 정기적인 소통의 장을 마련하는 프로그램을 운영하고 있으며, 인천 명현중학교에서는 학생들이 안전지킴이를 구성하여 선생님과 함께 교내 순찰활동을 실시하고 있으며, 그리고 경기도 효성고등학교에는 애플(사과)데이, 프리허그, 학교폭력 예방 UCC 공모, 캠페인활동, 상담 엽서 쓰기 등 또래 상담활동을 통해 또래 친구들의 고민과 문제를 해결하고 있는 등, 이처럼 학생들의 자발적인 학교폭력 예방활동을 적극 장려하고 있다.

또한 교육부에서는 학교폭력 예방활동 우수학교 육성사업으로 어깨동무학교 지원사업을 실시하고 있다. 우선 2013년에는 1,000개교에 총 50억 원을 지원하고, 2014년에는 3,000개교에 300억 원을 지원하여 또래 보호, 마음 나누기, 동아리 등 학생 자치활동과 명상, 숲 치유, 야영, 사제동행 프로그램 등 다양한 예방활동을 적극 실시하고 있다.

3) 대안적 교육기회의 확대로 꿈·끼를 발휘할 수 있는 장의 제공

학교가 학생들의 꿈과 끼를 발휘할 수 있는 즐겁고 행복한 공간을 만들기 위해

대전의 법동중학교는 '드림 클래스'라는 명칭의 대안교실을 설치하여 20여 명의 학생들에게 명상, 요가, 멘토링, 집단상담, 직업체험, 봉사 및 동아리 활동 등 인성체험 중심의 대안교육을 실시하며 학생지도에 커다란 성과를 거두었다. 이를 시작으로 교육부에서는 대안교실을 100개교에서 시범운영할 수 있도록 10억 원을 지원하고, 「초·중등교육법」을 개정하여 희망하는 모든 학교가 대안교실을 운영할 수 있는 법적 근거를 마련하여, 공립 대안학교를 모든 시·도에서 1개교 이상 설립, 운영하도록 하고, 희망하는 공·사립학교는 대안학교로 전환할 수 있도록 하고 있다. 또한 대학과 전문대학이 대안교육기관이나 대안교육 프로그램을 설치, 운영할 수 있도록 하였다. 또한 지역사회기관을 위탁형 대안교육기관으로 지정할 수 있도록 하는 등 다양한 대안교육 수요에 부응할 수 있는 체제를 구축하고 있다.

3 외국의 학교폭력 예방교육 프로그램

각국의 학교폭력의 양상 및 원인에는 그 나라마다의 사정이 다양하게 존재하지만 학교폭력 예방교육 프로그램의 목적은 하나로 동일하다. 우리는 선진국의 학교폭력 예방 및 해결 정책을 분석하여 우리의 실정에 맞도록 분석하고 수정할 필요가 있다. 여기서의 선진국이라 함은 학교폭력이라는 사회문제가 발생한 후 국가적인 범주에서의 체계적이고 적극적인 자세로 예방 프로그램 및 법과 정책을 수립한 나라로서 이미 그 효과를 증명한 나라들을 뜻한다. 해외 사례들을 살펴보면 공통적으로 나타나는 몇 가지 경향이 있다.

첫째로는 안전한 학교시설 구축에서 교육시스템으로 진전, 둘째는 학교폭력에 대한 광역적 정의, 셋째는 학교폭력에 대한 무관용 원칙, 넷째, 폭력대응보다는 예방, 다섯째, 폭력에 대한 간접적 교육전략 강화, 여섯째, 특정기관의 문제에서 지역사회 전체의 개입 그리고 일곱째, 각 문화에 적합한 프로그램 개발이 있다.

이를 바탕으로 노르웨이, 독일, 핀란드의 학교폭력의 양상과 예방 프로그램을 소개하여 각국의 학교폭력 예방교육 프로그램을 비교 분석함으로써 우리나라의 학교폭력 예방교육 프로그램의 개발과 역량강화를 위해 자세히 살펴보고자 한다.

1) 노르웨이

노르웨이는 학교폭력에 관해서는 선진국임에 틀림없다. 노르웨이의 학교폭력 근절 정책의 계기는 1982년 남학생 3명이 학교폭력을 견디다 못해 자살함으로써 사회적 파장이 초래되었던 사건이었다. 이 사건 이후 노르웨이 정부는 학교에서의 폭력에 대해 강경한 태도를 취하고 강한 제재를 가함으로써 학교폭력을 예방하고 안전한 학교를 만들자는 취지 아래 국가수준의 캠페인이 전개되었다. 이와 동시에 교육부 주도하에 모든 초·중등학교를 대상으로 학교폭력 실태조사가 이루어졌으며, 구체적인 학교폭력 예방교육 프로그램이 개발되고 체계적으로 시행되었으며, 관련 대책 및 방안에 관한 연구들도 수행되었다. 핵심은 학생 스스로가 방관자가 되지 않도록 교육한다는 것이다. 연구부에서 실시한 설문조사를 시작으로 하여 학교폭력을 국가 과제화 및 체계적 대응시스템을 갖추어, 2000년에는 정부에서 모든 초·중등학교에 올베우스 프로그램을 보급했으며, 그 후 효과성이 인정된 올베우스와 ZERO 프로그램은 전 세계에서 벤치마킹되어 학교폭력 예방교육 프로그램의 선구자적 입장을 고수하며 보급 및 활용되고 있다(Olweus & Limber, 2010).

그리고 올베우스 프로그램과 함께 민간과 국가 차원에서 다양한 정책을 다음과 같이 수립하고 실천했다. 2002년 시행된 '옴부즈맨 제도(Ombudsman system)', 학교폭력 절대 불가(Zero tolerance for bullying)의 '반학교폭력 캠페인(Anti-Bullying Information Campaign)', 학교에서의 가치인식과 실천을 위한 다양한 활동을 강화하고 지원한 2002년 국가적 프로젝트인 'Values in Schools', 2003년부터 정부 지원으로 수행되었던 'Zero 프로그램(반학교폭력 프로그램)', 그리고 '학교폭력 근절을 위한 매니페스토(Manifesto against Bullying)'활동 등이 있다.

(1) 올베우스의 학교폭력 예방 및 근절 프로그램 : Olweus Bullying Prevention Program(OBPP)

'또래 괴롭힘(bullying)' 용어는 베르겐대학의 심리학 교수인 댄 올베우스(Dan Olweus)

에 의해 처음 사용되었다. '올베우스의 학교폭력 예방 및 근절 프로그램(Olweus Bullying Prevention Program : OBPP)'은 집단따돌림과 새로운 문제발생을 예방하기 위해 개발된 최초의 학교폭력 예방 프로그램이다. 올베우스가 개발한 설문지 및 예방교육 프로그램은 유럽국가, 미국, 우리나라에도 일찍이 도입되어 활용되고 있다. 올베우스의 '학교폭력 예방교육 및 근절 프로그램(Bullying Prevention Program)'에 대하여 구체적으로 살펴보면 다음과 같다.

① 목적

학생들의 교우관계를 적극적으로 개선하고 학교를 안전하고 즐거운 장소로 만들 책임이 학교 당국에 있다는 전제하에 학생들이 안심하고 다닐 수 있는 학교를 만드는 데 목적이 있다.

② 대상

1차 대상은 예방적 차원에서 초·중·고등학교 전체학생이며, 2차 대상으로 학교폭력의 직접적인 가해자와 피해자로 하여 개별적 프로그램에 참여시키도록 한다.

③ 프로그램의 기본 원칙

- 기존의 학교 환경을 재구성하고 바람직하지 않은 행동과 태도를 감소시킴으로써 친사회적 관계 및 행동을 향상시킨다.
- 학교 내 모든 장소에서 성인들이 보다 철저히 감독한다.
- 괴롭힘이 발생하였을 때 그에 대한 책임의식을 갖게 한다.
- 괴롭힘은 용납되지 않을 것이라는 메시지를 학생들에게 분명하게 전달한다.

④ 예방활동과 대책

프로그램은 학교, 학급, 개인수준으로 구분하여 수준별 예방활동과 대책을 제안하고 있다.

- 학교수준 예방활동과 대책
  - 무기명으로 실시되는 설문조사 : 학교에서 부모의 참여를 촉진시키고 학교폭력에 대한 관심과 인식을 고취시키는 가장 간단하고 효과적인 방법이다.

- 학교 협의회의 날(school conference day)의 지정과 운영 : 학교 협의회의 지정 목적은 학교폭력 예방 프로그램의 원활한 수행을 위해 장기 계획을 수립하는 것이며, 협의회의 구성은 교장, 교감, 학교폭력 전담교사, 학교폭력 위원회, 부모, 학생 등이 참여한다.
- 학교폭력 예방 위원회의 구성 및 운영 : 학교폭력 예방 위원회의 구성 목적은 학교폭력 예방과 관련된 모든 사항을 조정하는 것이며, 위원회의 구성은 학교 행정가(교장이나 교감), 학년별 교사 대표, 상담가, 학교 정신건강 전문가 또는 학교 심리학자, 부모 및 학생 대표 등이 참여한다.
- 학교폭력 발생이 빈번한 장소에 대한 감독의 강화 : 학교폭력 발생 장소를 효과적으로 감독하고 지도할 수 있는 인력을 충분히 확보하여 조직과 체제를 구성하도록 한다.
- 학부모의 이해와 협조 : 학교폭력 예방을 위해서 학부모의 협력은 매우 중요하다. 학교에서 학부모에게 전화나 면담, 우편으로 학교폭력에 관한 정보를 제공하여 학교폭력에 대한 이해와 협조를 얻는다.

• 학급수준 예방활동과 대책
- 학급규칙 시행 : 교사와 학생들이 토론을 통해 괴롭힘 등 학교폭력에 대한 규칙을 함께 만들고 시행하는 것은 학생들로 하여금 규칙 준수에 대한 책임감을 느끼도록 하는 효과를 얻을 수 있다.
- 정기적인 학급회의 운영 : 학생들이 친사회적 행동에 대한 공감능력과 지식을 함양하도록 한다. 학급회의를 통해 학교폭력에 대한 비디오 시청, 에세이 쓰기, 역할놀이 등의 다양한 활동들을 통해 학교폭력에 대한 피해를 직·간접적으로 경험하고 이에 대해 토론하는 시간을 갖는다.
- 부모의 적극적인 참여 유도 : 부모는 학교폭력에 대해 교사와 함께 토론에 참여할 수 있도록 유도하도록 한다.

• 개인수준 예방활동과 대책
- 가해자와의 면담 : 가해행동에 대한 엄중한 처벌이 있어야 하며, 면담하는 동안 교사는 가해학생들끼리 만나 다른 계획을 세우지 못하도록 신속하게 개별 상담으로 진행하며, 가해행동에 대해 축소하여 진술하는 경향을 고려하

여 종합적이고 신뢰할 수 있는 정보를 선별해야 한다.

- 피해자와의 면담 : 피해자들의 폭력 발생상황과 세부적인 경위에 대해 자세히 진술할 수 있도록 지지하고 격려해 주어야 한다. 피해자에게 교사로부터 각종 지원과 보호를 받을 수 있다는 확신을 주는 것이 중요하며 이를 위해서는 학교와 해당 학생의 부모가 긴밀하게 협력하는 것이 필요하며, 또 다시 피해를 입을 경우 즉시 보고하도록 지도한다.
- 교사는 괴롭힘을 당하는 학생을 발견하는 즉시 해당 부모에게 알리고 논의를 통해 해결책을 모색해야 한다. 가해학생의 부모에게 심각성을 알리고 재발할 경우 묵인하지 않을 것을 단호하게 말해야 한다.
- 가정에서 폭력행위에 대한 규칙을 세우고, 강화와 부정적 반응을 적절하고 일관성 있게 보이도록 한다.
- 자녀의 재능을 발견하고 보다 적절한 방식으로 계발하도록 돕는다.
- 자녀로 하여금 새로운 친구를 만나도록 도와준다. 새로운 환경은 피해자로부터 자신에 대한 부정적인 자아개념을 변화시키는 기회를 제공하므로 친구들과 접촉하도록 도와주거나 스포츠 활동 등에 참여하도록 지원한다.

(2) Zero 프로그램(반학교폭력 프로그램)

Zero 프로그램은 학교폭력 방지를 위해 2003~2006년까지 중앙정부로부터 경제적 지원을 받아 스타방게르(Stavanger)대학 행동연구센터에 의해 운영되었으며, 현재까지도 많은 학교에서 진행되고 있다.

① 목적

'학교폭력에 대한 관용을 배제한다'는 원칙에 따라 학교폭력을 감소시키고 장기적으로는 학교가 학교폭력에 대처하고 예방할 수 있는 역량을 강화시키는 것을 목적으로 한다.

② 대상

참여의 단위는 3~5개 학교 그룹으로 구성되며, 프로그램 안에는 각 학교장, 교사, 학부모(학부모회의 대표), 학생(학생회의 대표) 등으로 구성된 프로젝트 그룹으로 운영된다.

③ 프로그램의 기본 원칙

- 집단따돌림에 대한 무관용 원칙을 적용 : 학생들과 부모들은 학교관계자들이 따돌림에 대하여 묵인하지 않으며, 집단따돌림의 문제를 은폐하지 않고 오히려 중단시킨다는 확신을 갖는다.
- 프로그램에 대한 적극적 참여 : 운영과 관계된 모든 사람들은 프로그램에 참여하고 무관용 원칙에 따라 행동한다. 프로그램에 부모와 학생이 함께 참여한다.
- 학교폭력(괴롭힘) 대처방안의 지속성 : Zero 프로그램 실시 이후에도 괴롭힘에 대응하기 위한 학교의 노력이 지속적으로 지원되어야 하며, 괴롭힘을 은폐하지 않고 학교 내에서도 괴롭힘을 근절시키며 예방하기 위한 노력이 있어야 한다.

④ 프로그램 진행과정

Zero 프로그램 진행과정은 표 8-1과 같다.

표 8-1. Zero 프로그램 진행과정

시기	진행과정
4월	프로젝트에의 참여
5월	프로그램 보완을 위한 프로젝트 그룹 형성 및 지도 프로젝트 그룹이 준비해야 할 초기 주제에 대한 논의
8월	괴롭힘 근절과 예방 방안 모색을 위한 1일 코스 진행
9월	학교폭력 근절을 위한 학교의 Action Plan과 첫 설문조사 결과를 토대로 한 논의, 심층 강연, 토론 실시
11월	각 프로젝트 그룹이 자신들의 학교에서 수행한 업무결과 보고
3월	프로젝트 그룹들을 위한 세미나 진행(학부모, 학생, 교장 및 교사의 요구 수렴)
9월	학교폭력에 맞서기 위한 그 동안의 작업 및 두 번째 설문조사를 토대로 한 논의, Zero 프로그램 실시 이후 학교에서의 진행사항 보고 (이는 학교폭력 추방 사업의 지속성을 확보하기 위해 필수적임)

(3) 학교폭력 근절을 위한 매니페스토

1982년 괴롭힘이 사회문제로 대두된 이듬해인 1983년 괴롭힘 근절을 위한 국가적 캠페인을 실시했으나 구체적인 실행계획과 예방 프로그램의 부족으로 1995~2001년까지는 오히려 괴롭힘 현상이 무려 60%나 증가하였다. 이 위기를 극복하기 위해 2002~2004년까지 '제1차 괴롭힘 근절을 위한 활동(Manifesto against Bullying-Manifesto I)'을 선포하였다. 이는 학교폭력 예방 관련 자료를 학교, 학부모, 학생에게 배부하고 다양한 매체를 통한 폭력에 대한 국민의식수준을 제고하였으며, 폭력 예방을 위한 프로그램 개발 및 보급을 위한 지원이 이루어졌다. 이때 개발된 프로그램이 '올베우스 프로그램'이며, 그 결과로 학교폭력이 20% 이상 감소하는 놀라운 성과를 보였다. 2006년부터 2008년까지 '제2차 괴롭힘 근절을 위한 활동(Manifesto against Bullying-Manifesto II)'을 선포하여 국가적 차원에서의 괴롭힘 근절을 위한 노력을 지속했다.

매니페스토 목표와 활동에 대해 살펴보면 첫째, 학교폭력 무관용(zero tolerance) 실현을 위한 성인의 책임확대이다. 노르웨이의 무관용 정책이란 학교, 유치원, 청소년 여가단체는 어떠한 형태의 학교폭력도 허용해서는 안 된다는 것이다. 이는 학교폭력의 문제를 학령기 아동에서 국한되었던 것을 취학 이전의 아동을 포함하는 것으로, 폭력 발생장소를 학교 밖 환경까지 확대·적용하는 것이다.

둘째, 매니페스토의 주체는 중앙정부, 시민단체, 학부모단체, 지방자치단체, 학교와 유치원, 청소년 여가활동단체 등이며, 이들은 필요한 경우 상호 연계하여 공동으로 사업을 추진할 수 있다.

셋째, 주로 세 가지 활동에 주력한다. 학교폭력 예방 및 근절을 위한 자료를 학교, 학부모, 학생들에게 배포하며, 다양한 언론매체를 이용하여 학교폭력에 대한 국민의식수준을 제고한다. 그리고 학교폭력 예방 및 근절을 위한 프로그램 개발과 보급에 필요한 재정적 지원을 마련한다.

넷째, 매니페스토의 주체는 직접적으로 활동을 하기보다는 지방자치단체나 지역 학교가 독자적인 학교폭력 예방교육을 수립하고 시행할 수 있도록 지원하고 격려하는 역할을 한다.

노르웨이는 국가 차원의 교육연구부 산하 교육 및 훈련 위원회가 학교폭력정책

전달체계의 주체가 되고 있다. 2003년부터 노르웨이 모든 학교를 대상으로 강제 적용된 교육법과 2000년부터 각 학교에 적용하도록 제안된 올베우스 프로그램 및 2003년부터 시작된 스타방거 대학 인간행동연구센터에서 개발한 ZERO 프로그램, 그 외에도 현재 시행되고 있는 학교 내 괴롭힘 감소를 위해 고안된 프로그램인 스타방거대학 인간행동연구센터의 RESPECT 프로그램과 Atferdssenteret이라는 노르웨이 아동행동발달센터에서 개발한 PALS가 있다. 이 프로그램들은 교육연구부 산하 교육 및 훈련위원회에서 공모한 프로그램 중에서 선정된 4가지 프로그램이며, 향후 2012년부터 지속적으로 지원하고 활동 내용과 효과에 대한 보고서를 토대로 수렴하고 모니터링하고 있다(김상곤 외, 2013).

(4) 노르웨이 학교폭력 예방 프로그램의 평가

노르웨이 학교폭력 예방 프로그램은 학교만의 힘으로는 해결하는 데 한계가 있다는 사실을 인정하고 사회적 합의하에 정부는 학교폭력 예방을 위한 실질적인 지원을 하며, 학교, 가정, 지역사회를 포함한 유관기관들을 연계하여 적극적으로 대처하고 있다. 지속적인 실태조사를 시행하고 학교폭력의 실태 추이를 분석하여 경향을 살핀 결과, 학교폭력 대책 수립, 프로그램 개발, 단위학교의 학교폭력 대응방안, 부모의 역할, 가해자, 피해자, 방관자의 관리에 대한 대안을 마련할 수 있었다.

노르웨이의 올베우스 프로그램이 30여 년간 지속적으로 현장에서 운영되어 효과를 거두고 있는 이유는 첫째, 국가적인 관심과 지원으로 지속적인 연구기관의 연구결과를 바탕으로 지도안을 수정·보안하는 등 각 주체들의 역할과 활동 등을 체계화하는 학교폭력 예방 프로그램의 근간을 마련하였다. 둘째, 학교폭력 사안 발생 후의 처리보다 예방 교육과 조기 처치에 집중하여 운영하였다. 셋째, 교육내용은 교육 전반에 걸친 인성교육 추진, 소통과 공감능력을 길러주기 위한 다양한 프로그램 적용 등으로 이루어져 있다. 국가 교육과정은 50%가 인성교육이고 나머지 50%가 교과교육으로 편성되어 있어서 인성 및 사회성 교육을 강화하고 있고, 학교운영 철학도 학생이 행복한 학교, 인간 중심 교육, 인간관계 중심 교육으로 이루어지고 있다. 예를 들어, 통합교육을 통해 장애 아동으로부터 직접 그들의 입장을 들어보는 것을 통해 '차별과 틀림'이 아닌 '차이와 다름'이라는 가치관을 심어주고 스포츠 활동을 통해 페어플레이 정신과 상호존중의 정신을 심어줄 수 있다. 각종 경기나 경연대회 등에서의 공정한 경쟁 등을 중시하고 반학교폭력에 적합한 가치관을 교육하는 방식을 지향하였다.

노르웨이의 다양한 학교폭력 대책과 사례는 학교폭력 예방과 근절에 대한 국가주도적인 역할과 지속적인 국가의 관심 및 지원이 문제해결에 중요한 열쇠가 됨을 보여 준다. 또한 국가가 주도하여 여러 유관기관들이 연계되고 폭력에 대한 국민의 의식이 제고된다면 학교폭력 예방과 근절에 시너지효과를 기대할 수 있다는 것은 우리 교육현실에 시사하는 바가 크다.

2) 독일

독일에서는 1950~1960년대 초까지 다양한 형태의 청소년 폭력이 증가되었다. 세계대전 전후의 후유증으로 인해 아버지가 부재 중인 가정의 수가 늘어나고, 이로 인해 심리적으로나 신체적으로 어려운 환경과 직면한 상태에서 성장했던 청소년들이 무장한 채 무리를 지어 폭력을 행사하던 것이 학교폭력의 유래가 되었다(Reidegeld, 2008). 1987년에 서독정부는 미국과 프랑스를 모델로 하여 폭력방지 및 근절을 전담하는 정부 위원회를 설치하고, 1989년 폭력방지를 위한 학교 차원에서의 수행해야 할 기본적인 정책을 제안했다.

이 정책의 주된 내용은 학급의 학생 수의 제한, 학생을 조기 진단할 수 있는 교사의 역량 증진, 성교육 및 폭력 범죄에 대한 교사와 학생을 대상으로 한 지속적인 교육의 실시, 학교폭력이 발생했을 때 교사의 개입, 학교 내 상담위원회 설치, 지원 등에 대한 것들이었다. 정책 시행 후 표면적으로는 학교폭력 발생률이 낮아진 듯 보였지만, 교직원들을 대상으로 한 조사에서는 과거에 비해 증가했으며, 신체적인 폭력도 적지 않게 나타나는 것으로 드러났다. 게다가 1990년 동·서독의 통일 이후 사회 전반에 걸친 변화는 학교폭력을 증가시키는 배경적 원인이 되었다.

2002년 4월 26일 구동독지역에 위치한 도시인 에어푸르트의 한 인문계 고등학교에서 당시 19살이었던 로버트는 대학입학자격고사의 실패가 두려워 진단서 조작, 시험 불참 등의 사유로 퇴학당한 후, 대학입학자격고사가 실시되던 날 학교로 와서

14명의 교사와 2명의 학생, 그리고 1명의 경찰관을 총기로 난사한 후 자살하였다. 이 고등학교의 총기난사사건은 독일의 학교폭력의 심각성을 사회문제화하고 의식의 변화를 촉구하는 계기가 되었다.

(1) 독일 학교폭력의 실태

① 독일의 교육체계

현재 독일 학교폭력의 주된 원인으로 꼽고 있는 것은 독일의 교육체계에 대한 지적이다. 독일은 우리나라 초등학교에 해당하는 그룬트슐레(초등 1~4학년)를 마친 후 김나지움, 레알슐레, 하우프트슐레(실업학교)로 나뉘어진다. 이 때 대학입시를 위한 중·고교인 김나지움에서는 왕따가 많은 반면 하우프트슐레에서는 신체적인 폭력이 더 빈번하게 일어난다. 그 이유는 하우프트슐레에 진학한 학생들은 주로 성적이 세 가지 과정 중 제일 떨어지는 아이들로 구성되고, 기능적 교육과정으로 구성되어 있고, 졸업 후 견습과정을 거쳐 취업을 하게 된다. 그러므로 자연스럽게 하우프트슐레의 재학생들은 가정의 경제적·교육적 수준이 낮은 경우가 많고 이러한 경우 실업률도 높아 사회적 지위가 낮은 경우가 많았다. 또한 실업학교이므로 진로나 직업에 대한 전망이 불투명하고, 진로나 직업의 성취가 순탄하지 않아 잦은 실패를 경험하는 동안 자존감도 낮아지고 이러한 이유들로 인해 좌절하기도 한다. 이는 다른 여러 가지 요인들과 결합하여 공격적이고 폭력적인 행동이 발생하는 결정적인 요인이 된다(청소년폭력예방재단, 2012).

② 왕따당하는 독일 학생들

게토는 중세 유럽에서 유태인들을 강제 격리하기 위해 설정된 도시의 영역을 일컫는 용어로, 가장 빈곤한 도심지역에서 사회적으로 불이익을 당하는 사람들과 소수민족집단의 밀집지역을 의미한다. 베를린 등 대도시의 이주민 게토지역에서 발생하는 독일 학생들에 대한 왕따, 괴롭힘 현상이 심각성을 드러냈다. 이주민의 수가 독일인의 수보다 많기 때문에 독일 학생들이 이주민 출신의 아이들과 어울리지 못하고 무시당하고 따돌림을 당했다. 이 지역에는 저학력, 높은 범죄율 등으로 오히려 모범적으로 올바른 독일어를 유창하게 사용하면 왕따당하고 집단폭행을 당하기도 한다. 게토지역이 점점 더 학교폭력에 노출되고 범죄율이 높아지는 데 대해 이주민들에 대한 융화 문제를 학교폭력의 또 다른 원인으로 보고, 학교폭력을 예방하기 위해 이주배경을 지닌 학생들의 통합정책도 지속적으로 실시되었다.

③ 사이버 모빙

독일의 경우 최근 인터넷, 핸드폰과 같은 현대적인 커뮤니케이션 수단을 통해 무리지어 다른 학생들을 괴롭히고, 욕하고, 위협하고 웃음거리로 만드는 인터넷을 통한 사이버 모빙(cyber mobbing)이 심각한 사회문제로 떠오르고 있다. 독일의 반 사이버 모빙 연합이 조사한 결과 독일 학생 중 여섯 명 중 한 명꼴로 사이버 모빙의 경험이 있는 것으로 나타났다. 사이버 모빙의 원인으로는 '심심해서', 또는 '재미삼아', '누군가를 혼내주기 위해서'라는 답변이 많았으며, 사이버 모빙이 가장 빈번하게 발생하는 곳은 페이스북과 같은 인터넷 소셜 네트워크인 것으로 나타났다.

이에 독일은 모빙의 심각성을 적극적으로 홍보하고 대책을 강구하고 있으며, 사회적으로도 모빙을 단순한 왕따라는 의미로 사용하지 않고 '모빙테러'라는 말까지 사용하여 경각심을 일으키고 있다.

(2) 독일 학교폭력 예방교육 프로그램

① 학교 스테이션

일종의 학교폭력을 예방하고 완화시키는 프로그램으로서 학교 내에 학교 스테이션이라는 공간을 마련하였다. 학교 스테이션은 학생들의 휴식공간 겸 상담공간으로서 사회복지사를 배치하여 수업 중에 문제를 일으키는 학생을 대상으로 하여 스트레스 해소 및 상담을 진행하도록 한다. 때로는 상담 이외에 운동과 같은 다양한 활동을 통해 자신의 분노를 폭력이 아닌 적절한 방법으로 해소하도록 유도한다. 학교 스테이션은 학교폭력 가해자가 가진 문제를 해결해 줌으로써 학교폭력 문제를 해결하고자 하는 접근방식이다.

② 싸움중재교육

싸움중재교육은 역할극을 통해 상대방의 입장이 되어봄으로써 타인의 감정을 알고 배려할 수 있도록 하며, 일정 기간 싸움중재교육을 이수한 학생들이 실제로 교내에서 발생한 분쟁이나 싸움을 중재해 주는 역할수행을 함으로써 스스로 자긍심을 느끼도록 한다. 이때 싸움중재 규칙으로 폭력 금지, 모욕 금지, 쌍방의 말을 끝까지 듣기, 중립 지키기, 신뢰유지가 있다.

③ '하임(Heim)' 보호시설제도

하임(Heim) 보호시설은 상처를 가진 아이들을 보호하는 시설로서 보호시설의 분위기보다는 실제 가정집과 유사한 분위기와 환경을 제공하고 있다. 하임의 교사들은 상처를 가진 아이들이 이곳에서 점차 안정되도록 하며, 해당 학교와도 접촉하여 학생의 학교생활에 대해서도 세밀하게 관찰하고 보호하며 심리적인 친밀감을 느낄 수 있도록 배려한다. 하임제도를 통해 가해청소년들에 대해 심리치료 비용으로 1인당 막대한 비용을 투자하는 것은 향후 범죄자가 될 경우 발생될 사회적 비용에 비교하면 사회적으로 오히려 이익이라는 판단이다.

그 외에도 일주일간 17시간 진행되는 사이버 따돌림 방지 교육 프로젝트로 안티모빙 프로그램이 있으며, 이는 독일 전역에 보급되고 있다. 프로그램 실시 이후 왕따 경험 학생이 24%에서 12%로 감소했으며, 가해자도 24%에서 19%로 감소했다. 그리고 2012년부터 진행된 국가적인 대형 프로젝트로 진행된 뮤지컬을 통한 학교폭력 예방교육이 있다.

(3) 독일 학교폭력 예방교육 프로그램의 평가

독일의 학교폭력 예방교육 프로그램과 대책이 성공적일 수 있었던 이유는 첫째, 싸움중재자처럼 학교폭력 근절의 주체인 학생들의 주도적이고 적극적인 자세와 또래의 중재를 통해 서로 공감하는 능력과 중립과 비밀을 지켜주며 타협안을 찾는 과정을 통해 책임감과 자긍심을 향상시킬 수 있었기 때문이다. 둘째, 학교 스테이션이나 하임제도 등을 통해 가해자가 학교폭력을 일으키는 원인이 가해자의 불안과 자긍심 또는 성공경험의 부족임을 인식하고 가해자의 처벌보다는 심리치료에 집중함으로써 응징적 정의보다는 회복적 정의에 주력하여 학교폭력을 해결했기 때문이다.

독일은 장기적이며 구체적인 학교폭력 예방교육 실천방안을 제시하고 있으며 이제는 추가적인 사후대책에 힘쓰고 있다. 위기의 청소년에게 폭력에 대한 새로운 시각을 마련하며 타인의 입장에서 사고할 수 있는 힘을 길러주는 제도이다. 독일의 사례를 본보기 삼아 우리는 학교폭력이 가정불화, 학업과 진로에 대한 스트레스, 빈부격차, 사회생활에서의 반복되는 실패 등으로 인한 자존감의 저하, 공감능력의 부족에서 시작되며, 이러한 문제점들이 학교만의 문제가 아니라 우리사회 모두에게 주어진 최우선 당면과제임을 인식해야 할 것이다.

3) 핀란드

1990년대 핀란드는 학교에서 학생 간의 괴롭힘 현상이 심각한 사회 문제로 대두되었고 국가 차원에서 이루어지는 조사결과에 의하면 괴롭힘 현상은 줄지 않고 지속되는 것으로 나타났다.

(1) Kiva Koulu 프로그램의 배경

핀란드에서는 다양한 논의가 이루어졌고 핀란드 교육문화부는 2005년 학교복지위원회(Committee for School Welfare)를 출범시키고 학생 괴롭힘 방지 프로그램 개발을 제안하였다. 정부는 프로그램 개발을 위해 2006년에 재정을 마련하여 투르쿠 대학(University of Truku) 심리학과와 교육연구소가 공동으로 참여하고, 연구예산 70억 원을 투자하여 Kiva 프로그램을 수행하도록 했다. Kiva라는 말은 핀란드어로 '왕따에 맞서다(kiusaamista vastaan)'라는 말에서 앞 두 글자씩을 따서 만들어진 단어이며, Kiva 자체는 한국어로는 '좋은'이란 뜻이고, Koulu는 '학교'라는 뜻을 가지고 있으므로 키바 코울루는 '좋은 학교'로 해석되기도 한다(한국교육개발원 교육정책네트워크연구실, 2012). 2007~2008년까지 프로그램 운영 시범학교를 선정하여 4~6학년을 대상으로 시범운영한 후 2009년부터는 전국에 도입을 확대하고 프로그램을 수정·보완해 오고 있다. 각 학교 교사들이 Kiva 프로그램을 잘 실행할 수 있도록 다양한 지원이 이루어지고 있는데, 그 대표적인 것이 '교사 훈련 및 네트워크 프로그램'이다. 네트워크 모임은 학기 중 3차례 정도 Kiva 프로그램 담당자가 함께 참여하여 프로그램을 안내하고 교사들의 해결능력을 배양하는 데 그 목적이 있다. 이와 관련하여 핀란드 교육부에서는 Kiva 프로그램을 도입한 학교에 대해 3년간 무상으로 프로그램 활동을 위한 연수 운영을 지원하여 2012년 총 2,800개교의 핀란드 학교 중 90%의 학교(2,460개교)가 Kiva 학교로 등록하고 Kiva 프로그램을 운영해 오고 있다. Kiva 프로그램의 유지 및 관리와 현황 및 성과를 감독하기 위한 가상 트레이닝 시스템을 구축하고, Kiva 공식 협의회를 2년에 1회 개최하고 있다.

(2) Kiva 프로그램의 구성

① 목적

학생들의 괴롭힘(Bulling)을 방지하기 위해 만든 학교 차원의 프로그램이다.

② Kiva 프로그램의 구성 및 운영

Kiva 프로그램에서는 학생보호와 관련된 '일반 지침(general action)'과 심각한 괴롭힘을 저지할 수 있는 절차와 관련된 '구체적 문제해결(indicated action)'의 이원화 체계로 구성되어 있다.

일반 지침은 학생 집단이 방관자로서 괴롭힘 행위를 근절시키는 역할을 할 수도 있다는 것을 지각하도록 하고 괴롭힘을 당한 학생에 대한 공감대를 형성함은 물론 괴롭힘을 당한 학생을 돕는 전략을 개발·활용하도록 함으로써 자기 효능감을 증대시키는 데 목적이 있다. 이를 위해 매회 2시간씩 10회에 걸쳐 운영되며(총 20시간), 토론, 협동과업 수행, 역할극, 괴롭힘 동영상 상영 등으로 구성된 과정을 통해 학급규칙을 만들어 나가도록 한다. 수업 중에는 괴롭힘 방지와 관련된 PC게임이 가능하다.

구체적 문제해결은 괴롭힘 행위가 실제로 학교 담당자들에게 포착되었을 때 운영되는 프로그램으로서 적절하게 해결하고, 피해학생과 가해학생 양쪽 모두를 도와주는 데 목적이 있다. 이 과정에서는 Kiva 학교팀과 관련 학생들 사이에 지속적인 개별 토의 또는 그룹 토의를 통해 동료학생들의 적극적 참여로 피해학생을 돕도록 한다. Kiva 학교는 3명의 교사로 'Kiva 학교팀'을 구성하고 Kiva 프로그램은 특별교육을 받은 교사들에 의해 운영되며 프로그램 실행에 대한 책임을 지도록 한다. 각 학급교사가 구성하며 우선적으로 지원자의 지원에 의하거나, 교장이 임명하는 방법으로 괴롭힘을 당한 친구를 돕고자 하는 학생들로 이루어진 'Kiva 학교팀'은 학기

중에 3번 정도 모임을 갖는 학교 네트워크팀과 연계하여 학교 내 괴롭힘 행위에 대해 피해자 및 가해자와 함께 토의 후 후속모임을 통해 문제해결방법을 찾아 적용하는 활동을 한다.

또한 처음에 학교 구성원들이 2일간 사전 이행 훈련에 참여하는 사전 이행 훈련 프로그램과 국가 기본교육과정(수업시간)에서 적용되는 본 프로그램으로 구성된다. 사전 이행 훈련 프로그램에서는 학교에서의 괴롭힘의 실제, Kiva 프로그램 개관, 학기 동안의 실행 방안, 학생 및 학교 구성원들을 위한 온라인 프로그램, 인터넷 기반 설문조사 등이 다루어진다. 본 프로그램은 한 달에 한 번(1년에 20시간 정도) 담임교사에 의해 수업이 이루어지며, 방관자들의 태도가 단순한 방관에 그치지 않고 학교폭력을 더 조장할 수 있다는 것을 강조한다. 한편 방관하지 않고 적극적으로 대응하면 동료학생들이 당하는 괴롭힘을 막을 수 있는 힘을 가지고 있다는 것을 강조하면서 괴롭힘이나 피해의 개별 사례에 초점을 맞추기보다는 공동의 책임을 강조하고 학교는 안전한 곳이라는 확신을 심어주고자 한다.

(3) 핀란드 학교폭력 예방 프로그램의 평가

학교폭력을 단순히 학교와 학생의 책임으로 국한시키지 않고 정부의 적극적인 개입과 지속적인 연구 및 개발의 노력이 있어 왔다. Kiva 프로그램의 효과분석 결과, 학교폭력이 줄어들었고, 학교에 대한 애향심, 학습성, 사회성의 향상과 학생들의 스트레스, 우울증, 불안감 감소에 효과적인 것으로 나타났다. 방관자에 대한 잘못된 인식을 바꾸고, 적극적인 자세로 피해자를 도울 수 있도록 피해자에 대한 공감, 자기 효능감 등을 촉진시키는 것에 주력했다. 또한 Kiva 프로그램을 운영함에 있어 처벌을 해결책으로 여기지 않고 대화를 통해서도 변화가 없을 때에 비로소 처벌을 사용한다. 우선 가해학생이 스스로 자신의 행동을 바꿀 수 있도록 돕기 위해 대면(confronting) 전략과 비대면(non-confronting) 전략을 활용하며 Kiva팀과의 지속적인 대화 및 토론을 통해 개선이나 변화가 이루어질 수 있도록 하여 시간이 걸리더라도 근원적인 대처방안이 학교폭력을 해결할 수 있다는 점을 시사하고 있다.

09
학교폭력 예방을 위한 지도방법

배울 내용

1. 영역별 발달에 대한 이해
2. 인간발달의 단계 및 특징
3. 학교폭력 예방을 위한 지도방법

학습목표

1. 자아존중감을 키우는 방법을 알고 실천할 수 있다.
2. 안정적인 애착 형성의 방법을 알고 실천할 수 있다.
3. 감정 조절하기 방법을 알고 실천할 수 있다.
4. 갈등해결하기 방법을 알고 실천할 수 있다.

개　요

오늘날 우리는 여러 방면의 발전을 이루고 있는 동시에 우리 사회에 대한 불신이 높아지고, 학교에서는 교권의 실추에 대한 논란이 끊임없이 제기되고 있으며, 가정에서는 갈등으로 멍들고 있다. 그리고 사이버 관련 범죄와 자살이 늘어나고 있다. 그렇다면 왜 동전의 양면처럼 사회 발전의 또 다른 얼굴이 사회 각계각층의 다양한 얼룩진 모습일까? 이것은 우리 사회가 발전함에 따라 너무나 빠르게 진행되기 때문에 여러 가지 이유로 인한 소통의 부재가 아닐까 한다. 대화를 통해 불필요한 갈등을 해소시키고 서로에게 친밀하고 스스로의 삶도 가치 있게 느끼며 더불어 살아갈 수 있는 공동체의식을 가지는 것이 문제의 열쇠가 될 것이다. 스스로의 자아존중감을 높이며, 안정적인 애착 형성에 힘쓰고, 감정 조절하기와 갈등해결하기의 방법을 숙지하고 실천하여 긍정적인 정서를 함양한다면 개인과 개인의 불신이 없어지고 모두가 공동체 의식으로 더불어 살아가는 기쁨을 누릴 수 있을 것이다.

학교폭력에 노출될 수 있는 아동기와 청소년기에는 미성숙한 단계에서 성숙한 단계로 성장하는 가운데 나타나는 여러 가지 발달적 특징들을 살펴볼 수 있다. 학교폭력 예방을 위한 효율적인 지도를 위해서는 먼저 그들의 영역별 발달특성에 대한 정확한 지식을 가지는 것이 중요하다. 따라서 본 장에서는 영역별 발달에 대한 이해, 인간발달의 단계에 대한 이해를 바탕으로 학교폭력 예방을 위한 지도방법을 자세하게 살펴보고자 한다.

1 영역별 발달에 대한 이해

인간의 발달은 정자와 난자가 만나는 순간(수정)부터 죽음에 이르기까지의 전 생애를 통해 이루어지는 모든 변화의 양상과 과정으로 정의되고 있다. 발달과정에서 나타나는 변화의 양상과 과정에서는 두 가지 변화, 즉 긍정적인 변화와 부정적인 변화로 구분할 수 있다. 전자는 어떤 특징들이 양적으로 증대하며, 기능이 매우 효율적으로 작용하는 것을 의미하며, 후자는 어떤 특징들이 양적으로 감소하며 기능과 구조가 퇴화되는 것을 의미한다.

1) 인지발달

▌그림 9-1. 피아제

인지(cognition)란 인간의 정신적 사고과정을 의미하는 광범위한 개념으로, 사고력, 기억, 추론, 문제해결, 창조적 사고 등을 포함하는 인간의 모든 정신활동을 일컫는다. 인지적 발달에 관하여 가장 영향력 있는 이론적 틀은 피아제(Piaget)의 인지발달이론이다.

피아제는 자신의 세 자녀가 성장하는 과정을 지켜보면서 아동의 사고 및 추론 등의 인지능력이 단계를 거치면서 발달한다는 이론을 발전시켰고, 오늘날까지도 인지발달을 설명하는 대표적인 이론으로 자리 잡고 있다.

(1) 피아제 이론의 주요개념

피아제의 인지발달이론에서는 도식(schema), 적응(adaptation), 동화(assimilation), 조절(accommodation) 그리고 평형(equilibration) 등이 중요한 개념이다. 피아제 이론의 기본 개념인 도식은 우리가 가지고 있는 사물이나 사건에 대한 전체적인 윤곽을 말한다. 즉, 도식은 지식의 기본단위로서 유기체가 외부의 사건을 인지하기 위해 사용하는 '이해의 틀'에 해당한다. 적응은 환경과의 직접적인 상호작용을 통해 도식이 변화하는 과정이며, 동화와 조절이라는 두 가지 수단을 통해 이루어진다. 동화는 새로운 환경자극을 접할 때 기존의 도식을 사용해 새로운 자극을 이해하는 것을 말하며, 조절은 자신이 가지고 있는 도식으로 새로운 사물을 이해할 수 없을 때, 기존의 도식을 변경하는 것을 말한다. 마지막으로 평형은 동화와 조절의 균형을 의미한다.

(2) 피아제의 인지발달단계

피아제(1954)에 의하면 인지발달은 질적으로 다른 네 단계가 있으며, 이 단계들은 정해진 순서대로 진행되며, 단계가 높아질수록 복잡성이 증가하는 것으로 보았다 〈표 9-1〉.

표 9-1. 피아제의 인지발달단계

발달단계	연령	특징
감각운동기	0~2세	감각운동기능에 의한 반복활동(빨기, 잡기, 물기 등)을 한다. 대상영속성의 개념을 획득한다.
전조작기	2~7세	언어를 습득하여 상징적 사고가 가능해지지만, 자기 중심적이며, 직접적인 경험에 한정되어 있다.
구체적 조작기	7~11세	논리적 사고가 가능해지고, 보존개념을 획득하게 되며, 분류 및 서열에 대한 개념을 습득하게 된다.
형식적 조작기	11~15세	추상적 사고가 가능해진다. 과학적 사고를 통해 체계적인 문제해결을 하게 된다. 과거-현재-미래를 연결할 수 있다.

피아제의 인지발달 첫 단계는 감각운동기(sensorimotor stage)로 생후 2세까지이다. 이 시기에 유아는 출생부터 가지고 태어난 기술인 빨기와 잡기 등의 기능을 통해 자신의 신체적 활동을 통합하는 능력을 발달시켜간다. 이 시기의 유아는 자신이 직접 보고, 듣고, 느끼고, 행동하는 것에 의존하며, 감각기관을 통해 받아들인 정보가 인지발달의 중요한 내용이 된다. 감각운동기에 이루어지는 중요한 인지발달로서 대상영속성(object permanence) 개념을 들 수 있는데, 이는 모든 사물은 자신과는 별개의 실체로서 직접 보거나 만질 수 없는 경우에도 여전히 존재함을 아는 것이다. 이 개념은 생후 7, 8개월경부터 발달하기 시작한다.

인지발달의 두 번째 단계는 전조작기(peroperational stage)로 2~7세까지이다. 이 단계에서는 논리적인 조작이 불가능하기 때문에 전조작기라 부른다. 조작(operation)이란 과거에 일어났던 사건들을 내면화시켜 서로 관련지을 수 있는, 즉 논리적인 관계를 지을 수 있는 능력을 말하는데, 이 시기에는 아직 체계적이고 논리적인 사고를 할 수 있는 능력이 발달되지 않는다. 이 시기 사고의 특성은 상징놀이, 자기중심적 사고, 물활론, 직관적 사고를 하는 것이다. 특히, 이 시기의 유아는 주변의 모든 현상을 자기 중심적으로 생각하여, 타인도 자신과 같이 느끼고, 사고하고, 행동한다고 생각하며, 타인의 관점을 이해하지 못한다. 또한 이 시기에는 보존개념(conservation)이 획득되지 않는데, 보존개념이란 사물의 외형이 변한다고 할지라도 그것의 길이, 양, 무게 등의 속성은 변하지 않는다는 것이다. 예를 들어, 같은 양의 물을 보여 주고, 폭이 좁고 긴 컵과 폭이 넓고 짧은 컵에 각각 부었을 때, 높이가 긴 컵의 물이 더 많다고 생각한다. 그 이유는 이 시기의 아동은 지각적 특성에 의해 판단하는 직관적 사고를 하기 때문이다.

인지발달의 세 번째 단계는 구체적 조작기(concrete operational stage)로 7~11세까지이다. 이 시기의 아동은 논리적인 사고가 시작되고, 추리능력도 보다 복잡하며, 융통성을 갖게 된다. 또한 전조작기의 자기 중심적 사고에서 벗어나 타인의 입장을 이해할 수 있는 조망수용(perspective taking)능력을 습득하게 된다. 이 시기의 아동은 대상물이 가지고 있는 공통적인 속성에 따라 물체를 분류할 수 있는 유목화의 개념을 습득하고, 사물을 영역별로 차례대로 배열할 수 있는 서열화의 개념을 획득하는데, 특히, 서열화의 개념은 수들 간의 관계를 이해하는 데 결정적인 역할을 하므로 산수를 배우는 데 필수적이다(정옥분, 2002).

인지발달의 마지막 단계는 형식적 조작기(formal operational stage)로 11~15세까지이다. 이 시기가 되면, 논리적 사고뿐만 아니라 죽음, 자유, 종교 등과 같은 추상적 개념들에 대해서도 사고할 수 있다. 이러한 능력으로 세상에 대한 일반적인 법칙을 형성할 수 있고, 가능한 일들에 대한 검증이 가능해진다. 형식적 조작기의 특징은 시간을 초월하여 문제를 다루고, 문제해결을 위해 계획을 세우며, 체계적인 해결을 해나가는 과학적 사고가 가능하고, 추상적인 개념도 이해가 가능하다. 또한 이 시기의 청소년들은 이상적인 사고를 하는 것이 특징인데, 이로 인해 자신이 생각한 결과와 현실이 일치하지 않는 경우, 현실을 자기의 이상과 부합하도록 변화시키려는 노력을 하게 된다.

2) 도덕성발달

도덕성이란 선악을 구별하고, 옳고 그름을 바르게 판단하며 인간관계에서 지켜야 할 규범을 준수하는 능력, 타인을 도와주는 행위 등을 말한다. 도덕성발달은 부모나 주변 사람들의 훈육방식을 관찰하고, 자신이 속한 사회의 문화규범에 따라 행동하도록 배우는 것을 통해 이루어진다. 여기서는 도덕성발달의 대표적인 두 이론인 피아제의 이론과 콜버그(Kohlberg)의 이론을 살펴보면 다음과 같다.

(1) 피아제의 도덕성발달이론

도덕성발달이론을 최초로 제안하고 연구를 가장 먼저 시작한 사람은 피아제이다. 그는 아동의 도덕성발달이 세 단계를 거치면서 진행된다고 설명하였다. 첫 번째 단계는 규칙이나 질서에 대한 도덕적 인식이 전혀 없는 단계이다. 두 번째 단계는 타율적 도덕성 단계(heteronomous morality stage)로 4~7세의 아이에 해당한다. 이 단계에서 아동들은 항상 옳고, 그름의 준거를 가지고 행위의 의도에는 관심이 없고 결과만으로 판단을 한다. 예를 들어, 엄마를 도와주다가 접시 10개를 깬 아이가, 엄마 몰래 과자를 꺼내려고 하다 접시를 1개 깬 아이보다 더 나쁘다고 판단을 한다. 세 번째 단계는 자율적 도덕성 단계(autonomous morality stage)이다. 이 단계의 아동들은 행위의 결과와 의도를 함께 고려하여 판단을 하게 된다. 즉, 상황적 요인을 고려하여 도덕적 판단을 내리게 된다. 피아제는 도덕성발달은 인지적 성숙과 사회적 경험이 중요한 역할을 한다고 하였다. 즉, 자기중심성의 감소와 역할수용능력의 발달과 같은 인지적 성숙과 또래 아이들과의 상호작용 같은 사회적 경험이 도덕성발달에 영향을 준다는 것이다(이우언 등, 2003).

(2) 콜버그의 도덕성발달이론

콜버그의 도덕성발달은 6단계로 구분하였다. 이 단계는 인습 이전 수준, 인습 수준, 인습 이후 수준이라는 세 가지 수준이 있고, 그 하위에 각각의 두 가지 단계가 포함되는 것으로 보았다. 그는 아이들에게 이야기를 들려주고 난 후 질문을 함으로써 행동의 옳고 그름을 판단하게 하고, 이에 대한 아이들의 판단과 추론을 분석하여 발달단계 수준을 구분하였다.

① **전인습적 수준**(pre-conventional level)

첫 번째 수준은 전인습적 수준으로 사회규범이나 기대를 잘 이해하지 못하고 매우 자아 중심적이어서 다른 사람의 입장을 이해하지 못하고 자신의 욕구충족에만 관심이 있다. 이 수준의 하위단계로서 1단계는 벌과 복종 지향의 도덕단계, 즉 처벌을 피하기 위해 규칙이나 기준에 따라 행동한다. 2단계는 개인적 보상 지향 도덕단계인데, 여기서는 보상이나 강화를 받기 위해 규칙을 따라 행동을 하게 된다. 이 단계부터 다른 사람의 입장을 고려하기 시작하지만, 완전하지는 않다.

② **인습적 수준**(conventional level)

두 번째 수준은 인습적 수준으로 10~13세 아동들에게서 나타난다. 이 수준은 사회적 관습에 맞는 행동을 도덕적 행동이라고 생각하므로, 사회적 권위와 내면적 기준으로 도덕적 판단을 한다. 그러므로 가정, 사회 등의 집단 기대에 따르는 것이 결과와는 상관없이 가치가 있다고 판단한다. 이 수준의 하위단계로서 3단계는 대인관계 조화 지향 단계로 올바른 행동이란 다른 사람을 기쁘게 하거나 다른 사람에게 인정받는 행동이라고 판단하여 타인의 기대에 부응하고자 노력한다. 4단계는 법과 질서 지향 단계로, 여기서는 자신의 의무를 다하고 법과 질서를 따르는 것이 옳다고 판단한다. 대부분의 성인들이 이 단계에 해당된다.

③ 후인습적 수준(post-conventional level)

세 번째 수준은 후인습적 수준으로, 이 수준에서는 도덕적 가치나 권위가 개인이나 집단의 권위와는 상관없이 그 자체로서 타당성을 가지고 있음을 깨닫는다. 이 수준에 도달하는 시기는 개인에 따라서 차이가 있으며, 이 수준에 도달하지 못하는 사람도 있다. 이 수준의 하위단계로서 5단계는 사회계약 지향 단계인데, 올바른 행동이란 사회 전체가 합의한 기준에 따르는 행동이라고 판단하며 개인의 권리를 중요시하고 합리성에 따라 법과 규칙 등의 사회적 기준이 바뀔 수 있다고 생각한다. 6단계는 보편적 도덕원리 지향단계로, 여기서는 사회계약과 법은 보편적 윤리기준에 맞는 것이기 때문에 정당한 것으로 보며, 인간의 존엄성, 평등성, 정의 같은 것이 해당된다고 본다. 도덕성이란 양심에 따라 이루어지는 결정이라고 보기 때문에 타인의 생각이나 법의 제약과는 관계없이 자신이 선택한 도덕원리에 따라 행하는 것이 올바른 것이라고 판단한다. 예수나 석가모니 같은 소수의 성인만이 이 단계에 도달하게 된다고 보았다.

3) 사회성발달

흔히 인간은 사회적 동물이라고 일컫는다. 이는 인간은 혼자서 살 수 있는 것이 아니라 태어나서 가족의 일원으로, 사회의 한 구성원으로 여러 사람들과 관계를 맺어가며 살아간다는 것을 의미한다. 인간이 생애 처음으로 갖게 되는 인간관계는 양육을 담당하는 사람, 흔히 어머니와의 관계일 것이다. 어머니와 형성된 관계를 바탕으로 형제관계, 친구관계로 확대되고, 이후의 이웃관계 그리고 점차 다양한 사회구성원들과의 관계로 확대된다. 여기서는 사회성발달의 기초가 되는 애착(attachment)의 발달에 대해 살펴보고자 한다. 영아기의 애착 형성이 어떻게 이루어지는가에 따라 이후의 사회성발달에 많은 영향을 미친다.

(1) 애착의 발달

영아기에 발생하는 가장 중요한 사회적 발달이 애착인데, 이는 영아와 양육자 사이에 형성되는 친밀한 유대관계를 의미하며, 영아는 보통 주된 양육자인 어머니에게 애착을 형성한다. 인간발달에서 애착 형성이 중요한 이유는 이후의 인지, 정서, 사회성발달에 지속적으로 영향을 미치기 때문이다. 안정된 애착을 발달시킨 영아는 이후 정서적인 안정과 대인관계에서 긍정적인 성향을 보이고, 문제행동을 덜 보이게 된다. 또한 영아기에 형성된 애착은 이후 주변세계에 대한 신뢰감으로 확대된다.

(2) 애착발달이론

▮그림 9-2. 보울비

정신분석이론에서는 수유를 통한 구강만족을 제공하는 대상에게 애착을 형성한다고 본다. 어머니는 영아에게 음식물을 제공하는 주된 역할을 하기 때문에 대부분의 영아에게 어머니는 가장 중요한 애착대상이 된다.

학습이론에서도 수유가 애착의 발달에 중요한 요인이 된다고 하지만, 그 이유는 다르다. 즉, 어머니는 영아의 배고픔을 해결해줌으로써 배고픔의 해소와 짝지어지며, 수유 동안 신체적 접촉을 통해 따뜻하고 부드러운 느낌이나 청각적 자극 등을 제공해준다. 이러한 경험이 반복되면서, 영아는 어머니와 좋은 감정을 연결짓게 되고, 이로 인해 어머니는 이차적 강화인(secondary reinforcer)의 지위를 획득하게 됨으로써 어머니에게 애착을 형성하게 된다.

인지발달이론에서는 애착은 영아의 인지발달수준에 의존하므로, 지적 발달이 선행되어야 애착을 형성할 수 있다고 본다(Schaffer & Emerson, 1964). 애착을 형성하기 위해서는 기본적으로 친숙한 사람과 낯선 사람을 구분할 수 있어야 하며, 애착대상이 영속적으로 존재한다는 것을 인지할 수 있는 대상영속성 개념 또한 획득되어야 한다. 영아가 최초로 애착 형성을 하는 시기가 생후 6~7개월경이라는 것은 애착 형성이 대상영속성의 발달에 기초한다는 것을 의미하는 것이다.

보울비(Bowlby, 1973)의 동물행동학적 이론에 의하면, 애착의 발달은 근본적으로 생존유지 및 보호를 위한 본능적인 반응의 결과로 이미 생태적으로 계획되어 있다고 본다. 양육자에 대한 애착행동은 영아의 생존 가능성을 증가시키므로 진화되었다는 것이다. 이 이론에 의하면 양육자와의 접촉은 영아의 음식물 섭취를 보장하기는 하지만 음식물이 애착 형성의 기초는 되지 못한다. 그 대신 애착유대는 생물학적인 것으로 종의 생존을 증가시키려는 진화의 틀 내에서 가장 잘 이해될 수 있다(장휘숙, 2001).

(3) 애착 형성의 요인

음식물이 어머니와 아기를 연결하는 중요한 맥락이기는 하지만 애착의 형성요인은 아니다. 할로우와 짐머만(Harlow & Zimmerman, 1959)의 실험은 애착 형성요인이 수유나 음식물이 아니라 접촉이 결정적이라는 것을 보여 준다(그림 9-3).

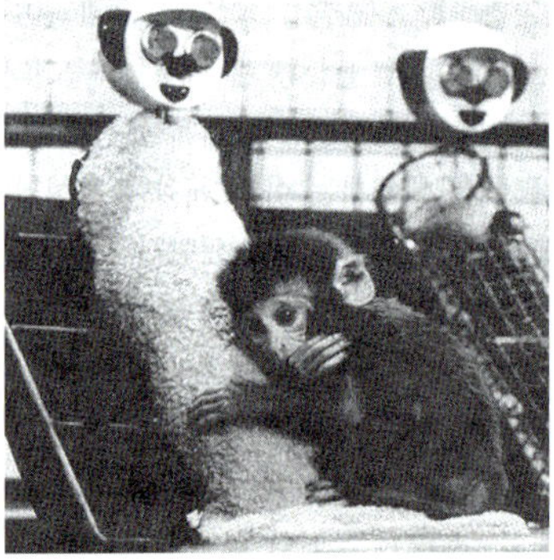

▮그림 9-3. 어린 원숭이 대리모 실험

이들의 실험에서 어린 원숭이들은 철사로 만든 어미 원숭이와 천으로 만든 어미 원숭이에게 각각 절반씩 수유를 받으며 양육되었다. 실험 결과 어린 원숭이는 어느 어미 원숭이에게 수유를 받든 상관없이 천으로 만든 엄마를 더 좋아하였다. 심지어는 철사로 만든 어미 원숭이에게만 젖병이 있을 때도 몸은 천으로 만든 어미 원숭이에게 부착시킨 채 우유를 먹었다. 이 실험의 결과는 애착 형성에 주요한 요인이 수유나 배고픔의 해결이 아니라 접촉위안(contact comfort)이라는 것을 보여 준다.

(4) 애착반응

영아가 특정 인물과 애착을 형성했다는 증거로 나타나는 현상이 낯가림(stranger)과 분리불안(separation anxiety)이다. 낯가림은 낯선 사람이 다가오거나 낯선 사람에게 자신이 맡겨질 때 나타내는 불안반응이다. 영아들은 최초의 애착을 형성하기 전까지는 낯가림 현상을 보이지 않는다. 이러한 낯가림은 6~8개월경에 나타나기 시작해서 첫돌 전후에 최고조에 달했다가 서서히 감소한다. 낯가림이 중요시되는 이유는 낯가림은 특정인에 대한 애착 형성의 표시일 뿐만 아니라 탐색행동(exploratory behavior)과 밀접한 관련이 있기 때문이며, 심한 낯가림은 영아의 탐색행동을 방해하고 지적·사회적 발달을 방해하는 요인이 된다.

분리불안은 영아가 애착대상인물과 떨어질 때 나타나는 불안반응이다. 분리불안은 돌 전후에 나타나서 14~18개월경에 절정에 도달하고 20~24개월경에 사라진다. 영아의 인지능력이 발달함에 따라 엄마가 왜 떠나고 어디로 갔으며 언제 돌아올 것인가를 이해하게 되므로 짧은 기간의 분리는 견딜 수 있지만, 장기간의 분리는 영아의 적응에 문제를 일으킬 수 있다. 생후 3개월부터 3세 사이의 분리는 영아의 애착 형성을 방해하고, 이후의 대인관계에 부정적인 영향을 준다.

(5) 애착과 영향요인

애착 형성에 영향을 미치는 요인으로 영아의 기질, 영아와 부모의 특성 그리고 양육의 질 등이 있다. 영아의 기질적 특성이 애착 형성에 미치는 영향에 대해서는 논란이 많다. 영아의 적응성은 안정된 애착과 정적 상관이 있으며, 영아의 활동성은 불안정 애착과 정적 상관이 있는 것으로 나타났다. 하지만 영아의 기질적 특성은 애착 유형에 큰 영향을 주지 않는 것으로 보이는데, 이는 '조화의 적합성(goodness of fit)'으로 설명할 수 있다. 즉, 어떤 영아라도 양육자가 영아의 기질을 잘 파악하여 적합한 양육을 제공하게 되면 영아가 안정된 애착을 형성할 수 있지만, 그렇지 않을 경우에는 까다로운 기질을 보이는 영아에게는 애착 문제가 발생할 수 있다(Seifer & Schiller, 1995).

어머니의 특성도 애착의 형성에 영향을 미치는 요인이다. 어머니의 성격, 연령, 경제적 지위, 어머니 자신의 양육과정 등이 애착 형성에 영향을 준다. 특히, 영아가 나타내는 행동이나 반응에 대한 어머니의 민감성과 반응성이 중요하다. 즉, 어머니가 아기의 반응에 적절하게 잘 대처하면 안정된 애착을 보이는 반면, 불안정 애착을 보이는 영아의 어머니는 화를 잘 내고 아기와의 신체적 접촉을 회피하며 자신의 감정을 표현하는 데 어려움이 있는 것으로 나타났다(DeWolff & van IJzendoorn, 1997).

회피적 애착을 보이는 영아들은 과도하게 자극적이고 강제적인 보살핌을 받는 경향이 있으며, 불안/양가적 애착을 형성한 영아들은 자주 일관성 없는 양육을 경험한다. 이러한 영아의 어머니는 양육에 거의 참가하지 않으며, 영아가 탐색을 하려고 하면 오히려 방해하고 영아의 관심을 어머니 자신에게 향하게 하려고 노력한다.

4) 정서발달

정서란 자극에 직면하여 발생하거나 수반되는 여러 가지 생리적 변화나 눈에 보이는 행동 등의 반응을 말하는데, 예를 들면 기쁨, 슬픔, 공포 등이다. 이러한 정서는 우리가 행동을 준비할 수 있도록 한다. 예를 들어, 행복은 상황으로의 접근을 인도하고, 슬픔은 우리를 위축되게 하며, 공포는 도망치도록 하는가 하며, 분노는 장애를 극복하도록 한다. 정서는 인생의 중요한 문제에서 우리가 환경과의 관계를 확립, 유지하거나 혹은 변화시키려는 준비성으로 표현된다. 아이자드와 나사로(Izard & Lazarus, 1991)는 정서는 개인의 목표에 맞추어 행동을 촉진시키는 기능을 한다고 주장한다.

대부분의 학자들은 기쁨이나 슬픔과 같은 정서는 가지고 태어나지만, 덜 분화된 상태이며, 연령이 증가함에 따라 점차 분화된다고 믿는다. 즉, 신생아의 경우 흥분상태에서 먼저 유쾌와 불쾌의 정서가 분화되고, 그 다음으로 불쾌한 정서로부터 차츰 분노, 혐오, 공포, 슬픔 등의 정서가 나타나며, 유쾌한 정서로부터 행복, 기쁨, 만족 등의 정서가 나타난다는 것이다(정옥분, 2002).

(1) 정서표현의 발달

영아는 출생부터 제한적이지만 정서를 표현할 수 있는데, 이는 정서의 표현이 후천적인 것이 아니라 선천적임을 말해주는 것이다(Camras, 1992). 이러한 정서는 모든 문화권에서 볼 수 있기 때문에 일차 정서 또는 기본정서라고 부른다(Izard, 1991). 일차 정서의 예로는 행복, 분노, 놀람, 공포, 혐오, 기쁨 등이 있다. 일차 정서는 영아기의 초기에 나타나지만, 수치, 부끄러움, 죄책감, 당황, 질투 등의 정서는 첫돌이 지난 후에 나타나며, 이를 이차 정서라고 부른다(Izard & Malatesta, 1987).

일차 정서는 영아기 초기에 대부분 생존과 관련된 기능을 한다. 예를 들어, 기쁨(행복)을 표현하는 웃음은 주로 친숙한 사람과 상호작용을 할 때 미소를 짓게 되고, 이는 부모와 영아의 유대관계를 강화하는 역할을 한다. 또한 배가 고프거나 고통스러운 자극이 있을 때는 괴로움을 나타내는데, 양육자가 자신을 떠나거나 좋아하는 물건을 빼앗거나 혹은 자신이 하고자 하는 것을 못하게 하는 등 다양한 상황에서 분노를 나타낸다. 이러한 분노의 표현은 양육자가 영아의 고통 내지 불편을 덜어주도록 하는 강력한 사회적 신호의 기능을 한다. 공포는 신체적·심리적 위협에 대한 반응으로 나타난다.

이차 정서는 일차 정서보다 늦게 나타나며, 더 복잡하다. 이차 정서를 자의식적 정서(self-conscious emotions)라고 하는데, 이는 이차 정서가 자기개념을 손상시키거나 증진시킬 수 있기 때문이다. 따라서 자아의 인식이 이차 정서에 있어 필수적이다(Lewis et al., 1989). 생후 18~24개월 사이에 유아는 수치심과 당황 그리고 자랑스러움을 경험하기 시작하고, 3세경에는 질투심과 죄책감이 나타난다(장휘숙, 2001).

(2) 정서의 이해능력

영아는 생후 6개월경에 정서와 관련된 얼굴표정을 구분하기 시작하는데, 이때 정서적 전염(emotional contagion)을 보인다. 이는 타인이 행복하거나 슬프다고 느끼면 자신도 동일하게 느끼는 경향성을 말한다. 7~8개월경이 되면, 다른 사람의 정서를 자신의 행동의 길잡이로 삼는데, 이를 사회적 참조(social referencing)라고 한다. 사회적 참조란 대부분 모호한 상황에서 발생하는데, 불확실한 상황에 대처하기 위해 타인의 정서적 반응에 의존하는 것을 의미한다.

유아기가 되면 정서이해능력이 빠르게 발달한다. 유아들은 정서를 표현하는 단어를 사용하거나 슬픔, 기쁨과 같은 정서를 야기시키는 원인과 결과 그리고 행동적 표현을 언급할 수 있으며, 정서표현에 대한 그들의 이해는 더욱 정확해지고 복잡해진다. 하지만 아직까지는 실제로 경험하는 정서와 표현하는 정서를 확실하게 구분하지 못한다. 즉, 슬픔을 느끼는 사람이 행복한 표정을 짓거나, 기쁜 상황에서 기쁜 표정을 짓지 않으면 혼란을 느끼는데, 이는 사물의 실제 모습과 겉으로 보여지는 모습의 차이를 이해하지 못하기 때문이다(Friend & Davis, 1993).

아동기가 되면, 정서표현이 외부의 기준에 의한 것 뿐만 아니라 스스로의 규준에 의한 표현이 가능해진다. 또한 이 시기가 되면 실제로 경험하는 정서와 표현하는 정서가 다를 수 있다는 것을 이해하게 되며, 동일한 상황에서 한 가지 이상의 복합적인 정서를 경험할 수 있다는 것을 이해하게 된다. 즉, 사람들은 동시에 긍정적인 정서와 부정적인 정서를 경험할 수 있으며, 또한 그 강도가 서로 다를 수 있다는 것을 인식한다(Wintre & Vallence, 1994).

2 인간발달의 단계 및 특징

인간의 발달단계에 대한 구분은 기억, 언어, 성격, 사회인지 등의 각 영역에서의 발달이 어떻게 이루어지는가에 따라 구분하거나, 성장시기나 연령별로 구분하기도 하는 등 학자들마다 다른 접근법을 취하기도 한다. 일반적으로 연령별로 구분해 보면 인간발달은 8단계, 즉 태내기, 영아기, 유아기, 아동기, 청소년기, 성인기, 중년기 및 노년기로 구분할 수 있다.

1) 태내기

정자와 난자가 만나는 순간부터 출생의 시기이며, 어머니의 자궁 내에서 태아의 신체조직이 발달하고 신체 성장이 가장 큰 폭으로 일어나는 시기가 태내기(prenatal period)이다. 인간의 개인적 차이는 환경뿐 아니라 유전에 의해서 영향을 받는다. 따라서 태아에게 유전적 요인과 환경적 요인 등이 영향을 미치기 때문에 각별히 조심해야 하는 시기이다.

2) 영아기

출생 후 약 2주간의 기간을 신생아기라고 하며, 24개월까지를 영아기(infancy, 0~24개월)로 부른다. 이 기간의 가장 큰 특징은 성장속도가 매우 빠르다는 것이다. 영아기는 독립적으로 생활할 수 없으므로 신체적·심리적으로 성인에게 의존하며, 부모나 형제자매 등 돌보는 사람에게 애착행동을 보이게 된다. 영아기의 가장 큰 변화는 일어서서 이동하는 능력을 나타내는 것이다. 또한 감각운동의 시기이며, 한두 단어를 사용할 수 있게 된다.

3) 유아기

유아기(early childhood, 만 2~6세)는 대개 만 2세부터 6세가량의 기간을 말한다. 이 시기의 아동은 자기주장과 지배에 대한 욕구가 매우 강하다. 이는 개인으로서의 자신을 의식하기 시작하는 데서 비롯된 것으로 반항과 고집, 자기주장이 나타나기 시작한다. 이 시기의 아동이 경험하는 긴장은 아이의 행동을 제한하고 규제하려는 환경의 요구에서 비롯된다. 따라서 유아는 자신의 행동에 타인의 요구를 고려해야 한다는 것을 배우게 된다. 이러한 과정을 거쳐 초기에는 타인과의 상호관계를 고려하지 않는 자기중심적 존재로부터 타인과의 상호관계를 고려하는 존재로 성장해 간다. 이 시기에 아동은 자신의 고유성을 인식하기 시작하여 유아기 후반에 가면 '내 마음대로' 하는 것보다는 '내 스스로' 하는 것에 더 관심을 갖게 된다.

4) 아동기

아동기(middle & late childhood, 만 6~12세)에는 학교경험이 시작됨으로써 유아기보다 복잡한 사회적 영향을 받게 된다. 아동기 이전의 시기인 학령전기까지 아동은 거의 전적으로 가족의 영향에 놓여 있다. 학교는 아동에게 가족 이외의 외부로부터의 평가, 성공과 실패의 기회, 또래 집단과의 경험 등을 제공하는 중요한 영향력의 원천이 된다.

아동기는 대략 아동이 일반적으로 유치원에 들어가는 연령인 6세부터 초등학교를 졸업하는 12세 정도까지의 시기이다. 실제로 유치원과 초등학교의 경험은 매우 다르다. 유치원은 사실상 학교교육을 받는 시기라고 보기 어려우나 가족 이외의 사회적 영향력이 새롭게 등장한다는 점에서 이 이전의 시기와 구별된다. 그러므로 아동기를 유치원 시기에 해당하는 아동기 전기와 초등학교 시기에 해당하는 아동기 후기로 구분하기도 한다.

5) 청소년기

청소년기(adolescence, 만 12~24세)는 아동에서 성인기로 전환하는 시기이다. 연령적으로 대략 만 12~24세이며, 12~18세의 청소년기 전기와 18~24세의 청소년기 후기로 구분할 수 있다. 청소년기 전기에는 급속한 신체적 변화와 인지적 발달을 경험하며, 청소년기 후기는 자아정체감 확립과 더불어 성인생활을 준비하기 위한 여러 가지 과제에 집중한다. 청소년기의 가장 중요한 과업은 자아정체감을 형성하는 것이다. 자아정체감이란 자신의 독특성에 대한 비교적 안정된 느낌을 말한다. 자아정체감은 개별성, 통합성, 연속성(또는 계속성)의 차원을 갖는다. 개별성이란 나는 다른 사람과 구별되는 고유한 존재라는 인식을 말하며, 통합성이란 자신의 행동이나 태도 등이 전체적으로 일관성이 있으며 통합되어 있다는 인식을 말한다. 또 연속성이란 시간의 경과에도 불구하고 나는 동일한 사람이라는 인식을 말한다. 자아정체감의 형성은 아동기 때부터 시작되는 것으로 볼 수 있으나 청소년기 후기에 가장 중요한 인생과업으로 등장한다. 자아정체감 형성을 위해서는 자신의 신념, 가치관 등에 대한 고통스러운 의문 제시가 선행되어야 하며 따라서 일종의 위기를 경험하게 된다. 자신이 경험한 많은 요소들을 모아 통합된 명확한 자기정의를 내리는 것은 어려운 일이므로 자아정체감을 형성하는 과정에서 누구나 혼란과 우울증을 경험할 수 있다.

6) 성인기

성인기(early adulthood, 만 24~40세)로 들어가는 것은 일생에서 주요한 전환이다. 이전의 모든 발달은 성인기를 준비하는 시기라고 볼 수 있으며, 성인기 이후는 이

제까지 준비해온 것을 실현하고 구체화시키는 시기이다. 성인기는 대략 24~40세까지로 잡는다. 성인기는 신체적·지적 측면에서 가장 정점에 있는 시기라고 할 수 있다. 사회적 측면에서는 다른 사람을 사랑하고 보살피는 능력이 심화되는 시기이다. 즉, 이전의 시기에 자아정체감을 형성한 사람은 이제 타인과의 상호관계에 집중할 수 있게 된다. 이러한 맥락에서 성인기에 경험하는 가장 큰 변화는 직업을 가지고 결혼을 하는 것이다. 발달에 대한 잠재력은 전 생애에 걸쳐 존재하지만 성인기 이후의 발달은 아동기나 청소년기와는 그 성격이 다르다. 다시 말해서, 성인기 이후의 발달은 새로운 신체적 기능이나 인지적 능력의 획득에 의해 일어나기보다는 주로 사회적·문화적 요소에 의해 주도된다.

7) 중년기

중년기(middle adulthood, 만 40~65세)는 경제적·직업적으로 비교적 안정되는 기간이기도 하지만, 새로운 위기가 시작되는 기간이기도 하다. 중년기에 들어서면서 지혜를 통하여 문제를 해결하려고 시도하고, 대인관계를 이성보다는 사회적인 관계로 받아들이며, 감정의 대상을 다양화하고, 새로운 사고에 대하여 수용적이어야 건강하다고 할 수 있다.

8) 노년기

노년기(late adulthood, 만 65세 이상)에는 자녀양육책임으로부터 벗어나 부부관계에 보다 초점을 둘 수 있게 되고 또한 자녀들이 성인이 되는 등, 중년기까지의 자신의 삶이 결혼생활과 자녀양육에서 그리고 직업 등에서 성공했는지 실패했는지를 평가할 수 있는 증거가 축적된다. 따라서 노년기에는 지나온 삶에 대한 평가를 하게 되는데, 이 과정에서 자신의 성취한계를 깨닫고 어느 정도의 실망을 하는 것이 불가피하다. 문제는 이것을 어떻게 받아들이는가인데, 어떤 경우에는 지나온 삶을 돌아보면서 극도의 우울감에 빠져 현재의 어떤 경험도 그 우울감을 보상하지 못하는 경우가 있는가 하면, 어떤 경우에는 지나온 삶에 대한 평가를 지나치게 긍정적으로 합리화하여 극도의 자신감을 표현하는 경우도 있다.

3 학교폭력 예방을 위한 지도방법

교육과학기술부의 학교폭력 근절 종합대책(2012)이나 해마다 실시되는 학교폭력 실태조사를 참고해 보면, 학교폭력 최초 발생 연령의 저연령화, 가해자와 피해자의 불분명한 구분, 정서적 폭력의 증대, 폭력의 집단화 현상 등을 나타내고 있다. 특히, 학교폭력 최초 발생 연령의 저연령화에서 폭력에 노출되는 시기가 점점 빨라지고 있다는 것을 알 수 있으며, 가해자와 피해자의 불분명한 구분과 가해와 피해의 악순환적 특성을 통해 현재의 피해자가 미래의 '잠정적 가해자'가 될 수 있음을 간과해서는 안될 것이다(오경희, 2013). 처음부터 학교폭력의 원인이 되는 낮은 자아존중감이나 사회성 또는 공격성 등은 어느 날 갑자기 형성되는 것이 아니라 유아기부터 인성에 뿌리를 두고 서서히 성장되었을 것이다. 그러므로 학교폭력 예방의 근간이 되는 유아기의 바른 인성을 형성하는 것에 주력한다면 먼 훗날 학교폭력으로 얼룩진 사회를 치유하는 데 비싼 비용을 치루지 않아도 될 것이다.

1) 자아존중감 키우기

자아존중감(self-esteem)이란 평가적인 개념으로서 자신에 대한 긍정적, 부정적인 태도이며, 자신에 대한 만족과 호감도인 동시에 다른 사람과 비교하여 자신에 대해 지각하는 가치감이다(Brinthaupt & Erwin, 1992). 왓킨(Watkin, 1978)은 자아존중감에 대해서 개인의 자기 자신에 대한 평가로서 일상의 대화나 성격 면에 있어 개인의 사회적 행동과 역할을 결정하는 중심 특성이라고 정의하고 있다. 또한 자아존중감은 자아개념과 혼용하여 사용하는 경우도 있으나 선행연구들의 정의들을 살펴보면 자아존중감은 자기 평가적인 개념이며, 이와 비교하여 자아개념(self-concept)은 능력, 태도, 느낌을 포함한 자신에 대한 주관적인 인식개념으로 자아존중감을 포괄하는 설명적인 개념이다(지성애, 2003). 즉, 자기존중감이란 자신에게 부여한 가치뿐 아니라 타인과의 관계에 의해 영향을 받는다는 입장에서 자신을 자랑스럽고 유능하며 가치 있는 존재로 느끼고 가족과 친구를 사랑하고, 또한 자기가 사랑받고 있다고 느낄 수 있는 의식상태로 정의되고 있으며(김영숙, 1997), 인간의 행동을 설명하고 예측하는 데 매우 중요한 변인으로 사회인지이론에서 많은 관심을 가지고 연구가 이루어지고 있는 개념 중의 하나이다.

현대사회의 여러 다른 요인과 더불어 낮은 가치감, 학문적 자존감 등 여러 가지 문제상황의 원인으로 낮은 자기존중감을 지적하는 목소리가 높다. 학생들은 치열한 경쟁과 과도한 입시 스트레스로 인해 항상 경직되어 있고, 여기에서 느끼는 잦은 실패감과 성공하지 못한 자녀와 학생에게 보내는 주변 성인들의 거부감은 자신의 삶의 방향을 정립해 나가고 있는 청소년들에게 낮은 자기존중감을 형성하도록 한다. 이러한 낮은 자기존중감은 타인과의 대인관계 형성에 어려움을 주고, 대인관계 형성에서의 실패감은 학교폭력으로 이어질 수 있다. 또한 학교폭력으로 자신의 감정을 표현한 결과 사회에서 격리되고 낙인찍혀 부정적인 자아개념을 형성하게 됨으로써 다시 자기존중감이 낮아지는 악순환의 고리를 끊을 수 없게 된다.

학교폭력 관련 연구에서 주로 학교폭력 가해 또는 피해를 경험한 아동청소년의 특성으로 낮은 자아존중감을 지적하고 이들의 10년 후 자아존중감도 낮게 나타났다. 학교 내 폭력경험은 아동청소년의 자아존중감에 부정적 영향을 미치고, 낮은 수준의 자아존중감은 결과적으로 학교부적응으로 이어진다고 볼 수 있다.

표 9-2. 자기존중감이 높은 아이와 낮은 아이의 특징

구분	특징
자기존중감이 높은 아이	• 자기에 대한 지각이 긍정적임 • 또래와 협동하며 규칙을 지키는 등 사회적 기술과 사회적 능력이 높음 • 사회적 상황과 요구에 적합한 능동적이고 긍정적인 정서조절능력을 사용함 • 기본적인 학습활동에 대한 자신의 수행능력을 긍정적으로 지각함 • 또래들에게 더 잘 수용되어 유능하고 학교기관에 잘 적응함 • 이타적이고 협동적인 친사회적 행동을 보임
자기존중감이 낮은 아이	• 열등감, 자신을 무가치한 사람으로 여김 • 정서적 불편감과 다양한 심리적 문제 유발

자기존중감의 기본이 형성되는 때가 바로 영유아기이므로 영유아들의 바른 자기존중감을 형성시켜 주어야 하는 유아교육기관의 교사들의 역할은 매우 중요하다고 할 수 있다. 이것은 유아가 스스로를 괜찮은 사람이라고 생각하는 가치감과 스스로

의 능력에 대한 확신과 믿음, 그리고 교육기관에서 학업성취를 이룰 수 있다는 스스로에 대한 믿음과 기대가 행복한 바른 인성을 가진 사회인으로서 매우 중요한 밑거름이며 이러한 토대가 영유아기에 형성되기 때문이다(조순옥, 2003).

(1) 자기존중감을 높여 주는 대화의 기본원리

아이의 자기존중감을 높이려면 교사가 자신을 존중하는 긍정적인 자세를 가지고, 아이의 장·단점을 이해하며, 아이에 대한 왜곡 없는 전반적인 이해를 토대로 아이를 존중하는 건강한 대화가 중요하다.

표 9-3. 아이를 존중하는 건강한 대화의 기본원리

구분	내용
잘 들어주기	• 아이와 대화할 때 딴청을 피우지 않고 들어준다. • 끝까지 집중해서 들어준다. • 바쁘다, 피곤하다는 말로 아이와의 대화를 피하지 않는다. • 아이의 말에 담긴 아이의 생각, 의도, 감정까지 헤아리려고 노력한다. • 아이의 말을 중간에 막지 않으며, 끝까지 듣고 난 뒤 이야기한다.
공감해주기	• 아이의 입장에서 감정을 공감해준다. (예 : "기분이 정말 나빴겠구나", "기뻤겠구나", "속상했겠구나", "내가 너였다면 서운했을거야" 등) • 아이의 말에 호응하는 표현을 해준다. (예 : 고개를 끄덕인다든지, "그랬구나", "어머나", "어쩌나" 등) • 아이를 이해하려는 노력을 표현한다. (예 : "엄마는 이렇게 이해했는데 맞니?", "니 얘기는 이런 얘기지?" 등)
나-전달하기	• 너-전달법(you-message) : 수직관계에서의 일방적이고 지시적인 대화를 말한다. • 나-전달법(I-message) : 수평적인 관계에서의 상호적이고 평등적인 대화를 말한다.

2) 애착 형성하기

(1) 애착의 유형

보울비(1958)에 의하면, 애착(attachment)은 한 개인이 자신과 가장 가까운 사람에 대해서 느끼는 강한 감정적 유대관계를 뜻한다. 애착은 근본적으로 선택적인 특성을 내재하고 있어 극히 소수의 제한된 대상에 대해서 형성되며, 애착이 형성된 대상에 대해서는 근접하여 있고 싶은 욕구를 가지게 된다(송명자, 1995).

애착은 애착의 대상인 어머니가 아이에게 어떤 반응을 보이는지, 반응의 민감성이 어느 정도인지, 일정한 반응으로 대해 주는지에 따라 각기 다른 애착 유형으로 분류된다. 에인즈워스(Ainsworth)는 만 1세부터 생후 54주까지 매 3주마다 한 번에 네 시간씩 자신이 고안한 '낯선 상황(strang situation)'에서 아기와 어머니가 상호작용하는 양상을 관찰하고 그 후 어머니가 떠나거나 낯선 이가 들어오거나 하는 상황을 설정하고 영아의 반응을 살펴보고 그 결과로 애착 유형을 분류하였다. 에인즈워스(1973)가 분류한 애착 유형은 표 9-4와 같다.

표 9-4. 에인즈워스의 애착 유형

구분	애착유형	특성
안정	안정애착	낯선 상황에서 어머니가 있는 동안에는 이따금 어머니에게 가까이 가서 몸을 대보며, 어머니가 떠났다가 들어오면 열렬하게 반긴다. 어머니만 있으면 두려움 없이 낯선 상황을 탐색하며, 낯선 장난감에 호기심을 보이거나 가지고 논다. 친숙한 상황에서는 어머니가 잠시 떠나는 데 대해 크게 분리불안을 보이지 않는다. 이 유형에 해당하는 아기의 어머니는 아기의 요구에 민감하게 반응하고, 아기 스스로 노는 것을 충분히 허용해준다.
불안정	불안정 회피애착	아기는 어머니가 떠나도 별 다른 반응을 보이지 않으며, 어머니가 다시 들어와도 다가가지 않고 무시한다. 이 유형에 해당하는 어머니는 아기의 요구에 무감각하며, 아기와의 신체적 접촉이 부족하고 화가 나 있거나 초조해하며, 거부하듯이 아기를 대한다.
	불안정 저항애착	어머니의 접촉 시도에 아기가 저항하는 경향이 높다. 어머니가 있어도 잘 울고 보채지만, 어머니가 떠나면 극심한 불안을 보인다. 어머니가 돌아오면 화를 내지만 불안정 회피애착 유형과 달리 어머니 곁에 머무르려고 한다. 어머니와의 접촉에 관심이 없거나 또는 다가가서 안겼다가는 이내 화가 난 듯이 밀어내버리는 양극적 반응을 보인다. 이 유형에 해당하는 어머니는 아기의 요구에 무감각하며 아기를 다루는 방식이 어색하지만, 화가 나 있거나 아기를 거부하는 느낌은 없다.
	불안정 혼돈애착	애착 형성이 불안정하지만 회피와 저항 어디에도 속하지 않는 유형이다. 이 유형의 아기는 회피와 저항의 복합된 반응을 보인다. 낯선 상황에서 어머니가 나갔다가 다시 들어오면 처음에는 다가가서 안겼다가 이내 화가 난듯이 밀어내버리거나 어머니에게서 떠나는 양극적인 반응을 보인다. 이러한 유형은 어머니와의 접촉에 대한 요구는 강하지만 반면에 어머니로부터 무시당하거나 구박받은 것에서 오는 공포가 공존하기 때문인 것으로 해석된다.

만 1세 이전에 형성된 애착 유형은 성장하는 과정에도 지속적으로 유지된다. 심지어 어린 시절 부모와의 애착이 본인이 부모가 되어서도 자신의 자녀와의 애착관계에 영향을 미친다. 또한 애착은 낯선 실험에서 본 바와 같이 안정애착이 형성된 아기는 새로운 환경을 적극적이고 집중력있게 탐색하는 것처럼 정서발달, 사회성발달, 인지발달에서도 영향을 미친다고 알려져 있다.

할로우(Harlow, 1977)의 사회성 박탈(social deprivation)실험을 살펴보면, 갓 태어난 새끼원숭이를 어미에게서 분리시켜 3개월간 다른 원숭이와 접촉할 수 없는 상자에 분리시켜 키웠다. 분리시켜 키운 원숭이를 다시 다른 원숭이들과 함께 생활하도록 했을 때, 다른 원숭이들의 접근을 피하고, 두려워하며 얼굴을 파묻고 웅크리는 등 불안과 공포를 느끼는 것으로 나타났다. 이후 정상적으로 다른 원숭이들과 지속적으로 생활하면 시간이 지날수록 사회성은 회복하는 것처럼 보이지만 생후 1년을 전후하는 시점에서 정상적으로 성장한 원숭이들에 비해서 극심한 공격적 성향을 보였다. 이는 안정된 애착을 영아 시기에 형성시켜주지 못하면 사회성에도 문제가 발생하며, 민감한 적정 시기를 놓치고 추후에 회복하려고 해도 공격적인 성향이 나타나는 등 다시금 안정애착을 형성하기는 어렵다는 것을 유추할 수 있으며, 나아가 시설병(hospitalism), 지능발달장애, 인격발달장애가 발생할 수 있다.

3) 감정 조절하기

(1) 자기통제력

아이의 자기통제력(self-control)이란 즉각적인 만족보다는 미래의 더 좋은 결과를 얻기 위해 즉각적인 충동이나 행동을 억제하고 인내하며(양옥승, 이정란, 2002), 상황적 요구에 적절하게 자신의 행동이나 전략을 조절하는 능력 또는 타인 조절의 반대되는 의미로 성인의 지시나 요구 없이 아이 스스로 자신의 감정과 생각을 상황적 요구에 맞추어 조절하는 능력으로 정의한다(양옥승, 2006). 또한 외부의 감시 없이도 사회적 규칙을 준수하려는 능력 또는 바람직한 목표를 위해 충동적인 욕구나 행동을 지연시키는 능력으로 자기규제(self-regulation)와 혼용하기도 한다(고정곤 외, 2014).

성취지향적인 사회에서 아동이 미래의 성취를 위해 즉각적인 욕구나 충동을 자제하는 것은 자신의 잠재력을 한껏 발휘하는 한 사람의 성인으로 성장하는 과정에서 중요한 의미가 있다. 최근 연구에 의하면 아이의 자기통제력은 또래관계를 성공시키는 데 중요한 역할을 하며(Denham, 2006), 다양한 사회적 맥락에서 나타나는 적응행동에 영향력을 미친다고 한다(Eisenberg, Champion, & Ma, 2004). 즉, 아이의 자기조절력(자아통제력)이 외현화 행동 및 또래인기도, 친사회성, 또래유능성에 영향을 미치며 추후 사회적 적응능력에도 영향을 미친다고 한다. 이 외에도 인지적 발달뿐만 아니라 공격성, 정서성, 도덕성 등에도 영향을 미치는데, 도덕성의 경우, 도덕적 판단과 행위가 일치하지 않는 원인 중의 하나가 무엇이 옳은지의 판단능력이 있음에도 불구하고 이를 행동으로 옮기는 자기통제력이 부족한 이유로 사려된다(송명희, 1995).

표 9-5. 마시멜로 실험

쇼다(Shoda), 미셸(Mischel), 그리고 피크(Peake)의 실험결과를 살펴보면, 4세의 아이에게 마시멜로를 나누어주고 그것을 당장에 먹지 않고 20분 정도 기다리는 아이에게 두 개의 마시멜로를 더 주는 실험을 실시하였다. 실험 후 장기 추적 조사를 통해서 당시 충동을 억제하고 만족을 유보하는 능력이 있었던 아이가 충동적이었던 아이보다 15년 후 대학입학시험(SAT)에서 훨씬 높은 성적을 얻은 것을 밝혀냈다(Goleman 1995). 이 마시멜로 실험결과를 통해서도 감성지능이 인지적 성취에 긍정적으로 영향을 미치고 있다는 사실을 시사하고 있다.

(2) 공격성

공격성이란 타인을 해치려는 의도를 가지고 행하거나 시도하는 신체적·언어적 행동을 의미한다. 여기에는 다른 사람을 밀치기, 때리기, 꼬집기, 발로 차기, 물기, 침뱉기, 물건을 부서뜨리기 등의 신체적 가해행동이 있고, 위협하기, 모욕 주기, 무안하게 하기, 놀리기 등의 언어적 형태도 있다. 교사에게는 아이들의 건강한 사회성발달을 위해 아이의 공격성은 어떤 원인으로 발달하는지, 어떤 유형들이 있는지, 공격성을 어떻게 감소시킬 수 있을지에 대한 이해가 필요하다.

① 공격성의 유형

공격성의 유형과 특징을 살펴보면 표 9-6과 같다.

표 9-6. 공격성의 유형과 특징

유형	특성
적대적 공격성 = 정서적 공격성	• 상대에게 위협을 가하려는 의도를 가지고 한 행동을 말한다. 적대적 공격성을 나타내는 아이는 다른 사람의 신체적 혹은 심리적 고통에 대한 만족을 경험한다. 적대적 공격은 모욕이나 상해에 대한 보복이거나 공격자가 원하는 대로 상대방이 피해를 입도록 하는 고의적인 특성을 지닌 공격성이다. • 아이들은 자신의 지위나 안전이 손상되는 위협을 느낄 때, 자신이 하려고 하는 것을 상대방이 방해하려고 한다고 느낄 때, 자기 자신이 상대방보다 힘이 있다는 것을 느끼기를 원할 때 적대적 공격성을 가진다.
도구적 공격성 = 약탈적 공격성	• 동물이 먹이를 얻기 위한 수단으로 공격하는 것처럼 다른 사람을 해칠 의도는 없이 자신이 원하는 것을 가지려고 하거나 자신의 것이라고 생각하는 것을 지키려고 할 때 나타나는 공격성을 말한다. 예를 들어, 두 아이가 자전거를 서로 먼저 타려고 밀치고 당기는 공격적인 행동을 한다면 이것은 도구적 공격성이라고 할 수 있다. 이때 아이들은 서로 해치려고 한 것이 아니라 먼저 자전거를 타려는 목적을 달성하고자 한 것이다. 아이는 자신이 가지고 싶은 물건이나 자신이 놀고 싶은 영역 또는 같이 놀고 싶은 친구를 원하는 욕구로 인하여 도구적 공격성을 나타낸다.

② 공격성의 원인

아이들의 공격성도 학교폭력 양상의 원인들처럼 한 가지가 아니라 여러 가지 요인들이 복합적으로 영향을 미쳐 발생한다고 봐야 할 것이다. 성인들도 자신의 감정을 통제하고 절제하는 것이 어려운 일인 만큼 아직 미성숙 단계인 아이들이 자신의 감정을 통제하고 조절하는 것은 상당히 어려운 과제일 것이다. 하지만 아이들의 공격성이 인터넷, 게임, 교육 유해환경 등의 영향을 받아 가속화되고 있는데도 한없이 자연적인 성숙만을 기다릴 수는 없다. 어느 순간에 점점 빠르게 성장해가고 있는 아이들의 공격성의 원인을 면밀히 찾아보고 개선책을 찾을 필요가 있다.

■ 부모의 양육태도와 아이의 공격성

현대의 가정의 형태는 과거 전통적인 획일화된 가정의 형태와는 달리 매우 다양한 형태가 존재한다. 가정의 형태가 다양해지고 일상이 빠르게 진행되다 보니 가정의 원래의 기능 가운데 가정교육의 기능이 급격히 약화됨을 알 수 있다. 자녀들은 부모를 가장 가깝고 친근한 모델링의 대상으로 설정하고 모방 또는 동일시를 통해 성격을 형성하고 인지를 발달시킨다. 이 가운데 부모의 공격적인 행위는 아이의 공격성의 모델이 되어 공격성을 강화시키는 역할을 하게 된다. 부모의 양육형태에 대해서는 자녀에 대한 무관심, 자녀와의 낮은 질적 수준의 상호작용, 그리고 제일 악영향을 미치는 요소로는 일관성 없는 훈육을 들 수 있다. 일관성 없는 양육방식은 자녀로 하여금 불안을 높이고, 훈육의 근간을 마련하지 못하며 자녀의 공격성 형성과 밀접한 관련이 있다.

■ **교실에서의 아이의 공격성**

교실에서 아이의 공격성을 유발하는 첫 번째 요소는 교사의 적절치 못한 교수법이다. 교사의 토큰 시스템(token-system)과 같은 경쟁을 일으키는 교수법들은 아이들 간에 갈등과 질투를 유발하여 협동심을 저해하고 공격성을 자극하는 요소가 된다. 그래서 교사들은 이러한 교수법을 남용하지 않고 적절하게 사용할 수 있도록 수업을 계획해야 할 것이다.

두 번째 요소는 교실의 크기나 교구의 양 등은 아이의 공격성을 유발할 수 있다. 먼저 교실의 크기가 좁거나 교구의 수가 아이의 수에 비해 적을 때 아이들의 경쟁이 심해지고, 갈등이 빈번하게 발생한다. 이러한 부족으로 인한 갈등은 아이의 공격성을 유발한다. 그러므로 교실의 크기나 교구의 수는 항상 아이의 수에 비례하여 적절하게 구성되어야 할 것이다.

■ **미디어 매체와 아이의 공격성**

현대인들은 너무나 다양한 미디어 매체에 둘러싸여 있다. 심지어 교수방법까지도 미디어를 활용한 방법들이 사용되고 있다. 아이들도 마찬가지로 다양한 미디어에 무분별하게 노출되고 있어 문제점으로 대두되고 있다. 그중에 폭력물은 아이의 공격성에 악영향을 미치고 있다. 이와 관련된 반두라(Bandura)와 그의 동료들(1963)은 모방이 공격행동의 학습에 미치는 영향을 보보인형실험을 통해 밝혀냈다. 그들은 두 집단의 어린이들 중 한 집단에게는 성인 또는 만화 주인공이 인형을 격렬하게 공격하는 동영상을 보여 주었고, 다른 한 집단의 어린이에게는 보보인형을 공격하지 않는 동영상을 보여 주었다. 그 후 보보인형이 있는 방에서 어린이들을 놀게 하고 관찰한 결과, 공격적인 동영상을 본 어린이들만 보보인형을 격렬하게 공격하고, 그 중 많은 공격행동의 유형들은 대다수 동영상에서 본 행동들과 동일하였다.

이처럼 아이들에게 폭력적인 미디어는 공격성을 자극함으로써 아이들은 공격적 행동을 그대로 모방한다는 사실을 알 수 있다. 그러므로 아이들에게 미디어 노출을 부모가 제한적으로 관리하여 폭력물이나 공격적인 미디어는 피하도록 하는 것이 바람직할 것이다.

(3) 감정 조절하기

① 친사회적 행동

산업화의 발달로 인해 생활의 많은 편리함과 더불어 여러 가지 병폐들도 함께 성장했다. 그중에 가장 위험하지만 빠른 속도로 다양하게 우리 생활에 침투하고 있는 것이 사람들과의 직접적인 관계 형성보다 사이버상에서의 관계 형성을 더 선호한다는 점이다. 인간은 사회적인 동물이지만 이제는 사이버상에서만 사회적이고 싶은 사람들이 늘어나고 있다. 1인 가구의 증가와 함께 혼밥(혼자 먹는 밥 또는 그런 행위), 싱글족(탄탄한 경제력과 인터넷 활용 능력을 갖추고 자신들만의 삶을 만끽하며 홀로 사는 신세대 남녀), 딩크족(Double Income No Kids의 머릿글자를 따서 아이를 갖지 않는 맞벌이부부) 등 가족의 의미를 재해석하게 하는 신조어들이 쏟아지고 있다. 사회적 접촉의 의미가 무색해지고 가족의 필요성도 절대적이지 않은 시대가 되었지만, 건강한 사회인으로 살아가는 데 있어 친사회적 행동은 필수적인 요소이다. 그러므로 친사회적 행동의 양성은 유아기부터 반복적이고 지속적인 연습을 통해 다른 사람들과 편안하게 대화하고 어울려 살아갈 수 있도록 부모, 교사 등 성인들은 격려와 지원을 아끼지 않아야 할 것이다.

친사회적 행동은 학자들마다 정의가 다양하며, 이타주의(altruism)와 혼용하여 사용하기도 한다. 아이젠버그(Eisenberg, 1992)는 종합적으로 친사회적 행동과 이타주의를 정의하고 있다. 친사회적 행동은 타인을 이롭게 하기 위해 의도된 자발적 행동이며, 구체적인 보상이나 사회적 인정에 대한 기대, 또는 자신의 부정적인 내적 상태(예를 들어, 죄의식 또는 도움이 필요한 사람을 바라보는 것에 대한 고통 등)를 감소시키려는 욕구와 같은 요인들에 의하여 동기화된 행동이라고 주장한다. 이타적 행동은 친사회적 행동의 범주 안에 포함되어 있으며, 타인에 대한 동정이나 내재화된 도덕적 원리에 순응하려는 욕구에 의해 동기화된 사회적 행동으로 정의하고 있다. 일반적으로 이타적 행동이란 외적 보상을 기대하지 않고 자기희생을 감수하더라도 타인을 이롭게 하기 위해 행해진 친사회적 행동보다 더 도덕적인 것으로 본다.

타인을 이롭게 하기 위해 우리는 먼저 타인의 상황과 감정을 이해하고 공감하는 작업이 우선되어야 한다. 이것을 우리는 감정이입이라고 정의할 수 있다. 호프만(Hoffman, 1987)은 감정이입이란 타인의 상황에 적합한 정서적 반응이라고 한다. 호프만이 제시한 감정이입의 발달적 분석은 표 9-7과 같다. 아이의 감정이입은 인지적 능력을 바탕으로 총 네 단계를 거쳐 발달하게 된다.

표 9-7. 호프만의 감정이입의 발달단계

단계	연령	특성
총체적 감정이입	영아기	영아는 자신을 타인과 분리된 존재로 지각하지 못한다. 그러므로 다른 사람의 고통과 자신의 불쾌한 감정을 혼돈한다. 영아는 다른 아기의 울음에 대한 반응으로 운다.
자아중심적 감정이입	유아기	자신이 아니라 다른 사람이 고통스러워 한다는 것을 알게 된다. 그러나 다른 사람의 내적 상태는 자기 자신과 같을 것이라고 가정한다.
타인의 감정에 감정이입	아동 전기	조망수용능력이 발달되고 타인의 감정이 자신의 것과 다르다는 것을 인식하게 되며 타인의 감정은 자신의 것과 다를 수 있는 타인의 욕구에 근거한다는 것을 안다.
타인의 삶에 감정이입	아동 후기	다른 사람의 감정을 일시적인 감정으로서가 아니라 전반적인 경험을 나타내는 것임을 알게 된다. 타인에 대한 감정이입과 그들의 전반적인 상황에 대한 내적 표상과 함께 나타난다.

② 감정 조절 지도방안

성인이 되더라도 모두가 쉽게 주변사람들과 사귀고 수월하게 그 집단에 적응하는 것은 아니다. 자신의 감정을 쉽게 표현하지 못할 수도 있고, 자신은 의도하지 않은 상황에서 남에게 상처를 줄 수도 있다. 이 모두가 감정을 제대로 조절하지 못해 발생하는 일들이다. 아동기에 폭력에 노출되거나 건강한 정서 함양이 어려운 경우 대다수 성인이 되어서도 정서결핍의 몸살을 앓는다. 이 결핍은 성인이 되어서 두 배 세 배의 노력을 기울여도 채워지지 않으며 결정적으로 필요한 시기인 아동기에 양질의 정서를 함양해 주어야 제대로 충족이 된다. 양질의 정서를 함양해주는 과정에서 발달하는 정서지능은 인위적으로 개발 가능하다고 한다. 가트맨(John Gottman) 박사는 이 방법을 감정코칭이라 부르며 감정코칭을 위한 5단계를 다음과 같이 소개하고 있다.

▪1단계 : 감정 인식하기

감정코칭은 아이가 감정을 내보일 때 하는 것이다. 아이의 감정을 정확하게 읽기 위해 아이의 감정을 늘 관찰하고 인식하며 적절한 때에 포착 가능해야 한다. 아이의 행동에 숨은 감정까지도 잘 포착할 수 있어야 한다. 아이가 퉁명스레 문을 쾅 닫고 들어갈 때나 말없이 거친 행동을 보일 때 뒤에 숨어 있는 감정을 찾아낼 수 있어야 한다.

▪2단계 : 감정적 순간을 좋은 기회로 삼기

'화가 났구나', '짜증이 났구나', '억울하구나' 하고 아이의 감정을 알아차렸다면 감정코칭을 할 것인지 그냥 넘길 것인지 결정해야 한다. 아이가 강한 감정을 보인다면 감정코칭을 하기 좋은 기회이다. 예를 들어, 집에서 키우던 강아지가 죽었다든지 동생과 크게 싸우는 일이 일어났을 때 선생님이 아이의 감정을 수용해주고 공감해주면 강한 애착을 형성할 수 있다.

▪3단계 : 감정을 공감하고 경청하기

아이가 감정을 보일 때 아이 스스로 자기 감정에 대해 살펴보고 이야기할 수 있도록 지도하는 것이 중요하다. 만약 아이가 "오늘 나 점심 안 먹을래요"라고 말하면 "왜?"라고 묻지 않고 "네가 점심을 먹고 싶지 않구나"라고 아이의 마음을 읽어주어야 한다. 그 다음에 천천히 왜 그런지에 대한 이유에 대해 우회적으로 물어보면서 대화를 진행시켜야 한다.

■ **4단계 : 감정을 표현하도록 도움주기**

감정은 아주 여러 가지로 표현된다. 화가 나더라도 열등감으로 화가 날 수도 있고, 단순한 경쟁심으로 화가 날 수도 있다. 따라서 세밀하게 이렇게 조금씩 다른 감정들에 대해서 각기 정확한 이름을 붙여주는 작업이 중요하다. 만약 자신의 감정을 정확하게 읽지 못한다면 현명하게 대처하기 어려울 것이다. 가능한 한 아이 스스로 자신의 감정을 정확하게 표현할 수 있는 단어를 찾을 수 있도록 지도해야 한다.

■ **5단계 : 스스로 문제 해결하도록 지도하기**

아이의 감정을 읽어주고 공감하고 그 감정에 이름을 붙였다면 마지막에는 함께 문제를 해결하는 것이다. 마지막 단계에는 한계 정하기, 목표 확인하기, 해결책 찾기, 해결책 검토하기, 아이가 스스로 해결책을 선택할 수 있도록 도와준다. 이때 아이의 감정은 수용하지만 행동을 다 허용해줘서는 안 된다. 예를 들어, 친구가 아끼는 책을 찢어버려서 화가 났더라도 화난 감정은 수용하되 친구를 때리는 행동은 허용해서는 안 된다.

4) 갈등해결하기

학교폭력의 시발점이 되는 아동기의 갈등해결에 대해서 교사의 중재보다는 아이들 스스로 갈등의 원인을 찾아보고 문제해결을 위해 고민하고 시도하고 최상의 방법을 찾는 과정이 시간적으로 다소 소요되더라도 근본적인 해결책이며 다시 같은 문제가 재발되는 악순환의 고리를 끊을 수 있을 것이다. 교실에서 발생할 수 있는 갈등상황에 대해 살펴보고 그 상황마다 적절한 갈등해결의 활동을 시행해 봄으로써 아이들의 자생적인 문제해결능력을 배양할 수 있을 것이라 기대한다. 윌리엄(William)의 '창의적 갈등해결을 위한 활동'에서 아이들에게 적용 가능한 부분을 발췌하여 정리해 보면 다음과 같다. 이 활동은 교실에서 '무엇이 갈등을 유발시키는가?' 갈등의 원인을 살펴봄으로써 해결책을 찾는 데 활용할 수 있다.

(1) 교실 내 갈등의 원인

① 경쟁적인 분위기

모든 사람들이 자신만을 위한 태도를 가질 때, 그룹 안에서 함께 작업하는 기술이 부족한 경우, 자긍심이 부족한 상태에서 서로를 이겨야 한다는 강압적 분위기, 교사와 또래들에 대한 신뢰감이 부족할 때, 자신에게 적당하지 않은 경쟁을 경험할 때 등등 대체적으로 높은 경쟁적 분위기일 때 아이들은 누군가와 대항하는 것을 배우게 된다.

② 참을 수 없는 분위기

참을 수 없는 교실은 서로 우호적이지 않으며, 어떻게 협조해야 할지, 참아야 할지 말지에 대한 판단도 서지 않는 상황이 되어버린다. 주로 파벌 형성 또는 책임전가, 인종차별이나 문화 차이로 인한 인내심 결핍, 외로움과 고립을 주도하는 반 어린이들의 지지 부족, 타인의 성취나 소유에 대한 반감, 질투 등이 참을 수 없는 상황을 만든다.

③ 대화의 부족

아이들이 자신의 요구나 희망을 적절하게 표현하지 못할 때, 감정과 요구를 표현할 대상이 없거나 두려울 때, 주의 깊게 관찰할 수 없을 때 대화의 부족은 갈등을 유발한다.

④ 감정을 잘못 표현하기

갈등이 지속될 때 감정의 표현은 가장 중요한 요소이다. 아이들이 자신들의 분노와 좌절의 감정을 비공격적으로 표현하는 방법을 알지 못하거나 익숙하게 표현하지 못할 때, 자신에 대한 통제력이 약화되었을 때 갈등을 유발한다.

⑤ 갈등해결력 부족

교실 내 갈등은 아이들과 교사가 창의적 대응이 어려울 때 증가한다. 아이의 주변 성인들의 올바르지 못한 공격적이거나 폭력적인 대응은 아이들에게 부정적인 모델로 인지되어 아이들의 갈등해결 기술습득에 영향을 미친다.

⑥ 교사 권위 남용

교실에서 교사가 권위를 남용하여 갈등을 해결하는 상황은 실제로 빈번하게 발생한다. 이는 교실 안에서의 교사의 영향력이 생각보다 크고 다음과 같은 상황에서 교사의 권위 남용으로 인한 갈등이 유발되기도 하기 때문이다.

- 아이들에게 적당하지 않은 기대치를 요구하여 좌절시킬 때
- 융통성 없는 규율로 교실을 운영할 때
- 지속적으로 권위적으로 아이들을 대할 때
- 두려움과 불신의 분위기를 확산시킬 때

(2) 갈등해결하기

아이들 스스로 비폭력적인 방법으로 갈등을 진정시키고 적극적으로 해결할 수 있는 가운데 설명하고 있는 기술을 습득하는 것은 매우 유용할 것이다.

① 진정시키기

진정시키기는 갈등을 해결하지는 못한다. 하지만 화가 진정되면 전체 상황을 인식할 수 있게 된다. 이후 아이들을 자유롭게 해준다.

- 진정시킬 수 있는 공간을 만든다. 당사자들끼리 따로 분리된 공간에서 화를 누그러뜨릴 수 있도록 하고 진정된 후 방을 떠날 수 있도록 한다.
- 심호흡은 진정시키기에 도움이 된다. 열을 헤아리면서 천천히, 깊게 숨쉬게 하고 한 번 더 반복한다.
- 당사자들에게 몇 분 동안 조용히 앉아 있게 한다.

② 중재하기

아이들에게 하는 갈등해결의 대다수는 중재일 것이다. 중재는 사람들 사이의 차이점을 잘 해결해 주는 좋은 방법으로써 모든 면에서 공정하고 누구에게도 치우침이 없는 관찰자라는 평가가 있는 사람에 의해서만 가능하다. 중재는 시간이 다소

걸리므로 적당한 시간을 주어야 한다.

- 아이들에게 자신들의 입장을 아무런 방해 없이 이야기할 수 있는 기회가 주어져야 한다.
- 각자 아이들이 이야기를 할 때, 먼저 문제가 무엇이었고, 갈등하는 동안에 어떠한 사건이 발생했는지도 설명하도록 한다.
- 아직도 문제가 남아 있다면, 아이들에게 가능한 해결책을 찾도록 유도하여 실행할 수 있는 것을 선택하도록 한다.
- 문제가 더 이상 존재하지 않는다면 아이들에게 자기들이 선택한 것보다 문제를 해결하는 데 있어 더 효율적인 방안이 있는지 물어본다.

③ 반영적 경청하기

적극적으로 경청하기를 보다 쉽게 할 수 있도록 바꾸어주는 방법으로서, 말하고 있는 사람이 무엇을 말하는지를 다시 조심스럽게 생각할 수 있게 하는 방법이다. 다시 말해, 말하는 사람에게 자신의 인식을 확인시켜 주고 수정하게 하는 기회를 제공한다. 이 방법만으로 갈등해결의 충분한 기술은 아니지만 의식을 명료화시켜주는 기술로서 사람들로 하여금 갈등상황에 대해 어떻게 의식하고 느끼는지를 알기 쉽게 구체화해 주는 장점이 있다.

- "~처럼 들리는데 다시 말해, ~라고 네가 말한 것처럼"라는 표현을 활용하여 조심스럽게 생각을 정리할 수 있도록 한다.
- 우리들이 알기 쉽게 바꾸어 말할 때 사실에 비추어 감정적인 내용들을 섬세하게 생각해 본다. "~ 때문에 네가 느끼는 것처럼 나도 그렇게 들린다."는 뜻으로 자신의 언어 유형에 적용시켜 사용하면 상대방의 감정을 재정리하면서 공감을 표현하는 효과가 있다.
- 반영적 경청은 상호작용을 상당히 느리게 진행시킬 수 있으므로 적절하게 선택적으로 사용해야 한다.

④ 달래기

달래기는 갈등에 대해서 단순하게 변호하는 것이지만 이것이 갈등을 해결하는 최선의 방법일 때도 있다. 갈등의 문제들이 그렇게 심각하거나 큰 문제일 때가 아닐 경우가 많기 때문에 가장 빠른 방법이 될 수 있다. 하지만 주의해야 할 점들이 있다. 먼저 달래기를 너무 자주 사용하다보면 효과가 없다. 달래기는 갈등을 종식시킬 수 있지만 진정한 갈등해결 기술은 아니다. 왜냐하면 어떤 것도 해결되지 않았고 성인의 입장에서 대수롭지 않은 문제지만 아이들끼리는 매우 중요한 문제일 수도 있기 때문에 이 부분을 간과해서는 안 된다.

⑤ 이야기 나누기

이야기 나누기 기술은 아이들에게 갈등으로부터 자신이 떨어져서 자기들이 자신들의 이야기를 할 수 있도록 도와준다. 특히, 이것은 공적인 갈등상황에 유익한 방법이다.

- "옛날에~"라는 형식을 활용하여 이야기를 시작하게 한다. 필요하다면 참여자들의 이름을 바꾸어 사용해도 좋다.
- 이야기가 갈등의 시점에 도달했을 때, 중단하고 아이들에게 이것을 어떻게 해결할 수 있는지, 방법적인 대안을 가지고 있는지 질문을 던져본다.
- 제안들 중에 하나를 이야기 속에 포함시켜 방법적 대안을 결론으로 가져가도록 한다.
- 실제 참여자들에게 대안적 방법이 사실상 자기들의 요구를 충족시켜 주는지 그리고 다음에 다시 어떤 문제가 발생했을 때 지금의 제안을 그대로 실천할 것인지 물어본다.

이 기술은 연령이 높은 아동들에게도 갈등을 중재하는 데 활용할 수 있다. 마치 자신들이 당사자가 아니라 관찰자인 것처럼, 제3자에게 갈등을 이야기하게 한다. 갈등으로 인해 위협받는다는 느낌을 주지 않고 상황과 자기들의 행동을 객관적으로 분석하게 하는 데 효과적이다.

⑥ 잠시 중단하기

이 기술은 아이들이 자신들의 갈등을 해결하는 데 있어 교사에게 의존하는 것에서 탈피할 수 있도록 하는 데 유익한 방법이다.

- 아이들이 교사에게 갈등 문제를 가지고 오면 조용한 장소로 옮겨 3분간의 시간을 주면서 교사의 도움 없이 문제를 해결할 수 있도록 권한다.
- 3분이 지나면 해결책을 찾았는지 물어본다. 만일 그렇지 못했다면 마치 교사가 처음으로 그 갈등을 듣는 것처럼 진행하면서 교사가 적극적으로 개입한다.
- 만일 해결책을 찾았다면 칭찬하고 해결방법에 대해 물어본다.

분명 이 방법은 분노가 치밀어 올랐을 때, 반복적으로 싸움이 반복될 때 활용하는 기술이 아니다. 어떤 상황이 비교적 평온하고 아이들 스스로 작업을 할 준비가 어느 정도 되어 있을 때 활용 가능하다.

⑦ 손 인형 놀이를 통한 문제해결하기

손 인형과 함께 하는 문제해결방법을 활용할 수 있다. 이 방법은 어린 연령의 아이들이 갈등상황으로부터 객관적인 외부의 강요 없이 자신의 행동에 대해 쉽게 털어놓을 수 있다.

- 몇몇의 손 인형을 활용하여 이름을 붙여주고 아이들에게 설명한다.
- 갈등이 있을 때 손 인형들을 활용해서 단체 혹은 개인들 앞에서 그 상황들을 재현한다. 만일 경험자가 없는 경우 교사가 투입되어 진행을 도와준다.
- 갈등 순간에 도달하게 되면 역할놀이를 중단시켜야 한다. 그리고 관중들에게 해결방법을 물어본다. 이런 제안들 중에서 하나를 선택하게 해서 그 역할놀이를 끝맺음한다.
- 시간적 여유가 있다면 다양한 제안들을 가지고 손 인형 놀이를 진행해 본다. 이 중에 효과가 없는 방법도 몇 가지 섞어서 진행해 보면 아이들이 자기들이 제안한 결과를 통해 사고하는 방법을 학습하는 좋은 기회가 된다.
- 효과적일 것이라고 예상했던 해결책을 받아들였을 때 아이들에게 만족스러운 해결책인지 물어본다.

10
심리검사의 활용

배울 내용

1. 심리검사의 조건
2. 표준화된 심리검사
3. 아동·청소년 병리검사도구들

학습목표

1. 심리검사의 조건을 설명할 수 있다.
2. 표준화된 심리검사의 조건과 다양한 심리검사 종류를 설명할 수 있다.
3. 아동·청소년 병리를 측정할 수 있는 검사를 이해하고, 학교폭력과 관련된 검사도구를 활용하는 방안을 모색해 본다.

개 요

학교폭력의 가해자와 피해자에게 실질적인 도움을 주기 위해서는 무엇보다 그들의 심리적 상태에 대해 정확하게 이해하는 것이 필요하다. 그들의 정확한 심리적 상태를 이해하기 위해서는 표준화된 심리검사에 대해 이해하고, 목적에 맞는 검사도구를 선별하며, 표준화된 절차에 따라 검사를 실시하고, 채점하고 해석하는 것이 중요하다. 최근 문제행동 및 학교폭력과 관련된 검사도구들이 개발되어 보급되어 왔다. 단순하게 하나의 검사도구를 가지고 진단을 내려서는 안 되며, 필요에 따라 추가적인 심리검사를 통해 정확한 진단을 내리고, 진단에 맞게 상담 및 치유 프로그램을 실시하는 것이 효과적이다. 따라서 본 장에서는 심리검사의 조건, 표준화된 심리검사 및 아동·청소년 병리를 측정할 수 있는 검사들을 살펴보고 활용방법을 모색해 보고자 한다.

학교폭력의 가해자 및 피해자 대상의 특성을 정확하게 이해하기 위해서는 심리검사도구들에 대한 이론적인 기본가정, 측정내용들과 함께 심리적 특성을 변별해줄 수 있는 심리검사도구들의 기능을 파악하는 것이 중요하다. 예를 들어, 집중력의 결함이라는 인지적 손상이 ADHD의 주요 특징이지만 이러한 인지적 특성은 학업수행뿐만 아니라 정서 및 공격성향 측면에도 영향을 주고, 결과적으로 학교폭력(공격성 혹은 따돌림 등)에도 다소 영향을 주게 된다. 따라서 ADHD의 인지적 특성을 파악하는 도구뿐만 아니라 2차적 문제인 학습의 기능, 정서상태를 측정하는 도구에 대한 이해까지도 필요하다. 또한 반항성장애 및 품행장애는 발달과 학습에서의 불규칙성과 신경생리학적인 문제 및 행동상의 문제를 보이기 때문에 이러한 다양한 영역의 검사도구를 이해하고 있어야 한다.

1 심리검사의 조건

심리검사(psychological test)란 표준화된 절차를 이용하여 한 개인이 가지고 있는 능력, 행동, 성격 등 고유한 특성을 측정하는 것이다. 이러한 측정은 개인적인 특성을 파악하는 것이기 때문에 개인차 측정이라고도 한다(박권생 외, 2004). 심리검사는 직접적인 관찰이 불가능한 심리적 특성을 측정하는 것이므로, 심리검사의 결과를 믿고 신뢰하기 위해서는 심리검사의 시행절차와 채점방법 등에 있어 갖추어야 할 조건들이 있다.

1) 신뢰도

신뢰도(reliability)란 검사도구를 사용하여 측정한 결과가 매번 일관성 있게 나오느냐의 문제이다. 즉, 한 가지 검사를 사용하여 여러 번 측정하였을 때 그 결과가 일정하게 나오는가를 의미하는 것이다. 예를 들어, 체중계를 이용하여 체중을 측정하는데, 측정을 할 때마다 몸무게가 다르게 나온다면, 그 체중계는 신뢰롭지 못한 것이다.

검사의 신뢰도를 판단하기 위한 몇 가지 방법이 있다. 첫 번째로 검사-재검사 신뢰도(test-retest reliability)이다. 이것은 같은 검사를 같은 사람에게 두 번 실시하여 그 결과를 비교하는 방법인데, 두 측정치 간의 상관계수로 신뢰도를 측정한다. 상관계수가 +1.00이면 완전상관으로 두 측정치가 완전하게 일치함을 의미한다. 그러나 어떤 검사이든 완전상관은 나올 수가 없지만 상관계수가 높아짐에 따라 검사의 신뢰도가 증가함을 의미한다.

두 번째로 동형검사 신뢰도(equivalent-form reliability)인데, 이 방법은 처음 실시한 검사와 측정하는 내용이 같은 다른 검사를 실시하여 나온 측정치와 비교하는 방법이다. 즉, 두 검사가 문항은 다르지만, 측정하고 하는 것이 동일한 검사를 사용하는 것이다. 이 방법은 검사-재검사 신뢰도에서 발생할 수 있는 연습효과와 문항내용을 기억하여 답하는 문제를 최소화할 수 있는 방법이다.

세 번째는 반분신뢰도(split-half reliability)이다. 이 방법은 한 검사의 문항을 반으로 나누어서 그 결과의 일치도 내지 동질성을 비교하는 것이다. 즉, 검사의 홀수문항과 짝수 문항을 나누어서 그 점수를 비교하는 것이다. 반분신뢰계수를 통해 검사의 내적 타당성의 정도를 알 수 있다.

2) 타당도

타당도(validity)란 한 검사가 측정하고자 하는 것을 얼마만큼 잘 측정하고 있는가를 의미한다. 즉, 지능검사를 통해서 지능을 측정하고자 할 때, 만일 지능검사가 그 사람의 성격이나 혹은 불안 수준을 측정하고 있다면, 그 검사는 타당성이 없는 것이다. 타당도는 검사의 목적이나 의도와 연관된 행동이나 결과를 정확히 예측하는 정도를 의미한다(박권생 외, 2004).

타당도를 측정하는 방법에는 몇 가지 방법이 있다. 먼저 내용타당도(content validity)란 검사의 문항내용에 대한 것인데, 검사의 문항이 측정하고자 하는 내용을 측정하고 있는지를 알아보는 것이다. 이 방법은 문항의 표면적인 내용에 대한 것이므로 안면타당도(face validity)라고도 한다. 타당도를 측정하는 두 번째 방법은 예언타당도(predictive validity)이다. 이 방법은 검사를 통해 측정한 결과가 미래의 상황을 어느 정도로 정확하게 예언하는가를 비교하는 것이다. 예를 들어, 대학수학능력 시험은 그 점수가 그 학생의 대학 성적을 예측한다고 생각한다. 따라서 수학능력 시험의 점수가 높은 학생은 대학에서의 학점도 높을 것으로 예상한다. 이 타당도는 측정한 점수가 다른 상황을 예측하는 데 필요한 기준을 제공하기 때문에 준거타당도(criterion validity)라고도 한다. 세 번째 방법은 구인타당도(construct validity)인데, 이 방법은 검사를 통해 측정한 결과가 그 검사가 원래 측정하고자 한 속성과 목적에 비추어 얼마나 적절하게 측정을 했는가를 알아보는 것이다.

신뢰도와 타당도의 관계를 살펴보면, 신뢰도가 낮으면 타당도도 낮게 나타난다. 왜냐하면 검사를 통해 나온 결과의 신뢰성이 떨어진다면, 그 검사가 측정하고자 한 특성을 적절하게 측정했다고 볼 수 없기 때문이다. 하지만 타당도가 낮아도 신뢰도는 높게 나올 수가 있다. 예를 들어, 체중계로 키를 측정한다고 할 경우, 몇 번을 측정하여도 유사한 값이 나오기 때문에, 그 측정치는 신뢰롭지만 체중계로 키를 측정한다면 그 타당성은 없게 된다.

3) 표준화와 규준

검사를 통해 얻은 결과가 신뢰롭기 위해서는 검사가 표준화(standardization)되어 있어야 한다. 표준화란 검사의 실시와 채점, 해석의 방법이 일정하게 정해져 있어 누가 그 검사를 사용하더라도 동일한 절차에 따라 검사를 진행하도록 하는 것이다. 이렇게 표준화된 절차에 따라 검사가 진행이 될 때 그 검사의 신뢰성이 높아질 것이다.

검사를 통해 얻은 점수는 그 자체로는 아무런 의미가 없다. 이 점수가 의미하는 바를 알기 위해서는 비교할 수 있는 어떤 기준이 있어야 하는데, 이를 규준(norm)이라고 한다. 규준은 검사가 사용될 대상을 대표할 수 있는 집단으로부터 얻은 점수의 분포인데, 검사점수를 이 분포와 비교함으로써 그 의미를 해석하게 된다. 예를 들어, 지능검사에서 105점을 받은 것만으로는 아무런 의미가 없으며, 이 점수가 자신의 나이와 성별 등이 비슷한 규준과 비교할 때 비로소 어떤 의미를 가지게 되는 것이다.

2 표준화된 심리검사

현재 아동·청소년의 문제행동을 파악하기 위한 다양한 검사들이 표준화되어 왔다. 현장에서 많이 사용되고 있는 검사를 지능 및 인지검사, 성격검사, 신경심리검사 및 투사검사로 분류해서 살펴보면 다음과 같다.

1) 지능검사 및 인지검사

(1) KEDI-WISC

만 5~15세 아동들에게 실시할 수 있는 지능검사이다. KEDI-WISC(Korean Education Development Institute-Wechser Intelligence Scale of children)는 언어성 검사 7개와 동작성 검사 7개로 구성되어 있으며, 두 검사에서 나온 언어성 지능과 동작성 지능을 합쳐 전체 지능을 측정한다.

(2) K-WISC-Ⅲ

우리나라에서 현재 가장 널리 사용되고 있는 아동용 지능검사로, 만 6~16세 11개월 된 아동까지의 지능을 측정할 수 있다. K-WISC-Ⅲ(Korean-Wechsler Intelligence Scale for Children)의 경우, 언어성, 동작성 및 전체 검사 IQ뿐만 아니라, 요인에 근거한 지표점수들(factor-based index score)이 계산된다. 많은 연구 결과들은 언어성과 동작성 두 개의 주요인 이외에 세 번째 요인으로 주의집중을 지적하고 있으며 이는 기호 쓰기, 산수, 숫자 소검사에서 주로 나타난다.

(3) K-ABC

$2\frac{1}{2}$~$12\frac{1}{2}$세 아동의 지능과 습득도를 평가하기 위하여 고안된 것이다. K-ABC (Kaufman Assessment Battery for Children)로 측정되는 지능은 문제를 해결하고 정보를 처리하는 개인의 인지처리양식으로 정의된다. K-ABC는 문제해결과 사실에 대한 지식을 명확하게 구별하여 측정하고 있는데, 즉 문제해결과 관련된 일련의 기

능을 지능으로 정의하여 인지처리척도(순차처리척도와 동시처리척도)에서 측정하고 있으며, 사실에 관한 지식을 습득도로 정의하여 측정하고 있다.

(4) K-WAIS

16~64세 성인을 대상으로 실시할 수 있는 지능검사도구이다. K-WAIS(Korean Wechsler Adult Intelligence Scale)는 언어성 검사 6개와 동작성 검사 5개로 구성되어 있고, 각 검사를 통해 나온 언어성 지능과 동작성 지능의 점수를 합쳐 전체 지능을 측정한다.

(5) 사회성숙도 검사

미국의 Doll의 '바인랜드 사회성숙 척도(Vineland Social Maturity Scale)'를 김승국과 김옥기(1991)가 표준화한 검사이다. 이 검사는 자조능력, 이동능력, 작업능력, 의사소통능력, 자기관리능력, 사회화 등과 같은 사회적 능력(social competence), 즉 적응행동(adaptive behavior)을 평가하는 검사이다. 따라서 피검자에 해당되는 사회연령을 구하고, 실제 생활연령과의 비율을 알아보는 사회성지수(social quotient)를 구하여 사회적 적응행동의 발달 정도를 알아본다.

(6) 기초 학습기능검사

박경숙 등(1989)이 제작한 검사(KEDI-Individual Basic Learning skills test)로서 아동의 학습수준이 정상으로부터 어느 정도 떨어지는가를 알아보거나 학습집단 배치에서 어느 정도 수준의 아동집단에 들어가야 하는가를 결정하는 검사이다. 특히, 선수학습 정도나 학습결손 사항의 파악, 학습 곤란의 현상이나 요인을 밝혀내어 구체적인 개별화 교수안(IEP)을 계획하는 검사목적을 가지고 있다. 대상아동은 유치원부터 초등학교 6학년까지이며 정보 처리, 셈하기, 읽기 I, 읽기 II, 쓰기의 5개 하위 소검사들로 구성되어 있다.

2) 성격검사

(1) MMPI 및 MMPI-2

13세 이상 아동과 성인의 성격평가를 위해 가장 많이 사용되는 검사(The Minnesota Multiphasic Personality Inventory)이다. 주로 임상진단용으로 개발되었기 때문에, 임상장면에서 정신병리적인 측면을 평가하기 위해 주로 사용된다. 하지만 개인의 성격이나 행동을 측정하기 위한 도구로도 활용된다. 4개의 타당도 척도와 10개의 임상척도로 구성되어 있다. 1943년 개발된 MMPI가 표준화집단에 대한 논란으로 1989년 MMPI-2로 개정되어 사용되고 있다.

(2) KPI-C

임상장면에서 아동의 정신과적인 문제를 선별·진단하고 학교장면에서 심리적인 도움을 필요로 하는 아동들을 조기에 발견하여 도움을 주는 데 목적이 있는 검사(Korean Personality Inventory for Childern)이다. 검사는 최근 6개월간 아동과 함께 생활한 보호자가 아동의 발달, 정서, 행동, 대인관계, 현실접촉 등에 대해 응답하여 다차원으로 평가할 수 있다. 4개의 타당도 척도, 1개의 자아탄력성 척도, 11개의 임상척도로 구성되어 있다.

(3) 한국판 아동행동척도

아헨바하(Achenbach, 1991), 아헨바하와 에델브록(Achenbach & Edelbrock, 1983)가 제작한 CBCL은 부모 또는 아동, 청소년과 함께 생활하는 어른이 아동, 청소년의 문제행동과 사회적 능력을 표준화된 형태로 기록하는 행동평가도구이다. K-CBCL(Korea-Child Behavior Checklist)은 임상장면이나 학교 등 아동 개인의 평가자료를 필요로 하는 다양한 상황에서 실제적으로 활용이 가능할 뿐 아니라 역학조사, 병인론 연구, 치료효과 연구 등 다양하게 활용될 수 있다. 즉, 평가대상이 각 평가치들에서 또래집단에 비해 얼마나 일탈되었는지, 사회능력 척도와 문제행동증후군 척도의 총점이 준거집단에 비해 얼마나 일탈되어 있는가를 평가하고 그 정도가 임상범위에 있는지 혹은 정상범위 내에 있는지를 판별하여 하나의 진단자료로서 활용될 수 있다.

(4) MBTI

융(Jung)의 심리유형론에 근거하여 4가지 선호지표를 조합하여 16가지 유형으로 성격을 구분하는 검사(Myers-Briggs Type Indicator)이다. 이 검사는 임상장면이 아닌 일반장면(학교, 상담, 교육, 산업, 의사소통 훈련 등)에서 주로 활용이 되며, 자신과 타인의 성격유형을 이해하는 데 유용하게 사용된다. 외향성(E)-내향성(I), 감각형(S)-직관형(N), 사고형(T)-감정형(F), 판단형(J)-인식형(P)의 4가지 차원에 근거해 성격 유형을 분류한다.

3) 신경심리검사

신경심리검사(Neuropsychological Assessment)는 뇌와 행동과의 관계를 알아보는 것으로 신경심리평가를 통해 뇌의 특정부위의 손상에 대한 추론을 가능하도록 하는 검사이다. 따라서 신경병리학적인 관련 장애를 가지고 있는 사람들에게 적용되어 왔고(Taylor & Fletcher, 1990), 다양한 영역의 인지기능을 포함하여 지각기능과 운동기능을 평가하게 된다.

(1) 연속수행검사(CPT)

지속적 주의력은 상대적으로 긴 시간 동안 특정과제 수행을 위해 주의집중을 유지하는 능력으로 정의된다. 이러한 지속적 주의력 연구에 가장 널리 사용되는 실험과제는 연속수행검사(Continuous Performance Task : CPT)이다. 지속적 주의력을 측정하기 위하여 제작된 프로그램은 X-CPT(표적자극과 방해자극 모두 알파벳으로 구성되어 있으며, 알파벳 X에 대해 반응을 하도록 하는 방법)와 같은 유형의 검사이다.

(2) TOVA

TOVA(Test of Variables of Attention)는 주의력결핍 과잉행동장애를 가진 아동과 성인의 진단 및 약물효과를 평가하기 위해 제작된 일종의 연속수행검사(CPT)이다. TOVA는 컴퓨터를 사용하여 실시하는 표준화된 검사로서, 목표자극은 배경이 되는 직사각형 내부의 위쪽에 정사각형이 위치해 있는 것인데, 피검자는 목표자극이 나타날 때마다 반응을 하도록 지시를 받는다. 전체 수행 시간은 약 20~40분이며, TOVA 결과를 통하여 아동의 부주의성, 충동성, 과제에 대한 정보처리 속도, 주의력의 비일관성의 심한 정도를 알 수 있다. 즉, 아동의 연령과 약물복용 여부에 따른 다양한 기준에 따라 주의력결핍 과잉행동장애의 여부를 결정하게 된다.

(3) 위스콘신 카드분류검사

WCST(Wisconsin Card Sorting Test) 검사의 목적은 전두엽의 실행기능을 측정하는 검사이다. 이를 위해 필요한 재료는 4개의 자극카드 세트와 64개의 반응카드 세트(2벌) 그리고 기록지이다. 실시하는 방법은 한 개의 빨간색 삼각형, 두 개의 초록색 별, 세 개의 노란색 십자가, 네 개의 청색 원이 그려진 4개의 자극카드를 피험자 앞에 일렬로 놓고 피험자로 하여금 검사자가 정해진 기준에 따라 반응카드 더미를 배열하도록 요구하는 것이다. 피험자의 과제는 각각의 반응카드 64개를 하나씩 4장의 반응카드 앞에 놓는 것이다. 반응카드들을 어디에 놓아야 하는지는 피검자가 스스로 판단해야만 하고 검사자는 놓은 위치가 맞았는지 틀렸는지에 대한 정보만 준다. 분류기준은 색깔, 모양, 수이며, 피험자가 10장의 카드를 연속적으로 올바르게 놓으면 분류기준이 바뀐다. 검사는 6번의 성공적인 범주(색깔, 모양, 수가 각각 2번)가 완료될 때까지 또는 128장의 카드 모두가 분류될 때까지 계속한다.

(4) ADS

주의력 장애 진단 시스템은 아동 청소년들의 주의력 문제를 진단하는 전산화된 도구이다. ADS(ADHD Diagnostic System)는 주의력 평가를 위해 사용할 수 있는 객관화되고 표준화된 연속수행검사로서 시각 버전과 청각 버전으로 구성된 비언어적 검사이다. 일정한 간격으로 자극과 비자극이 혼합되어 제시되고 피검자는 자극에 대해서만 반응하여야 한다. 시각자극, 청각자극에 대하여 각각 15분간 검사하게 된다. 단, 5세는 5분, 6세는 10분이다.

4) 투사검사

여기서 소개되는 검사들은 채점과 해석에 있어 표준화된 규준은 없으나 실제 임상장면에서 유용하게 사용되고 있는 검사들이다.

(1) BGT

BGT(Bender Gestalt Test for Young Children)검사는 형태심리학의 원리에서 발달된 검사로서 성인들의 정신병과 기질적인 문제를 탐색하기 위해 실시되어 왔으나 최근 아동용 신경심리평가도구 중 하나로 주로 선별(screening)검사로 사용된다. 이 검사는 9개의 기하학적 도형을 하나씩 보여 주면서 그리게 하는 것으로, 점으로 구성된 선과 원, 교차하는 2개의 곡선 등으로 구성되어 있다. 현재는 뇌손상이나 시각-운동 협응에 대한 평가, 그리고 지각적 성숙뿐만 아니라, 정서적 혼란이나 성격 특성의 평가 및 아동의 학업 성취에 대한 예측이나 대략적인 지능 추정을 위한 목적으로도 사용되고 있다.

(2) 로샤 검사

스위스의 정신의학자인 로샤(Hermann Rorschach)가 잉크반점을 이용하여 만든 10의 카드로 구성되어 있다. 임상장면에서 정신과 질환의 증상과 정신역동을 파악하는 데 매우 유용하게 사용된다. 실시 및 채점, 해석 등을 배우기 위해 상당히 많은 시간이 요구되고, 전문적인 교육과정이 필요하다.

(3) TAT

머레이(Henry Murray)와 모건(Christiana Morgan)이 개발한 그림검사(Thematic Apperception Test)로, 사람이 나오는 특정장면의 그림을 사용한다. 피검자는 제시되는 그림을 보고 그 장면에 대한 이야기를 만들게 된다. 이 검사는 자아와 환경 간의 관계를 파악하는 데 도움을 주며, 특히, 개인의 동기, 정서, 기분, 콤플렉스, 갈등 등의 다양한 요소를 파악하는 데 유용하다. 검사 결과의 해석을 위해서는 많은 시간과 다양한 경험을 필요로 한다.

(4) CAT

TAT가 아동에게 실시하기에 부적합하여 아동에게 적용하도록 만든 검사가 CAT (Children Apperception Test)이다. 아동들은 동물을 자신과 쉽게 동일시하며, 자신과 연관된 이야기를 한다는 전제하에 개발되었다. 이 검사는 아동의 역동적 평가에 매우 유용하다.

(5) HTP

HTP(House/Tree/Person : 집, 나무, 사람 그림검사)는 벅(Buck, 1948)이 인간의 심리상태에 대한 정보를 알기 위해 집, 나무 그리고 사람을 하나로 묶어서 검사로 제작한 것이다. 이후 해머(Hammer, 1958)에 의해서 임상적 적용이 확대되었다. HTP는 일종의 투사적 성격검사로서 평가자의 지시에 따라 아동이 흰 종이 위에 집과 나무와 사람을 그리게 되며, 그 그림에 대하여 솔직하고 자유롭게 설명하게 된다. 이 검사는 친숙한 소재를 통해 아동의 생각이나 내부의 욕구상태, 자아개념, 부모와의 관계나 가족관계, 현재 보이는 정서적 상태 등에 대해 알아볼 수 있다는 장점이 있다.

(6) 동작성 가족화

번스와 코프먼(Burns & Kaufman, 1970)은 아동에게 그의 가족구성원이 무엇인가를 하고 있는 장면을 그리도록 요구하는 동작성 가족화 검사(KFD: Kinetic Family Drawing)를 창안하였다. K-F-D는 흰 종이 위에 가족들이 하고 있는 활동들을 그리게 되는 투사검사의 일종으로 가족관계에서의 문제나 역동에 대하여 알아볼 수 있다. 특히, 피검사자가 가족관계에서 느끼는 자신의 위치나 가족들에 대한 감정상태 등에 대해 알 수 있다는 장점을 가지고 있는 검사이다.

3 아동·청소년 병리검사도구들

최근 문제행동을 보이는 아동·청소년이 증가하면서 이들을 쉽게 변별할 수 있는 검사도구들이 개발, 보급되어 왔다. 지금부터 제시하는 도구들은 현재 아동·청소년의 상태를 알아볼 수 있는 유용한 도구이다. 그러나 여기에 제시된 검사도구만으로 진단을 내려서는 안 되며, 필요한 경우 추가적인 심리검사를 통해 정확한 진단을 내리는 것이 무엇보다 중요하다.

1) **한국어판 ADHD 평정척도**(Korean ADHD Rating Scale : K-ARS)[2)]

교사 또는 부모 평정용

번호	내용	전혀 그렇지 않다	때때로 그렇다	자주 그렇다	매우 자주 그렇다
1	세부적인 면에 대해 꼼꼼하게 주의를 기울이지 못하거나 학업에서 부주의한 실수를 한다.	⓪	①	②	③
2	손발을 가만히 두지 못하거나 의자에 앉아서도 몸을 꼼지락거린다.	⓪	①	②	③
3	일을 하거나 놀이를 할 때 지속적으로 주의를 집중하는 데 어려움이 있다.	⓪	①	②	③
4	자리에 앉아 있어야 하는 교실이나 다른 상황에서 앉아 있지 못한다.	⓪	①	②	③
5	다른 사람이 마주보고 이야기할 때 경청하지 않는 것처럼 보인다.	⓪	①	②	③
6	그렇게 하면 안 되는 상황에서 지나치게 뛰어다니거나 기어오른다.	⓪	①	②	③
7	지시를 따르지 않고, 일을 끝내지 못한다.	⓪	①	②	③
8	여가활동이나 재미있는 일에 조용히 참여하기가 어렵다.	⓪	①	②	③
9	과제와 일을 체계적으로 하지 못한다.	⓪	①	②	③
10	끊임없이 무엇인가를 하거나 마치 모터가 돌아가듯 움직인다.	⓪	①	②	③
11	지속적인 노력이 요구되는 과제(학교공부나 숙제)를 하지 않으려 한다.	⓪	①	②	③
12	지나치게 말을 많이 한다.	⓪	①	②	③
13	과제나 일을 하는 데 필요한 물건들을 잃어버린다.	⓪	①	②	③
14	질문이 채 끝나기도 전에 성급하게 대답한다.	⓪	①	②	③
15	쉽게 산만해진다.	⓪	①	②	③
16	차례를 기다리는 데 어려움이 있다.	⓪	①	②	③
17	일상적으로 하는 일을 잊어버린다.	⓪	①	②	③
18	다른 사람을 방해하거나 간섭한다.	⓪	①	②	③

2) 이 척도는 듀폴(Dupaul, 1991)이 DSM-IV(1994)의 ADHD 진단기준을 기본으로 하여 18문항으로 구성하였으며, 소유경 외(2002)가 신뢰도와 타당도를 검증하여 2003년부터 포괄적으로 사용하고 있는 척도로서 고위험군 판별기준은 부모용은 19점 이상, 교사용은 17점 이상이다.

2) 청소년 우울척도(Beck Depression Inventory : BDI)[3)]

번호	내용
1	⓪ 나는 슬픔을 느끼지 않는다. ① 나는 슬픔을 느낀다. ② 나는 항상 슬프고 그것을 떨쳐버릴 수 없다. ③ 나는 너무나도 슬프고 불행해서 도저히 견딜 수 없다.
2	⓪ 나는 앞날에 대해 특별히 낙담하지 않는다. ① 나는 앞날에 대해서 별로 기대할 것이 없다고 느낀다. ② 나는 앞날에 대해 기대할 것이 아무것도 없다고 느낀다. ③ 나의 앞날은 암담하여 전혀 희망이 없다.
3	⓪ 나는 실패감 같은 것을 느끼지 않는다. ① 나는 다른 사람들보다 실패의 경험이 더 많다고 느낀다. ② 나의 살아온 과거를 되돌아보면 나는 항상 많은 일에 실패를 했다. ③ 나는 한 인간으로서 완전히 실패했다고 느낀다.
4	⓪ 나는 전과 다름없이 일상생활에 만족하고 있다. ① 나의 일상생활은 전처럼 즐겁지가 않다. ② 나는 더 이상 어떤 것에서도 실제적인 만족을 얻지 못한다. ③ 나는 모든 것이 다 불만스럽고 지겹다.
5	⓪ 나는 특별히 죄의식을 느끼지 않는다. ① 나는 많은 시간 동안 죄의식을 느낀다. ② 나는 대부분의 시간 동안 죄의식을 느낀다. ③ 나는 항상 죄의식을 느낀다.
6	⓪ 나는 내가 벌을 받고 있다고 느끼지 않는다. ① 나는 내가 벌을 받을지도 모른다고 느낀다. ② 나는 벌을 받아야 한다고 느낀다. ③ 나는 현재 내가 벌을 받고 있다고 느낀다.
7	⓪ 나는 내 자신에 대해 실망하지 않는다. ① 나는 내 자신에 대해 실망하고 있다. ② 나는 내 자신을 역겨워하고 있다. ③ 나는 내 자신을 증오한다.

3) 이 척도는 벡(Beck, 1961)이 우울증상의 유무와 증상의 심각성 정도를 평가하기 위한 목적으로 제작된 자기보고형 척도로 우울증의 인지적, 정서적, 동기적, 신체적 증상 영역을 포함하는 21문항으로 이루어져 있다. BDI를 한국판으로 개발하기 위해 한홍무 등(1986)이 번안하여 성인을 대상으로 표준화하였고, 우울 정도의 채점 기준은 비우울 0~9점, 경한 우울증 10~15점, 중등도 우울증 16~23점, 중증 우울증 24~63점으로 고위험군은 중등도 및 중증 우울증으로 본다.

번호	내용
8	⓪ 나는 내가 다른 사람보다 못하다고 생각하지 않는다. ① 나는 나의 약점이나 실수에 대해 내 자신을 비판하는 편이다. ② 나는 나의 잘못에 대해 항상 내 자신을 비난한다. ③ 나는 주위에서 일어나는 모든 잘못된 일에 대해 내 자신을 비난한다.
9	⓪ 나는 자살할 생각 같은 것은 하지 않는다. ① 나는 자살할 생각은 하고 있으나 실제 실행하지는 않을 것이다. ② 나는 자살하고 싶다. ③ 나는 기회만 있으면 자살하겠다.
10	⓪ 나는 전보다 더 울지는 않는다. ① 나는 전보다 더 많이 운다. ② 나는 요즈음 항상 운다. ③ 나는 전에는 자주 울었지만 요즈음은 울래야 울 기력조차 없다.
11	⓪ 나는 전보다 화를 더 내지는 않는다. ① 나는 전보다 쉽게 화가 나고 짜증이 난다. ② 나는 항상 화가 치민다. ③ 전에는 화를 내게 했던 일인데도 요즈음은 화조차 나지 않는다.
12	⓪ 나는 다른 사람에 대한 흥미를 잃지 않고 있다. ① 나는 다른 사람들에게 흥미를 덜 느낀다. ② 나는 다른 사람들에 대하여 거의 흥미를 잃었다. ③ 나는 다른 사람들에 대하여 완전히 흥미를 잃었다.
13	⓪ 나는 전과 같이 결정하는 일을 잘 해낸다. ① 나는 어떤 일에 대해 결정을 못 내리고 머뭇거린다. ② 나는 어떤 결정을 할 때 전보다 더 큰 어려움을 느낀다. ③ 나는 이제 아무 결정도 내릴 수가 없다.
14	⓪ 나는 전보다 내 모습이 나빠졌다고 느끼지 않는다. ① 나는 내 용모에 대해 걱정한다. ② 나는 남들에게 매력을 느끼게 할 용모를 지니고 있지 않다. ③ 나는 내가 추하고 불쾌하게 보인다고 생각한다.
15	⓪ 나는 전과 다름없이 일을 잘 할 수 있다. ① 어떤 일을 시작하려면 전보다 더 힘이 든다. ② 어떤 일을 시작하려면 굉장히 힘을 들이지 않으면 안 된다. ③ 나는 너무 지쳐서 아무런 일도 할 수가 없다.
16	⓪ 나는 전과 다름없이 잠을 잘 잔다. ① 나는 전처럼 잠을 자지 못한다. ② 나는 전보다 한두 시간 빨리 잠이 깨며, 다시 잠들기가 어렵다. ③ 나는 전보다 훨씬 빨리 잠이 깨며, 다시 잠들 수가 없다.

번호	내 용
17	⓪ 나는 전보다 더 피곤하지 않다. ① 나는 전보다 더 쉽게 피곤해진다. ② 나는 무슨 일을 하든지 곧 피곤해진다. ③ 나는 너무나 피곤해서 아무 일도 할 수가 없다.
18	⓪ 내 식욕은 전보다 나빠지지 않았다. ① 내 식욕이 전처럼 좋지 않다. ② 내 식욕은 요즈음 매우 나빠졌다. ③ 요즈음에는 전혀 식욕이 없다.
19	⓪ 요즈음 나는 몸무게가 줄지 않았다. ① 나는 전보다 몸무게가 줄은 편이다. ② 나는 전보다 몸무게가 많이 줄었다. ③ 나는 전보다 몸무게가 너무 많이 줄어서, 건강에 위협을 느낄 정도이다.
19-2	나는 현재 음식 조절로 체중을 줄이고 있는 중이다. 예 ○ 아니오 ○
20	⓪ 나는 전보다 건강에 대해 더 염려하지는 않는다. ① 나는 두통, 소화불량 또는 변비 등의 현상이 잦다. ② 나는 내 건강에 대하여 매우 염려하기 때문에 제대로 일을 하기가 어렵다. ③ 나는 내 건강에 대하여 너무 염려하기 때문에 다른 일을 거의 생각할 수가 없다.
21	⓪ 나는 요즈음도 이성에 대한 관심에 변화가 없다고 생각한다. ① 나는 이전보다 이성에 대한 흥미가 적다. ② 나는 요즈음 이성에 대한 흥미를 상당히 잃었다. ③ 나는 이성에 대한 흥미를 완전히 잃었다.

3) 한국형 청소년 인터넷 중독 자가진단척도(K-척도)4)

20___년 ___월 ___일 __________학교 ___학년 (남, 여) 나이 ___ 이름 _________

번호		내용	전혀 그렇지 않다	때때로 그렇다	자주 그렇다	항상 그렇다
1	1	인터넷 사용으로 건강이 이전보다 나빠진 것 같다.	1	2	3	4
	2	인터넷을 너무 사용해서 머리가 아프다.	1	2	3	4
	3	인터넷을 하다가 계획한 일들을 제대로 못한 적이 있다.	1	2	3	4
	4	인터넷을 하느라고 피곤해서 수업시간에 잠을 자기도 한다.	1	2	3	4
	5	인터넷을 너무 사용해서 시력 등에 문제가 생겼다.	1	2	3	4
	6	다른 할 일이 많을 때에도 인터넷을 사용하게 된다.	1	2	3	4
2	7	인터넷을 하는 동안 나는 더욱 자신감이 생긴다.	1	2	3	4
3	8	인터넷을 하지 못하면 생활이 지루하고 재미가 없다.	1	2	3	4
	9	인터넷을 하지 못하면 안절부절 못하고 초조해진다.	1	2	3	4
	10	인터넷을 하고 있지 않을 때에도 인터넷에 대한 생각이 자꾸 떠오른다.	1	2	3	4
	11	인터넷을 할 때 누군가 방해를 하면 짜증스럽고 화가 난다.	1	2	3	4
4	12	인터넷에서 알게 된 사람들이 현실에서 아는 사람들보다 나에게 더 잘해준다.	1	2	3	4
	13	오프라인에서보다 온라인에서 나를 인정해 주는 사람이 더 많다.	1	2	3	4
	14	실제에서보다 인터넷에서 만난 사람들을 더 잘 이해하게 된다.	1	2	3	4
5	15	인터넷 사용시간을 속이려고 한 적이 있다.	1	2	3	4
	16	인터넷 때문에 돈을 더 많이 쓰게 된다.	1	2	3	4
6	17	인터넷을 하다가 그만 두면 또 하고 싶다.	1	2	3	4
	18	인터넷 사용 시간을 줄이려고 해보았지만 실패한다.	1	2	3	4
	19	인터넷 사용을 줄여야 한다는 생각이 끊임없이 들곤 한다.	1	2	3	4
	20	주위 사람들이 내가 인터넷을 너무 많이 한다고 지적한다.	1	2	3	4

4) 이 척도는 2002년 한국정보문화진흥원과 서울대학교가 공동 개발하였으며, 인터넷 중독에 관한 고위험 사용자군, 잠재적 위험 사용자군, 일반 사용자군을 분류할 수 있는 문항을 중심으로 일상생활 장애, 긍정적 기대, 금단, 가상적 대인관계지향성, 일탈행동, 내성에 대한 6개의 하위척도로 구성되었다. 이 척도의 채점과 해석은 다음과 같다.

채점방법	1점 ☞ 전혀 그렇지 않다 2점 ☞ 때때로 그렇다 3점 ☞ 자주 그렇다 4점 ☞ 항상 그렇다	채점하기	총 점 ▶ ① 1~20번 합계 요인별 합계 ▶ ② 1요인(1~6번) 합계 ③ 3요인(8~11번) 합계 ④ 6요인(17~20번) 합계
고위험 사용자군	중·고교생	총 점▶ ① 53점 이상 요인별▶ ② 1요인 17점 이상 ③ 3요인 11점 이상 ④ 6요인 13점 이상	
	초등학생	총 점▶ ① 46점 이상 요인별▶ ② 1요인 14점 이상 ③ 3요인 10점 이상 ④ 6요인 12점 이상	
	판정 : ①에 해당하거나, ②~④ 모두 해당되는 경우		
잠재적위험 사용자군	중·고교생	총 점▶ ① 48~52점 요인별▶ ② 1요인 15점 이상 ③ 3요인 10점 이상 ④ 6요인 12점 이상	
	초등학생	총 점▶ ① 41~45점 요인별▶ ② 1요인 13점 이상 ③ 3요인 9점 이상 ④ 6요인 10점 이상	
	판정 : ①~④ 중 한 가지라도 해당되는 경우		
일반 사용자군	중·고교생	총 점▶ ① 47점 이하 요인별▶ ② 1요인 14점 이하 ③ 3요인 9점 이하 ④ 6요인 11점 이하	
	초등학생	총 점▶ ① 40점 이하 요인별▶ ② 1요인 12점 이하 ③ 3요인 8점 이하 ④ 6요인 9점 이하	
	판정 : ①~④ 모두 해당되는 경우		

4) 스트레스 측정 질문지[5)]

성 명		성 별	M / F	생년월일		연 령	
학 력		직 업		검 사 자		검사일	
전체점수							

번호	내용	항상 느낌	자주 느낌	가끔 느낌	전혀 없음
1	매우 긴장하거나 불안한 상태가 되었다.	3	2	1	0
2	기분이 매우 동요되었다.	3	2	1	0
3	사소한 일에 매우 신경질적이 되었다.	3	2	1	0
4	소모감, 무기력감을 느꼈다.	3	2	1	0
5	침착하지 못하다.	3	2	1	0
6	아침까지 피로가 남고, 일에 기력이 솟지 않았다.	3	2	1	0
7	화가 나서 자신의 감정을 억제할 수 없었다.	3	2	1	0
8	생각지도 못한 일 때문에 곤욕을 치렀다.	3	2	1	0
9	심각한 고민이 머리에서 떠나지 않았다.	3	2	1	0
10	모든 일이 생각대로 되지 않아 욕구불만에 빠졌다.	3	2	1	0
11	모든 일에 집중할 수가 없다.	3	2	1	0
12	남 앞에 얼굴을 내미는 것이 두려웠다.	3	2	1	0
13	남의 시선을 똑바로 볼 수 없다.	3	2	1	0
14	똑같은 실수를 반복했다.	3	2	1	0
15	가족이나 친한 사람과 함께 있는 시간도 편안하지 않았다.	3	2	1	0
16	불면	3	2	1	0
17	심장이 두근거림	3	2	1	0
18	얼굴이나 신체 일부의 경련	3	2	1	0
19	현기증	3	2	1	0
20	땀이 많이 남	3	2	1	0
21	감각이 예민(몸이 근질거리거나 따끔따끔한 통증을 느낀다)	3	2	1	0
22	요통	3	2	1	0
23	눈의 피로	3	2	1	0
24	목이나 어깨 결림	3	2	1	0
25	두통	3	2	1	0
26	감염증(감지, 후두염 등)	3	2	1	0
27	변비	3	2	1	0
28	발열	3	2	1	0
29	소화불량	3	2	1	0
30	설사	3	2	1	0

5) 스트레스 척도의 점수의 해석은 0~12점은 평균, 13~19점 주의 요함, 20점 이상은 경고수준으로 위험수위가 높다는 것을 의미한다.

5) 인터넷 중독 자가진단법[6)]

성 명		성 별	M / F	생년월일		연 령	
학 력		직 업		검 사 자		검사일	
전체점수							

번호	내용	전혀 아니다 (0)	가끔 그렇다 (1)	보통 그렇다 (2)	자주 그렇다 (3)	대부분 그렇다 (4)	항상 그렇다 (5)
1	당신의 자녀는 인터넷 사용에 대해서 정해놓은 시간을 자주 어깁니까?	0	1	2	3	4	5
2	당신의 자녀는 인터넷 사용으로 집안 일(혹은 학업)을 소홀히 한 적이 있습니까?	0	1	2	3	4	5
3	당신의 자녀는 가족과 함께 즐기기보다 컴퓨터하는 것을 더 좋아합니까?	0	1	2	3	4	5
4	당신의 자녀는 사이버 공간에서 새로운 친구를 사귑니까?	0	1	2	3	4	5
5	당신은 자녀의 인터넷 사용 시간에 대해서 불평을 자주 토로합니까?	0	1	2	3	4	5
6	자녀의 인터넷 사용 때문에 성적이나 학교생활에 문제가 있습니까?	0	1	2	3	4	5
7	당신의 자녀는 친구와 밖에 나가 노는 것보다 인터넷 사용을 더 좋아합니까?	0	1	2	3	4	5
8	당신의 자녀는 해야 할 일을 미루고 먼저 인터넷에 접속부터 합니까?	0	1	2	3	4	5
9	당신의 자녀는 인터넷을 시작한 이후로 다른 사람과의 관계가 감소했습니까?	0	1	2	3	4	5
10	자녀에게 인터넷에서 무엇을 했냐고 물어보면 숨기거나 얼버무립니까?	0	1	2	3	4	5
11	당신의 자녀는 당신의 의사를 무시하고 몰래 컴퓨터 접속을 합니까?	0	1	2	3	4	5
12	당신의 자녀는 자기 방에서 자주 혼자 컴퓨터를 합니까?	0	1	2	3	4	5
13	당신의 자녀는 인터넷에서 알게 된 새로운 친구들과 전화를 한 적이 있습니까?	0	1	2	3	4	5
14	당신의 자녀는 컴퓨터를 사용하는 동안 방해를 받으면 소리를 지르고 화를 낸 적이 있습니까?	0	1	2	3	4	5
15	당신의 자녀는 밤늦게까지 접속해 있느라 잠을 자지 못해 그전보다 피곤해하거나 지쳐보입니까?	0	1	2	3	4	5
16	당신의 자녀는 인터넷을 하지 않을 때에도 접속할 생각에 몰두해 있거나 인터넷을 사용하려고 자주 시도하나요?	0	1	2	3	4	5
17	당신이 자녀의 인터넷 사용시간에 대해 간섭했을 때 자녀는 자주 짜증을 내나요?	0	1	2	3	4	5
18	자녀는 다른 취미활동이나 밖에 나가 노는 것보다 컴퓨터 하는 것을 더 좋아하나요?	0	1	2	3	4	5
19	당신이 자녀의 컴퓨터 사용 시간을 제한했을 때 자녀는 자주 화를 내나요?	0	1	2	3	4	5
20	자녀가 컴퓨터 접속을 하지 않을 때에는 우울하고 침울하며 신경질적이 되었다가 다시 온라인 상태로 오면 이런 감정들이 사라진 것처럼 보인 적이 있습니까?	0	1	2	3	4	5

6) 인터넷 중독 자가진단법의 해석은 nomal(20~39점), mild(40~69점), moderatesevere(70~100점)이다.

6) 알코올 문제 자가진단법(AUDIT)[7]

성 명		성 별	M / F	생년월일		연 령	
학 력		직 업		검 사 자		검사일	
전체점수							

번호	내용	0점	1점	2점	3점	4점
1	얼마나 술을 자주 마십니까?	전 혀 안마심 ( )	월 1회 미만 ( )	월 2~4회 ( )	주 2~3회 ( )	주4회 ( )
2	술을 마시면 한 번에 몇 잔 정도 마십니까?	전 혀 안마심 ( )	소주 1~2잔 ( )	소주 3~4잔 ( )	소주 5~6잔 ( )	소주 7~9잔 ( )
3	한 번에 소주 한 병 또는 맥주 4병 이상 마시는 경우는 얼마나 자주 있습니까?	없음 ( )	월 1회 미만 ( )	월 1회 ( )	주 1회 ( )	거의 매일 ( )
4	지난 일 년간 한번 술을 마시기 시작하면 멈출 수 없었던 때가 얼마나 자주 있었습니까?	없음 ( )	월 1회 미만 ( )	월 1회 ( )	주 1회 ( )	거의 매일 ( )
5	지난 일 년간 평소 같으면 할 수 있던 일을 음주 때문에 실패한 적이 얼마나 자주 있었습니까?	없음 ( )	월 1회 미만 ( )	월 1회 ( )	주 1회 ( )	거의 매일 ( )
6	지난 일 년간 술을 마신 다음날 일어나기 위해 해장술이 필요했던 적은 얼마나 자주 있었습니까?	없음 ( )	월 1회 미만 ( )	월 1회 ( )	주 1회 ( )	거의 매일 ( )
7	지난 일 년간 음주 후에 죄책감이 든 적이 얼마나 자주 있었습니까?	없음 ( )	월 1회 미만 ( )	월 1회 ( )	주 1회 ( )	거의 매일 ( )
8	지난 일 년간 음주 때문에 전날 밤에 있었던 일이 기억나지 않았던 적이 얼마나 자주 있었습니까?	없음 ( )	월 1회 미만 ( )	월 1회 ( )	주 1회 ( )	거의 매일 ( )
9	음주로 인해 자신이나 다른 사람이 다친 적이 있었습니까?	없음 ( )	-	있지만 지난 일 년 간에는 없었다 ( )	-	지난 일 년간 있었다 ( )
10	친척이나 친구, 의사가 당신이 술 마시는 것을 걱정하거나 당신에게 술 끊기를 권유한 적이 있었습니까?	없음 ( )	-	있지만 지난 일 년 간에는 없었다 ( )	-	지난 일 년간 있었다 ( )

7) 알코올 문제 자가진단법의 해석은 nomal(0~11점), mild(12~14점), moderate(15~25점), severe(26점 이상)이다.

7) 품행장애 체크리스트[8)]

성 명		성 별	M / F	생년월일		연 령	
학 력		직 업		검 사 자		검사일	
전체점수							

번호	내용	예	아니오
1	자주 다른 사람을 못살게 굴거나 위협한다.		
2	먼저 싸움을 건다.		
3	다른 생물에게 신체적인 상해를 입힐 수 있는 물건을 사용한 적이 있다.		
4	사람에게 신체적으로 잔인하고 무자비하게 행동한 적이 있다.		
5	동물에게 잔인하고 무자비하게 행동한 적이 있다.		
6	다른 사람의 지갑이나 금품을 강탈한 적이 있다.		
7	남에게 피해를 주기 위해 고의적으로 불을 지른 적이 있다.		
8	다른 사람의 물건이나 재산을 고의적으로 부순 적이 있다.		
9	다른 사람의 집이나 차를 부수고 들어간 적이 있다.		
10	책임을 회피하거나 이득을 얻기 위해 자주 거짓말을 한다.		
11	비싼 물건을 훔친 적이 있다.		
12	부모 말을 어기고 밤늦도록 집에 들어오지 않은 적이 있다.		
13	적어도 2번 이상 가출한 적이 있다. 혹은 집을 나가서 오랫동안 들어오지 않은 적이 있다.		
14	학교에 무단 결석한다.		

8) 이 척도는 김영화(2011)에 의해 제시된 척도이며, 14개의 항목 중 8개 이상에 체크한 경우 품행장애의 가능성이 높은 상태이므로 전문적인 도움이 필요함한 것으로 해석된다.

8) 불안장애 체크리스트[9)]

성 명		성 별	M / F	생년월일		연 령	
학 력		직 업		검 사 자		검사일	
전체점수							

번호	내용	그런 일이 거의 없다	때로 그렇다	자주 그렇다
1	실수하지 않을까 걱정된다.	1	2	3
2	울고 싶다.	1	2	3
3	불행하다고 느낀다.	1	2	3
4	결심하기가 어렵다.	1	2	3
5	내 문제를 직접 해결하기가 어렵다.	1	2	3
6	걱정이 너무 많다.	1	2	3
7	집에 있으면 마음이 편치 않다.	1	2	3
8	부끄러움이 많다.	1	2	3
9	고민이 많다.	1	2	3
10	쓸데없는 생각이 나를 괴롭힌다.	1	2	3
11	학교생활에 대해 걱정한다.	1	2	3
12	무엇을 할까 결정하기가 어렵다.	1	2	3
13	심장이 빨리 뛰는 것을 느낀다.	1	2	3
14	남이 모르는 두려움이 있다.	1	2	3
15	부모님에 대해 걱정한다.	1	2	3
16	손이 땀에 젖는다.	1	2	3
17	앞으로 일어날지도 모르는 일에 대해 걱정한다.	1	2	3
18	밤에 잠들기가 어렵다.	1	2	3
19	내 속에 이상한 느낌이 들 때가 있다.	1	2	3
20	남들이 나를 어떻게 생각할지 걱정된다.	1	2	3

9) 이 척도는 김영화(2011)에 의해 제시된 척도이며, 38점 이하 정상범위, 39~42점 불안수준이 약간 높은 상태, 43~46점 불안수준이 상당히 높은 상태로 전문상담이 필요함, 46점 이상 불안수준이 매우 높은 상태로 전문치료가 필요함으로 해석된다.

9) 충동성 척도[10)]

성 명		성 별	M / F	생년월일		연 령	
학 력		직 업		검 사 자		검사일	
전체점수							

번호	내용	예	아니오
1	나는 생각 없이 떠오르는 대로 말한 적이 자주 있다.		
2	문제를 천천히 조심스럽게 풀어나가기가 어렵다.		
3	지킬 수 있는지 생각하지 않고 약속을 하는 경우가 자주 있다.		
4	경제적 사정을 고려하지 않고, 물건을 사는 경우가 자주 있다.		
5	상황을 모든 각도에서 검토하지 않고, 마음을 정해버리는 경우가 많다.		
6	가끔 깊이 생각하지 않고 행동해 버린다.		
7	가끔 생각 없이 행동하는 바람에 곤란을 겪는다.		
8	사전에 조심스럽게 검토하지 않아 계획을 망치는 경우가 많다.		
9	생길 수 있는 모든 문제점들을 고려하지 않고 새로운 일을 착수하는 경향이 있다.		
10	중요한 결정을 내리기 전에 신중하게 장점과 단점을 따져보지 않는다.		
11	신중한 추론을 잘하지 못한다.		
12	결과를 생각하지 않고 행동하는 경우가 많다.		

10) 이 척도는 김영화(2012)에 의해 제시된 척도이며, 12개 문항 중 8개 이상인 경우 전문적인 상담이 필요함으로 해석된다.

10) 공격성 척도[11)]

성 명		성 별	M / F	생년월일		연 령	
학 력		직 업		검 사 자		검사일	
전체점수							

번호	내용	전혀 그렇지 않다	약간 그렇다	꽤 그렇다	확실히 그렇다
1	누가 나를 때리면 같이 싸운다.	1	2	3	4
2	때때로 싫어하는 사람 앞에서 그의 험담을 늘어놓는다.	1	2	3	4
3	때때로 다른 사람을 해치고 싶은 충동을 억제할 수 없다.	1	2	3	4
4	화가 나면 물건을 잘 던진다.	1	2	3	4
5	상대방과 다른 의견이 있으면 그의 입장을 고려하지 않고 나의 생각을 말한다.	1	2	3	4
6	무슨일이 생기면 다른 사람을 때릴 수 있다고 생각한다.	1	2	3	4
7	사람들이 나에게 동의하지 않으면 논쟁할 수밖에 없다.	1	2	3	4
8	누가 먼저 때린다면 나도 때리겠다.	1	2	3	4
9	계속해서 나를 괴롭히는 것은 나에게 한 대 얻어 맞기를 자청하는 셈이다.	1	2	3	4
10	사람들이 나에게 호통을 칠 때 나도 맞서서 호통친다.	1	2	3	4
11	매우 흥분했을 때 누군가를 때릴 수 있다.	1	2	3	4
12	때때로 시비조로 행동한다.	1	2	3	4
13	누가 괘씸해서 혼내주어야 할 때에는 상대의 자존심을 상하게 해서라도 혼내준다.	1	2	3	4
14	누구하고나 잘 싸운다.	1	2	3	4
15	거짓 협박을 자주한다.	1	2	3	4
16	내가 싫어하는 사람에게는 좀 무례한 행동을 한다.	1	2	3	4
17	다른 사람에 대한 나의 좋지 않은 견해를 쉽게 드러낸다.	1	2	3	4
18	권리를 지키기 위해 폭력을 써야 한다면 쓰겠다.	1	2	3	4
19	논쟁할 때 언성을 높이는 경향이 있다.	1	2	3	4
20	나를 궁지로 몰리게 한 사람을 알면 그 사람과 싸운다.	1	2	3	4
21	어떤 일에 반박해 논쟁하기를 좋아한다.	1	2	3	4

11) 이 척도는 김영화(2012)에 의해 제시된 척도이며, 54~58점 공격적 성향이 약간 있음, 59~61점 공격적 성향이 상당히 있음, 62점 이상 공격적 성향이 매우 높으며 전문적인 상담이 필요함으로 해석된다.

11) 집단 따돌림 진단척도[12)]

성 명		성 별	M / F	생년월일		연 령	
학 력		직 업		검 사 자		검사일	
전체점수							

번호	내용	없다	약간 그렇다	상당히 그렇다	아주 심하다
1	나는 학교에서 다른 아이들에게 위협이나 협박을 당한 적이 있다.	1	2	3	4
2	나는 다른 아이들에게 이유 없이 신체적으로 구타를 당한 적이 있다.	1	2	3	4
3	나는 학교에서 친한 친구가 없다.	1	2	3	4
4	나는 학교에서 다른 아이들과 잘 어울리지 못한다.	1	2	3	4
5	나는 학교에서 다른 아이들에게 강제로 돈을 빼앗긴 적이 있다.	1	2	3	4
6	나는 학교에 가기가 두렵다.	1	2	3	4
7	나를 도와주는 친구가 없다.	1	2	3	4
8	나를 이유 없이 괴롭히는 아이가 있다.	1	2	3	4
9	친구들이 나를 일부러 따돌리고, 소외시키며, 완전히 무시한 적이 있다.	1	2	3	4
10	나에 대해 나쁜 말을 하고 다녀서 다른 친구들이 나를 싫어하게 만든 친구가 있다.	1	2	3	4
11	친구들이 내가 싫어하는 별명으로 나를 부르며 비웃은 적이 있다.	1	2	3	4
12	내가 하기 싫어하는 일을 강제로 시키는 친구가 있다.	1	2	3	4

12) 이 척도는 한국임상심리학회의 아동 및 청소년 정신건강 진단검사에서 제시된 척도이며, 상당히 그렇다와 아주 심하다에 표시된 수를 합해 총합계를 구한다. 2개 이하는 일시적 따돌림일 가능성이 많음, 3~7개 학교에서 따돌림을 받을 가능성이 있음, 8개 이상 따돌림을 받고 있을 가능성이 매우 높으며 전문적인 상담이 필요함으로 해석된다(김영화, 2012).

11
학교폭력 예방을 위한 인성교육

배울 내용

1. 인성교육의 개념 및 필요성
2. 인성교육의 실천방안

학습목표

1. 인성교육의 개념을 설명할 수 있다.
2. 학교폭력 예방을 위한 인성교육의 필요성을 설명할 수 있다.
3. 인성교육의 실천방안을 살펴보고, 학교폭력 예방을 위해 실천할 수 있는 인성교육 방안을 모색해 본다.

개 요

「교육기본법」(제2조 교육이념)에서는 홍익인간의 이념 아래 국민으로 하여금 인격을 도야하고, 자주적 생활능력과 민주 시민으로서 필요한 자질을 갖추게 함으로써 인간다운 삶을 영위하게 하고, 민주 국가의 발전과 인류 공영의 이상을 실현하는 데 이바지함을 목적으로 한다고 명시되어 있다. 그리고 「인성교육진흥법」(제2조 정의)에서는 자신의 내면을 바르고 건전하게 가꾸고, 타인·공동체·자연과 더불어 살아가는 데 필요한 인간다운 성품과 역량을 기르는 것을 목적으로 하는 교육으로 정의되고 있다. 이와 같이 최근에는 공동체 의식을 가지고 세계와 소통하는 민주시민으로서 배려와 나눔을 실천하는 더불어 사는 사람을 강조하고 있다. 즉, 현대사회는 인성을 갖춘 사람을 요구하고 있다. 또한 인성은 학교폭력과 관련이 있기 때문에 학교폭력을 예방하기 위한 방안으로 인성교육을 강조하고 있는 실정이다. 따라서 본 장에서는 인성의 개념과 필요성, 인성교육의 실천방안을 살펴보고, 학교폭력 예방을 위해 실천할 수 방안들에 대해 모색해보고자 한다.

학교폭력을 예방하기 위해 최근 가장 강조되고 있는 것이 올바른 인성을 함양하도록 지도하는 것이다. 인성은 선천적인 요인과 후천적인 요인으로 구성되며, 무엇보다 학습을 통해 형성될 수 있기 때문에 인성교육이 매우 중요하다. 인성교육은 영유아기부터 시작해서 청소년기까지 계속되어야 한다. 따라서 본 장에서는 인성교육의 개념과 필요성, 인성교육을 위한 실천방안에 대해 자세하게 살펴보고자 한다.

1 인성교육의 개념 및 필요성

1) 인성의 의미

인성이 무엇인지 한 마디로 정의내리는 것은 매우 복잡하고 어렵다. 왜냐하면 인성이라는 단어와 유사한 의미로 쓰이는 말은 인품·인격·성품·기질·성격·인간성·사람 됨됨이 등 여러 가지 용어들이 있고, 각각에 대해 확실한 구분이 어려워 이를 혼용하여 사용하고 있으며, 특히 사전에서도 개념 간의 차이를 밝히지 못하고 있는 실정이기 때문이다(이은영, 2004).

일반적으로 인성을 3가지 측면, 즉 사전적 의미, 개인적 특성 및 도덕적 측면에서 정의하고 있는 것을 살펴보면 다음과 같다. 먼저 인성(人性)에 대한 사전적 의미는 사람의 성품(性品)으로 정의된다(표준국어대사전). 성품은 사람의 성질(性質)과 품격(品格)을 합한 말로서, 성질은 마음의 바탕이고 품격은 사람된 모습(사람 됨됨이)으로 설명되어 인성이란 사람의 '마음'과 '사람됨'으로 정의할 수 있다(한국교육학회, 1998). 이에 남궁달화(1999, 2010)는 인성은 마음의 바탕과 사람됨이라는 두 가지 요소로 구성되어 있다고 보았다. 그에 따르면 마음의 바탕은 사물을 인식하고 이해하고 판단하는 지(知-앎), 사물에 느끼어 일어나는 정(情-느낌), 무엇을 하겠다고 속으로 다짐하는 의(意-다짐)의 세 요소로 구성되고 마음은 선악을 느낄 수 있고, 시비를 판단할 수 있으며, 행동을 다짐할 수 있는 정신능력이다. 그리고 사람됨은 가치를 추구하고 실현하는 삶의 모습으로 정의된다. 이에 따라 인성교육은 마음의 바탕을 교육하고 인간이 되는 것을 교육하는 것이라 하였다.

인성을 개인적 특성으로 이해하는 것은 주로 심리학자들에 의해 이루어지고 있으며, 인성을 성격(personality)으로 정의한다. 'personality'는 무대에서 배우가 쓰는 가면이나 마스크를 의미하는 라틴어 '페르조나(persōna)'에서 유래되었다(이철주, 2014). 성격(personality)은 개인의 독특하고 고유한 특성으로서 개인이 지닌 어떤 심리적 특성에 의해 드러나는 특징적인 반응양식 내지는 행동양식이며, 환경과 상호작용하면서 나타나는 독특하고 일관성 있으며 안정된 인지적·정의적·감정적·행동적 양식이다(강진령, 2010).

인성을 도덕적 특성으로 정의하는 것은 주로 윤리학자들에 의해 이루어지며, 인성을 인격(character)으로 정의한다. 'character'는 새기는 사람, 조각용 도구, 도장, 낙인 도구, 조각된 표시, 인상 등의 뜻을 가진 희랍어 카락테르(charaktēr)에서 유래된 것으로(이철주, 2014) 인간만이 가지는 고유한 품격이다. 이에 따라 character(인격)으로서의 인성은 가치관이 내재된 개인의 고유한 특성으로서 도덕적이고 실천적인 선택과 행동에 관련된 인격적 특성으로 정의된다(김국현, 2002).

인성의 희랍어 의미는 '표시하기(to mark)'이고 도덕발달이 도덕적 행위에 의해 나타난다는 것을 의미하는 용어이다. 즉, 개인은 그의 활동과 행동에 의해 표시된다는 것이다. 영어로는 'personality' 또는 'character'이고, 이 용어는 성격·인성 또는 인격으로 번역되어 문맥에 따라 다양하게 사용되고 또한 다양하게 적용되고 있다(최영, 2006). 비록 인성이라는 용어에 대해 정의 내리기가 어렵고, 동·서양이 조금은 다른 개념으로 사용하고 있지만 인성이란 선천적으로 타고난 기질과 후천적으로 주어진 환경의 영향에 의해서 그리고 개인의 가치관과 의지적 결단에 의해서 결정된다는 것에는 많은 연구자들이 동의를 하고 있다. 즉, 인성은 사람의 타고난 성품으로 남에게 인상을 주는 신체적·정신적·정서적·사회적 특질의 동일체로 인간의 본성이라고도 볼 수 있지만, 관점에 따라서는 후천적으로 형성된, 즉 자신의 노력이나 교육의 결과로 형성된 바람직한 성격을 인성의 의미로서 볼 수도 있다(진흥섭, 2003).

이러한 점에 유의해 보면 인성교육이란 바로 그러한 성품을 회복하고 확장해가는 학습과정이라고 볼 수 있다(박병문, 2005). 각자가 자신의 내부에 인간적인 품위를 지니고 있다는 것을 일깨우고, 자신의 인간성을 지키게 하며 또한 다른 사람의 권리를 존중하게 하는 것이다(정해창 외, 1996). 따라서 그러한 인성을 잘 간직해가는 방법이 중요하고 동시에 그것을 방해하는 요인들을 제거해가는 일 또한 중요하다. 이것은 인간본성에 대한 바른 이해의 내면화와 그러한 이해를 바탕으로 성립되는 인간이 되기 위한 실천적 노력으로 가능하기 때문이다.

2) 인성교육의 필요성

오늘날 사회문제로 대두되고 있는 학교폭력 문제의 극복과 같은 시대적 요구에 부응하기 위해 학교교육에서 인성교육을 강화해야 한다는 목소리가 점차 높아지고 있다. 정부에서는 이러한 요구를 국가 차원의 인성교육 관련 정책 수립 및 시행에 적극적으로 반영해 왔다. 정부 교육정책 차원에서 볼 때, '학교폭력 근절 종합대책'(2012. 2. 6)을 통해 교육 전반에 걸친 인성교육이 강조된 이후, '인성교육 비전 수립 및 실천방안 연구'(천세영 외, 2012)를 통한 인성교육 추진의 기본 방향 및 큰 틀(framework)이 구축되었고, 2015년에는 「인성교육진흥법」이 제정되어 실행되고 있다. 「인성교육진흥법」(부록 2 참조)에서는 인성교육의 기본방향을 '가정과 학교, 사회에서 모두 장려되고 인간의 전인적 발달을 고려해 장기적 차원에서 계획되어야 하며 다양한 사회적 기반을 활용해 전국적으로 시행되어야 한다'는 세 가지로 규정하고 있다. 또한 '인성지수 개발 연구'(지은림 외, 2012)를 통하여, 초·중·고등학교 학생들에 적합한 인성 구인모형을 설정하고 인성지수를 측정할 수 있는 검사도구도 개발되어 왔다. 하지만 이와 같이 정부와 학계의 노력을 통해 인성교육 정책의 기본 방향을 설정하고 인성교육의 질적 개선에 필요한 도구를 개발하는 등 인성교육 활성화를 위한 기본 조건들이 차츰 마련되어 왔지만, 인성교육 활성화는 아직 미흡한 실정이다(정창우 외, 2014).

인성교육을 통해 함양시켜야 할 인성에 대한 논란은 계속되고 있지만 일반적으로 '개인의 내면을 바르고 건전하게 가꾸는 데 필요한 인간다운 성품과 역량'(개인적 차원) 및 '타인·공동체·자연과 더불어 살아가는 데 필요한 인간다운 성품과 역량'(타인·공동체·자연과의 관계 차원)을 포함한다. 이러한 두 가지 측면은 편의상 구분되는 것이지 실제로 엄밀하게 구분될 수 있는 것은 아니다. 내면의 건실(健實)함을 추구하는 사람이 타인 및 공동체와 바람직한 관계를 형성할 가능성이 높으며, 자기 중심적인 삶을 넘어서 타인 및 공동체적 삶을 소중하게 여기는 사람일수록 개인 영혼도 건전하고 아름다울 가능성이 높기 때문이다. 이와 같이 이 두 가지 측면이 밀접한 관련성을 지니지만, 그렇다고 동일한 것은 아니다. 개인의 내면이 긍정적이고 건전하다고 하더라도 다른 사람과의 관계적 측면에서 삶의 기술 혹은 테크네(techne)가 부족할 수도 있기 때문이다.

이러한 인성개념을 바탕으로 인성교육의 개념을 도출한다면, 그림 11-1에서와 같이, 인성교육은 '개인의 내면을 바르고 건전하게 가꾸고 타인·공동체·자연과 더불어 살아가는 데 필요한 인간다운 성품과 역량을 길러주는 일'로 정의될 수 있다.

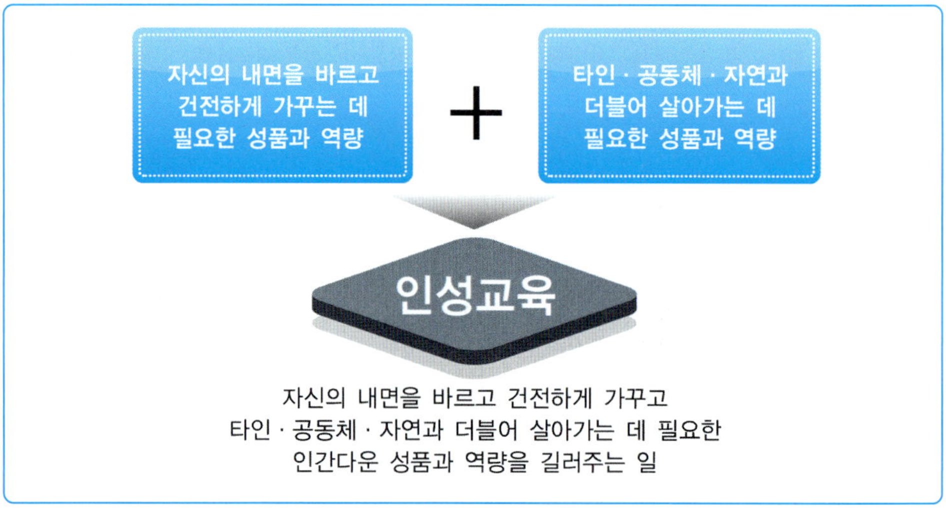

출처 : 정창우 외(2014). 학교급별 인성교육 실태 및 활성화 방안. 교육부. p.13.

▮그림 11-1. 인성교육의 개념

한편, 인성교육을 위해 적극적인 노력을 기울여야 하는 대상 혹은 책임 있는 주체들을 살펴보면, 여기에는 학교, 가정, 공동체, 대중매체 등이 포함된다. 그림 11-2에서 제시된 바와 같이, 학교, 가정 및 공동체의 풍토, 대중매체의 역할 등이 모두 아동 및 청소년들의 인성 형성에 중대한 영향을 미치는 후천적인 요인들에 해당되기 때문이다. 따라서 우리나라 아동 및 청소년들은 학교, 가정, 공동체로부터 인성함양을 위한 자양분을 공급받으면서 존중, 책임, 배려, 공정성, 공감 및 소통능력, 갈등해결능력 등을 함양해야 한다. 이를 위해 교사, 학부모, 행정가, 공동체 지도층 등은 이들 앞에서 좋은 인성의 모델이 되어야 하고 이러한 핵심 덕목들을 지지하고 강화하는 것이 무엇보다 중요하다(정창우 외, 2014).

출처 : 정창우 외(2014). 학교급별 인성교육 실태 및 활성화 방안. 교육부. p.13.

▮그림 11-2. 인성 형성에 영향을 미치는 요인 및 인성교육의 참여 주체

3) 인성교육의 목표

학교폭력과 같은 문제를 극복하기 위해 학교교육에서 강조하고 있는 인성교육의 목표를 살펴보면 다음과 같다. 첫째, 인성교육을 통해 학생 자신에 대한 올바른 이해를 도모하는 것이다. 자기 자신을 올바르게 이해하는 사람은 자신에게 가장 합리적이고 현실적인 행동을 선택하고 실행할 수 있기 때문이다. 또한 자신을 이해하고 사랑하는 사람이 타인을 사랑하고 이해할 수 있을 것이다.

둘째, 인성교육을 통해 자신을 존중하고 수용하는 자세를 기르는 일이다. 이는 자신의 가치와 장점을 인식하면서 동시에 자신의 부족함도 인식함으로써 자신을 있는 그대로 받아들이는 것이다.

셋째, 인성교육을 통해 자기통제 및 조절능력을 함양하는 것이다. 자기통제능력을 상실한 사람은 충동적으로 행동하게 되고, 다른 사람과 그가 속한 사회에 일탈 행동으로 물의를 일으키는 경향이 있다. 바람직한 인성의 소유자는 자신의 본능적 충동이나 감정 때문에 좌절하기보다는 이를 사회적으로 용납되는, 생산적이고 창조적이며 적극적인 방식으로 승화시켜 표현한다.

넷째, 인성교육을 통해 올바른 현실 감각을 배양하는 것이다. 이상이나 기대를 지나치게 앞세운 나머지 현실을 무시하고 행동하는 것은 타인과의 원만한 인간관계를 방해하고 지나친 이상주의와 현실 사이의 모순에 빠지게 할 위험이 있다. 자신의 환경, 사회적 맥락, 그리고 주어진 과제의 특징 등을 정확히 이해하는 현실에 기초한 사고는 건전한 인성의 필수적인 요소인 것이다.

다섯째, 인성교육을 통해 타인에 대한 공감적 이해와 타인 존중의 자세를 함양하는 것이다. 공감이라는 말은 말 그대로 타인의 감정을 공유하는 것으로서, 상대방의 입장을 이해하면서도 결코 자신을 잃지 않는 것을 말한다. 솔직한 자기표현과 타인에 대한 공감적 자세는 보다 깊고 원숙한 인간관계를 형성하는 토대가 된다.

인성교육의 목표는 결국 인간으로서 지녀야 할 바람직한 성향을 지니게 하는 것으로서 학생들로 하여금 개인적으로 만족스럽고 사회적으로 건설적인 삶을 영위하는 데 필요한 지식·기능·태도·가치를 획득할 수 있도록 도와주는 것이라고 할 수 있다(임지영, 2004). 이러한 목표는 인간다운 인간을 길러내는 데 있으므로, 구체적인 목표를 실천해 가는 과정 속에서 바람직한 인성을 기를 수 있으며 이를 통하여 올바른 도덕성을 함양할 수 있다.

교육부(2015)가 제시하고 있는 유치원, 초등학교, 중학교 및 고등학교의 인성교육 목표를 살펴보면 표 11-1과 같다.

표 11-1. 학교 인성교육의 목표

구분	내용
유치원	• 심신의 균형적 발달과 바른 품성의 기초적 소양을 갖출 수 있도록 하는 데 중점을 둔다. 1) 기초적 지식과 경험을 통해 자신과 타인의 소중함을 알고 이를 지키기 위한 안전한 생활태도를 기른다. 2) 바른 언어를 사용하여 타인과 적절히 의사소통하는 능력을 기른다. 3) 나와 상대방의 의견에 차이가 있을 때 긍정적인 방법으로 해결하는 능력을 기른다.
초등학교	• 기본 생활 습관과 관련한 가치들을 올바로 이해하고 이를 일상생활에서 실천할 수 있도록 하는 데 중점을 둔다. 1) 기본 지식과 경험을 통해 삶에 대한 긍정적 태도를 확립하고 더불어 살아가기 위해 필요한 규칙과 질서를 준수하는 능력을 기른다. 2) 경청과 공감을 바탕으로 하는 기본적 의사소통 역량을 기른다. 3) 생활 주변의 갈등상황에서 평화적 해결방안을 찾고 실천적 능력을 기른다.
중학교	• 자신과 타인에 대한 이해를 바탕으로 삶과 세상에 대한 긍정적 태도를 확립하여, 더불어 사는 삶을 실천하는 데 중점을 둔다. 1) 다양한 지식과 경험을 통해 자신과 타인을 이해하고, 바람직한 삶의 방향과 진로탐색능력을 기른다. 2) 타인 존중의 태도를 바탕으로 다양한 방식의 의사소통 역량을 기른다. 3) 다양한 갈등상황에서 합리적 의사소통을 통한 평화적 해결능력을 기른다.
고등학교	• 성숙한 자아의식을 토대로 국가 및 세계와 소통하는 공동체 의식을 갖추어 공동체 발전에 기여하는 능력을 기르는 데 중점을 둔다. 1) 다양한 분야의 지식과 경험을 융합하여 창의적이고 능동적인 자세로 공동체 발전에 기여하는 능력을 기른다. 2) 논리성과 비판성, 창의성과 윤리성에 기반한 사회적 상호의사소통 역량을 기른다. 3) 윤리의식과 공동체의식을 바탕으로 사회의 다양한 갈등을 극복하기 위한 소양을 기른다.

출처 : 교육부(2015). 2015년 인성교육 포럼 : 인성교육 5개년 종합계획 공청회. p.73.

4) 인성의 핵심 덕목 및 하위 덕목

인성을 갖추기 위해서는 인성의 덕목을 파악하고 이들 덕목들을 갖추어나가기 위한 노력들이 필요하다. 인성의 덕목은 인성에 대한 정의만큼이나 학자들에 의해 다양하게 제시되어 왔다. 일반적으로 인성교육의 주요 덕목에는 기본적인 생활습관(규칙적인 생활, 정리정돈, 청결위생, 물자절약)에서부터 자아확립(정체성, 정직, 근면, 성실, 자주) 그리고 공동체의식(질서, 협동, 준법, 타인존중, 책임, 봉사, 정의, 효, 충) 등을 제시하고 있다(김태규, 권경택, 김승묵, 2006). 김은영 외(2016)의 연구에서는 인성 덕목을 자신과의 관계, 타인과의 관계, 조직과의 관계로 구분하고 자신과의 관계에는 비전, 자신감, 자기관리, 자아성취의 덕목을, 타인과의 관계에는 사회적 문제해결능력, 효율적 의사소통, 습관 형성의 덕목을, 조직과의 관계에는 직업윤리, 직장예절, 조직 내에서의 대인관계, 업무활동 계획 및 평가, 팀워크의 덕목으로 구성하고 있다. 그리고 최근 제정되어 시행되고 있는 인성교육진흥법에서는 '핵심 가치·덕목'이란 인성교육의 목표가 되는 것으로 예(禮), 효(孝), 정직, 책임, 존중, 배려, 소통, 협동 등의 마음가짐이나 사람됨과 관련되는 핵심적인 가치 또는 덕목을 의미하고, '핵심 역량'이란 핵심 가치·덕목을 적극적이고 능동적으로 실천 또는 실행하는 데 필요한 지식과 공감·소통하는 의사소통능력이나 갈등해결능력 등의 통합된 능력으로 보고 있다.

이와 같이 인성의 덕목에 대해 많은 연구자들의 연구들이 진행되어 왔으며, 정창우 외(2014)의 연구에서는 지금까지 주장되어 온 덕목들을 대부분 포함하고 있는데, 그들이 주장하고 있는 인성교육을 위한 핵심 덕목에 대한 요인들을 살펴보면 그림 11-3과 같다.

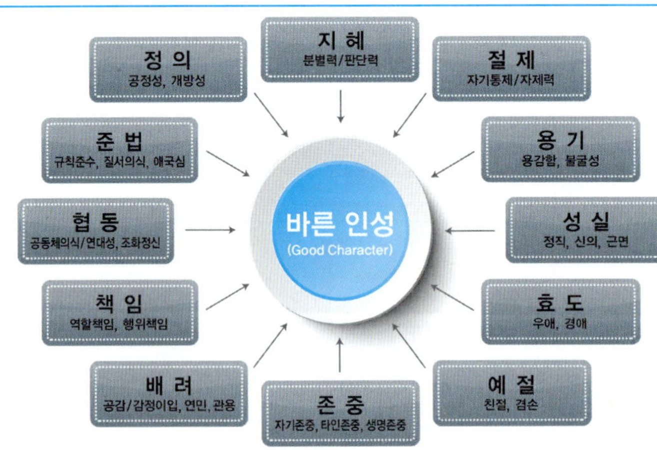

출처 : 정창우 외(2014). 학교급별 인성교육 실태 및 활성화 방안. 교육부. p.33.

그림 11-3. 인성교육을 위한 핵심 덕목 구성

그림 11-3과 같이 지혜, 용기, 성실, 절제, 효도, 예절, 존중, 배려, 책임, 협동, 준법, 정의를 포함하여 12개의 핵심 덕목들은 삶의 상황에서 윤리적 판단이나 의사결정을 안내하는 역할을 하고, 학생들이 함양해야 하는 덕성의 필수요소이자 덕성을 떠받치는 기둥 역할을 한다고 주장한다. 각 덕목의 의미와 특성 및 하위 덕목과의 관계를 제시하면 표 11-2와 같다.

▮표 11-2. 인성교육을 위한 핵심 덕목별 정의

차원	덕목	정의
개인적 차원	지혜	어떤 상황에서 취해야 할 것이 무엇이고, 버려야 할 것이 무엇인지를 분별하는 것이고, 지식의 사용과 획득에 수반되는 인지적인 힘
	용기	자신이 옳다고 믿는 것을 지지하고 옹호할 수 있는 능력과 의지, 또한 어떤 반대에 직면하거나 성공할 가능성이 부족하더라도 가치 있는 목적을 위해 굳은 의지를 발휘하는 정서적인 힘
	성실	거짓됨이 없이 자기가 하는 일에 정성을 다하는 자세이며, 성실성을 가진다는 것은 '전체성'을, 전체적으로 일관성을 지니는 것이며, 도덕원리를 준수하고 도덕적 양심에 충실하여 자기가 한 말을 실행하고 자기가 믿는 것을 지켜나간다는 것을 의미함
	절제	스스로의 욕구, 감정 등을 잘 통제하고 다스리는 것을 말하며, 절제는 과도함에 맞서는 힘이자, 자신의 욕망과 욕구, 충동을 알맞게 조절해서 표출하는 힘
관계적 차원 (타인·공동체·자연과의 관계 차원)	효도	인(仁)을 행하는 근본이 되는 것으로서 부모의 은혜에 감사하고 이에 보답하고자 하는 것
	예절	사람이 만든 질서에 따라 나와 남을 구분하고 그 구분에 따라 알맞게 표현하는 것
	존중	정중하고 사려 깊은 방식으로 다른 사람들을 대함으로써 그들이 존엄성을 가진 가치 있는 존재라는 것을 보여 주는 것
	배려	다른 사람의 행복이나 복지 등에 관심을 가지면서 그들의 필요나 요구에 민감하게 반응을 보이는 것
	책임	공동선(common good)의 실현을 위해 각 구성원들에게 부여된 역할과 의무를 충실히 이행하는 것
	협동	사회의 공동선을 창출하고 증진하기 위해 구성원들이 힘과 뜻을 모아 노력하는 것
	준법	기본생활규칙과 공중도덕, 법 그리고 기타의 사회적 약속과 의무 등을 준수하고 실천하는 성향
	정의	각자에게 그의 정당한 몫을 주고자 하는 항상적이고 영속적인 의지

출처 : 정창우 외(2014). 학교급별 인성교육 실태 및 활성화 방안. 교육부. p.34.

표 11-2과 같이 인성교육을 위한 핵심덕목은 크게 개인적 차원과 관계적 차원으로 구분하고 있으며, 개인적 차원에는 지혜, 용기, 성실, 절제의 하위덕목으로, 관계적 차원에는 효도, 예절, 존중, 배려, 책임, 협동, 준법 및 정의로 구분하고 있다.

2 인성교육의 실천방안

1) 인성교육에 대한 현황

교육부(2012)의 인성교육 실태조사에서 '앞으로 인성을 갖추는 것이 사회생활에서 지금보다 더 중요해질 것이라고 생각하는지'에 대한 조사 결과는 표 11-3과 같다.

▮표 11-3. 인성이 사회생활에서 지금보다 더 중요해질 것인지에 대한 생각

구분		전혀 아니다	아니다	그렇다	매우 그렇다	계
성별	남	1,723(5.1%)	2,722(8%)	6,814(20.1%)	22,609(66.8%)	33,868
	녀	229(0.5%)	2,144(4.3%)	10,899(21.9%)	36,468(73.3%)	49,740
연령별	10대 이하	71(1.9%)	115(3.0%)	1,061(27.8%)	2,563(67.3%)	3,810
	10대	189(0.9%)	596(2.9%)	5,301(26%)	14,270(70.1%)	20,356
	20대	107(0.5%)	3,349(16.5%)	3,803(18.7%)	13,044(64.2%)	20,303
	30대	69(0.4%)	352(2.3%)	2,946(19%)	12,132(78.3%)	15,499
	40대	1,467(8.7%)	314(1.9%)	3,284(19.4%)	11,878(70.1%)	16,943
	50대	19(0.3%)	104(1.8%)	1,151(20.3%)	4,394(77.5%)	5,668
	60대 이상	30(2.9%)	36(3.5%)	167(16.2%)	796(77.4%)	1,029
지역별	대도시	1,802(3.4%)	1,403(2.7%)	11,651(22.2%)	37,668(71.7%)	52,524
	중소도시	110(0.4%)	3,348(13%)	4,925(19.1%)	17,362(67.4%)	25,745
	농어촌	40(0.7%)	115(2.2%)	1,137(21.3%)	4,047(75.8%)	5,339
계		1,942(2.3%)	4,787(5.8%)	16,743(21.2%)	55,826(70.7%)	79,298

표 11-3에서 보는 것과 같이 앞으로 인성이 사회생활에서 지금보다 더 중요해질 것인지에 대해서는 긍정적인 응답이 91.9%로 매우 높게 나타났다. '우리나라 학생들의 나눔, 배려, 봉사 등 더불어 사는 능력'에 대한 조사 결과는 표 11-4와 같다.

표 11-4. 학생들의 나눔, 배려, 봉사 등 더불어 사는 능력

구분		매우 낮다	낮다	높다	매우 높다	계
성별	남	5,668(16.7%)	17,022(50.3%)	7,927(23.4%)	3,251(9.6%)	33,868
	녀	9,057(18.2%)	31,487(63.3%)	7,095(14.3%)	2,101(4.2%)	49,740
연령별	10대 이하	619(16.2%)	1,935(50.8%)	858(22.5%)	398(10.4%)	3,810
	10대	2,863(14.1%)	10,945(53.8%)	5,169(25.4%)	1,379(6.8%)	20,356
	20대	3,372(16.6%)	12,791(63.0%)	3,438(16.9%)	702(3.5%)	20,303
	30대	2,908(18.8%)	8,811(56.8%)	3,066(19.8%)	714(4.6%)	15,499
	40대	3,235(19.1%)	10,144(59.9%)	1,637(9.7%)	730(4.3%)	16,943
	50대	1,486(26.2%)	3,269(57.7%)	730(12.9%)	183(3.2%)	5,668
	60대 이상	242(23.5%)	614(59.7%)	124(12.1%)	49(4.8%)	1,029
지역별	대도시	9,667(18.4%)	30,181(57.5%)	8,632(16.4%)	4,044(7.7%)	52,524
	중소도시	4,067(15.8%)	14,953(58.1%)	5,688(22.1%)	1,037(4.0%)	25,745
	농어촌	991(18.6%)	3,375(63.2%)	702(13.1%)	271(5.1%)	5,339
계		13,976(17.6%)	45,748(58.0%)	14,444(18%)	5,130(6.4%)	79,298

표 11-4에서 보는 것과 같이 우리나라 학생들의 나눔, 배려, 봉사 등 더불어 사는 능력에 대해 긍정적인 응답은 24.4%였으며, 부정적인 응답은 75.6%로 나타났다. '우리나라 학생들이 자신의 삶에 대해 긍정적인 태도를 가지고 있는지'에 대한 조사 결과는 표 11-5와 같다.

▮표 11-5. 자신의 삶에 대한 긍정적인 태도

구분		전혀 아니다	아니다	그렇다	매우 그렇다	계
성별	남	2,483(7.3%)	16,420(48.5%)	11,554(34.1%)	3,411(10.1%)	33,868
	녀	3,794(7.6%)	27,836(56%)	15,473(31.1%)	2,637(5.3%)	49,740
연령별	10대 이하	344(9%)	1,566(41.1%)	1,508(39.6%)	392(10.3%)	3,810
	10대	1,885(9.3%)	9,666(47.5%)	6,010(29.5%)	2,795(13.7%)	20,356
	20대	1,859(9.2%)	11,196(55.1%)	5,366(26.4%)	1,882(9.3%)	20,303
	30대	970(6.3%)	8,188(52.8%)	5,924(38.2%)	417(2.7%)	15,499
	40대	826(4.9%)	10,081(59.5%)	5,656(33.4%)	380(2.2%)	16,943
	50대	339(6%)	3,022(53.3%)	2,164(38.2%)	143(2.5%)	5,668
	60대 이상	54(5.2%)	537(52.2%)	399(38.8%)	39(3.8%)	1,029
지역별	대도시	4,084(7.8%)	28,727(54.7%)	16,093(30.6%)	3,620(6.9%)	52,524
	중소도시	1,739(6.8%)	12,485(48.5%)	9,321(36.2%)	2,200(8.5%)	25,745
	농어촌	454(8.5%)	3,044(57%)	1,613(30.2%)	228(4.3%)	5,339
계		5,877(7.5%)	41,749(52.9%)	25,813(32.3%)	5,859(7.2%)	79,298

표 11-5에서 보는 것과 같이 자신의 삶에 대해 긍정적인 태도를 가지고 있다는 긍정적인 응답은 39.5%, 부정적인 응답은 60.4%로 나타났다. '우리나라 학생들이 어느 정도 정직하다고 생각하는지'에 대한 조사 결과는 표 11-6과 같다.

▮표 11-6. 학생들의 정직성

구분		전혀 아니다	아니다	그렇다	매우 그렇다	계
성별	남	3,474(10.3%)	14,455(42.7%)	14,828(43.8%)	1,111(3.3%)	33,868
	녀	2,341(4.7%)	22,426(45.1%)	23,784(47.8%)	1,189(2.4%)	49,740
연령별	10대 이하	278(7.3%)	1,452(38.1%)	1,773(46.5%)	307(8.1%)	3,810
	10대	2,922(14.4%)	8,936(43.9%)	7,661(37.6%)	837(4.1%)	20,356
	20대	1,166(5.7%)	9,685(47.7%)	9,159(45.1%)	293(1.4%)	20,303
	30대	652(4.2%)	7,273(46.9%)	7,254(46.8%)	320(2.1%)	15,499
	40대	478(2.8%)	6,902(40.7%)	9,187(54.2%)	376(2.2%)	16,943
	50대	268(4.7%)	2,231(39.4%)	3,050(53.8%)	137(2.4%)	5,668
	60대 이상	51(5%)	420(40.8%)	528(51.3%)	30(2.9%)	1,029
지역별	대도시	4,206(8%)	22,102(42.1%)	24,596(46.8%)	1,620(3.1%)	52,524
	중소도시	1,298(5%)	12,389(48.1%)	11,535(44.8%)	523(2.0%)	25,745
	농어촌	311(5.8%)	2,390(44.8%)	2,481(46.5%)	157(2.9%)	5,339
계		5,555(7.0%)	34,911(44.1%)	36,659(46.2%)	2,173(2.8%)	79,298

표 11-6에서 보는 것과 같이 우리나라 학생들의 정직성에 있어 긍정적인 응답은 49%, 부정적인 응답은 51.1%로 나타났다. '길을 가다가 어떤 학생이 집단 괴롭힘을 당하고 있는 현장을 목격했을 때의 반응'에 대한 조사 결과는 표 11-7과 같다.

표 11-7. 집단 괴롭힘을 당하고 있는 현장을 목격했을 때의 반응

구분		적극 제지한다	도움을 요청한다	신고한다	모른척 지나간다	계
성별	남	7,243(21.4%)	6,576(19.4%)	16,389(48.4%)	3,660(10.8%)	33,868
	녀	3,432(6.9%)	9,193(18.5%)	34,012(68.4%)	3,103(6.2%)	49,740
연령별	10대 이하	382(10%)	868(22.8%)	2,199(57.7%)	361(9.5%)	3,810
	10대	1,488(7.3%)	5,055(24.8%)	11,607(57%)	2,206(10.8%)	20,356
	20대	1,965(9.7%)	3,557(17.5%)	11,908(58.7%)	2,873(14.2%)	20,303
	30대	1,657(10.7%)	2,140(13.8%)	11,051(71.3%)	651(4.2%)	15,499
	40대	3,630(21.4%)	2,849(16.8%)	10,017(59.1%)	447(2.6%)	16,943
	50대	1,324(23.4%)	1,045(18.4%)	3,124(55.1%)	175(3.1%)	5,668
	60대 이상	229(22.3%)	255(24.8%)	495(48.1%)	50(4.9%)	1029
지역별	대도시	7,387(14.1%)	10,015(19.1%)	31,628(60.2%)	3,494(6.7%)	52,524
	중소도시	2,526(9.8%)	4,958(19.3%)	15,330(59.5%)	2,931(11.4%)	25,745
	농어촌	762(14.3%)	796(14.9%)	3,443(64.5%)	338(6.3%)	5,339
계		10,142(12.8%)	15,228(18.9%)	47,453(60.3%)	6,475(8.1%)	79,298

표 11-7과 같이 집단 괴롭힘을 당하고 있는 현장을 목격했을 때의 반응으로는 신고한다가 60.3%, 도움을 요청한다 18.9%, 적극 제지한다 12.8%, 모른 척 지나간다 8.1% 순으로 나타났다.

2) 인성교육의 필요성에 대한 인식수준

교육부(2012)의 인성교육 실태조사에서 인성교육의 필요성에 대한 인식수준의 결과를 살펴보면 다음과 같다. 첫째, 인성이 사회생활에서 더 중요해질 것인가에 대한 인식에서는 전체 95.3%(학생 93.7%, 학부모 97.2%, 교사 97.9%)가 올바른 인성을 갖추는 것이 중요하다고 인식하고 있는 것으로 나타났다.

둘째, 우리나라 학생의 더불어 사는 능력(신뢰와 협력, 참여)수준에 대한 조사에서는 전체 38.3%(학생 46.3%, 학부모 35.8%, 교사 19.7%)가 긍정적인 응답을 보이는 것으로 나타났다.

셋째, 학교 인성교육수준 만족도에서는 전체 53.3%(학생 60.8%, 학부모 53.7%, 교사 31.9%)가 학교의 인성교육 수준을 만족하고 있었으며, 교사의 만족수준이 학생 및 학부모보다 낮은 것으로 나타났다.

넷째, 인성 형성에 부정적인 영향을 끼치는 요소로서의 1순위는 학생의 경우 성적 위주의 학교교육(33.4%), 폭력적인 또래문화(25.2%), 부모님의 잘못된 교육관(13.0%), 잘못된 어른들의 모습(11.5%)순으로 나타났으며, 학부모의 경우 성적 위주의 학교교육(27.6%), 부모님의 잘못된 교육관(18.5%), 폭력적인 또래 문화(18.5%), 유해한 매체(16.8%)로 인식하고 있었으며, 교사의 경우 부모님의 잘못된 교육관(45.6%), 성적 위주의 학교교육(21.0%), 경쟁적 사회풍토(17.3%)로 나타났다. 그리고 인성 형성에 부정적인 영향을 끼치는 요소의 2순위로는 학생의 경우 잘못된 어른들의 모습(22.3%), 성적 위주의 학교교육(18.2%), 폭력적인 또래문화(17.6%), 경쟁적 사회풍토(16.9%), 유해한 매체(16.4%)였으며, 학부모의 경우 유해한 매체(24.0%), 성적 위주의 학교교육(19.3%), 경쟁적 사회 풍토(18.7%), 교사의 경우 경쟁적 사회풍토(22.5%), 유해한 매체(21.2%) 순으로 나타났다.

다섯째, 친구(학생)가 괴롭힘을 당하는 장면을 목격했을 때 행동으로는 학생의 경우 신고(49.3%), 주변에 도움 요청(20.8%), 적극 제지(19.2%), 지나감(10.8%)으로 나타났으며, 학부모의 경우 신고(47.6%), 적극 제지(27.3%), 주변에 요청(22.1%), 지나감(3.1%)의 순이었고, 교사의 경우 적극 제지(50.5%), 신고(30.7%), 주변에 도움 요청(16.2%), 지나감(2.6%) 순으로 나타났다.

여섯째, 인성교육의 결정적 시기로서는 학부모는 초등학교(48.4%), 유아기(24.6%), 중학교(19.5%)로 보고하였으며, 교사는 초등학교(48.2%), 유아기(32.7%), 영아기(10.1%) 순으로 보고하였다. 또한 교육부(2012)의 인성요소수준에 대한 긍정적인 응답의 비율을 살펴보면 표 11-8과 같다.

표 11-8. 인성요소수준에 대한 긍정적인 응답

수준	내용	긍정적인 응답		
		학생	학부모	교사
소통능력	친구의 입장을 잘 이해하고 대화가 잘 통함	92.2%	94.0%	40.7%
봉사정신	어려운 사람을 잘 도와주는 편	82.8%	91.4%	35.9%
갈등관리능력	친구와 싸움이 일어나기 전 대화로 해결하려고 노력	86.0%	91.1%	33.8%
배려정신	버스나 지하철에서 노약자를 보면 자리 양보	84.5%	91.8%	46.4%
규칙준수	교통신호를 잘 지킴	77.1%	92.9%	53.7%
타인에 대한 존중	다른 사람의 의견 존중	93.2%	92.2%	38.6%
관용정신	다른 사람의 잘못을 잘 용서하는 편	83.8%	87.6%	35.1%
책임감	자신이 맡은 일을 끝까지 완수	80.3%	84.6%	41.6%

표 11-8에서 보는 것과 같이 소통능력, 봉사정신, 갈등관리능력, 배려정신, 규칙준수, 타인에 대한 존중, 관용정신 및 책임감 요소에 대해 학생과 학부모는 비교적 긍정적인 응답이 높은 데 비해 교사들의 긍정적인 응답은 다소 낮은 것으로 나타났다.

3) 인성교육의 실천과제 및 해결방안

교육부(2012)의 인성교육 실천과제에 대한 인식 조사 결과는 표 11-9와 같다.

표 11-9. 인성교육 실천과제에 대한 인식

수준	내용	긍정적인 응답		
		학생	학부모	교사
체육·예술활동 활성화	스포츠활동 확대	86.6%	92.5%	82.2%
	예술활동 확대	81.0%	89.6%	92.0%
독서활동 활성화	독서활동 지원	78.1%	89.8%	88.1%
	독서체험활동	77.7%	93.3%	93.9%
	교사의 독서지도 능력의 향상	78.3%	93.0%	89.5%
	쾌적한 독서환경이 조성	85.9%	95.5%	95.9%
	독서전문가의 학교 독서교육 참여 확대	78.3%	91.3%	88.5%

수준	내용	긍정적인 응답		
		학생	학부모	교사
학생자치활동 활성화	학생회의 활성화	80.9%	89.1%	92.1%
	학생의 학교규칙 제정 참여	84.7%	89.0%	85.2%
	동아리 활성화	86.8%	92.9%	94.8%
	또래상담, 또래중재, 학생자치법정 활성화	84.9%	90.7%	89.2%
언어문화 및 교육과정 개선	교과교육을 통한 학생 언어문화 개선 필요성	71.2%	87.1%	85.4%
	인터넷 채팅이나 댓글에서 욕설 사용 제한 필요성	77.5%	93.6%	93.8%
	TV 또는 영화 등의 매체에서 욕설 사용의 제한 필요성	70.4%	91.8%	93.1%
	학생들 간의 자율적 자정운동의 필요성	82.2%	94.3%	96.5%
	부모님이나 교사 등 어른들의 모범 필요성	90.7%	97.2%	97.5%
학교·가정·사회의 역할 확대	학교가 학부모에게 효과적인 자녀교육방법을 안내	66.2%	68.5%	70.1%
	인터넷 포털, 게임, 방송, 언론매체 등에서 제공되는 유해한 내용에 대한 규제 강화	71.9%	91.4%	94.6%
	교사가 학생들에게 올바른 인성의 중요성에 대해 자주 강조	77.9%	92.2%	97.6%
위기학생 대책	어려움에 처한 학생을 위해서 쉽게 찾아갈 수 있는 상담실의 필요성	83.4%	93.9%	96.3%
	상담 선생님의 배치 필요성	85.6%	95.0%	96.0%
	위기 예방 프로그램의 운영 필요성	83.8%	94.9%	97.0%
	부모님과 함께하는 상담 프로그램 운영 필요성	77.6%	93.4%	98.0%
	외부 전문기관과의 긴밀한 연계 필요성	77.9%	92.2%	96.4%

표 11-9에서 보는 것과 같이 인성교육 실천과제, 즉 체육·예술활동 활성화, 독서활동 활성화, 학생자치활동 활성화, 언어문화 및 교육과정 개선, 학교·가정·사회의 역할 확대와 위기학생 대책의 수준에서 학생, 학부모 및 교사 모두 필요하다는 긍정적인 응답이 높게 나나났다. 각 수준별로 대책방안을 제시해보면 다음과 같다.

(1) 체육·예술활동 활성화

표 11-9에서 보는 것과 같이 체육·예술활동의 활성화에는 크게 두 가지, 스포츠 활동의 확대와 예술활동의 지원으로 구분할 수 있다. 체육·예술활동 활성화에 대한 필요성과 실천과제에 대한 교육부(2012)의 설문조사 결과, 체육과 예술활동에 대한 만족도는 각각 51.9%, 44.1%로 나타나 전반적인 만족도는 높지 않은 것으로 나타났으며, 체육과 스포츠 활동 확대의 필요성에 대해서는 전체 응답자의 87.3%(학생 86.6%, 학부모 92.5%, 교사 82.2%)가 긍정하였고, '예술활동의 지원 확대가 인성 함양에 도움이 된다'라는 질문에 85.4%(학생 81%, 학부모 89.6%, 교사 92%)가 도움이 된다고 응답하였다. 학교 스포츠 활동 활성화를 위해서는 '다양한 종목을 개설하여야 한다'는 응답(90.7%)이 가장 많았으며, '체육단체들과의 협력'(87.7%), '체육 외 교과 교사의 인식변화'(86.9%) 등의 순이었다. 예술활동 활성화를 위해서는 '기자재 및 환경 확충'이 가장 필요하다고 조사(89%)되었으며, '1인 1기 교육 지원'(86.8%) 및 '예술교사 등의 전문성 강화'(86.8%) 등도 중요하게 여기는 것으로 나타났다.

우리나라에서도 인성교육의 하나로 학교 스포츠 클럽 활동 프로그램의 체육교육을 통해 인성교육의 효과성을 검정한 사례가 있다. 학생의 스포츠 활동이 인성에 미치는 영향은 그림 11-4와 같다.

출처 : 교육부. 2012년 학교폭력 근절 종합대책. p.40.

▮그림 11-4. 중학교 체육활동의 효과

그림 11-4에서 보는 것과 같이 스포츠 활동은 신경전달물질을 활성화시키고, 긍정적 사고, 자아존중감, 집중력 향상, 자기파괴행동 감소, 불안 및 분노를 감소시켜 바른 인성함양 형성에 영향을 미치는 것으로 나타났다. 이와 같은 결과에 의하여 2012년 교육부는 체육 수업시간을 증가시키기로 결정하였다. 2012년 당시 교육부는 체육 수업시수 변화 및 그 제반 활동인 토요 스포츠 강사 지원, 학교 스포츠 클럽대회 개최, 교육 지원청 단위 학교클럽 리그 개최, 우수 학교 스포츠 클럽대회 지원을 위해 예산을 배정하고 활동을 적극적으로 지원해오고 있다.

또한 체육활동과 관련된 예술활동의 전반적인 보급에 따라 인성의 변화에 효과성 또한 주목을 받고 있다. 이에 정현주 외(2013)의 중학교 예술 동아리 자치활동 수혜자들의 프로그램 만족도 및 인성변화 지각도에 관한 설문조사의 분석 결과를 살펴보면 예술활동의 인성변화에 주요 효과는 표 11-10과 같다.

표 11-10. 예술동아리 활동에 따른 인성의 변화내용

구분	항목
개인적 측면	소질계발
	자기효능감
	자신감
	발표능력
관계적 측면	공동체 인식
	의사소통
	협동심
학교 적응	교사와의 관계
	학교생활 태도
진로 동기	동기변화
	능력개발
	진로인식

표 11-10에서 보는 것과 같이 개인적 측면에서 소질계발, 자기효능감, 자신감, 발표능력에 영향을 미치고, 관계적 측면에서 공동체 인식, 의사소통, 협동심에 긍

정적인 변화가 있으며, 학교적응 태도 측면에서는 학생과 교사의 관계와 학교생활 태도 등에서 긍정적 인성의 변화가 있는 것으로 보고하고 있다. 또한 진로동기에서도 인성의 변화가 있음을 발견하였다.

(2) 독서활동 활성화

표 11-9에서 보는 것과 같이 독서활동 활성화에 대해서는 크게 네 가지 범주, 즉 독서활동 지원, 독서체험활동, 교사의 독서지도능력의 향상, 쾌적한 독서환경의 조성 및 독서전문가의 학교 독서교육 참여 확대의 필요성을 제기하고 있다. 독서활동 활성화의 필요성과 실천과제에 대한 교육부(2012)의 설문조사 결과, 학생들이 충분한 독서활동을 하고 있는지에 대해 43.1%가 긍정적으로 인식하고 있었으며, '독서활동의 지원이 인성 함양에 효과가 있는가'라는 질문에는 83.1%(학생 78.1%, 학부모 89.8%, 교사 88.1%)가 효과가 있다고 응답하였다. 독서활동의 활성화를 위해서는 '쾌적한 독서환경 조성'이 가장 필요(90.5%)한 것으로 나타났으며, '다양한 독서 체험활동 기회 확대'(84.9%), '교사의 지도능력 향상'(84.3%), '저자 및 전문가의 학교 독서교육 참여 기회 확대'(83.7%) 순으로 나타났다.

독서는 읽기라는 용어와 구분되어 사용된다. 읽기라는 용어는 글자를 바르게 읽도록 지도하는 문자 읽기 또는 해독(decoding)으로 이해된다. 이에 비해 독서는 국어 교육의 영역을 벗어나 인격 수양, 견문 확장, 교양 교육 등의 차원으로 많이 하는 책 읽기의 의미로 사용된다. 독서는 고도의 지적 능력을 필요로 하는 대단히 복잡한 정신작용이며, 교향악의 연주와 같이 여러 가지 지적 기능들이 통합적으로 작용하는 지적 활동으로 규정된다(박영목, 2010). 배성희(2012)는 독서를 타인과의 소통을 통해 문화를 형성하고 계승해 나가는 사회·문화적 소통의 과정이라고 규정하고 있으며, 독서를 글과 독자가 만나 이루어 내는 이해의 과정, 즉 '의미의 구성과정'으로 보면서, 이 의미 구성과정에는 인지적 측면인 지식과 앎도 관여되어 있지만 정의적 측면인 정서, 태도, 가치관 등도 관여되었음을 강조하고 있다.

위의 주장들을 정리해보면, 독서는 인성 함양의 과정으로 해석할 수 있다. 첫째, 단순히 문자를 해독하는 과정이 아니라 이해의 과정, 즉 의미의 구성과정인 것이다. 이는 독자가 자신의 경험과 배경 지식을 동원하여 책의 의미를 새롭게 구성해 나가는, 즉 독자의 내면에서부터 의미를 새롭게 쌓아올리기 때문에 자기 성찰의 과정으로 볼 수 있다. 둘째, 사회·문화적 소통과정을 통하여 자신의 인격과 가치관을 변형시키는 과정으로 볼 수 있다. 독서는 더 이상 혼자만의 사고에 의해 해독되는 것이 아니라 타인과 세계에 대한 소통을 통해 문화를 형성하고 계승하면서 자신의 인성을 함양하는 가정으로 설명할 수 있다.

(3) 학생자치활동 활성화

표 11-9의 학생자치활동 활성화에 대해서는 학생회의 활성화, 학생의 학교규칙 제정 참여, 동아리 활성화 및 또래상담, 또래중재, 학생자치법정 활성화의 실천과제를 제시하고 있다. 학생자치활동 활성화에 대한 필요성과 실천과제에 대한 교육부(2012)의 설문조사를 살펴보면, 한해 동안 학급회의를 개최한 횟수에 대한 조사에서 '없다'가 41%로 나타났으며, '1달에 1번'이 39.8%, '2주에 1번'이 13.1%로 그 뒤를 이었다. 학생자치활동의 활성화를 위해서는 '동아리 활동 활성화' 90%, '또래상담 활성화' 86.8%, '학생의 학교규칙 제정 참여' 86%, '학생회 활동 활성화' 85.4% 등이 필요한 것으로 나타났다.

학교교육 안에서의 인성교육은 일반 교과수업뿐 아니라 재량교과수업과 창의적 재량활동 등 전 교육과정을 통해 이루어져야 한다. 활동 중심 교육 프로그램인 동아리활동이 인성교육에 도움을 주는 다섯 가지의 특징을 살펴보면 다음과 같다(김미숙, 2012). 첫째, 주체성 및 자율성 신장에 영향을 미친다. 자율적 모임이라는 특성을 갖는 동아리활동에서는 학생 스스로가 주도적 권한에 의한 자치권을 행사함으로써 자치적 측면이 강조된다. 따라서 학생들은 동아리와 같은 또래집단활동을 통해서 자기의 역할을 인식하게 되고 독자성을 발견함으로써 타인과 구별되는 고유성을 체험하며 자신을 사랑할 수 있는 존중감을 갖게 된다. 또한 스스로의 역할 속에서 인격적 성숙이라는 덕목을 실현하게 되고 교과과정을 통해서가 아닌 타인과의 만남, 곧 실제의 삶을 통해 더욱 효과적인 교육을 받게 된다. 이러한 의미에서 동아리활동의 활성화는 적극적 교육의 수행으로서 자율적이고 개별적인 인격을 함양하는 데 효과적 교육이라 할 수 있다.

둘째, 공동체의식을 향상시킨다. 공동체로서의 동아리활동은 인격적 만남 안에서 자신의 성장과 더불어 타인의 성장까지도 가져다주는 실천적 교육활동이며 서로의 인격성숙을 돕는 교육의 장이라고 말할 수 있다. 이러한 의미에서 학교에서의 동아리활동은 학생들이 배려와 수용의 자세를 포함하는 경험의 과정에서 서로의 인격성장을 도울 수 있는 장이며 인격함양을 위한 교육의 장이 될 수 있다. 오늘날 개인주의사회에서 이기주의적 경향이 강한 학생들에게 공동체의식을 함양시키는 일은 무엇보다도 중요하며, 이러한 공동체의식의 함양을 위해 동아리활동은 바람직한 교육 형태라 할 수 있다.

셋째, 개인의 정체성 확립과 가치관 형성에 긍정적인 영향을 미친다. 동아리는 사춘기의 청소년들이 학교생활을 보다 활기차고 바람직하게 참여할 수 있는 교육환경으로 제공된다. 부모보다 친구와의 관계를 더 중요하게 생각하는 청소년기의 학생들에게 또래집단 동아리는 중요한 의미로 작용한다. 실제로 나이와 생각, 사고의 과정이 같은 또래들 간의 공통적인 경험은 그들의 정체성 확립, 가치관 형성을 돕고 바람직한 인격 형성을 돕는다.

넷째, 사회문화적 성장을 돕는다. 동아리활동의 수행과정에서는 판단력과 추진력, 합의 등의 능력이 요구되는데, 학생들 개인은 각자의 행동 경향을 실현하는 데 서로에게 필요불가결한 조건이 되며, 목적달성에 가장 큰 영향력으로 작용한다. 타인과의 바람직한 관계 형성은 사회적 성장까지도 가져다준다. 개인과 개인의 관계 안에는 상호작용이라는 구성원 간의 전제된 합의가 '우리'라는 공동체의식으로 싹트고, 공동체의 상호의존적이며 상호보완적인 성격은 학생들을 사회인으로서의 소양을 갖추게 하고 경쟁사회보다는 이웃과 더불어 사랑하는 선험적 사회 경험을 체험하게 한다. 또한 동아리활동은 학생들에게 새로운 문제에 대한 도전정신과 창조적 능력을 길러 자기발전은 물론 미래사회의 지도자가 될 소양을 계발할 수 있는 터전이 된다.

마지막으로 영적 성장을 돕는다. 학생들은 동아리활동을 통해 자기초월, 희생정신, 더 큰 가치를 향한 헌신적 삶의 양식을 배워나간다. 봉사를 목적으로 하는 동아리활동은 인격적 성장뿐 아니라 영적인 성장을 가져오게 하는데, 불우한 이웃돕기, 따뜻한 손길과 같은 덕성은 종교심이 바탕이 될 때 더욱 효과적으로 드러날 수 있다는 해석이다.

(4) 언어문화 및 교육과정 개선

표 11-9에서 보는 것과 같이 언어문화 및 교육과정 개선에서는 교과교육을 통한 학생 언어문화 개선의 필요성, 인터넷 채팅이나 댓글에서 욕설 사용 제한의 필요성, TV 또는 영화 등의 매체에서 욕설 사용의 제한의 필요성, 학생들 간의 자율적 자정운동의 필요성 및 부모님이나 교사 등 어른들의 모범의 필요성을 제시하고 있다. 언어문화 및 교육과정 개선의 필요성과 실천과제에 대한 교육부(2012)의 조사 결과를 살펴보면, '학생들이 바른 말을 사용하고 있다'라는 질문에 대해 56.4%만이 긍정적으로 응답하였으며, '대학 등에서 학생 선발 시 인성 측면이 강조되어야 한다'는 질문에 전체의 92.8%가 '그렇다'라고 대답하여 이에 대한 제도적 보완이 필요한 것으로 나타났다. 학생들의 언어문화 개선을 위해서는 '어른들의 모범이 필요하다'가 93.9%, '학생들의 자정운동' 88.2%, '인터넷 등의 욕설 제한' 85%, 'TV 등 매체의 욕설 제한' 80.5% 등의 순으로 나타났다.

인성교육의 출발점은 바른 언어 습관 문화를 조성하는 것이다. 즉, 상호 간 존댓말·바른말·고운말 쓰기를 통해 존중과 배려문화가 정착될 수 있다. 따라서 언론과 공동으로 언어문화개선 공익광고 및 캠페인을 추진할 필요성이 있다. 교육부에서는 학교 차원의 다양한 언어문화 개선 운동 전개를 위해 '학생언어문화 선도학교'를 2016년 100개교에서 점차적으로 확대하여 2020년 500교로 확대할 예정이다.

그리고 인성 중심으로 학교교육과정을 재구성할 필요성이 제기된다. 즉, 지식 중심에서 실천·체험 중심의 학교교육과정으로 전환하여 운영함으로써 인성교육의 실효성을 높일 수 있으며, 예체능 융합수업(오케스트라, 연극, 뮤지컬 등)의 교과 간 융합수업, 교과 외 활동과 연계하여 인성교육을 운영하는 것이 필요하다.

(5) 학교·가정·사회의 역할 확대

표 11-9의 학교·가정·사회의 역할 확대에 대한 내용에서는 학교가 학부모에게 효과적인 자녀교육방법을 안내, 인터넷 포털, 게임, 방송, 언론매체 등에서 제공되는 유해한 내용에 대한 규제의 강화 및 교사가 학생들에게 올바른 인성의 중요성에 대해 강조해야 한다고 주장하고 있다. 학교·가정·사회의 역할 확대에 대한 교육부(2012)의 설문조사 결과 '학교가 학부모에게 효과적인 자녀교육방법을 안내하고 있

는지'에 대해 전체의 67.6%가 긍정적으로 응답하였고, '교사가 학생들에게 올바른 인성의 중요성에 대해 자주 강조하는가'에 대해 전체의 85.5%가 긍정적으로 응답하였다. 또한 '인터넷 포털, 게임, 방송, 언론매체 등에서 제공되는 유해한 내용에 대한 규제 강화'에 대해서 전체의 81.4%가 필요하다고 대답하였다.

인성을 위해서는 가정-학교-사회가 함께하는 지원체제를 구축하는 것이 필요하다. 구체적으로 살펴보면, 첫째, 가정의 인성교육의 기능 회복을 위해서는 학부모 학교 참여를 통한 인성교육 활성화, 학부모교육을 통한 인성교육 이해를 높이고, 가정에서 효 실천의 확산 및 가족 친화적 사회환경 조성이 필요하다. 둘째, 지역사회의 인성교육 참여·지원 강화를 위해서는 지역교육청과 일반자치단체와의 협의체계 구축, 대학의 관심과 역할 제고, 기업 등의 사회적 공헌을 통한 인성교육 환경 조성 및 청소년 단체와 연계를 통한 인성교육의 지원 등이 필요하다.

(6) 위기학생 대책

표 11-9에서 보는 것과 같이 위기학생의 대책에서는 어려움에 처한 학생을 위해서 쉽게 찾아갈 수 있는 상담실의 필요성, 상담 선생님의 배치 필요성, 위기 예방 프로그램의 운영 필요성, 부모님과 함께하는 상담 프로그램 운영 필요성 및 외부 전문기관과의 긴밀한 연계의 필요성을 강조하고 있다. 위기학생의 대책에 대한 필요성과 실천과제에 대한 교육부(2012)의 설문조사 결과, '평소에 학교를 그만두고 싶다는 생각을 해본 적이 있는지'를 물어본 결과, 학생 40.3%가 '있다'고 응답하였다. 학교를 그만두고 싶었던 이유를 조사한 결과, '학업성적' 41.8%, '재미없는 학교 생활' 22.1%, '친구관계' 13.5%, '선생님과의 문제' 6.1% 등으로 나타났다. 위기학생을 위해 가장 필요한 것은 '상담교사 배치'가 90.1%로 나타났으며, '위기 예방 프로그램 운영' 89.3%, '학교 상담실 운영' 88.6%, '부모님과 함께하는 상담 프로그램 운영' 85.7% 순으로 조사되었다.

위기학생의 대책에서는 어울림 프로그램, 어깨동무학교, 또래조정 운영학교, 또래상담 운영학교 및 학생자치법정 운영학교 등의 현장 중심 학교폭력 예방활동이 필요하고, Wee 클래스, Wee 센터 및 Wee 스쿨과 같은 시스템 구축을 확대하면서 전문상담교사와 전문상담사를 확충하여 운영하는 것이 필요하다.

4) 가정에서의 인성교육

가족이 어울려 살아가던 시대는 지나갔다. 즉, 1인 가구가 급증하고 남들과 어울려 갈등하고 그 갈등을 해결하는 삶을 힘겨워하는 시대로 변모하고 있다. 1인 가구의 편리함에는 '함께'라는 의미가 포함되지 않는다. 더구나 가족의 의미조차 퇴색되어 1인 가구, 자녀를 낳지 않는 딩크(DINK)족 등 가족의 필요성도 절대적이지 않은 시대이다. 남들과 어울려 사는 것을 기피하고 개인주의를 선호하지만 추후 내 자녀가 사회적 관계를 맺지 않고 1인 가구로 살아가는 것을 바라는 부모는 없을 것이다. 남들과 어울려 살아갈 수 있도록 가르치는 일차적인 교육의 장은 바로 가정이다. 그러므로 인성교육은 가정에서부터 비롯되어 학교, 사회와 연계될 때 가장 효과적인 결과를 낳을 것이다.

(1) 인성을 키우는 부모의 역할

자녀의 인성을 바람직하게 키우기 위한 부모의 역할을 다음과 같다. 첫째, 자녀에게 간섭이 아니라 관심으로 대하자. 간섭과 관심을 구별하고 선을 지키는 것은 부모로서 매우 어려운 일이다. 자녀에게 사랑이 넘쳐 사소한 것까지 간섭하고, 자녀의 의사를 존중하지 않는 태도는 자녀로 하여금 독립된 인격체로 건강하게 성장할 수 없게 한다. 자녀가 주체적으로 진로를 선택하고, 선택에 대한 책임감을 길러주므로 자녀의 선택을 존중하고 탐색하고 고민할 수 있는 기회를 제공해 주는 것은 매우 중요한 일이다. 그러므로 과도한 간섭보다는 적절한 관심을 표현하는 부모가 되어야 한다.

둘째, 공감하는 능력을 길러주자. 공감이란 남의 감정, 의견, 주장 따위에 대하여 자기도 그렇다고 느낌, 또는 그렇게 느끼는 기분이다. 현대의 아이들이 공감능력이 낮은 이유는 외동이, 미디어의 과다한 사용, 입시 위주의 학업분위기 등으로 인해 공감능력이 발달할 수 있는 여러 가지 경험이 부족하기 때문이다. 또래들과 어울리는 동안 서로 다양한 상황에서 갈등을 경험하고, 그 갈등을 해결하기 위해 상대방의 입장에서 생각해보는 과정에서 공감능력은 향상된다. 그러므로 다양한 체험들과 그 체험 속에서의 다양한 갈등을 경험할 수 있는 기회를 제공해 주어야 한다.

셋째, 자녀와 소통하는 부모가 되자. 자녀가 나이가 들수록 부모와 대화하기가 어렵다고 한다. 다른 세대를 살아가고 있기 때문에 공감대 형성이 어렵고, 너무나 바쁜 일상을 보내고 있기 때문에 부모, 자식 간의 대화가 마련되기 어렵기 때문이다. 그러므로 부모는 먼저 자녀의 말을 경청하고, 자녀의 이야기에 공감해 주는 것이 자녀와의 소통의 시작이 된다.

넷째, 가족 행사를 함께 계획하고 참여하자. 부모, 자녀 간의 유대를 강화시키기 위해 다양한 가족행사를 함께 계획하고 결정하며 적극적으로 참여하는 것은 매우 중요한 일이다. 가족이 함께 계획하고 참여하는 것은 바쁜 일상을 접어두고, 세대 간의 서로 다름을 인정하는 것으로 경청하는 자세가 반드시 필요하다. 부모와 자녀가 함께 가족 행사를 계획하고 결정하고 참여하는 과정에서 민주적인 가족문화를 형성할 수 있을 것이다.

부모가 자녀들이 반듯하고 건강하게 자라길 바란다면 자신의 백 마디의 말로 종용하기보다는 자녀가 늘 바라보며 닮아가는 좋은 본보기를 보여 주는 것이 더 효과적일 것이다.

(2) 밥상머리교육

최근 학교폭력 문제가 사회 문제로 대두되면서 현대를 살아가는 가족이 함께 시간을 보낼 수 있는 식사시간을 재조명한 밥상머리교육에 관심이 쏟아지고 있다. 교육과학기술부를 중심으로 시작된 '밥상머리교육' 캠페인은 국가적인 차원에서 가정의 역할과 기능을 중요시했다는 점에서 매우 의미가 있다. 밥상머리교육의 정의는 '가족이 모여 함께 식사를 하면서 대화를 통해 가족 사랑과 인성을 키우는 것'이다(서울대학교 학부모정책연구센터, 2012).

세계의 부호들이 많이 있는 우수한 민족이며, 한국인들과 유사한 면이 많아 항상 우리가 지향하고자 하는 교육의 선두에 유태인이 있다. 흔히 유태인의 인성교육은 밥상머리에서 시작된다고 한다. 유태인의 식탁은 자녀의 인격 형성에 매우 중요한 장소로 아무리 바빠도 저녁만큼은 집에서 식사를 하려고 하며, 이 저녁식사 자리에서 하루를 정리하고 서로에게 그날의 일들을 함께 나누고자 한다. 이 공간은 아이들이 자유롭게 질문하는 토론의 장이다. 이를 통해 아이들은 자신이 언제나 존중받고 있으며 가족 서로를 배려하고 있고 배려받고 있다는 사실을 온몸으로 느낄 수 있으며 중요한 산교육이 된다.

우리나라도 어렸을 때 유태인과 달리 다소 일방적이며 훈육이 앞서는 방법으로 밥상머리에서 아버지께서 일러주시던 여러 가르침들이 성인이 되어서 인성의 주춧돌이 된 경험들이 있다. 우리가 아버지 어머니께 받았던 밥상머리교육을 현대의 아이들에게 맞춤형으로 조금은 자유로운 식사문화를 이루어 본다면 아무리 바쁜 일상이라도 아이들과 함께 하는 밥상머리에서 아이들의 생각이 자라나고, 항상 존중받고 사랑받는 존재라는 것을 충분히 느끼게 해 줄 수 있다.

이미 해외에서도 밥상머리교육의 효과는 알려져 있다. 아베 노보루 교수의 연구에 의하면 일본 시골지역인 아키타 현이 지난 2007~2008년 전국 학력평가에서 가장 높은 점수를 받은 이유가 '밥상머리교육'의 영향이라고 한다. 분석 결과 이 지역은 다른 지역에 비해 가족과 함께 식사하는 횟수가 많은 아이가 문제해결능력이 뛰어난 것으로 나타났다. 학교에서 일어난 일을 가족에게 이야기하는 아이는 전국학력평가에서 높은 정답률을 보였다.

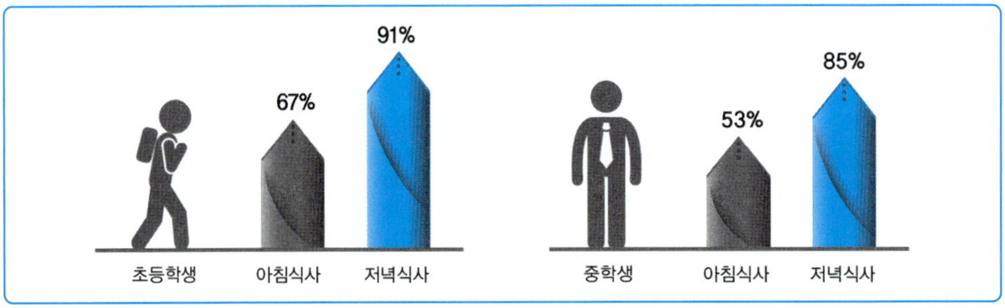

▮그림 11-5. 일본 아키타 현의 학생들이 가족과 식사하는 비율

이 외에도 미국 컬럼비아대학교 약물오남용예방센터(2009)의 연구 결과에 따르면 가족과의 저녁식사 횟수가 3회 이하인 그룹은 일주일에 5~7회 가족과 저녁식사를 하는 그룹에 비해 C학점 이하를 받는 학생 수가 1.5배 이상 많았다. 미국 일리노이대학 연구 결과에 따르면 학업성적이 우수한 7~11살의 120명 남녀 어린이를 조사한 결과, 공통적으로 가족 식사를 하는 데 많은 시간을 보내고 있었다. 편모, 결손

가족이라 해도 가족식사를 하는 아이들의 성적이 더 우수하다는 결과가 나오기도 했다.

밥상머리교육의 조건에 대해 살펴보면 다음과 같다(이현아, 2014). 첫째, 밥상머리 교육은 가족시간 확보에서 시작된다. 자녀들은 학업 중심, 부모들은 일 중심으로 시간을 배분하는 것이 가족식사시간 확보의 가장 어려운 과제일 것이다. 일 중심으로 틀에 박혀버린 생활구조를 전환하여 가족이 한 자리에 모여 식사를 할 수 있는 최소한의 시간을 마련하려는 노력이 필요하다.

둘째, '식사공유'이다. 가족이 또 다른 말로 식구(食口)라고 하는 것은 함께 밥을 먹는 관계이기 때문이다. 식사를 함께 한다는 것은 지역과 시간을 초월하여 유대감을 표현하는 매개체일 것이다. 즉, 음식을 공유하는 것은 그들 사이의 유대감을 강화시킨다는 점에서 매우 중요하다. 또한 규칙적이고 반복적이며 일상적이라는 점에서 매우 효과적인 교육의 장이 된다.

셋째, '대화와 소통'이다. 가족끼리 식사하면서 서로의 일과에 대해 대화를 나누고 감정을 공감하는 소통의 시간을 보낼 때, 한 가족의 구성원으로서 소속감, 친밀감, 유대감을 느낄 수 있다.

넷째, '가족 사랑과 인성'이다. 밥상머리교육의 궁극적인 목적은 가족식사를 통해 가족 간의 사랑을 느끼고 그 안에서 인성을 배우는 것이다. 이런 점에서 가족이 함께 둘러앉은 밥상머리는 가족이 사랑을 나누고 인성을 키우는 교육의 장이 되는 것이다.

여러 선행연구에서 밥상머리교육이 유아의 자아존중감과 조망수용능력발달에 영향을 미친다는 연구 결과(최미숙 외, 2013)와 인지발달, 정서발달, 사회성발달, 신체발달, 자녀의 학교적응에 긍정적인 영향을 미친다는 선행연구 결과들(이현아, 2014; Eisenberg et al., 2004; CASA, 2011)을 살펴볼 때 밥상머리교육이 아이들의 식습관 형성교육을 넘어선 교육적인 효과가 있음을 알 수 있다.

표 11-11. 밥상머리교육

- 일주일에 두 번 이상 가족 식사의 날을 가진다.
- 정해진 장소에서 정해진 시간에 함께 모여 식사한다.
- 가족이 함께 식사를 준비하고 함께 먹고 함께 정리한다.
- TV는 끄고 전화는 나중에 한다.
- 대화를 할 수 있도록 천천히 먹는다.
- 하루 일과에 대해 서로 이야기를 나눈다.
- "어떻게 하면 좋을까?"식의 열린 질문을 던진다.
- 부정적인 말은 피하고 공감과 칭찬을 많이 한다.
- 아이의 말을 중간에 끊지 말고 끝까지 경청한다.
- 행복하고 즐거운 가족식사가 되도록 노력한다.

5) 자신을 위한 인성교육

(1) 자아존중감

자아존중감이란 평가적인 개념으로서 자신에 대한 긍정적, 부정적인 태도이며, 자신에 대한 만족과 호감도인 동시에 다른 사람과 비교하여 자신에 대해 지각하는 가치감이다(Brinthaupt & Erwin, 1992). 왓킨(Watkin, 1978)은 자아존중감에 대해서 개인의 자기 자신에 대한 평가로서 일상의 대화나 성격 면에 있어 개인의 사회적 행동과 역할을 결정하는 중심 특성이라고 정의했다. 또한 자아존중감은 자아개념과 혼용하여 사용하는 경우도 있으나 선행연구들의 정의를 살펴보면 자아존중감은 자기 평가적인 개념이며, 이와 비교하여 자아개념(self-concept)은 능력, 태도, 느낌을 포함한 자신에 대한 주관적인 인식개념으로 자아존중감을 포괄하는 설명적인 개념이다(지성애, 2003).

아동청소년시기에 달성하고자 하는 목표에 다다르지 못하여 실패를 경험하게 되면 그들을 둘러싸고 있는 외부환경으로부터 잦은 지적과 비난을 받게 된다. 이때 느꼈던 누적되었던 실패감이 스스로에 대한 부정적인 이미지를 갖게 되고 결과적으로 낮은 자아존중감을 가지게 한다.

학교폭력 관련 연구들에서 주로 학교폭력 가해 또는 피해를 경험한 아동청소년의 특성으로 낮은 자아존중감을 지적하고 이들의 10년 후 자아존중감도 낮게 나타났다. 학교 내 폭력경험은 아동청소년의 자아존중감에 부정적 영향을 미치고, 낮은 수준의 자아존중감은 결과적으로 학교부적응으로 이어진다고 볼 수 있다.

(2) 생명존중 자살 예방교육

여성가족부와 통계청이 발표한 '2015년 청소년 통계'에 따르면 2015년 기준 9~24세 청소년의 사망원인 1위는 '고의적 자해(자살)'인 것으로 조사되고 있다. 사실 많은 자살 사고는 다른 사고로 위장되는 경우가 있으므로 더 많을 수도 있다. 이런 청소년기의 극단적인 선택이 자살로 이어지는 것은 우울증과 관련이 깊다고 알려져 있다.

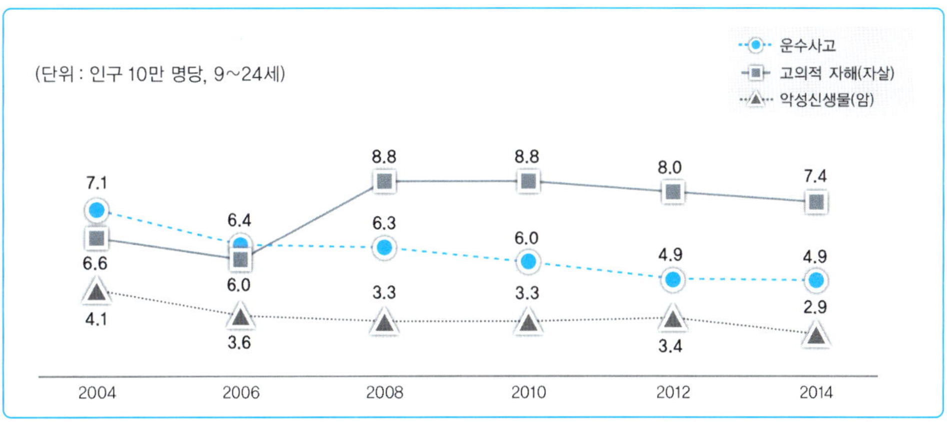

▮그림 11-6. 청소년 사망 원인

청소년의 자살 원인을 조사한 결과 자살하고 싶었던 이유는 우울증, 외상 후 스트레스장애, 불안장애, 품행장애 등의 정신병리, 학업스트레스, 학교폭력과 왕따, 건강한 성인들과의 접촉 부족 등이 있다. 청소년들은 미성숙하기 때문에 이러한 부정적 감정을 조절하거나 다스리지 못하고 파괴적 행동으로 나타나는데, 파괴적 행동이 자신을 향할 때 충동적 자살시도로 이어질 수 있다. 청소년 자살의 특징은 표 11-12와 같이 나타난다.

표 11-12. 청소년 자살의 특징

- 음식 : 잘 먹는 사람이 안 먹거나, 안 먹던 사람이 폭식을 하는 경우, 갑작스런 체중변화
- 수면 : 잠이 너무 늘어서 하루 종일 잠을 자려고 하거나 낙제를 하는 경우, 학교에 가지 않으려고 하는 경우
- 학업 : 학교에 잘 다니던 아이가 결석을 하거나 낙제를 하는 경우, 학교에 가지 않으려고 하는 경우
- 외모 : 자기 외모에 전혀 관심을 기울이지 않고 지저분하게 다니며 그것을 자각하지 못하는 경우
- 활동 : 좋아하던 일에 대해서도 흥미를 잃는 경우
- 고립 : 또래들과 거리를 두고 혼자 있으려는 경우

성인들의 자살이 삶에 대한 포기의 표출과 비교하여 청소년기의 자살은 가정이나 사회 등 가까운 이들에게 무의식중에라도 도움을 요청하기 위한 처절한 몸부림이다. 수많은 고민 중 자살 의도를 직·간접적으로 주변에 알리는 경우가 많다. 관심을 가지고 손을 내밀어 준다면 자살의 위기를 지혜롭게 이겨낼 수 있다. 자살 의도를 알리는 단서들은 표 11-13과 같다.

표 11-13. 자살 의도를 알리는 단서들

- 직접적 암시 : "죽고 싶다", "더 이상 지탱할 수 없어", "더 이상 사는 것이 의미 없어"
- 간접적 암시 : "내가 없어지는 것이 훨씬 나아", "나는 아무 짝에도 쓸모 없어"
- 행동적 단서 : 주변을 정리정돈하거나 유서를 써 놓는다. 평소 아끼던 물건들을 친구들에게 나누어 준다. 알코올이나 약물 남용이 심해진다. 전에 좋아하던 활동에 흥미를 보이지 않는다. 학교에서 불안해하며 공부를 제대로 못한다.
- 육체적·정서적 단서 : 식욕부진, 수면시간 증가 또는 감소, 우울증

청소년의 가출충동, 자살충동 경험에 대한 자료를 살펴보면(그림 11-7), 가출충동의 이유는 부모와의 갈등(75.1%)이 압도적이고, 성적 하락(6.6%), 주위의 무관심(3.0%) 등의 이유는 상대적으로 낮다. 자살충동 역시 부모와의 갈등(39.3%), 성적 하락(11.8%), 친구와의 갈등(9.5%), 주위의 무관심(5.8%), 학교폭력(3.7%), 경제적 어려움(2.8%) 등 다양한 이유로 나타났다.

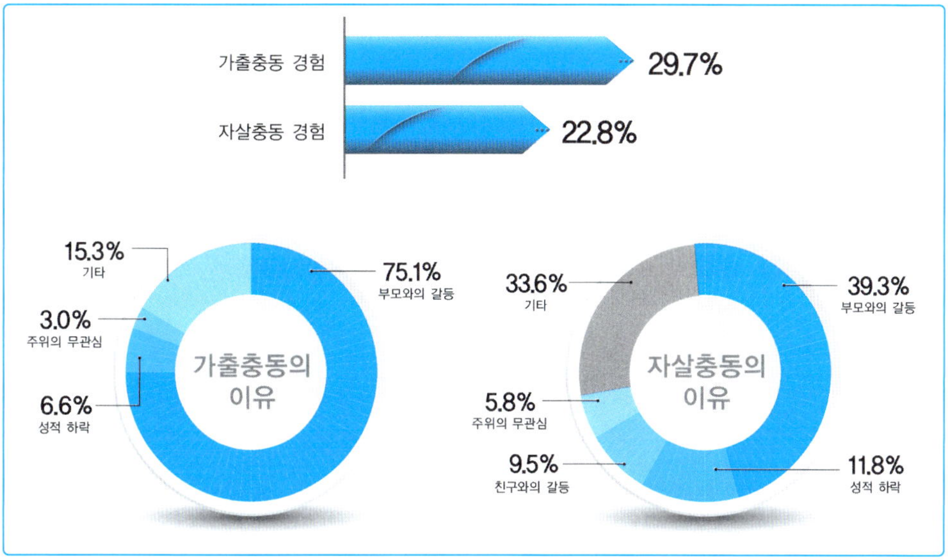

출처 : 연세대학교 사회발전연구소(2014). 한국 어린이-청소년 행복지수 국제비교연구 조사결과보고서.

그림 11-7. 청소년의 가출충동, 자살충동 경험

사회과학 역사상 가장 야심찬 프로젝트 중 하나로 꼽히는 하와이 카우아이섬 종단연구가 있다. 1950~70년대 하와이 카우아이섬은 주민 대다수가 범죄자나 알코올 중독자 혹은 정신질환자였던 곳이다. 미국의 소아과·정신과 의사, 사회복지사, 심리학자 등은 1955년 이 섬에서 출생한 신생아 833명이 18세가 될 때까지 추적하는 대규모 연구에 착수했다. 40여 년간 이 연구 분석을 주도한 심리학자 에미 워너는 뜻밖의 사실을 발견했다. 833명 중에서도 특히, 더 열악한 환경에서 자란 201명의 삶을 살펴보았더니 3분의 1인 72명은 출생과 환경의 영향을 받지 않고 훌륭하게 성장했던 것이다. 놀라운 결과를 만든 비밀은 단순했다. 어떤 상황에서도 그를 무조건 믿어주고 편이 돼 주고 응원해 준 사람이 한 사람만 있으면 아무리 끔찍한 일도 견디고 밝고 건강한 사회인으로 클 수 있었다는 것이다.

청소년 자살을 예방하기 위해서는 가르침이나 훈계보다 가정에서 대화하는 시간을 마련하여 생명을 소중히 여기는 가치관을 심어주며, 청소년의 고민에 귀 기울이고 혼자만의 고민이 아님을 느끼게 하며, 청소년을 이해하고 지지하는 분위기를 조성해 주는 것이 중요하다. 아프리카 속담 중에 “아이 하나를 키우는 데는 마을 전체가 필요하다."는 말이 있다. 그 만큼 아이를 하나 키우는 일이 개인의 일이 아니라 사회 전체의 책임이요, 과제인 것이다. 청소년의 건강한 성장을 위해서 지속적인 사회 전반의 세심하고 따뜻한 배려와 지지가 필요할 것이다.

6) 타인을 향한 인성교육

우리의 일상생활이 산업화, 기계화, 자동화 등 너무나 많은 편리함이라는 명목으로 인간이 우선시되려고 만든 문명의 이기(利器) 때문에 오히려 인간의 존재가 경시되고, 인성을 무시하는 사회가 되었다. 이로 인해 인간의 존엄성을 위해하는 수많은 범죄와 도덕성 타락이 난무한 실정이다. 사회 전반적인 각성과 동시에 아직은 미성숙한 청소년들과 배움을 시작하고 있는 유아들에게는 올바른 인성교육 함양만이 우리 사회의 존립을 지킬 수 있는 방법일 것이다.

다른 사람들과 더불어 살아가기 위해서 꼭 필요한 특성으로는, 사회구성원들의 다양성을 수용하고, 타인에 대한 배려와 나눔의 정신이 중요하다. 학교교육 현장에서 인성교육이 제대로 이루어지도록 하기 위해서는 교사 간, 학생 간, 교사와 학생 간, 그리고 나아가 가정에서나 사회에서도 서로 존중하고 누구나 언제 어디서나 서로 존중하고 열린 대화가 활발하게 전개되어야 하며, 아래 몇 가지 전제조건을 충족해야 한다(백순근, 2013). 첫째, 구성원 개개인의 자율성을 상호존중해야 한다. 둘째, 구성원 개개인의 특성과 의견의 차이가 '맞거나 틀린 것'이 아니라 '서로 다른 것'이라는 것을 명확하게 인식하고 존중해 주어야 한다. 셋째, 구성원들의 의사소통 능력을 신장시켜 주어야 한다. 모든 구성원들이 주어진 상황과 맥락에 적절하게 의사소통을 할 수 있는 능력을 길러 주어야 한다. 또한 전통적인 강의 위주의 수업방식을 지양하고 토론식 수업이나 협력학습 등이 활성화되도록 해야 한다.

(1) 소통

소통(疏通)이란 서로 오해가 없이 막히지 아니하고 잘 통한다는 뜻이다. 현대사회는 굳이 타인과 소통하려고 하지 않고, 소통하지 않아도 살아가는 데 직접적인 문제가 발생하지는 않는다. 즉, 점점 혼자됨을 유지하려고 하고, 외부와 단절된 생활을 하게 된다. 소통이 원활한 사회에서는 문제가 발생하더라도 서로에게 상처를 주는 강압적인 규제나 제압이 없어도 자율적으로 서로를 감싸 안아 문제를 해결할 수 있을 것이다.

먼저 가정에서 부모와의 소통, 학교에서 교사와의 소통을 강화하여 청소년의 고민을 들어주고 공감하며 함께 고민하는 자세가 중요할 것이다. 부모와 교사는 먼저 자녀를 존중하는 성실한 태도, 자녀의 입장에서 이해하는 공감적 자세, 자녀의 이야기를 비판하거나 평가하지 않는 수용의 정신 등 적극적 경청의 자세로 자녀의 고민을 들어주고 공감할 필요가 있다.

적극적 경청의 자세로 청소년에게 너에게 주의를 기울이고 있으며, 너를 존중하고 너의 관점을 존중한다는 정보를 줌으로써 고민에 대해 주위의 성인들이 적극적으로 개입하고 있고 보호하고 치유하고 지원할 것이라는 것을 알려줄 수 있다. 겔다드와 겔다드(Kathryn Geldard & David Geldard, 1997)의 적극적 경청의 자세에 대하여 살펴보면 다음과 같다.

① 청소년의 신체언어와 보조 맞추기

청소년의 목소리 톤과 말하는 속도에 맞추어 주면 상담자와의 관계 증진에 도움이 된다. 이는 청소년이 상담자와 함께 하고 있고 주의 깊게 자신을 경청하고 있다고 느낄 뿐만 아니라 잠시 후에는 청소년 자신이 상담자와 함께 하고 있고 오히려 상담자를 자신이 경청하는 것으로 역전될 수 있다.

② 최소한의 반응하기

'듣는 사람'이 주의를 기울이고 있다는 것을 '말하는 사람'인 청소년에게 알려줄 때 사용한다. 예를 들어, '아하~~', '으흠', '그래', '맞아' 등이나 '네가 말하는 것을 듣고 있다', '이해한다' 등의 표현이다. 이때 주의할 점은 긍정적이든 부정적이든 판단적인 의미를 나타내서는 안 된다. 이것은 청소년의 발언을 제지시킬 수 있으며, 혹은 상담자의 동의를 얻거나 얻지 못하는 것을 피하기 위해 청소년으로 하여금 자신의 이야기를 왜곡시키게 할 수 있다.

③ 반영해주기

내용(content) 반영과 감정(feeling) 반영을 해 줄 수 있는 데, 내용 반영에는 단지 앵무새처럼 청소년이 했던 말을 되풀이하는 것이 아니라 의역(意譯)하는 것으로 말한 내용 중에서 중요한 부분을 골라 상담자가 이해한 자신의 말을 짧고 명료하게 표현해 주는 것이다. 감정을 반영하는 것은 "네가 슬프구나", "네가 화가 난 것처럼 보이는 구나", 또는 "네가 실망한 것 같구나" 등과 같이 감정 단어들을 사용하여 청소년으로 하여금 자신의 인식을 일깨워주어 명확한 생각을 하게 함으로써 미래에 관한 보다 건설적인 선택을 돕는 역할을 한다.

④ 요약하기의 사용

종종 청소년들은 자신의 이야기를 늘어놓음으로써 스스로 혼동을 겪을 수도 있다. 이때 상담자는 되풀이 해주는 것이 아니라 혼란스러운 많은 정보들 가운데 가장 중요한 것들을 골라내어 명확한 정리를 해주는 것이다. 결국 문제의 해결책을 찾는 방향으로 인도해 주는 것이다.

소통은 사람들의 마음을 움직여서 우리의 생활을 윤택하게 변화시킨다. 한 예를 들어, 브라질의 한 병원에서는 헌혈을 하고 나면 QR코드가 새겨진 반창고를 주는데, 이 QR코드를 찍으면 혈액으로 도움을 받은 사람들의 감사 메시지를 볼 수 있다. 메시지가 담긴 영상들은 사람들의 마음을 움직였고 일주일 만에 800명이 헌혈에 동참하도록 했다고 한다. 이처럼 소통은 혼자서는 해낼 수 없는 일들을 기적처럼 가능하게 하며 우리 사회가 함께 안고 있는 사회적 문제, 갈등을 해결할 수 있는 시발점이 된다.

학교폭력의 가장 큰 원인이 되는 것이 소통부재이며, 가장 큰 문제해결의 열쇠도 소통이다. 교실 안에서도 가해자, 피해자, 방관자 모두가 소통할 수 있다면 학교폭력이 미연에 방지될 것이다. 타인과의 세련된 관계를 맺게 하는 능력은 두 가지 서로 다른 감성능력인 자기관리와 감정이입이 성숙할 때 가능해진다. 이런 토대가 있어야 '대인관계 능력'이 원숙해진다. 이것은 타인과의 관계에서 효율성을 높여 주는 원동력이 된다. 이 능력이 부족하면 사회적 인간관계에서 부적당한 언행을 하게 되고, 개인 사이에 원하지 않는 사태가 발생하게 된다. 학교폭력에서는 특히, 감정이입이 부족하여 가해자, 피해자, 방관자 모두 상대방의 입장, 감정을 이해하지 못하기 때문에 폭력의 강도가 잔인해지며, 언어폭력 양상이 더욱 두드러지는 것이다. 서로가 하나라는 공동체의식을 가지고 소통한다면 학교폭력을 예방하는 데 큰 도움이 될 것이다.

표 11-14. 바람직한 대화법

구분	내용
적극적 경청하기	• 자녀의 말, 행동에 대해 입장을 바꾸어 생각해 보기 • 선입견, 편견을 갖지 않고 듣고 이해하기 • 몸짓, 표정 등 비언어적인 메시지에 귀 기울이기
열린 질문	• 말을 중간에 끊지 말고 끝까지 경청하기 • '어떻게 하면 좋을까?'식의 열린 질문하기 • 부정적인 말은 피하고, 공감과 칭찬을 많이 하기
긍정적 대화	• 상대에게 도움이 되는 긍정적인 말을 하기 • 존중받고 있다고 느끼도록 아이의 말에 집중하기 • 옳고 그름을 따지지 말고 항상 격려하고 공감하기

출처 : 국가평생교육진흥원 전국학부모지원센터.

(2) 배려

배려의 의미는 도와주거나 보살펴 주려고 마음을 쓴다는 뜻이다. 성자 바바하리다스의 글을 인용해 보면, 앞을 못 보는 사람이 밤에 물동이를 머리에 이고, 한 손에는 등불을 들고 길을 걸었다. 그와 마주친 사람이 물었다. “정말 어리석군요. 앞을 보지도 못하면서 등불은 왜 들고 다닙니까?” 그가 말했다. “당신이 나와 부딪히지 않게 하려고요. 이 등불은 나를 위한 것이 아니라 당신을 위한 것입니다.” 이처럼 배려는 남을 위한 것인 동시에 나를 위한 것이다. 배려의 시작은 역지사지(易地思之), 즉 상대방의 입장에서의 사고가 되어야만 가능하다. 이것은 조망수용능력의 개념과도 관련이 있다.

조망수용능력은 역할 취득(role-taking)이라고도 하며, 타인의 입장에 놓인 자신을 상상하는 것에 의해 타인의 의도나 태도, 감정, 욕구 등을 추론하는 능력을 말한다.

타인에 대한 조망수용능력이 높으면 자신에 대한 이해뿐만 아니라 타인에 대한 이해를 높일 수 있으며, 타인의 욕구에 민감하고 효율적으로 의사소통하게 되어 인간관계도 호전될 수 있다(이주희 외, 2011). 사회적 조망수용능력은 자신과 타인을 객체로 이해하고, 타인의 관점에서 자신의 행동을 인지함으로써 타인의 의도, 태도, 감정을 추론할 수 있게 해준다고 한다. 셀먼(Selman)의 다른 사람에 대한 조망수용능력의 발달을 살펴보면 표 11-15와 같다.

표 11-15. 셀먼의 사회적 조망수용이론

발달단계	연령	특징적 현상
0단계 : 미분화된 조망수용	3~6세	타인의 생각이나 기분을 인지할 수 있으나 모든 행위자들은 자신과 동일한 방식으로 그 상황을 이해한다고 생각한다.
1단계 : 사회정보적 조망수용	4~9세	타인의 조망이 자신의 조망과 유사하거나 상이하다는 것을 인지하기 시작한다. 그러나 아직까진 자신과 타인의 관점을 정확하게 구별하지는 못한다.
2단계 : 자기반성적 조망수용	7~12세	자신의 조망과 타인의 조망을 이해하고 타인의 조망으로부터 자신의 생각과 감정을 심사숙고할 수 있다.
3단계 : 제3자적 조망수용	10~15세	중립적인 제3자적 조망에서 자신과 타인의 행동을 고려할 수 있다. 그 사회의 평균적 구성원들이 갖는 보다 더 일반화된 조망을 이해할 수 있다.
4단계 : 사회적 조망수용	14~성인	자기-타인 상호작용에 대한 일반화된 사회적 조망을 지니고 있고 사회체계 속에 반영되어 있는 집단조망이 존재한다는 것을 인식한다. 따라서 법률과 도덕은 개인이 고려해야 하는 어떤 합의된 집단조망에 의존한다는 것을 이해한다.

배려심 증진을 위한 체험 중심의 인성교육 강화를 위해 교육청 및 여러 기관의 실천적인 움직임이 시작되고 있다. 교육청에서는 올바른 생활예절 및 학교생활규칙을 통해 인성교육을 실천하고 있다. 단위학교별 계획에 따라 예절교육체험센터, 학생교육원 내 예절원 등을 활용한 예절교육 프로그램을 운영하고 있으며, 교육부·문화체육관광부·여성가족부에서는 인성 회복을 위해 청소년 등을 대상으로 인(仁)과 효(孝)에 기반한 예절교육을 추진하고 있다. 또한 교육부·문화체육관광부에서는 첫째, 체육수업의 내실화 및 학교스포츠클럽 운영 등 학교체육의 활성화에 힘쓰고 있

다. 이는 스트레스의 해소와 동시에 바른 인성 및 협동심, 질서의식 등을 길러줄 수 있는 체육수업을 강화하고, 방과 후, 점심시간, 토요일 등을 활용하여 학급 및 스포츠클럽 대항 교내 스포츠 대결을 통해 학교폭력 예방과 인성교육 함양에 이바지하고 있다. 둘째, 예술교육을 통한 존중과 배려, 감성 등 인성 함양의 기회를 확대하고 있다. 학교예술교육 지원 확대를 통해 학생들의 감성과 풍부한 정서 함양에 힘쓰며, 회화, 기악, 디자인, 영상 등 다양한 예술분야 학생동아리를 지원하는 예술동아리 지원사업을 추진하여 청소년의 스트레스 해소와 공동체의식 고취에 힘쓰고 있다. 교육부·산림청에서는 숲체험 등 자연과 함께하는 체험형 프로그램 확대를 추진하고 있다. 식물관찰, 숲속 명상 등 숲에서의 다양한 체험활동을 실시하고 학생들에게 학교 내외의 자연을 통해 스트레스 감소 등 정서적 안정과 자기성찰의 기회를 제공하고 있다.

학교폭력 예방 및 대책에 관한 법률*

법률 제13576호 일부개정 2015. 12. 22.

제1조 (목적)

이 법은 학교폭력의 예방과 대책에 필요한 사항을 규정함으로써 피해학생의 보호, 가해학생의 선도·교육 및 피해학생과 가해학생 간의 분쟁조정을 통하여 학생의 인권을 보호하고 학생을 건전한 사회구성원으로 육성함을 목적으로 한다.

제2조 (정의)

이 법에서 사용하는 용어의 정의는 다음 각 호와 같다. [개정 2009. 5. 8, 2012. 1. 26, 2012. 3. 21] [시행일 2012. 4. 1]

1. "학교폭력"이란 학교 내외에서 학생을 대상으로 발생한 상해, 폭행, 감금, 협박, 약취·유인, 명예훼손·모욕, 공갈, 강요·강제적인 심부름 및 성폭력, 따돌림, 사이버 따돌림, 정보통신망을 이용한 음란·폭력 정보 등에 의하여 신체·정신 또는 재산상의 피해를 수반하는 행위를 말한다.
   1의2. "따돌림"이란 학교 내외에서 2명 이상의 학생들이 특정인이나 특정집단의 학생들을 대상으로 지속적이거나 반복적으로 신체적 또는 심리적 공격을 가하여 상대방이 고통을 느끼도록 하는 일체의 행위를 말한다.
   1의3. "사이버 따돌림"이란 인터넷, 휴대전화 등 정보통신기기를 이용하여 학생들이 특정 학생들을 대상으로 지속적, 반복적으로 심리적 공격을 가하거나, 특정 학생과 관련된 개인정보 또는 허위사실을 유포하여 상대방이 고통을 느끼도록 하는 일체의 행위를 말한다.
2. "학교"란 「초·중등교육법」 제2조에 따른 초등학교·중학교·고등학교·특수학교 및 각종 학교와 같은 법 제61조에 따라 운영하는 학교를 말한다.
3. "가해학생"이란 가해자 중에서 학교폭력을 행사하거나 그 행위에 가담한 학생을 말한다.
4. "피해학생"이란 학교폭력으로 인하여 피해를 입은 학생을 말한다.
5. "장애학생"이란 신체적·정신적·지적 장애 등으로 「장애인 등에 대한 특수교육법」

제15조에서 규정하는 특수교육을 필요로 하는 학생을 말한다.

제3조 (해석·적용의 주의의무)

이 법을 해석·적용함에 있어서 국민의 권리가 부당하게 침해되지 아니하도록 주의하여야 한다.

제4조 (국가 및 지방자치단체의 책무)

① 국가 및 지방자치단체는 학교폭력을 예방하고 근절하기 위하여 조사·연구·교육·계도 등 필요한 법적·제도적 장치를 마련하여야 한다.

② 국가 및 지방자치단체는 청소년 관련 단체 등 민간의 자율적인 학교폭력 예방활동과 피해학생의 보호 및 가해학생의 선도·교육활동을 장려하여야 한다.

③ 국가 및 지방자치단체는 제2항에 따른 청소년 관련 단체 등 민간이 건의한 사항에 대하여는 관련 시책에 반영하도록 노력하여야 한다.

④ 국가 및 지방자치단체는 제1항부터 제3항까지의 규정에 따른 책무를 다하기 위하여 필요한 행정적·재정적 지원을 하여야 한다. [개정 2012. 3. 21] [시행일 2012. 4. 1]

제5조 (다른 법률과의 관계)

① 학교폭력의 규제, 피해학생의 보호 및 가해학생에 대한 조치에 있어서 다른 법률에 특별한 규정이 있는 경우를 제외하고는 이 법을 적용한다.

② 제2조 제1호 중 성폭력은 다른 법률에 규정이 있는 경우에는 이 법을 적용하지 아니한다.

제6조 (기본계획의 수립 등)

① 교육부장관은 이 법의 목적을 효율적으로 달성하기 위하여 학교폭력의 예방 및 대책에 관한 정책 목표·방향을 설정하고, 이에 따른 학교폭력의 예방 및 대책에 관한 기본계획(이하 "기본계획"이라 한다)을 제7조에 따른 학교폭력대책위원회의 심의를 거쳐 수립·시행하여야 한다. [개정 2012. 3. 21, 2013. 3. 23 제11690호(정부조직법)]

② 기본계획은 다음 각 호의 사항을 포함하여 5년마다 수립하여야 한다. 이 경우 교육부장관은 관계 중앙행정기관 등의 의견을 수렴하여야 한다. [개정 2012. 3. 21, 2013. 3. 23 제11690호(정부조직법)]

1. 학교폭력의 근절을 위한 조사·연구·교육 및 계도
2. 피해학생에 대한 치료·재활 등의 지원

3. 학교폭력 관련 행정기관 및 교육기관 상호 간의 협조·지원
4. 제14조 제1항에 따른 전문상담교사의 배치 및 이에 대한 행정적·재정적 지원
5. 학교폭력의 예방과 피해학생 및 가해학생의 치료·교육을 수행하는 청소년 관련 단체(이하 "전문단체"라 한다) 또는 전문가에 대한 행정적·재정적 지원
6. 그 밖에 학교폭력의 예방 및 대책을 위하여 필요한 사항

③ 교육부장관은 대통령령으로 정하는 바에 따라 특별시·광역시·특별자치시·도 및 특별자치도(이하 "시·도"라 한다) 교육청의 학교폭력 예방 및 대책과 그에 대한 성과를 평가하고, 이를 공표하여야 한다. [신설 2012. 1. 26, 2013. 3. 23 제11690호(정부조직법)]

제7조 (학교폭력대책위원회의 설치·기능)

학교폭력의 예방 및 대책에 관한 다음 각 호의 사항을 심의하기 위하여 국무총리 소속으로 학교폭력대책위원회(이하 "대책위원회"라 한다)를 둔다. [개정 2012. 3. 21] [시행일 2012. 5. 1]

1. 학교폭력의 예방 및 대책에 관한 기본계획의 수립 및 시행에 대한 평가
2. 학교폭력과 관련하여 관계 중앙행정기관 및 지방자치단체의 장이 요청하는 사항
3. 학교폭력과 관련하여 교육청, 제9조에 따른 학교폭력대책지역위원회, 제10조의 2에 따른 학교폭력대책지역협의회, 제12조에 따른 학교폭력대책자치위원회, 전문단체 및 전문가가 요청하는 사항

[본조제목개정 2012. 3. 21] [시행일 2012. 5. 1]

제8조 (대책위원회의 구성)

① 대책위원회는 위원장 2명을 포함하여 20명 이내의 위원으로 구성한다.

② 위원장은 국무총리와 학교폭력 대책에 관한 전문지식과 경험이 풍부한 전문가 중에서 대통령이 위촉하는 사람이 공동으로 되고, 위원장 모두가 부득이한 사유로 직무를 수행할 수 없을 때에는 국무총리가 지명한 위원이 그 직무를 대행한다.

③ 위원은 다음 각 호의 사람 중에서 대통령이 위촉하는 사람으로 한다. 다만, 제1호의 경우에는 당연직 위원으로 한다. [개정 2013. 3. 23 제11690호(정부조직법), 2014. 11. 19 제12844호(정부조직법)]

1. 기획재정부장관, 교육부장관, 미래창조과학부장관, 법무부장관, 행정자치부장관, 문화체육관광부장관, 보건복지부장관, 여성가족부장관, 국민안전처장관, 방송통신위원회 위원장, 경찰청장

2. 학교폭력 대책에 관한 전문지식과 경험이 풍부한 전문가 중에서 제1호의 위원이 각각 1명씩 추천하는 사람
3. 관계 중앙행정기관에 소속된 3급 공무원 또는 고위공무원단에 속하는 공무원으로서 청소년 또는 의료 관련 업무를 담당하는 사람
4. 대학이나 공인된 연구기관에서 조교수 이상 또는 이에 상당한 직에 있거나 있었던 사람으로서 학교폭력 문제 및 이에 따른 상담 또는 심리에 관하여 전문지식이 있는 사람
5. 판사·검사·변호사
6. 전문단체에서 청소년보호활동을 5년 이상 전문적으로 담당한 사람
7. 의사의 자격이 있는 사람
8. 학교운영위원회 활동 및 청소년보호활동 경험이 풍부한 학부모

④ 위원장을 포함한 위원의 임기는 2년으로 하되, 1차에 한하여 연임할 수 있다.

⑤ 위원회의 효율적 운영 및 지원을 위하여 간사 1명을 두되, 간사는 교육부장관이 된다. [개정 2013. 3. 23 제11690호(정부조직법)]

⑥ 위원회에 상정할 안건을 미리 검토하는 등 안건 심의를 지원하고, 위원회가 위임한 안건을 심의하기 위하여 대책위원회에 학교폭력대책실무위원회(이하 “실무위원회”라 한다)를 둔다.

⑦ 그 밖에 대책위원회의 운영과 실무위원회의 구성·운영에 필요한 사항은 대통령령으로 정한다.

[전문개정 2012. 3. 21] [시행일 2012. 5. 1]

제9조 (학교폭력대책지역위원회의 설치)

① 지역의 학교폭력 문제를 해결하기 위하여 시·도에 학교폭력대책지역위원회(이하 “지역위원회”라 한다)를 둔다. [개정 2012. 1. 26] [시행일 2012. 5. 1]

② 특별시장·광역시장·특별자치시장·도지사 및 특별자치도지사는 지역위원회의 운영 및 활동에 관하여 시·도의 교육감(이하 "교육감"이라 한다)과 협의하여야 하며, 그 효율적인 운영을 위하여 실무위원회를 둘 수 있다. [개정 2012. 1. 26] [시행일 2012. 5. 1]

③ 지역위원회는 위원장 1인을 포함한 11인 이내의 위원으로 구성한다.

④ 지역위원회 및 제2항에 따른 실무위원회의 구성·운영에 필요한 사항은 대통령령으로 정한다.

제10조 (학교폭력대책지역위원회의 기능 등)

① 지역위원회는 기본계획에 따라 지역의 학교폭력 예방대책을 매년 수립한다.

② 지역위원회는 해당 지역에서 발생한 학교폭력에 대하여 교육감 및 지방경찰청장에게 관련 자료를 요청할 수 있다.

③ 교육감은 지역위원회의 의견을 들어 제16조 제1항 제1호부터 제3호까지나 제17조 제1항 제5호에 따른 상담·치료 및 교육을 담당할 상담·치료·교육 기관을 지정하여야 한다. [개정 2012. 1. 26] [시행일 2012. 5. 1]

④ 교육감은 제3항에 따른 상담·치료·교육 기관을 지정한 때에는 해당 기관의 명칭, 소재지, 업무를 인터넷 홈페이지에 게시하고, 그 밖에 다양한 방법으로 학부모에게 알릴 수 있도록 노력하여야 한다. [신설 2012. 1. 26] [시행일 2012. 5. 1]

[본조제목개정 2012. 1. 26] [시행일 2012. 5. 1]

제10조의2 (학교폭력대책지역협의회의 설치·운영)

① 학교폭력 예방 대책을 수립하고 기관별 추진계획 및 상호 협력·지원 방안 등을 협의하기 위하여 시·군·구에 학교폭력대책지역협의회(이하 "지역협의회"라 한다)를 둔다.

② 지역협의회는 위원장 1명을 포함한 20명 내외의 위원으로 구성한다.

③ 그 밖에 지역협의회의 구성·운영에 필요한 사항은 대통령령으로 정한다.

[본조신설 2012. 3. 21] [시행일 2012. 5. 1]

제11조 (교육감의 임무)

① 교육감은 시·도 교육청에 학교폭력의 예방과 대책을 담당하는 전담부서를 설치·운영하여야 한다.

② 교육감은 관할 구역 안에서 학교폭력이 발생한 때에는 해당 학교의 장 및 관련 학교의 장에게 그 경과 및 결과의 보고를 요구할 수 있다.

③ 교육감은 관할 구역 안의 학교폭력이 관할 구역 외의 학교폭력과 관련이 있는 때에는 그 관할 교육감과 협의하여 적절한 조치를 취하여야 한다.

④ 교육감은 학교의 장으로 하여금 학교폭력의 예방 및 대책에 관한 실시계획을 수립·시행하도록 하여야 한다.

⑤ 교육감은 제12조에 따른 자치위원회가 처리한 학교의 학교폭력 빈도를 학교의 장에 대한 업무수행 평가에 부정적 자료로 사용하여서는 아니 된다.

⑥ 교육감은 제17조 제1항 제8호에 따른 전학의 경우 그 실현을 위하여 필요한 조치를 취하여야 하며, 제17조 제1항 제9호에 따른 퇴학처분의 경우 해당 학생의 건전한

성장을 위하여 다른 학교 재입학 등의 적절한 대책을 강구하여야 한다. [개정 2012. 1. 26, 2012. 3. 21] [시행일 2012. 5. 1]

⑦ 교육감은 대책위원회 및 지역위원회에 관할 구역 안의 학교폭력의 실태 및 대책에 관한 사항을 보고하고 공표하여야 한다. 관할 구역 밖의 학교폭력 관련 사항 중 관할 구역 안의 학교와 관련된 경우에도 또한 같다. [개정 2012. 1. 26, 2012. 3. 21] [시행일 2012. 5. 1]

⑧ 교육감은 학교폭력의 실태를 파악하고 학교폭력에 대한 효율적인 예방대책을 수립하기 위하여 학교폭력 실태조사를 연 2회 이상 실시하고 그 결과를 공표하여야 한다. [신설 2012. 3. 21, 2015. 12. 22] [시행일 2016. 6. 23]

⑨ 교육감은 학교폭력 등에 관한 조사, 상담, 치유프로그램 운영 등을 위한 전문기관을 설치·운영할 수 있다. [신설 2012. 3. 21] [시행일 2012. 5. 1]

⑩ 교육감은 관할 구역에서 학교폭력이 발생한 때에 해당 학교의 장 또는 소속 교원이 그 경과 및 결과를 보고함에 있어 축소 및 은폐를 시도한 경우에는 「교육공무원법」 제50조 및 「사립학교법」 제62조에 따른 징계위원회에 징계의결을 요구하여야 한다. [신설 2012. 3. 21] [시행일 2012. 5. 1]

⑪ 교육감은 관할 구역에서 학교폭력의 예방 및 대책 마련에 기여한 바가 큰 학교 또는 소속 교원에게 상훈을 수여하거나 소속 교원의 근무성적 평정에 가산점을 부여할 수 있다. [신설 2012. 3. 21] [시행일 2012. 5. 1]

⑫ 제1항에 따라 설치되는 전담부서의 구성과 제8항에 따라 실시하는 학교폭력 실태조사 및 제9항에 따른 전문기관의 설치에 필요한 사항은 대통령령으로 정한다. [개정 2012. 3. 21] [시행일 2012. 5. 1]

제11조의2 (학교폭력 조사·상담 등)

① 교육감은 학교폭력 예방과 사후조치 등을 위하여 다음 각 호의 조사·상담 등을 수행할 수 있다.

1. 학교폭력 피해학생 상담 및 가해학생 조사
2. 필요한 경우 가해학생 학부모 조사
3. 학교폭력 예방 및 대책에 관한 계획의 이행 지도
4. 관할 구역 학교폭력서클 단속
5. 학교폭력 예방을 위하여 민간 기관 및 업소 출입·검사
6. 그 밖에 학교폭력 등과 관련하여 필요로 하는 사항

② 교육감은 제1항의 조사·상담 등의 업무를 대통령령으로 정하는 기관 또는 단체에

위탁할 수 있다.

③ 교육감 및 제2항에 따른 위탁 기관 또는 단체의 장은 제1항에 따른 조사·상담 등의 업무를 수행함에 있어 필요한 경우 관계 기관의 장에게 협조를 요청할 수 있다.

④ 제1항에 따라 조사·상담 등을 하는 관계 직원은 그 권한을 표시하는 증표를 지니고 이를 관계인에게 보여 주어야 한다.

⑤ 제1항 제1호 및 제4호의 조사 등의 결과는 학교의 장 및 보호자에게 통보하여야 한다.

[본조신설 2012. 3. 21] [시행일 2012. 5. 1]

제11조의3 (관계 기관과의 협조 등)

① 교육부장관, 교육감, 지역 교육장, 학교의 장은 학교폭력과 관련한 개인정보 등을 경찰청장, 지방경찰청장, 관할 경찰서장 및 관계 기관의 장에게 요청할 수 있다. [개정 2013.3.23 제11690호(정부조직법)]

② 제1항에 따라 정보제공을 요청받은 경찰청장, 지방경찰청장, 관할 경찰서장 및 관계 기관의 장은 특별한 사정이 없으면 이에 응하여야 한다.

③ 제1항 및 제2항에 따른 관계 기관과의 협조 사항 및 절차 등에 필요한 사항은 대통령령으로 정한다.

[본조신설 2012. 3. 21] [시행일 2012. 5. 1]

제12조 (학교폭력대책자치위원회의 설치·기능)

① 학교폭력의 예방 및 대책에 관련된 사항을 심의하기 위하여 학교에 학교폭력대책자치위원회(이하 "자치위원회"라 한다)를 둔다. 다만, 자치위원회 구성에 있어 대통령령으로 정하는 사유가 있는 경우에는 교육감의 보고를 거쳐 둘 이상의 학교가 공동으로 자치위원회를 구성할 수 있다. [개정 2012. 1. 26] [시행일 2012. 5. 1]

② 자치위원회는 학교폭력의 예방 및 대책 등을 위하여 다음 각 호의 사항을 심의한다. [개정 2012. 1. 26] [시행일 2012. 5. 1]

1. 학교폭력의 예방 및 대책수립을 위한 학교 체제 구축
2. 피해학생의 보호
3. 가해학생에 대한 선도 및 징계
4. 피해학생과 가해학생 간의 분쟁조정
5. 그 밖에 대통령령으로 정하는 사항

③ 자치위원회는 해당 지역에서 발생한 학교폭력에 대하여 학교장 및 관할 경찰서장

에게 관련 자료를 요청할 수 있다. [신설 2012. 3. 21] [시행일 2012. 5. 1]
④자치위원회의 설치·운영 등에 필요한 사항은 지역 및 학교의 규모 등을 고려하여 대통령령으로 정한다. [개정 2012. 3. 21] [시행일 2012. 5. 1]

제13조 (자치위원회의 구성·운영)

① 자치위원회는 위원장 1인을 포함하여 5인 이상 10인 이하의 위원으로 구성하되, 대통령령으로 정하는 바에 따라 전체위원의 과반수를 학부모전체회의에서 직접 선출된 학부모대표로 위촉하여야 한다. 다만, 학부모전체회의에서 학부모대표를 선출하기 곤란한 사유가 있는 경우에는 학급별 대표로 구성된 학부모대표회의에서 선출된 학부모대표로 위촉할 수 있다. [개정 2011. 5. 19] [시행일 2011. 11. 20]
② 자치위원회는 분기별 1회 이상 회의를 개최하고, 자치위원회의 위원장은 다음 각 호의 어느 하나에 해당하는 경우에 회의를 소집하여야 한다. [신설 2011. 5. 19, 2012. 1. 26, 2012. 3. 21] [시행일 2012. 4. 1]
1. 자치위원회 재적위원 4분의 1 이상이 요청하는 경우
2. 학교의 장이 요청하는 경우
3. 피해학생 또는 그 보호자가 요청하는 경우
4. 학교폭력이 발생한 사실을 신고받거나 보고받은 경우
5. 가해학생이 협박 또는 보복한 사실을 신고받거나 보고받은 경우
6. 그 밖에 위원장이 필요하다고 인정하는 경우
③ 자치위원회는 회의의 일시, 장소, 출석위원, 토의내용 및 의결사항 등이 기록된 회의록을 작성·보존하여야 한다. [신설 2011. 5. 19] [시행일 2011. 11. 20]
④ 그 밖에 자치위원회의 구성·운영에 필요한 사항은 대통령령으로 정한다. [개정 2011. 5. 19][시행일 2011. 11. 20]
[본조제목개정 2011. 5. 19] [시행일 2011. 11. 20]

제14조 (전문상담교사 배치 및 전담기구 구성)

① 학교의 장은 학교에 대통령령으로 정하는 바에 따라 상담실을 설치하고, 「초·중등교육법」 제19조의2에 따라 전문상담교사를 둔다.
② 전문상담교사는 학교의 장 및 자치위원회의 요구가 있는 때에는 학교폭력에 관련된 피해학생 및 가해학생과의 상담결과를 보고하여야 한다.
③ 학교의 장은 교감, 전문상담교사, 보건교사 및 책임교사(학교폭력문제를 담당하는 교사를 말한다) 등으로 학교폭력문제를 담당하는 전담기구(이하 "전담기구"라 한다)를

구성하며, 학교폭력 사태를 인지한 경우 지체 없이 전담기구 또는 소속 교원으로 하여금 가해 및 피해 사실 여부를 확인하도록 한다. [개정 2012. 3. 21] [시행일 2012. 5. 1]

④ 전담기구는 학교폭력에 대한 실태조사(이하 "실태조사"라 한다)와 학교폭력 예방 프로그램을 구성·실시하며, 학교의 장 및 자치위원회의 요구가 있는 때에는 학교폭력에 관련된 조사결과 등 활동결과를 보고하여야 한다. [개정 2012. 3. 21] [시행일 2012. 5. 1]

⑤ 피해학생 또는 피해학생의 보호자는 피해사실 확인을 위하여 전담기구에 실태조사를 요구할 수 있다. [신설 2009. 5. 8, 2012. 3. 21] [시행일 2012. 5. 1]

⑥ 국가 및 지방자치단체는 실태조사에 관한 예산을 지원하고, 관계 행정기관은 실태조사에 협조하여야 하며, 학교의 장은 전담기구에 행정적·재정적 지원을 할 수 있다. [개정 2009. 5. 8, 2012. 3. 21] [시행일 2012. 5. 1]

⑦ 전담기구는 성폭력 등 특수한 학교폭력사건에 대한 실태조사의 전문성을 확보하기 위하여 필요한 경우 전문기관에 그 실태조사를 의뢰할 수 있다. 이 경우 그 의뢰는 자치위원회 위원장의 심의를 거쳐 학교의 장 명의로 하여야 한다. [신설 2012. 1. 26, 2012. 3. 21] [시행일 2012. 5. 1]

⑧ 그 밖에 전담기구 운영 등에 필요한 사항은 대통령령으로 정한다. [신설 2012. 3. 21] [시행일 2012. 5. 1]

제15조 (학교폭력 예방교육 등)

① 학교의 장은 학생의 육체적·정신적 보호와 학교폭력의 예방을 위한 학생들에 대한 교육(학교폭력의 개념·실태 및 대처방안 등을 포함하여야 한다)을 학기별로 1회 이상 실시하여야 한다. [개정 2012. 1. 26] [시행일 2012. 4. 1]

② 학교의 장은 학교폭력의 예방 및 대책 등을 위한 교직원 및 학부모에 대한 교육을 학기별로 1회 이상 실시하여야 한다. [개정 2012. 3. 21] [시행일 2012. 4. 1]

③ 학교의 장은 제1항에 따른 학교폭력 예방교육 프로그램의 구성 및 그 운용 등을 전담기구와 협의하여 전문단체 또는 전문가에게 위탁할 수 있다.

④ 교육장은 제1항부터 제3항까지의 규정에 따른 학교폭력 예방교육 프로그램의 구성과 운용계획을 학부모가 쉽게 확인할 수 있도록 인터넷 홈페이지에 게시하고, 그 밖에 다양한 방법으로 학부모에게 알릴 수 있도록 노력하여야 한다. [개정 2012. 1. 26] [시행일 2012. 4. 1]

⑤ 그 밖에 학교폭력 예방교육의 실시와 관련한 사항은 대통령령으로 정한다. [개정

2011. 5. 19] [시행일 2011. 11. 20]
[본조제목개정 2011. 5. 19.]

제16조 (피해학생의 보호)

① 자치위원회는 피해학생의 보호를 위하여 필요하다고 인정하는 때에는 피해학생에 대하여 다음 각 호의 어느 하나에 해당하는 조치(수 개의 조치를 병과하는 경우를 포함한다)를 할 것을 학교의 장에게 요청할 수 있다. 다만, 학교의 장은 피해학생의 보호를 위하여 긴급하다고 인정하거나 피해학생이 긴급보호의 요청을 하는 경우에는 자치위원회의 요청 전에 제1호, 제2호 및 제6호의 조치를 할 수 있다. 이 경우 자치위원회에 즉시 보고하여야 한다. [개정 2012. 3. 21] [시행일 2012. 4. 1]
1. 심리상담 및 조언
2. 일시보호
3. 치료 및 치료를 위한 요양
4. 학급교체
5. 삭제 [2012. 3. 21] [시행일 2012. 4. 1]
6. 그 밖에 피해학생의 보호를 위하여 필요한 조치

② 자치위원회는 제1항에 따른 조치를 요청하기 전에 피해학생 및 그 보호자에게 의견진술의 기회를 부여하는 등 적정한 절차를 거쳐야 한다. [신설 2012. 3. 21] [시행일 2012. 4. 1]

③ 제1항에 따른 요청이 있는 때에는 학교의 장은 피해학생의 보호자의 동의를 받아 7일 이내에 해당 조치를 하여야 하고 이를 자치위원회에 보고하여야 한다. [개정 2012. 3. 21] [시행일 2012. 4. 1]

④ 제1항의 조치 등 보호가 필요한 학생에 대하여 학교의 장이 인정하는 경우 그 조치에 필요한 결석을 출석일수에 산입할 수 있다. [개정 2012. 3. 21] [시행일 2012. 4. 1]

⑤ 학교의 장은 성적 등을 평가함에 있어서 제3항에 따른 조치로 인하여 학생에게 불이익을 주지 아니하도록 노력하여야 한다. [개정 2012. 3. 21] [시행일 2012. 4. 1]

⑥ 피해학생이 전문단체나 전문가로부터 제1항 제1호부터 제3호까지의 규정에 따른 상담 등을 받는 데에 사용되는 비용은 가해학생의 보호자가 부담하여야 한다. 다만, 피해학생의 신속한 치료를 위하여 학교의 장 또는 피해학생의 보호자가 원하는 경우에는 「학교안전사고 예방 및 보상에 관한 법률」 제15조에 따른 학교안전공제회 또는 시·도 교육청이 부담하고 이에 대한 구상권을 행사할 수 있다. [개정 2012. 1. 26, 2012. 3. 21] [시행일 2012. 4. 1]

1. 삭제 [2012. 3. 21] [시행일 2012. 4. 1]
2. 삭제 [2012. 3. 21] [시행일 2012. 4. 1]

⑦ 학교의 장 또는 피해학생의 보호자는 필요한 경우 「학교안전사고 예방 및 보상에 관한 법률」 제34조의 공제급여를 학교안전공제회에 직접 청구할 수 있다. [신설 2012. 1. 26, 2012. 3. 21] [시행일 2012. 4. 1]

⑧ 피해학생의 보호 및 제6항에 따른 지원범위, 구상범위, 지급절차 등에 필요한 사항은 대통령령으로 정한다. [신설 2012. 3. 21] [시행일 2012. 4. 1.]

제16조의2 (장애학생의 보호)

① 누구든지 장애 등을 이유로 장애학생에게 학교폭력을 행사하여서는 아니 된다.

② 자치위원회는 학교폭력으로 피해를 입은 장애학생의 보호를 위하여 장애인전문 상담가의 상담 또는 장애인전문 치료기관의 요양 조치를 학교의 장에게 요청할 수 있다.

③ 제2항에 따른 요청이 있는 때에는 학교의 장은 해당 조치를 하여야 한다. 이 경우 제16조 제6항을 준용한다. [개정 2012. 3. 21] [시행일 2012. 4. 1]

[본조신설 2009. 5. 8] [시행일 2009. 8. 9]

제17조 (가해학생에 대한 조치)

① 자치위원회는 피해학생의 보호와 가해학생의 선도·교육을 위하여 가해학생에 대하여 다음 각 호의 어느 하나에 해당하는 조치(수 개의 조치를 병과하는 경우를 포함한다)를 할 것을 학교의 장에게 요청하여야 하며, 각 조치별 적용 기준은 대통령령으로 정한다. 다만, 퇴학처분은 의무교육과정에 있는 가해학생에 대하여는 적용하지 아니한다. [개정 2009. 5. 8, 2012. 1. 26, 2012. 3. 21] [시행일 2012. 4. 1]

1. 피해학생에 대한 서면사과
2. 피해학생 및 신고·고발 학생에 대한 접촉, 협박 및 보복행위의 금지
3. 학교에서의 봉사
4. 사회봉사
5. 학내·외 전문가에 의한 특별 교육이수 또는 심리치료
6. 출석정지
7. 학급교체
8. 전학
9. 퇴학처분

② 제1항에 따라 자치위원회가 학교의 장에게 가해학생에 대한 조치를 요청할 때 그

이유가 피해학생이나 신고·고발 학생에 대한 협박 또는 보복 행위일 경우에는 같은 항 각 호의 조치를 병과하거나 조치 내용을 가중할 수 있다. [신설 2012. 3. 21] [시행일 2012. 4. 1]

③ 제1항 제2호부터 제4호까지 및 제6호부터 제8호까지의 처분을 받은 가해학생은 교육감이 정한 기관에서 특별교육을 이수하거나 심리치료를 받아야 하며, 그 기간은 자치위원회에서 정한다. [개정 2012. 1. 26, 2012. 3. 21] [시행일 2012. 4. 1]

④ 학교의 장은 가해학생에 대한 선도가 긴급하다고 인정할 경우 우선 제1항 제1호부터 제3호까지, 제5호 및 제6호의 조치를 할 수 있으며, 제5호와 제6호는 병과조치할 수 있다. 이 경우 자치위원회에 즉시 보고하여 추인을 받아야 한다. [개정 2012. 1. 26, 2012. 3. 21] [시행일 2012. 4. 1]

⑤ 자치위원회는 제1항 또는 제2항에 따른 조치를 요청하기 전에 가해학생 및 보호자에게 의견진술의 기회를 부여하는 등 적정한 절차를 거쳐야 한다. [개정 2012. 3. 21] [시행일 2012. 4. 1]

⑥ 제1항에 따른 요청이 있는 때에는 학교의 장은 14일 이내에 해당 조치를 하여야 한다. [개정 2012. 1. 26, 2012. 3. 21] [시행일 2012. 4. 1]

⑦ 학교의 장이 제4항에 따른 조치를 한 때에는 가해학생과 그 보호자에게 이를 통지하여야 하며, 가해학생이 이를 거부하거나 회피하는 때에는 「초·중등교육법」 제18조에 따라 징계하여야 한다. [개정 2012. 3. 21] [시행일 2012. 4. 1]

⑧ 가해학생이 제1항제3호부터 제5호까지의 규정에 따른 조치를 받은 경우 이와 관련된 결석은 학교의 장이 인정하는 때에는 이를 출석일수에 산입할 수 있다. [개정 2012. 1. 26, 2012. 3. 21] [시행일 2012. 4. 1]

⑨ 자치위원회는 가해학생이 특별교육을 이수할 경우 해당 학생의 보호자도 함께 교육을 받게 하여야 한다. [개정 2012. 3. 21] [시행일 2012. 4. 1]

⑩ 가해학생이 다른 학교로 전학을 간 이후에는 전학 전의 피해학생 소속 학교로 다시 전학올 수 없도록 하여야 한다. [신설 2012. 1. 26, 2012. 3. 21] [시행일 2012. 4. 1]

⑪ 제1항 제2호부터 제9호까지의 처분을 받은 학생이 해당 조치를 거부하거나 기피하는 경우 자치위원회는 제7항에도 불구하고 대통령령으로 정하는 바에 따라 추가로 다른 조치를 할 것을 학교의 장에게 요청할 수 있다. [신설 2012. 3. 21] [시행일 2012. 4. 1]

⑫ 가해학생에 대한 조치 및 제11조 제6항에 따른 재입학 등에 관하여 필요한 사항은 대통령령으로 정한다. [신설 2012. 3. 21] [시행일 2012. 4. 1.]

제17조의2 (재심청구)

① 자치위원회 또는 학교의 장이 제16조 제1항 및 제17조 제1항에 따라 내린 조치에 대하여 이의가 있는 피해학생 또는 그 보호자는 그 조치를 받은 날부터 15일 이내, 그 조치가 있음을 안 날부터 10일 이내에 지역위원회에 재심을 청구할 수 있다. [신설 2012. 3. 21] [시행일 2012. 5. 1]

② 자치위원회가 제17조 제1항 제8호와 제9호에 따라 내린 조치에 대하여 이의가 있는 학생 또는 그 보호자는 그 조치를 받은 날부터 15일 이내, 그 조치가 있음을 안 날로부터 10일 이내에 「초·중등교육법」 제18조의3에 따른 시·도학생징계조정위원회에 재심을 청구할 수 있다. [개정 2012. 3. 21] [시행일 2012. 5. 1]

③ 지역위원회가 제1항에 따른 재심청구를 받은 때에는 30일 이내에 이를 심사·결정하여 청구인에게 통보하여야 한다. [신설 2012. 3. 21] [시행일 2012. 5. 1]

④ 제3항의 결정에 이의가 있는 청구인은 그 통보를 받은 날부터 60일 이내에 행정심판을 제기할 수 있다. [신설 2012. 3. 21] [시행일 2012. 5. 1]

⑤ 제1항에 따른 재심청구, 제3항에 따른 심사 절차 및 결정 통보 등에 필요한 사항은 대통령령으로 정한다. [신설 2012. 3. 21] [시행일 2012. 5. 1]

⑥ 제2항에 따른 재심청구, 심사절차, 결정통보 등은 「초·중등교육법」 제18조의2제2항부터 제4항까지의 규정을 준용한다. [개정 2012. 3. 21] [시행일 2012. 5. 1]

[본조신설 2012. 1. 26] [시행일 2012. 5. 1]

제18조 (분쟁조정)

① 자치위원회는 학교폭력과 관련하여 분쟁이 있는 경우에는 그 분쟁을 조정할 수 있다.

② 제1항에 따른 분쟁의 조정기간은 1개월을 넘지 못한다.

③ 학교폭력과 관련한 분쟁조정에는 다음 각 호의 사항을 포함한다.

1. 피해학생과 가해학생 간 또는 그 보호자 간의 손해배상에 관련된 합의조정
2. 그 밖에 자치위원회가 필요하다고 인정하는 사항

④ 자치위원회는 분쟁조정을 위하여 필요하다고 인정하는 때에는 관계 기관의 협조를 얻어 학교폭력과 관련한 사항을 조사할 수 있다.

⑤ 자치위원회가 분쟁조정을 하고자 할 때에는 이를 피해학생·가해학생 및 그 보호자에게 통보하여야 한다.

⑥ 시·도 교육청 관할 구역 안의 소속 학교가 다른 학생 간에 분쟁이 있는 경우에는 교육감이 해당 학교의 자치위원회위원장과의 협의를 거쳐 직접 분쟁을 조정한다. 이

경우 제2항부터 제5항까지의 규정을 준용한다.

⑦ 관할 구역을 달리하는 시·도 교육청 소속 학교의 학생 간에 분쟁이 있는 경우에는 피해학생을 감독하는 교육감이 가해학생을 감독하는 교육감 및 관련 해당 학교의 자치위원회위원장과의 협의를 거쳐 직접 분쟁을 조정한다. 이 경우 제2항부터 제5항까지의 규정을 준용한다.

제19조 (학교의 장의 의무)

학교의 장은 교육감에게 학교폭력이 발생한 사실 및 제16조, 제16조의2, 제17조, 제17조의2 및 제18조에 따른 조치 및 그 결과를 보고하고, 관계 기관과 협력하여 교내 학교폭력 단체의 결성예방 및 해체에 노력하여야 한다. [개정 2012. 3. 21] [시행일 2012. 5. 1]

제20조 (학교폭력의 신고의무)

① 학교폭력 현장을 보거나 그 사실을 알게 된 자는 학교 등 관계 기관에 이를 즉시 신고하여야 한다.

② 제1항에 따라 신고를 받은 기관은 이를 가해학생 및 피해학생의 보호자와 소속 학교의 장에게 통보하여야 한다. [개정 2009. 5. 8] [시행일 2009.8.9]

③ 제2항에 따라 통보받은 소속 학교의 장은 이를 자치위원회에 지체 없이 통보하여야 한다. [신설 2009. 5. 8] [시행일 2009.8.9]

④ 누구라도 학교폭력의 예비·음모 등을 알게 된 자는 이를 학교의 장 또는 자치위원회에 고발할 수 있다. 다만, 교원이 이를 알게 되었을 경우에는 학교의 장에게 보고하고 해당 학부모에게 알려야 한다. [개정 2009. 5. 8, 2012. 1. 26] [시행일 2012. 4. 1]

⑤ 누구든지 제1항부터 제4항까지에 따라 학교폭력을 신고한 사람에게 그 신고행위를 이유로 불이익을 주어서는 아니 된다. [신설 2012. 3. 21] [시행일 2012. 4. 1.]

제20조의2 (긴급전화의 설치 등)

① 국가 및 지방자치단체는 학교폭력을 수시로 신고받고 이에 대한 상담에 응할 수 있도록 긴급전화를 설치하여야 한다.

② 국가와 지방자치단체는 제1항에 따른 긴급전화의 설치·운영을 대통령령으로 정하는 기관 또는 단체에 위탁할 수 있다. [신설 2012. 1. 26] [시행일 2012. 5. 1]

③ 제1항과 제2항에 따른 긴급전화의 설치·운영·위탁에 필요한 사항은 대통령령으로 정한다. [개정 2012. 1. 26] [시행일 2012. 5. 1]

[본조신설 2009. 5. 8] [시행일 2009.8.9.]

제20조의3 (정보통신망에 의한 학교폭력 등)

제2조 제1호에 따른 정보통신망을 이용한 음란·폭력 정보 등에 의한 신체상·정신상 피해에 관하여 필요한 사항은 따로 법률로 정한다.

[본조신설 2012. 3. 21] [시행일 2012. 4. 1.]

제20조의4 (정보통신망의 이용 등)

① 국가·지방자치단체 또는 교육감은 학교폭력 예방 업무 등을 효과적으로 수행하기 위하여 필요한 경우 정보통신망을 이용할 수 있다.

② 국가·지방자치단체 또는 교육감은 제1항에 따라 정보통신망을 이용하여 학교 또는 학생(학부모를 포함한다)이 학교폭력 예방 업무 등을 수행하는 경우 다음 각 호의 어느 하나에 해당하는 비용의 전부 또는 일부를 지원할 수 있다.

1. 학교 또는 학생(학부모를 포함한다)이 전기통신설비를 구입하거나 이용하는 데 소요되는 비용
2. 학교 또는 학생(학부모를 포함한다)에게 부과되는 전기통신역무 요금

③ 그 밖에 정보통신망의 이용 등에 관하여 필요한 사항은 대통령령으로 정한다.

[본조신설 2012. 3. 21] [시행일 2012. 5. 1]

제20조의5 (학생보호인력의 배치 등)

① 국가·지방자치단체 또는 학교의 장은 학교폭력을 예방하기 위하여 학교 내에 학생보호인력을 배치하여 활용할 수 있다.

② 다음 각 호의 어느 하나에 해당하는 사람은 학생보호인력이 될 수 없다. [신설 2013.7.30] [시행일 2014. 1. 31.]

1. 「국가공무원법」 제33조 각 호의 어느 하나에 해당하는 사람
2. 「아동·청소년의 성보호에 관한 법률」에 따른 아동·청소년대상 성범죄 또는 「성폭력범죄의 처벌 등에 관한 특례법」에 따른 성폭력범죄를 범하여 벌금형을 선고받고 그 형이 확정된 날부터 10년이 지나지 아니하였거나, 금고 이상의 형이나 치료감호를 선고받고 그 집행이 끝나거나 집행이 유예·면제된 날부터 10년이 지나지 아니한 사람
3. 「청소년 보호법」 제2조 제5호 가목3) 및 같은 목 7)부터 9)까지의 청소년 출입·고용금지업소의 업주나 종사자

③ 국가·지방자치단체 또는 학교의 장은 제1항에 따른 학생보호인력의 배치 및 활용 업무를 관련 전문기관 또는 단체에 위탁할 수 있다. [개정 2013.7.30] [시행일 2014. 1. 31]
④ 제3항에 따라 학생보호인력의 배치 및 활용 업무를 위탁받은 전문기관 또는 단체는 그 업무를 수행함에 있어 학교의 장과 충분히 협의하여야 한다. [개정 2013.7.30] [시행일 2014. 1. 31]
⑤ 국가·지방자치단체 또는 학교의 장은 학생보호인력으로 배치하고자 하는 사람의 동의를 받아 경찰청장에게 그 사람의 범죄경력을 조회할 수 있다. [신설 2013.7.30] [시행일 2014. 1. 31]
⑥ 제3항에 따라 학생보호인력의 배치 및 활용 업무를 위탁받은 전문기관 또는 단체는 해당 업무를 위탁한 국가·지방자치단체 또는 학교의 장에게 학생보호인력으로 배치하고자 하는 사람의 범죄경력을 조회할 것을 신청할 수 있다. [신설 2013.7.30] [시행일 2014. 1. 31]
⑦ 학생보호인력이 되려는 사람은 국가·지방자치단체 또는 학교의 장에게 제2항 각 호의 어느 하나에 해당하지 아니한다는 확인서를 제출하여야 한다. [신설 2013.7.30] [시행일 2014. 1. 31]
[본조신설 2012. 3. 21] [시행일 2012. 5. 1]

제20조의6 (영상정보처리기기의 통합 관제)

① 국가 및 지방자치단체는 학교폭력 예방 업무를 효과적으로 수행하기 위하여 교육감과 협의하여 학교 내외에 설치된 영상정보처리기기(「개인정보 보호법」 제2조 제7호에 따른 영상정보처리기기를 말한다. 이하 이 조에서 같다)를 통합하여 관제할 수 있다. 이 경우 국가 및 지방자치단체는 통합 관제 목적에 필요한 범위에서 최소한의 개인정보만을 처리하여야 하며, 그 목적 외의 용도로 활용하여서는 아니 된다.
② 제1항에 따라 영상정보처리기기를 통합 관제하려는 국가 및 지방자치단체는 공청회·설명회의 개최 등 대통령령으로 정하는 절차를 거쳐 관계 전문가 및 이해관계인의 의견을 수렴하여야 한다.
③ 제1항에 따라 학교 내외에 설치된 영상정보처리기기가 통합 관제되는 경우 해당 학교의 영상정보처리기기운영자는 「개인정보 보호법」 제25조 제4항에 따른 조치를 통하여 그 사실을 정보주체에게 알려야 한다.
④ 통합 관제에 관하여 이 법에서 규정한 것을 제외하고는 「개인정보 보호법」을 적용한다.

⑤ 그 밖에 영상정보처리기기의 통합 관제에 필요한 사항은 대통령령으로 정한다.
[본조신설 2012. 3. 21] [시행일 2012. 5. 1]

제21조 (비밀누설금지 등)

① 이 법에 따라 학교폭력의 예방 및 대책과 관련된 업무를 수행하거나 수행하였던 자는 그 직무로 인하여 알게 된 비밀 또는 가해학생·피해학생 및 제20조에 따른 신고자·고발자와 관련된 자료를 누설하여서는 아니 된다. [개정 2012. 1. 26] [시행일 2012. 5. 1]

② 제1항에 따른 비밀의 구체적인 범위는 대통령령으로 정한다.

③ 제16조, 제16조의2, 제17조, 제17조의2, 제18조에 따른 자치위원회의 회의는 공개하지 아니한다. 다만, 피해학생·가해학생 또는 그 보호자가 회의록의 열람·복사 등 회의록 공개를 신청한 때에는 학생과 그 가족의 성명, 주민등록번호 및 주소, 위원의 성명 등 개인정보에 관한 사항을 제외하고 공개하여야 한다. [개정 2011. 5. 19, 2012. 3. 21] [시행일 2012. 5. 1]

부록 1

제22조 (벌칙)

① 제21조 제1항을 위반한 자는 300만원 이하의 벌금에 처한다. [개정 2012. 3. 21] [시행일 2012. 5. 1]

② 제17조 제9항에 따른 자치위원회의 교육 이수 조치를 따르지 아니한 보호자에게는 300만 원 이하의 과태료를 부과한다. [신설 2012. 3. 21] [시행일 2012. 5. 1]

부칙 [2004. 1. 29. 제7119호]

이 법은 공포 후 6월이 경과한 날부터 시행한다.

부칙 [2005. 3. 24. 제7421호(청소년기본법)]

제1조 (시행일) 이 법은 공포 후 3월 이내에 청소년위원회의 조직에 관한 대통령령이 시행되는 날부터 시행한다.

제2조 생략

제3조 (다른 법률의 개정) ① 내지 ⑤ 생략

⑥ 「학교폭력 예방 및 대책에 관한 법률」 일부를 다음과 같이 개정한다.

제8조 제3항 제1호 중 "청소년보호위원회 위원장"을 "청소년위원회 위원회장"으로 한다.

⑦ 내지 ⑨ 생략

제4조 생략

부칙 [2005. 12. 29. 제7796호(국가공무원법)]
제1조 (시행일) 이 법은 2006년 7월 1일부터 시행한다.
제2조 내지 제5조 생략
제6조 (다른 법률의 개정) ① 내지 〈62〉 생략
〈63〉 「학교폭력 예방 및 대책에 관한 법률」 일부를 다음과 같이 개정한다.
제8조 제3항 제2호 중 "3급 이상의 공무원"을 "3급공무원 또는 고위공무원단에 속하는 일반직공무원"으로 한다.
〈64〉 내지 〈68〉 생략

부칙 [2005. 12. 29. 제7799호(청소년기본법)]
제1조 (시행일) 이 법은 공포 후 3월이 경과한 날부터 시행한다.
제2조 생략
제3조 (다른 법률의 개정) ① 내지 ⑨ 생략
⑩ 「학교폭력 예방 및 대책에 관한 법률」 일부를 다음과 같이 개정한다.
제8조 제3항 제1호 중 "청소년위원회"를 "국가청소년위원회"로 한다.
⑪ 생략
제4조 생략

부칙 [2006. 2. 21. 제7849호(제주특별자치도 설치 및 국제자유도시 조성을 위한 특별법)]
제1조 (시행일) 이 법은 2006년 7월 1일부터 시행한다. 〈단서 생략〉
제2조 내지 제39조 생략
제40조 (다른 법령의 개정) ① 내지 〈34〉 생략
〈35〉 「학교폭력 예방 및 대책에 관한 법률」 일부를 다음과 같이 개정한다.
제11조 제3항 제4호 중 "경찰공무원"을 "국가경찰공무원"으로 하고, 동항 제5호를 제6호로 하며, 동항에 제5호를 다음과 같이 신설한다.
5. 해당 학교의 구역을 관할하는 제주특별자치도 소속 자치경찰공무원
〈36〉 내지 〈47〉 생략
제41조 생략

부칙 [2008. 2. 29. 제8852호(정부조직법)]
제1조 (시행일) 이 법은 공포한 날부터 시행한다. 단서 생략
제2조부터 제5조까지 생략
제6조 (다른 법률의 개정) ①부터 〈116〉까지 생략
〈117〉「학교폭력 예방 및 대책에 관한 법률」 일부를 다음과 같이 개정한다.
제6조 제1항·제2항 각 호 외의 부분 후단, 제7조 각 호 외의 부분 중 "교육인적자원부장관"을 각각 "교육과학기술부장관"으로 한다.
제8조 제2항 중 "교육인적자원부장관"을 "교육과학기술부장관"으로 하고, 같은 조 제5항 중 "교육인적자원부"를 "교육과학기술부"로 한다.
〈118〉부터 〈760〉까지 생략
제7조 생략

부칙 [2008. 3. 14. 제8887호]
이 법은 공포 후 6개월이 경과한 날부터 시행한다.

부칙 [2009. 5. 8. 제9642호]
이 법은 공포 후 3개월이 경과한 날부터 시행한다.

부칙 [2010. 1. 18. 제9932호(정부조직법)]
제1조 (시행일) 이 법은 공포 후 2개월이 경과한 날부터 시행한다. 〈단서 생략〉
제2조 및 제3조 생략
제4조 (다른 법률의 개정) ①부터 〈125〉까지 생략
〈126〉「학교폭력 예방 및 대책에 관한 법률」 일부를 다음과 같이 개정한다.
제8조 제3항 제2호를 삭제한다.
〈127〉부터 〈137〉까지 생략
제5조 생략

부칙 [2011. 5. 19. 제10642호]
이 법은 공포 후 6개월이 경과한 날부터 시행한다.

부칙 [2012. 1. 26. 제11223호]
제1조 (시행일) 이 법은 2012년 5월 1일부터 시행한다. 다만, 제17조 제5항의 개정규정

은 공포한 날부터 시행하고, 제2조, 제13조 제2항, 제15조 제1항 및 제4항, 제16조, 제17조(제5항은 제외한다), 제20조 제4항의 개정규정은 2012년 4월 1일부터 시행한다. [개정 2012. 3. 21] [시행일 2012. 4. 1]

제2조 (재심청구에 관한 적용례) 제17조 제1항 제8호의 개정규정에 대한 재심청구는 이 법 시행 후 최초로 전학조치를 받은 학생부터 적용한다.

부칙 [2012. 3. 21. 제11388호]

제1조 (시행일) 이 법은 2012년 5월 1일부터 시행한다. 다만, 제2조, 제4조 제4항, 제13조 제2항, 제15조 제2항, 제16조, 제16조의2, 제17조, 제20조 제5항, 제20조의 3의 개정규정 및 법률 제11223호 학교폭력 예방 및 대책에 관한 법률 일부개정법률 부칙 제1조의 개정규정은 2012년 4월 1일부터 시행한다.

제2조 (학교안전공제회 등의 비용부담 및 구상권 행사에 관한 적용례) 제16조 제6항의 개정규정은 학교폭력으로 피해를 받아 같은 개정규정 시행 당시 치료 등을 받고 있는 사람부터 적용한다.

부칙 [2013. 3. 23. 제11690호(정부조직법)]

제1조 (시행일) ① 이 법은 공포한 날부터 시행한다.

② 생략

제2조부터 제5조까지 생략

제6조 (다른 법률의 개정) ①부터 〈77〉까지 생략

〈78〉「학교폭력 예방 및 대책에 관한 법률」 일부를 다음과 같이 개정한다.

제6조 제1항, 같은 조 제2항 각 호 외의 부분 후단, 같은 조 제3항, 제8조 제5항 및 제11조의3제1항 중 "교육과학기술부장관"을 각각 "교육부장관"으로 한다.

제8조 제3항 제1호 중 "교육과학기술부장관"을 "미래창조과학부장관, 교육부장관"으로, "행정안전부장관"을 "안전행정부장관"으로 한다.

〈79〉부터 〈710〉까지 생략

제7조 생략

부칙 [2013. 7. 30. 제11948호]

제1조 (시행일) 이 법은 공포 후 6개월이 경과한 날부터 시행한다.

제2조 (학생보호인력에 대한 적용례) 제20조의5 제2항 및 제5항부터 제7항까지의 개정규정은 이 법 시행 후 최초로 배치하는 학생보호인력부터 적용한다.

부칙 [2014. 11. 19. 제12844호(정부조직법)]

제1조 (시행일) 이 법은 공포한 날부터 시행한다. 다만, 부칙 제6조에 따라 개정되는 법률 중 이 법 시행 전에 공포되었으나 시행일이 도래하지 아니한 법률을 개정한 부분은 각각 해당 법률의 시행일부터 시행한다.

제2조부터 제5조까지 생략

제6조 (다른 법률의 개정) ①부터 〈33〉까지 생략

〈34〉「학교폭력 예방 및 대책에 관한 법률」 일부를 다음과 같이 개정한다.

제8조 제3항 제1호 중 "미래창조과학부장관, 교육부장관, 법무부장관, 안전행정부장관"을 "교육부장관, 미래창조과학부장관, 법무부장관, 행정자치부장관"으로, "여성가족부장관"을 "여성가족부장관, 국민안전처장관"으로 한다.

〈35〉부터 〈258〉까지 생략

제7조 생략

부칙 [2015. 12. 22. 제13576호]

이 법은 공포 후 6개월이 경과한 날부터 시행한다.

인성교육진흥법

법률 제13004호 신규제정 2015. 1. 20.

제1조 (목적)

이 법은 「대한민국헌법」에 따른 인간으로서의 존엄과 가치를 보장하고 「교육기본법」에 따른 교육이념을 바탕으로 건전하고 올바른 인성(人性)을 갖춘 국민을 육성하여 국가사회의 발전에 이바지함을 목적으로 한다.

제2조 (정의)

이 법에서 사용하는 용어의 뜻은 다음과 같다.

1. "인성교육"이란 자신의 내면을 바르고 건전하게 가꾸고 타인·공동체·자연과 더불어 살아가는 데 필요한 인간다운 성품과 역량을 기르는 것을 목적으로 하는 교육을 말한다.
2. "핵심 가치·덕목"이란 인성교육의 목표가 되는 것으로 예(禮), 효(孝), 정직, 책임, 존중, 배려, 소통, 협동 등의 마음가짐이나 사람됨과 관련되는 핵심적인 가치 또는 덕목을 말한다.
3. "핵심 역량"이란 핵심 가치·덕목을 적극적이고 능동적으로 실천 또는 실행하는 데 필요한 지식과 공감·소통하는 의사소통능력이나 갈등해결능력 등이 통합된 능력을 말한다.
4. "학교"란 「유아교육법」 제2조 제2호에 따른 유치원 및 「초·중등교육법」 제2조에 따른 학교를 말한다.

제3조 (다른 법률과의 관계)

인성교육에 관하여 다른 법률에 특별한 규정이 있는 경우를 제외하고는 이 법에서 정하는 바에 따른다.

제4조 (국가 등의 책무)

① 국가와 지방자치단체는 인성을 갖춘 국민을 육성하기 위하여 인성교육에 관한 장

기적이고 체계적인 정책을 수립하여 시행하여야 한다.
② 국가와 지방자치단체는 학생의 발달 단계 및 단위 학교의 상황과 여건에 적합한 인성교육 진흥에 필요한 시책을 마련하여야 한다.
③ 국가와 지방자치단체는 학교를 중심으로 인성교육 활동을 전개하고, 인성 친화적인 교육환경을 조성할 수 있도록 가정과 지역사회의 유기적인 연계망을 구축하도록 노력하여야 한다.
④ 국가와 지방자치단체는 학교 인성교육의 진흥을 위하여 범국민적 참여의 필요성을 홍보하도록 노력하여야 한다.
⑤ 국민은 국가 및 지방자치단체가 추진하는 인성교육에 관한 정책에 적극적으로 협력하여야 한다.

제5조 (인성교육의 기본방향)
① 인성교육은 가정 및 학교와 사회에서 모두 장려되어야 한다.
② 인성교육은 인간의 전인적 발달을 고려하면서 장기적 차원에서 계획되고 실시되어야 한다.
③ 인성교육은 학교와 가정, 지역사회의 참여와 연대하에 다양한 사회적 기반을 활용하여 전국적으로 실시되어야 한다.

제6조 (인성교육종합계획의 수립 등)
① 교육부장관은 인성교육의 효율적인 추진을 위하여 대통령령으로 정하는 관계 중앙행정기관의 장과의 협의와 제9조에 따른 인성교육진흥위원회의 심의를 거쳐 인성교육종합계획(이하 "종합계획"이라 한다)을 5년마다 수립하여야 한다.
② 종합계획에는 다음 각 호의 사항이 포함되어야 한다.
1. 인성교육의 추진 목표 및 계획
2. 인성교육의 홍보
3. 인성교육을 위한 재원조달 및 관리방안
4. 인성교육 핵심 가치·덕목 및 핵심 역량 선정에 관한 사항
5. 그 밖에 인성교육에 관하여 필요한 사항으로 대통령령으로 정하는 사항
③ 교육부장관은 종합계획의 중요사항을 변경하는 경우 제1항에 따른 관계 중앙행정기관의 장과의 협의와 제9조에 따른 인성교육진흥위원회의 심의를 거쳐야 한다. 다만, 법령의 개정이나 관계 중앙행정기관의 관련 사업계획 변경 등 경미한 사항을 변경하는 경우에는 그러하지 아니하다.

④ 교육부장관은 제1항 또는 제3항에 따라 종합계획을 수립하거나 변경하였을 때에는 지체 없이 이를 관계 중앙행정기관의 장에게 통보하여야 한다.

⑤ 특별시·광역시·특별자치시·도 및 특별자치도 교육감(이하 "교육감"이라 한다)은 종합계획에 따라 해당 지방자치단체의 연도별 인성교육시행계획(이하 "시행계획"이라 한다)을 수립·시행하여야 한다.

⑥ 교육감은 제5항에 따라 시행계획을 수립하거나 변경하였을 때에는 이를 지체 없이 교육부장관에게 통보하여야 한다.

⑦ 종합계획 및 시행계획의 수립·시행 등에 필요한 사항은 대통령령으로 정한다.

제7조 (계획수립 등의 협조)

① 교육부장관과 교육감은 종합계획 또는 시행계획의 수립·시행 및 평가를 위하여 필요한 경우 관계 중앙행정기관의 장, 지방자치단체의 장 및 교육감 등에게 협조를 요청할 수 있다.

② 제1항에 따른 협조를 요청받은 자는 특별한 사유가 없으면 이에 따라야 한다.

제8조 (공청회의 개최)

① 교육부장관과 교육감은 종합계획 및 시행계획을 수립하려는 때에는 공청회를 열어 국민 및 관계 전문가 등으로부터 의견을 청취하여야 하며, 공청회에서 제시된 의견이 타당하다고 인정되는 때에는 이를 종합계획 및 시행계획 수립에 반영하여야 한다.

② 제1항에 따른 공청회 개최에 필요한 사항은 대통령령으로 정한다.

제9조 (인성교육진흥위원회)

① 인성교육에 관한 다음 각 호의 사항을 심의하기 위하여 교육부장관 소속으로 인성교육진흥위원회(이하 "위원회"라 한다)를 둔다.

1. 인성교육정책의 목표와 추진방향에 관한 사항
2. 종합계획 수립에 관한 사항
3. 인성교육 추진실적 점검 및 평가에 관한 사항
4. 인성교육 지원의 협력 및 조정에 관한 사항
5. 그 밖에 인성교육 지원을 위하여 대통령령으로 정하는 사항

② 위원회는 위원장을 포함한 20명 이내의 위원으로 구성한다.

③ 위원회의 위원장은 위원 중에서 호선하되, 공무원이 아닌 사람으로 한다.

④ 위원회의 위원은 다음 각 호의 어느 하나에 해당하는 사람 중에서 대통령령으로

정하는 바에 따라 교육부장관이 임명 또는 위촉한다. 이 경우 위원은 공무원이 아닌 사람이 과반수가 되도록 한다.

1. 교육부차관, 문화체육관광부차관(문화체육관광부장관이 지명하는 차관), 보건복지부차관 및 여성가족부차관
2. 국회의장이 추천하는 사람 3명
3. 인성교육에 관한 학식과 경험이 풍부한 사람 중에서 대통령령으로 정하는 사람

⑤ 위원회가 심의한 사항을 집행하기 위하여 인성교육 진흥과 관련된 조직·인력·업무 등에 필요한 사항은 교육부령으로 정한다.

⑥ 그 밖에 위원회의 구성·운영에 필요한 사항은 대통령령으로 정한다.

제10조 (학교의 인성교육 기준과 운영)

① 교육부장관은 대통령령으로 정하는 바에 따라 학교에 대한 인성교육 목표와 성취 기준을 정한다.

② 학교의 장은 제1항에 따른 인성교육의 목표 및 성취 기준과 교육대상의 연령 등을 고려하여 대통령령으로 정하는 바에 따라 매년 인성에 관한 교육계획을 수립하여 교육을 실시하여야 한다.

③ 학교의 장은 인성교육의 핵심 가치·덕목을 중심으로 학생의 인성 핵심 역량을 함양하는 학교 교육과정을 편성·운영하여야 한다.

④ 학교의 장은 인성교육 진흥을 위하여 학교·가정·지역사회와의 연계 방안을 강구하여야 한다.

제11조 (인성교육 지원 등)

① 국가 및 지방자치단체는 가정, 학교 및 지역사회에서의 인성교육을 지원하기 위한 교육 프로그램(이하 "인성교육 프로그램"이라 한다)을 개발하여 보급하여야 한다.

② 국가와 지방자치단체는 인성교육 프로그램의 구성 및 운용 등을 전문단체 또는 전문가에게 위탁할 수 있다.

③ 교육감은 인성교육 프로그램의 구성 및 운용 계획을 해당 학교 인터넷 홈페이지에 게시하는 등의 방법으로 학부모에게 알릴 수 있도록 하여야 한다.

④ 학부모는 국가, 지방자치단체 및 학교의 인성교육 진흥 시책에 협조하여야 하고, 인성교육을 위하여 필요한 사항을 해당 기관의 장에게 건의할 수 있다.

⑤ 그 밖에 가정, 학교 및 지역사회에서의 인성교육 진흥 등에 필요한 사항은 대통령령으로 정한다.

제12조 (인성교육 프로그램의 인증)

① 교육부장관은 인성교육 진흥을 위하여 인성교육 프로그램을 개발·보급하거나 인성교육과정을 개설(開設)·운영하려는 자(이하 "인성교육 프로그램개발자 등"이라 한다)에 대하여 인성교육 프로그램과 인성교육과정의 인증(이하 "인증"이라 한다)을 할 수 있다.

② 인증을 받고자 하는 인성교육 프로그램개발자등은 교육부장관에게 신청하여야 한다.

③ 교육부장관은 제2항에 따라 인증을 신청한 인성교육 프로그램 또는 인성교육과정이 교육내용·교육시간·교육과목·교육시설 등 교육부령으로 정하는 인증기준에 적합한 경우에는 이를 인증할 수 있다.

④ 제3항에 따른 인증을 받은 자는 해당 인성교육 프로그램 또는 인성교육과정에 대하여 교육부령으로 정하는 바에 따라 인증표시를 할 수 있다.

⑤ 제3항에 따른 인증을 받지 아니한 인성교육 프로그램 또는 인성교육과정에 대하여 제4항의 인증표시를 하거나 이와 유사한 표시를 하여서는 아니 된다.

⑥ 제1항부터 제3항까지에 따른 인증의 절차 및 방법 등에 필요한 사항은 교육부령으로 정한다.

⑦ 교육부장관은 제1항부터 제3항까지에 따른 인증 업무를 교육부령으로 정하는 바에 따라 전문기관 또는 단체 등에 위탁할 수 있다.

제13조 (인증의 유효기간)

① 제12조 제3항에 따른 인증의 유효기간은 인증을 받은 날부터 3년으로 한다.

② 제1항에 따른 유효기간은 1회에 한하여 2년 이내에서 연장할 수 있다.

③ 제2항에 따른 인증의 연장신청, 그 밖에 필요한 사항은 교육부령으로 정한다.

제14조 (인증의 취소)

교육부장관은 제12조 제3항에 따라 인증한 인성교육 프로그램 또는 인성교육과정이 다음 각 호의 어느 하나에 해당하는 경우에는 그 인증을 취소할 수 있다. 다만, 제1호에 해당하는 경우에는 취소하여야 한다.

1. 거짓, 그 밖의 부정한 방법으로 인증받은 경우
2. 제12조 제3항에 따른 인증기준에 적합하지 아니하게 된 경우

제15조 (인성교육 예산 지원)

국가 및 지방자치단체는 인성교육 지원, 인성교육 프로그램 개발·보급 등 인성교육 진흥에 필요한 비용을 예산의 범위에서 지원하여야 한다.

제16조 (인성교육의 평가 등)

① 교육부장관 및 교육감은 종합계획 및 시행계획에 따른 인성교육의 추진성과 및 활동에 관한 평가를 1년마다 실시하여야 한다.

② 교육부장관과 교육감은 인성교육 평가결과를 종합계획 및 시행계획에 반영할 수 있다.

③ 그 밖에 인성교육의 추진성과 및 활동 평가에 필요한 사항은 대통령령으로 정한다.

제17조 (교원의 연수 등)

① 교육감은 학교의 교원(이하 "교원"이라 한다)이 대통령령으로 정하는 바에 따라 일정시간 이상 인성교육 관련 연수를 이수하도록 하여야 한다.

② 「고등교육법」 제41조에 따른 교육대학·사범대학(교육과 및 교직과정을 포함한다) 등 이에 준하는 기관으로서 교육부령으로 정하는 교원 양성기관은 예비교원의 인성교육 지도 역량을 강화하기 위하여 관련 과목을 필수로 개설하여 운영하여야 한다.

제18조 (학교의 인성교육 참여 장려)

학교의 장은 학생의 제11조 제1항에 따른 지역사회 등의 인성교육 참여를 권장하고 지도·관리하기 위하여 노력하여야 한다.

제19조 (언론의 인성교육 지원)

국가 및 지방자치단체는 범국민적 차원에서 인성교육의 중요성에 대한 인식을 공유하고 이들의 참여의지를 촉진시키기 위하여 필요한 경우 언론(「언론중재 및 피해구제 등에 관한 법률」 제2조에 따른 방송, 신문, 잡지 등 정기간행물, 뉴스통신 및 인터넷 신문 등을 포함한다)을 이용하여 캠페인 활동을 전개하도록 노력하여야 한다.

제20조 (전문인력의 양성)

① 국가 및 지방자치단체는 인성교육의 확대를 위하여 필요한 분야의 전문인력을 양성하여야 한다.

② 교육부장관 및 교육감은 제1항에 따른 전문인력을 양성하기 위하여 교육 관련 기관 또는 단체 등을 인성교육 전문인력 양성기관으로 지정하고, 해당 전문인력 양성기관에 대하여 필요한 경비의 전부 또는 일부를 지원할 수 있다.

③ 제2항에 따른 인성교육 전문인력 양성기관의 지정기준은 대통령령으로 정한다.

제21조 (권한의 위임)

교육부장관은 이 법에 따른 권한의 일부를 대통령령으로 정하는 바에 따라 교육감에게 위임할 수 있다.

제22조 (과태료)

① 다음 각 호의 어느 하나에 해당하는 자에게는 500만원 이하의 과태료를 부과한다.

1. 거짓이나 그 밖의 부정한 방법으로 제12조에 따른 인증을 받은 자
2. 제12조 제5항을 위반하여 인증표시를 한 자

② 제1항에 따른 과태료는 대통령령으로 정하는 바에 따라 교육부장관이 부과·징수한다.

부칙 [2015. 1. 20. 제13004호]

이 법은 공포 후 6개월이 경과한 날부터 시행한다.

참고문헌

강유미(2011). 학교폭력에 대한 실태분석 연구. 고려대학교 교육대학원 석사학위논문.

강진령(2010). 인성교육의 본질과 기본방법. 21세기 교육의 큰 두 개의 축-창의력 교육과 인성교육.

경찰청 안전드림 홈페이지 http://www.safe182.go.kr/

경찰청(2013). 경찰통계연보.

고성혜, 이완수, 정진희, 송말희(2003). 학교폭력 가해학생 선도. 교육 프로그램 모형 개발. 여성가족부 청소년보호위원회.

고정곤 외(2014). 유아사회교육. 양서원.

곽금주(2008). 한국의 왕따와 예방 프로그램. 한국심리학회지 : 사회문제, 14(1), 255-272.

곽영길(2007). 학교폭력피해에 대한 인식과 경험에 관한 연구 : 서울시 고등학생을 중심으로. 동국대학교 대학원 박사학위논문.

관계부처합동(2012). 학교폭력 근절 종합대책 2012. 2. 6.

관계부처합동(2016). 학교폭력 예방 및 대책 2016년도 시행계획.

교육과학기술부(2012). 학교폭력 예방 및 대책에 관한 법률. Q&A를 통한 법률의 이해.

교육부(2012). 인성교육 실태조사.

교육부(2012). 학교폭력 근절 종합대책.

교육부(2013). 학교폭력 사안처리 및 초기대응 절차.

교육부(2015). 2015년 인성교육 포럼 : 인성교육 5개년 종합계획 공청회.

구본용, 박제일, 이은경, 김홍준, 이기숙, 권현용(2008). 학교폭력 피해학생 치유프로그램 지도자용 지침서. 교육과학기술부.

권준수 외(2015). 정신질환의 진단 및 통계편람. 학지사.

김경식, 이현철(2007). 청소년 비행이 영향 요인. 교육사회학 연구, 17(2), 1-22.

김국현(2002). 인성교육에서의 인성 개념. 도덕윤리교육연구, 1, 41-62.

김규태 외(2015). 학교폭력 예방의 이론과 실제. 양서원.

김미숙(2012). 가톨릭 고등학교 인격교육의 활성화 방향 연구 : 동아리활동을 중심으로. 가톨릭대학교 문화영성대학원 석사학위논문.

김상곤, 배진형, 한정숙, 김희영(2013). 영국, 미국, 노르웨이, 독일의 학교폭력 예방과 문제 해결을 위한 대처방안 분석연구. **학교사회복지, 25**, 333-364.

김소영 외(2013). **학교폭력의 이해**. 창지사.

김수영(2004). 강남대 신입생의 성격특성과 정신건강에 관한 연구. **학생생활연구, 제11호**, 121-146. 강남대학교 학생생활연구소.

김승국, 김옥기(1991). **사회성숙도검사**. 중앙적성출판사.

김영화(2011). **사춘기 뇌가 위험하다**. 해피스토리.

김영화(2012). **학교폭력·청소년문제와 정신건강**. 도서출판 한울.

김왕열(2006). 학교폭력의 실태와 대처방안에 관한 연구. 남부대학교 경찰행정대학원 석사학위논문.

김은영, 김대곤, 김미영, 김이영, 박정연, 심정묘, 이행기, 임용숙, 정다운, 최병태(2016). **인성과 리더십**. 양성원.

김이영, 배헌석, 이우언(2016). **인간이해를 위한 심리학**. 양성원.

김이영, 백경숙, 전재선, 최윤희, 한용기, 홍성훈(2014). **교육심리학**. 양서원.

김이영, 최윤희(2015). 부모의 스마트폰에 대한 인식이 유아의 문제행동과 자기효능감에 미치는 영향 : 부모와 유아의 스마트폰 사용을 매개로. **유아교육·보육복지연구, 19**(1), 139-158.

김재엽, 정소연(1997). 청소년 비행과 가정폭력. **한국아동복지회, 5**(1), 71-93.

김지선, 백지숙(2015). 청소년의 스마트폰 중독수준이 학교생활적응에 미치는 영향. **청소년시설환경, 12**(3), 37-47.

김진한, 박선환, 박숙희, 우지향(2013). **학교폭력의 예방과 대책**. 공동체.

김태규, 권경택, 김승묵(2006). **교양인을 위한 리더십**. 학문사.

김현택 외(2003). **현대심리학의 이해**. 학지사.

김혜숙, 최동욱(2013). **학부모상담 길잡이**. 학지사.

나혜연(2016). 고등학생의 스마트폰 과다사용이 사이버볼링 행동에 미치는 영향 : 학교폭력태도, 폭력성의 매개효과를 중심으로. 명지대학교 대학원 석사학위논문.

남궁달화(1999). **인성교육론**. 문음사.

남궁달화(2010). **인성 교육이란 무엇을 하는 것인가. 21세기 교육의 큰 두 개의 축-창의력교육과 인성교육**. 교육과학사.

남재봉(2007). 청소년의 지위특성과 비행. **사회과학연구, 24**(2), 1-34.

노성호(2004). **학교폭력의 실태와 문제점**. 한국범죄방지재단.

노연순(2014). 학교폭력 실태 및 예방에 관한 연구. D교육청 학교폭력 가해자 특별교육기관 'S'센터를 중심으로. 배재대학교 교육대학원 석사학위논문.

대안교육종합센터(2004). **위탁생 적응교육 프로그램**. 2004 교육인적자원부 지원 대안교육 프로그램 개발.
동아일보. 2013년 7월 4일자 보도.
류진혜, 현숙자(2003). 2003년도 대학신입생들의 정신건강에 관한 연구. **대학생활연구, 21호,** 45-67. 한양대학교 생활상담연구소.
문용린 외 20인(2006). **학교폭력 예방과 상담.** 학지사.
문용린 외 20인(2008). **학교폭력 위기개입의 이론과 실제.** 학지사.
박경숙, 윤점용, 박효정(1989). **기초학습기능검사.** 특수교육.
박권생, 김문수, 박태진, 성현란, 이종한, 최해림, 홍기역 공역(2004). **심리학과 삶.** 시그마프레스.
박기민(2000). 우리나라 학교폭력 예방에 관한 연구 : 중고생의 학교폭력실태를 중심으로. 경희대학교 행정대학원 석사학위논문.
박병문(2005). 제7차 도덕과의 인격교육론적 분석 및 개선방안 연구 : 중학교 도덕교과서 중심으로. 부산대학교 교육대학원 석사학위논문.
박상호(2015). 청소년지위비행 경험이 학교폭력 가해행동에 미치는 영향. 중앙대학교 행정대학원 석사학위논문.
박선환, 박숙희, 이주희, 정미경, 김혜숙(2010). **정신건강론.** 양서원.
박소영(2015). 유아의 스마트미디어 사용실태 및 과다사용에 영향을 미치는 변인 연구. 가톨릭대학교 대학원 박사학위논문.
박영목(2010). **독서교육론.** 박이정.
박효정(2012). **노르웨이의 학교폭력 실태와 대책, 그리고 한국교육에의 시사점.** 한국교육개발원 현안보고, 제1호.
박효정(2014). **외국의 학교폭력 예방 프로그램 운영실태.** 한국교육개발원 현안보고, 제4호.
배성희(2012). 독서능력 향상을 위한 독서토론 모형 개발 및 적용. 부산대학교 대학원 석사학위논문.
백순근(2013). **인성교육의 핵심은 상호 존중과 열린 대화.** 한국교육개발원 현안보고, 제3호.
서미경(2007). 중학생 학교폭력 예방 프로그램의 효과연구. 성산효대학원대학교 석사학위논문.
서민영, 임은미(2010). 유아 및 초등 저학년 아동의 인터넷 게임 중독경향과 인성특성의 관계. **아동교육, 19**(4), 163-175.
서울대학교 학부모정책연구센터(2012). **밥상머리교육 매뉴얼.** 교육과학기술부. 서울대학교 학부모정책연구센터.
서울특별시 자녀안심운동 서울협의회(2000). **청소년문제행동의 이해.**
석말숙, 구용근(2014). 청소년의 가정폭력 경험이 스마트폰 중독에 미치는 영향 : 자아 존중감과 자기통제력의 매개효과. **한국가족복지학, 15**(4), 905-928.
성폭력방지 및 피해자보호 등에 관한 법률. 법률 제14063호 일부개정 2016. 3. 2.

소유경, 노주선, 김영신, 고선규, 고윤주(2002). 한국어판 부모, 교사 ADHD평가척도의 신뢰도와 타당도 연구. **신경정신의학, 41**(2), 283-289.

송만익, 정윤애(2001). 2001학년도 신·편입생의 낙관성과 정신건강에 관한 연구. **학생생활연구, 12**, 113-139. 한밭대학교 학생생활연구소.

송명자(1995). **발달심리학**. 학지사.

송재홍 외(2013). **학교폭력의 예방 및 대책**. 학지사.

양옥승(2006). 3-6세 유아의 자기조절력 측정척도 개발. **미래유아교육학회, 13**(2), 161-187.

양재일(2014). 학교폭력 방관자 변화를 위한 자기효능감 향상 프로그램 개발. 명지대학교 대학원 석사학위논문.

여성가족부(2012). 청소년 유해환경 접촉 종합실태 조사.

여성가족부(2016). 2016년 인터넷·스마트폰 이용습관 진단조사.

여성가족부(2016). 청소년 통계.

연성진(2000). 폭력에 대한 국민의식조사. 한국형사정책연구원연구보고서.

염영미(2012). **학교폭력 가해청소년과 학교폭력 가해·피해 청소년의 특성연구**. 미래청소년학회지.

오경희(2013). 학교폭력 예방을 위한 유아기 인성교육에 관한 탐색: "돌봄"의 특성을 중심으로. **유아교육학논집, 17**(4).

오인수(2010). 괴롭힘을 목격한 주변인의 행동에 영향을 미치는 심리적 요인: 공감과 공격성을 중심으로. **초등교육연구, 23**(1), 45-63.

유구종(2012). 유아교육기관 스마트폰, 태블릿 PC 활용 프로그램 개발 및 유아의 과학적 사고에 미치는 효과. **열린유아교육연구, 17**(3), 85-110.

이명우, 신효정, 김태선, 송은미, 김소라, 이윤아(2005). **경찰사이버전 체제운영을 위한 학교폭력 가해자 상담모형 개발**. 한국청소년상담원.

이수정(2006). **최신범죄심리학**. 북카페.

이영선(2004). 대학교 재학생의 개인 및 학교 변인에 따른 정신건강의 차이 분석 : D대학교의 대학생을 중심으로. 대진대학교 교육대학원 석사학위논문.

이우언, 김이영, 배헌석, 이은진(2003). **아동발달의 이해**. 도서출판 정신재활.

이은영(2004). SER사회과 인성덕목체계의 타당성 연구. 경인교육대학교 교육대학원 석사학위논문.

이재욱(2012). 학교폭력의 원인과 해결방안 : 학교폭력 예방 및 대책에 관한 법률의 실효성 검토와 법교육의 중요성 인식을 중심으로. 고려대학교 교육대학원 석사학위논문.

이정란, 양옥승(2002). 자기조절의 개념과 발달. **교육연구, 10**, 53-78.

이정림, 도남희, 오유정(2013). **영유아의 미디어 매체 노출실태 및 보호대책**. 육아정책연구소.

이창호, 김경희, 장상아(2013). 스마트폰 확산에 따른 청소년보호방안연구. 한국청소년개발원.
이철주(2014). 실천지향의 인성 개념 탐구. 윤리교육연구, 34, 317-337.
이춘재, 곽금주(2000). 학교에서의 집단 따돌림 : 실태와 특성. 집문당.
이현경(2011). 온전함에 이르는 대화. 샨티.
이현아(2014). 가족식사가 자녀의 학교적응에 미치는 영향-학부모 인식을 중심으로-. 한국가족자원경영학회지, 18(3).
임재연(2006). 학교폭력 상담매뉴얼. 문용린 외 공저, 학교폭력 예방과 상담. 학지사.
장휘숙(2001). 아동발달. 박영사.
전예화 외(2010). 유아사회교육의 이해. 양서원.
전종천(2012). 디지털 미디어 시대의 청소년의 이해 : 인터넷 미디어 중독성, 폭력성, 상업성. 2012년 교원상담 역량강화를 위한 생활지도 직무연수. 경상남도밀양교육지원청.
정수정(2012). 독일의 학교폭력 대처 방안. 학교교육개발원.
정옥경(2001). 학교폭력의 실태연구.
정옥분(2002). 아동발달의 이해. 학지사.
정진희(2009). 학교기반 학교폭력 예방 프로그램의 효과성 분석에 관한 연구. 한양대학교 석사학위논문.
정창우, 손경원, 김남준, 신호재, 한혜민(2014). 학교급별 인성교육 실태 및 활성화 방안. 교육부.
정해창 외(1996). 인간성의 회복. 한국정신문화연구원.
정현주, 이호준, 김하나(2012). 학교폭력 가/피해자 부모교육 프로그램 개발. 한국청소년상담복지개발원.
정현주, 정은주, 김경숙(2013). 중학생 예술동아리 자치활동 수혜자들의 프로그램 만족도 및 인성변화 자각도 분석. 학습자중심교과교육연구, 13(4), 397-416.
조선희, 엄애용, 전경숙(2012). 청소년의 흡연 및 음주 형태와 사회경제적 수준과의 관계. 보건의료산업학회지, 6(4), 13-25.
조순옥 외(2003). 유아사회교육. 창지사.
조영달(1997). 현장교육의 개혁과 학원폭력의 방지. 공보처.
존가트맨, 최성애, 조벽(2011). 내 아이를 위한 감정코칭. 한국경제신문.
지성애(2003). 유아의 자아 존중감 척도 개발에 관한 연구. 아동교육학회, 7(1), 43-67.
지은림, 도승이, 이윤선, 박소연, 주언희, 김해경(2012). 인성지수개발 연구. 교육부 정책연구보고서.
진홍섭(2003). 인성교육을 위한 인성덕목의 요인분석. 인천교육대학교 교육대학원 석사학위논문.

천세영 외(2012). **인성교육 비전 수립 및 실천 방안 연구**. 교육과학기술부 정책연구.
청소년보호법. 법률 제14067호 일부개정 2016. 3. 2.
청소년폭력예방재단 학교폭력문제연구소(2014). **학교폭력 예방의 이론과 실제**. 학지사.
청소년폭력예방재단(2012). 2012년 독일초청 세미나, 독일의 학교폭력 예방 및 대책.
최미숙·최선미(2013). 밥상머리교육활동이 유아의 자아존중감 및 조망수용능력에 미치는 영향. **생태유아교육연구**, 12(3), 81-103.
최영(2006). 인성교육을 위한 도덕교육적 접근. 전남대학교 교육대학원 석사학위논문.
통계청·여성가족부(2014). 청소년 통계.
학교안전사고 예방 및 보상에 관한 법률. 법률 제13947호 일부개정 2016. 2. 3.
학교폭력 예방 및 대책에 관한 법률. 법률 제13576호 일부개정 2015. 12. 22.
한국교육학회(1998). **인성교육**. 문음사.
한국정보문화진흥원(2002). 2002 국민정보생활 현황조사.
한국정보화진흥원(2011). 스마트폰 중독 진단 척도 개발연구.
한국정보화진흥원(2012). 스마트미디어중독 특성 및 중독 해소 개입 전략 개발 연구.
한국청소년개발원(2006). **청소년문제론**. 교육과학사.
한국청소년정책연구원(2013). **청소년의 스마트폰 이용 어떻게 볼 것인가**. 육아정책연구소.
한국초등상담교육협회(2013). **학교폭력의 예방과 상담**. 학지사.
한국학교폭력상담협회(2013). **학교폭력상담 이론과 실제**. 양서원.
한덕웅, 전겸구, 탁진국, 이창호, 이건효(1992). 대학생의 생활부적에 대한 연구. 92년 한국심리학회 연차학술대회 발표 논문집. 447-462.
한림대학교(2015). **2014~2015년 상반기 학생실태 조사**. 자살과 학생생활연구소.
한홍무, 염태호, 신영우, 김교현, 윤도준, 정근재(1986). Beck Depression Inventory의 한국판 표준화 연구: 정상집단을 중심으로. **신경정신의학, 25**(3), 487-500.
홍경선(2014). **학교폭력의 예방과 대책**. 공동체.
홍금자, 이경준(1998). **학교폭력의 실정과 학교사회사업가의 개입**. 학교사회사업, 한국학교사회사업학회.
황경익(2012). 남·여 고등학생의 학교폭력에 따른 방관적 태도 차이. 단국대학교 대학원 석사학위논문.
황성현(2010). 청소년 지위비행에 관한 비행이론 비교연구. **청소년학연구, 17**(5), 49-68.
Achenbach, T. M.(1991). *Manual for the child behavior checklist/ 4-18 and 1991 profile.* Burlington, Vt: Unversity of Vermont.
Achenbach, T. M., & Edelbrock, C.(1983). *Manual for the child behavior checklist and revised child behavior profiles.* Burlington: University of Vermont.

Ainsworth, M. D. S.(1973). The development of infant-mother attachment. In B. M. Caldwell, & H. N. Ricciuti (Eds.), *Review of child development research*, Vol. 3. hicago: University of Chicago Press.

Bandura, A.(1969). *Principles of behavior modification.* New York: Holt, Rinehart and Winston.

Bandura, A.(1997). *Selfefficacy; The exercise of control.* New York: Freeman.

Bowlby, J.(1958). The nature of the child's tie to his mother. *International Journal of psychoanalysis,* 35, 39.

Brinthaupt, T.M, Erwin, LJ(1992). "Reporting about the self: issues and implications" In: Brinthaupt, TM, Lipka, RP, eds. The Self: Definitional and methodological Issues State University of New York Press, New York, pp. 137-71.

Buck, J.(1948). The H-T-P technique, a qualitative and quantivative method. *Journal of clinical Psychology*, 4, 317-396.

Burns, R., & Kaufman, S.(1970). *Kinetic Family Drawings(K-F-D): An introduction to understanding children through kinetic drawings.* New YorkL Brunner/Mazel.

CASA.(2011). *The importance of family dinner VII.* New York: Columbia University.

Cohen(1988). S*tatistical power analysis for the behavioral sciences*(2ndEd.), Hillsdale, NJ; Lawrence Erlbaum Associates.

DuPual, G. J.(1991). Parent and teacher rations of ADHD symptoms: Psychometric properties in a community based sample. *Journal Clin Child Psychology*, *20*, 245-253.

Eisenberg, M., Olson, R., Neumark-Sztainer, D., Story, M. & Bearinger, L.(2004). between family meals and psychosocial well-being among adolescents. *Archives of Pediatric and Adolescent Medicine*, *158*, 792-796.

Eisenberg, N.(1992). *The caring child.* Cambrige, MA: Harvard University Press.

Eisenberg, N., Champion, C., & Ma, Y.(2004). Emotion-related regulation: An young construct. *Merrill-Palmer Quarterly, 50,* 236-259

Eron, L. D.(1997). The development of antisocial behavior from learning perspective. In D. Stoff, & J. D. Maser (Eds.), *Handbook of antisocial behavior.* NY: Wiley.

Harlow, H. F.(1977). Birth of the surrogate mother. In W. R. Klemm (Ed.), Discovery processes in modern biology (pp. 133-150). Huntington, NY: Krieger.

Hirschi, T.(1969). Causes of Delinquency. Barkeley. CA: University of California Press.

Hoffman, M. L.(1987). The contribution of empathy to justice and moral judgment. In N. Einsenberg & J. Strayer (Eds.), *Journal of Personality and Social Psychoanality and*

Social Psychology, 5, 45-57.

Kazdin, A. E.(1987). Child psychotherapy: *Developing and identifying effective treatments.* Elmsford, NY: Psergamon Press.

Kohlberg(1984). The psychology of moral development: The nature and validity of moral stage. San Francisco: Happer & Row.

Mayer, J. D., & Salovey, P.(1997). What is emotional inelligence? In P. Salvoy & J. D. Mayers(eds.), Emotional development and emotional intelligence: Emotional Implication. NY: Basic Books.

Merton, R. K.(1938). Social structure and anomie. *American Sociological Review, 3,* 676.

Moffit, T. E.(1993). Adolescence limited and life course persistent antisocial behavioral: A developmental taxonomy. *Psychological Review, 100,* 674-701.

Oliver, W.(1994). *Violent social world of black men.* New York: Lexingt on Books.

Olweus, D.(1978). *Aggression in the school: Bullies and whipping boys.* Oxford: Hemisphere.

Olweus, D.(1984). *Aggressors and their victims: Bullying at school.* In N. Frude, & H. Gault. (Eds.), Disruptive behavior in school. New York. NY: John Wiley.

Olweus, D.(1993). *Bullying at school: What we know and what we can do.* Cambridge, MA: Blackwell.

Olweus, D., & Limber, S. P.(2010). The Olweus Bullying Prevention Program : Implementation and evaluation over two decades. In S. R. Jimerson, S. M. Sweater, & D. I. Espelage.(Eds.), The Handbook of school bullying: An international perspective, pp. 377-402. NY: Routledge.

Parker, J. G., & Asher, S. R.(1987). Peer relation and later personal adjustment: Are low-accepted children at risk?. *Psychological Bulletin, 102,* 357-389.

Perry, D. G., Perry, L. C., & Rasmussen, P.(1986). Cognitive social learning mediators of aggression. *Child Development*, 57, 700-711.

Salmivalli, C., Lagerspetz, K., Bjőrkqvist, K., Ősterman, K., & Kaukiainen, A.(1996). Bullying as a group process: Participant roles and their relations to social status within the group. *Aggressive Behavior, 22*(1), 1-15.

Senna, Joseph & Siegel, Lawwy.(2000), Juvenile Delinquency: Theory, Practice and Law(7thed.), Stamford(CT): Wadsworth.

Stephenson, P,. & Smith, D.(1989). Bullying in two English comprehensive school. In E. Roland and E. Munthe (Eds.), *Bullying: An international perspective.* London: Fulton.

Taylor, H. G., & Fletcher, J. M.(1990). Neuropsychological assessment of children. In G. Goldstein & M. Hersen(Eds.), *Handbook of psychological assessment*(2nd ed.)(pp. 228-255). New York : Pergamon Press.

Tiersch, H.(1995). *Lebenswelt und Motal*. Weingeim und Munchen : Juventa.

찾아보기

ㅈ

ㅊ

저 | 자 | 소 | 개

김이영

계명대학교 대학원 심리학박사
현, 수성대학교 유아교육과 교수
〈저서〉 정신건강론, 인간이해를 위한 심리학 등

송창백

안동대학교 사범대학 교육공학박사수료
현, 가톨릭상지대학교 유아교육과 교수
〈저서〉 대학생활과 진로탐색, 학습전략 가이드북 등

이은희

성신여자대학교 대학원 교육학박사
현, 대전보건대학교 유아교육과 교수
〈저서〉 유아교육개론, 보육교사론 등

조은숙

강원대학교 대학원 교육학박사
현, 대원대학교 유아교육학과 강사
〈논문〉 청소년인턴십 프로그램이 고등학생의 진로결정 자기효능감과 진로성숙도에 미치는 영향

최윤희

영남대학교 대학원 교육학과 박사과정
현, 수성대학교 유아교육과 겸임교수
GG어린이집 원장
〈논문〉 자연물을 이용한 유아미술활동이 미술표현능력과 정서지능에 미치는 영향 등

하경표

일본명성대학 대학원 박사
현, 대림대학교 유아교육과 교수
〈저서〉 교육방법 및 교육공학

학교폭력 예방의 이론과 실제

1판 1쇄 인쇄 – 2016년 7월 25일
1판 1쇄 발행 – 2016년 7월 30일

저 자 – 김이영 송창백 이은희 조은숙 최윤희 하경표
발 행 인 – 강 철 원
발 행 처 – 양 성 원
주 소 – 경기도 파주시 월롱산로 71(야동동)
전 화 – 031-946-3861(代)
팩 스 – 031-946-3864
이 메 일 – tnwpub@naver.com
출판등록 – 2015년 8월 31일 제 2015-000211 호

ISBN 979-11-87118-57-2

정가 18,000원